U1076747

世界特色小镇巡礼

Global Tour of Characteristic Towns

吴季松　著
Wu Jisong

中国建筑工业出版社

图书在版编目（CIP）数据

世界特色小镇巡礼／吴季松著．—北京：中国建筑工业出版社，2018.6

ISBN 978-7-112-21507-2

Ⅰ．①世… Ⅱ．①吴… Ⅲ．①小城镇－城市建设－世界 Ⅳ．①TU984.2

中国版本图书馆CIP数据核字（2017）第274755号

本书作者特将媒体报道很少的六大洲78个国家的142个小镇的实地考察和亲身感受集于一书，馈于读者。其中包括了对历史的追溯，与市民的交谈，会见名人感受，对自然生态承载力的考察和对城市经济发展，以及不少有趣见闻的分析。国外有以古迹保护为核心的小镇，不只是保留孤零零的古迹，而是保护了一座古城，这就是世界文化遗产；国外有以自然风景为依托的小镇，不仅依靠胜景，而是保护了小城的环境，这就是世界自然遗产。借鉴世界小城镇的建设和发展，吸取经验，接受教训，在我国的小城镇建设中有十分重要的意义。

责任编辑：吴宇江　孙书妍
责任校对：芦欣甜

世界特色小镇巡礼
吴季松　著

*

中国建筑工业出版社出版、发行（北京海淀三里河路9号）
各地新华书店、建筑书店经销
北京锋尚制版有限公司制版
北京中科印刷有限公司印刷

*

开本：787×1092毫米　1/16　印张：21¼　字数：386千字
2018年3月第一版　2018年3月第一次印刷
定价：68.00元
ISBN 978－7－112－21507－2
（31168）

版权所有　翻印必究
如有印装质量问题，可寄本社退换
（邮政编码 100037）

一个中国人看世界

季羡林题

自序

70年前，我母亲任北京大学幼儿园主任，不许我入幼儿园（秉公避嫌），我只得浪迹于大孩子（多为教授子女）和大学生之间，还在懵懂之间为地下党传过情报。似懂非懂地看了《鲁滨逊漂流记》和《哥伦布发现新大陆》两本小人书，作为不能入幼儿园的反弹，那时就萌生了走遍世界的愿望。

1977年我被选拔为改革开放第一批出国访问学者，于1979年第一次出国，以联合国项目主持人、中国科学院外事局代处长、驻联合国教科文组织副代表、联合国教科文组织科技部门顾问等各种不同身份，作为全国先进科技工作者、瑞典皇家科学院外籍院士，在长达40年的时间里，在世界上105个国家，进行城镇化、高技术、生态和水资源实地考察，在这三个领域几乎走遍了世界上所有类型的典型。

这三个领域实际是人类最基本的需求，人要生活就离不开自然生态系统，人要吃就离不开水，人要住就离不开城镇化，人要创新就离不开高技术。40年来我一直本着敬畏“以人为本”，尊重“顺应自然”的理念，上高山、下大洋，穿梭于非洲密林，上溯亚马孙河源头；入大城、进小镇，在瑞典皇宫居住一月有余，在罗马近郊贫民窟过夜；上至与国王交流，下到和普通民众攀谈；探讨何为“人之本”，探讨自然生态系统的规律。由此深切地感受到我身在其中的人类历史和现状，对我们身在其上的地球有了“百闻不如一见”、“读万卷书不如行万里路”的新体验，对新型城镇化有了历史长度的、世界广度的和科学高度的全新认识。这105国经历先后在中国铁道出版社、北京出版社、清华大学出版社、中国发展出版社和北京航空航天大学出版社共出版了21本游记，现在把小城镇的见闻和感受汇集于此。从亲身经历中说明小城镇的顶层设计、科学规划、环境保护、人口控制、基础设施建设、乡愁与特色维系，以及环境保护、行政管理和公众参与的经验与教训。

城镇化是人类历史发展趋势，更是现代化的趋势，也是我国实现两个一百年目标的重要部分。城镇化是历史发展的必然阶段，目前，世界城镇化率已超过50%。新型城镇化以人为本，核心在于给人以迁徙的自由，使其通过诚实劳动在选择的定居点中工作、居住和追求幸福的权利得到保障。积极、稳妥的新型城镇化是城乡一体化、消灭城乡差别的有力措施，是扩内需的最大潜力，是稳增长的最大动力，城镇化的进程也应该成为我国转变经济方式的过程。

国际上城市化（Citilization）的当代趋势是摒弃特大城市的无度扩张，限制大城市发展，因此乡镇化的建设就显得尤为重要，所以我国提出的“新型城镇化”概念就较国际上的“城市化”提法更为准确。通过40年的城镇化全球考察和研究，2014年我主撰“新型城镇化系列研究”专题报告，上报中央领导批转，主要观点和建议被国家发改委新型城镇化文件采纳。

例如，此前绝大多数的讨论和建议都认为我国最终城镇化率在75%以上（有据可查），我在报告中提出：一、中国有世界历史上最久的连续农耕文化，为何自毁？二、中国不是美国，有大片丘陵地，无法实现全机械化，必须有足够数量的农民；三、许多抄来抄去统计数字不可靠（包括联合国有的统计数字），例如与我国条件和历史类似的意大利和日本的最终城镇化率，据我的实地考察应分别是68%和67%。鉴于以上三点，我国的最终城镇化率应在75%以下。目前我国新型城镇化规划中提出的是在2020年前达到60%，在2030年左右实现新型城镇化的最终城镇化率是65%，我认为是十分科学的。据此，我完成了《新型城镇化的顶层设计、路线图和时间表——百国城镇化》（北京航空航天大学出版社2013年出版）一书。

鉴于我国幅员辽阔，人口众多，地形复杂和经济发展差异较大的具体情况，小城镇的建设和发展应是我国新型城镇化的主要内容。在全球城镇化考察中我到过五大洲的200多个小镇，其中包括了从极地到赤道国家的小镇，包括了世界上最富的国家（人均GDP超过5万美元）卢森堡、瑞士和阿拉伯联合酋长国的小城镇，世界上最贫困国家（人均GDP少于1000美元）尼泊尔、贝宁和多哥的小城镇，包括世界上最大的经济体——20国集团全部国家的小城镇，包括了“一带一路”主要国家的小城镇，包括了世界上黄、白、黑、棕四大人种的小城镇。包括了世界上四大宗教——基督教、佛教、伊斯兰教和印度教的小城镇。从亚洲文化厚重的历史古镇到欧洲中世纪建筑的古典小镇，从美洲18世纪的新兴小镇到非洲的原生态小镇；世界的小城镇真可谓琳琅满目，气象万千。这对于我国新型城镇化建设，在避免照搬西方现代城市模式，不再搞脱离历史与民情的、“大师”臆造的标志性建筑物，不盲目扩张，不千篇一律、千镇一面等方面或许有所裨益。

借鉴世界小城镇的建设和发展，吸取经验接受教训，在我国的小城镇建设中有十分重要的意义，国外有以古迹保护为核心的小镇，不只是保留孤零零的古迹，而是保护了一座古城，这就是世界文化遗产；国外有以自然风景为依托的小镇，不仅依靠胜景，而是保护了小城的环境，这就是世界自然遗产；我曾任联合国世界自然与文化遗产评审委员会中国委员，其实我们的遗产为什么一定要外国评比呢？为什么不能把各部搞的各类评比统一，搞一个达到国际水平的评比呢？

应该说“特色小镇”就是一个开始，但只要规范化，就会造成世界影响。国外也有大城市周边形成的贫民窟，有因产业凋零败落的小镇，我们应该引以为戒，并找到解决办法。这一切绝不只是政府的责任，新型城镇化为了人民，也来自人民，但绝大多数人不可能看遍各种类型的小镇以借鉴，这就是我写作这本百国百镇实地考察的目的和希望。

创新是一个国家富强和民族昌盛的灵魂，本书的考察与写作也以创新为宗旨。

我掌握英法两门外语，曾在联合国工作，考察均可不借助翻译，靠与小镇人民的直接交流与亲身感受。

我完全不借助集资，不是成群结队的游览，也不是使馆安排，均是借工作之便和自己的财力物力，自己订机票、旅馆，自己开车，所见名人更不靠送礼开路，也不靠使馆介绍，完全是靠自己的学术地位与影响。因此，更珍惜这一机会，有更深切的感受，也能看到更详尽的情况，有更深层次的了解。国内专家有共识：这是罕见的。

由于以上两点，我有可能有选择地考察和介绍世界上不易去到、报道很少而又具典型性的大多数小镇。

衷心感谢中国建筑工业出版社首席策划、编审吴宇江先生为拙著出版所做的巨大努力和辛勤劳动。

吴季松

2017.12.6

目录

四、东欧的斯拉夫风情小镇

五、东亚、东南亚和我国台湾小镇详考

六、南亚和西亚的宗教小城镇

七、美洲和大洋洲的小镇

八、非洲的原生态小镇

九、百国百镇的16种可借鉴类型

一

我居住了六年的法国
及相邻国家的特色小镇

创意"生态共同体"的丹麦小镇卡伦堡

今天"生命共同体"或"命运共同体"由习近平主席作为政治概念提出，已成为联合国文件的主旨和世界人民的共识，但这一理念的创意，是从丹麦的一个小镇的科技园区作为企业合作开始的。

今天在中国，提到循环经济的由来，几乎没有不说丹麦卡伦堡生态工业园的，这被认为是发展区域循环经济的"圣地"。2006年6月，作为国际科技园区协会（IASP）唯一的亚洲学术顾问，我对其进行了实地考察。卡伦堡市议会议员、议会技术委员会主任、园区的创始人之一V·克里斯蒂安先生接待了我们，并做了详尽的介绍，还逐一回答了我们的问题。双方展开了讨论，东道主陪同参观了重点企业，在参观中我们继续交流了感兴趣的问题，晚上宾主又共进晚餐深入探讨。在这个小镇我们收获满满。

卡伦堡位于丹麦第一大岛——西兰岛上，在哥本哈根以西100公里，属西西兰州，是个风景如画的临海小市，人口仅两万，实际上是个小镇。没有高楼大厦，几乎全是19世纪的2层建筑，古色古香。小镇只有一条街，街道窄小而清洁，虽然生活服务设施俱全，但商业不发达，没有人在街上闲逛，旅游者问路都找不到人。镇外除了一座孤零零的子爵城堡以外，是大片农田。

在21世纪大批参观者到来之前，卡伦堡只有一个正规的旅馆，是18世纪的"大车店"，还利用百年前的老屋，但收拾得干干净净，房间中没有一次性用具，坐便器都是双按钮的节水马桶，古朴清洁，服务周到。

在卡伦堡工业园区中与创始人探讨循环经济

自20世纪90年代我从联合国教科文组织把"科技园区"理念引入后，近20年来，特别是前10年，卡伦堡生态园区的中国团组高潮时一星期有两三批，每年都超过60个团组，人员上千。据说由于中国人来得太多，住不下，又赚了钱，才在城外盖了四星级的豪华饭店，还成立了旅行社，大多数团组都由导游接待，已失去科学考察的意义。但我还是住进了18世纪的“大车店”，老板娘诧异地说：“中国团来都不住这里。”

卡伦堡镇之所以闻名世界是因有一个聚宝盆——工业园区。卡伦堡工业园区位于卡伦堡小镇西南约3公里，面积约12平方公里，区域内企业20余家。园区是小镇的财政收入来源，也是居民就业的依托和服务业的主顾。

卡伦堡生态工业园区的英文是Symbiosis，是一个生态学名词，原义是不同物种和有机物间的依存关系，即“共生”或“生命共同”的意思，是生态学最基本的原理和现象。卡伦堡人自己对所做事情的定义是“不同产业之间的合作，以追求共同的经济和环境收益，求得生存与发展。”

卡伦堡工业园区的成功运行和成为全球循环经济的典范，在于小镇人有以下共识：

1．公众的可持续发展意识

北欧是世界上最早接受可持续发展意识的地区之一，公众对于可持续发展理念高度认同。我们亲眼看到镇上居民都自觉自愿地将垃圾分类，自己开车送到收集处。企业也是如此。

2．企业是实施循环经济的主体

卡伦堡工业园区不是政府组织的，不搞拉郎配，是由企业自发、自愿组织的。目前有其他企业申请加入，但由于废物利用未达标而未被共生体企业委员会批准。卡伦堡地区缺水，政府没有组织从外流域调水，最经济的办法就是把水循环利用，这也是企业经济利益所要求的。法律规定废弃物达标排放，但要治理达标还不如给别人利用，如果一家废物正好是另一家的原料，这样就两相情愿，互利共赢。实际上任何一种废物都是原料，只是把它在错误的时间，以错误的数量放到了错误的地方。这个基本事实就是循环经济提出的基础。

20世纪70年代中期，工业共存的概念由丹麦学术界传播，为产业界所接受。当时在卡伦堡镇的若干企业协商后决定，有必要建立一个协作网络，使本企业的生产剩余或副产品成为其他企业从事生产的资源或半成品，从而使企业群体在整体上降低成本，提高效益，节约资源和能源。卡伦堡镇政府的作用就是该网络的组织者、参与者和推动者。

3．镇政府的作用是严格执法和利益协调

丹麦在环境、能源、水资源等方面制定了一系列法律和政策性规定，如镇政府专门设立供水和废水管理部门，并做出相关规定，还提出绿色产业发展战略等。这为卡伦堡工业互利协作网络的建立和运行提供了法律和政策保证，同时卡伦堡镇政府是作为一个成员而不是“官方”参加工业互利协作网络，把自身地位摆得很正。在卡伦堡工业园区中政府的突出作用就是严格执法。

卡伦堡给我留下深刻印象的不仅是它的风景和古迹，还有居民与企业的现代化意识、理念创新和政府实实在在的服务功能，真可谓是思想和阅历的双丰收。

科隆布小镇上的邓小平故居

邓小平在巴黎的故居位于巴黎西北近郊的上塞纳省拉加雷讷—科隆布镇（La Garenne Colombes），距巴黎市中心约10公里，距城边仅3公里，但小巷曲折，从市中心开车去也要半小时。故居原为波安特街39号，现在叫梅代里克街（Médéric）39号。邓小平于1921年4月到巴黎之后至1922年2月住在这里，去里昂后于1923年6月又返回，直至1926年初离开法国，基本住在这里。

波安特街39号是一座1910年建的独立的3层楼房，楼外有个院子，当时被旅法中国学生租作会馆式的公寓，住了许多人。20世纪20年代这里还是荒郊野外，东临巴黎北郊的工厂区，西南就是直至戴高乐时代才由垃圾场改造而成的拉德芳斯（La Défense）巴黎新城。站在宅前小街上，当年杂草丛生的荒郊仿佛就在眼前，当年轰隆的机器声仿佛震耳欲聋，70年过去，弹指一挥间，世界发生了多大的变化啊！现在房子的主人已是一位常居美国的法国商人，几经联系，趁他女儿回来度暑假我访问了这座故居。现在这座房子已粉刷一新，上了高台阶以后，一楼已打通，成为大厅，而当年都是隔开供单身居住的小房间。二楼是较宽敞的卧室。三楼的亭子间据说是1924年办《赤光社》出油印刊物、邓小平同志刻钢版的地方。房间现在看起来还算宽敞，但想当年几十人住在这里就拥挤不堪了。据房主小姐说，邓小平1975年访法时曾来过这里，50年的变迁可谓天翻地覆。

我走出院门，碰见一位好心的邻居，他说自己从1930年起住在这里，已住60年了。1930年距邓小平同志回国的1926年只有5年，对于当时的情景他还记忆犹新。据他讲，街头小教堂前的自由市场那时就存在，邓小平先生一定来这里买过菜；街边的咖啡馆也是当年的老店，邓小平先生一定在那里吃过叫“新月”的奶油羊角面包。近3年的上千个日日夜夜，这小小的街区一定留满了邓先生的足迹。今天科隆布变了，成了中产阶级居住的幽静的郊区，波安特街也改名叫了梅代里克街，房子也几易其主。

我在邓小平故居前与他的老邻居合影

今天，法国变了，中国也变了，一切都在变迁，而历史永远值得记忆，人类忘记了过去就无法解释现在，也就无法知道未来。静静的梅代里克小街已经今非昔比，由于边郊的扩大，现在已在近郊，街道比较宽阔，法国梧桐成荫，两边三四层楼房十分整齐，只是街上行人十分稀少，显得很冷清，但仍很让人留恋，值得人记忆。我在街上来回踱步，陷入沉思，谁能说这里不是53年后轰动世界的中国改革的孕育地之一呢？

我走访了小平同志邻居的一位老人，已经70多岁，他记得在他儿时这里还住着中国学生，到他的少年时代，就都搬走了。为了作为永久的纪念，他向新房东要了一些未搬走的中国线装书，还把这珍贵的纪念物送了我几本，其中有光绪十五年（1889年）出的《力学须知》和《成唯识论》等，上面盖有“工育励进社”和“中华会馆”图书馆的印章，虽然印制不精，连公式也是竖排，但这就是中国开始走向开放的见证。当年小平同志曾负责图书馆，他肯定管理过这些书籍，一次见到邓蓉同志，我把当年小平同志管理过的书送了她两本，并送给她我的世界游记。

创造历史的是人民，也是杰出的人物群体，在某些情况下也是伟人，至少，没有邓小平同志，中国人在20世纪写出一套世界游记是不可能的。这套书无论写得好坏，它的出现说明了我们国家已走向开放。

巴黎郊区小镇玫瑰泉——我的家

我前后在巴黎生活了6年多，在巴黎西南郊的玫瑰泉镇上住过两年多。这里虽距市中心7公里远，但交通方便，有直达地铁，20多分钟即可到达。玫瑰泉镇是座小山城，山高达100米，比北京的景山还高。小镇位于巴黎的南大门，有大约3万居民。小镇最早的历史要追溯到1084年，整整900年以前。19世纪时，强人经常出没于此。20世纪50年代，这里是盛产玫瑰的村子，遍山的鲜花供应巴黎的鲜花市场和香料工厂制作世界驰名的香水。20世纪60年代，由于巴黎市区的扩张，这里变为卫星城，再也看不到乡村的痕迹，假日里我找遍全镇，只剩两家花农了。

我住在山脚下皮埃尔小街的一幢四层公寓里，我的单元在二楼。楼前有如茵的草坪，楼后有齐楼高的大树，树下不远处是个只有40平方米的小型超级市场。超级市场门前就是标志着玫瑰泉镇边界的五色花坛了。街上多是自成门户的小花园洋房，我住的这类公寓已是鹤立鸡群了。楼上视野开阔，环境幽雅，真是个做学问的好地方。这里是巴黎中产阶级聚集区，知识分子很多。

在国内常听说国外人情淡漠，乍看起来，的确如此，邻里几乎从不串门，见面最多打个招呼，不少人连招呼都不打。但我和楼上楼下的邻居还有些往来。有一次楼下的邻居偶然问我："您知道楼上那家是做什么工作的吗?"我惊奇地反问："您在这里住了多少年了？"他回答说："10年了。"而据我所知，楼上那家至少住了6年了。邻里关系之疏远是够让人心寒的。听说甚至有孤身老人心脏病发作，死了半个月才被收水电费的发现这种事情。

然而还有相反的例子。玫瑰泉镇上办有业余法语学校，一星期两次，免费教授。老师多是大学生，也有家庭妇女，没有分文报酬，自愿教课，风雪无阻，态度认真。我没时间去"与法语结亲"学校上正规课以后，就在这里继续学法语。班上多是外籍工人，我算是个特例。有一次我问我的老师："您为什么要来这里义务教学呢？"她回答："我想外籍工人来到法国工作，不懂法语，有多难啊！我应该尽点自己的力量帮助他们。"邻里之间这样淡漠，对需要帮助的外国人又这样热情、无私，世界上的事就是这样矛盾。

人情到底是冷还是热呢？时间长了，可多少悟出些其中的奥妙。在西方，一般人认为邻里之间没有来往的必要，因为邻居不是自己找的，情趣和习惯都不一定相同，来往多了难免发生矛盾，反而自添烦恼。要交朋友就到社会上找志趣相投的去，地铁上碰见个外国

在住了两年半的巴黎近郊玫瑰泉镇公寓楼下

人，只要谈得投机，也可拉回家来，交个朋友。“为什么一定要交上帝安排给我的这个邻居呢？”这是不少法国人的想法。至于是否要互相帮助，他们也有解释：社会服务周到，就没有多少邻里互助的必要了。对于工作单位的同事一般也持同样的态度，工作上应该合作，但是有没有朋友关系也要看是否合得来。当我离开巴黎，一个同事举行野餐会欢送我时，我才发现不少同事都没有去过他家。

我在玫瑰泉镇法语夜校中的老师I小姐是个大学生，来自法国北部一个矿山城市，家道贫寒。在她离开前，弟妹们还看不上彩色电视。她读经济系，全靠每天课后做零工来维持，经常还要上夜班挣钱。她的情况还不算坏的，因为不少人都是向银行贷款读大学的，他们中有的要在课后去旅馆上夜班，然后再去上课，连续36小时不能睡觉，因为外国旅馆的夜班人员要守候凌晨4点尽兴而归的游客。晚上我给我的同事打电话，听筒里传来的经常是一个温柔而又不无凄凉的声音：“××先生和太太出去玩了，大约要两点钟回来。”那是个女大学生，紧接着听筒里又传来一声尖叫：“小姐，我要撒尿了！”她是在做6小时的保姆。更有甚者，还有人去夜总会做女招待。我自己的大学生活是清贫的，仅仅去过两次饭馆，还纯粹是为了充饥，然而，没有一分钱是我挣的。据说现在的大学生已经快达到“小康水平”了，也许有人会说：“外国学生还有钱来中国旅游呢！”是的，但是那些钱是他们自己挣的。也许有人还会说：“外国的钱好挣！”然而，正是由于更多的人在有效地劳动，积累了更多的社会财富，才有较高的消费水平，钱才变得好挣。只想着钱，不想付出劳动，或者想少劳多得，这不是合理的思维方式。外国人不如此，中国人也不应该如此。

从我的家到研究所，走路只要一刻钟，路上经过镇上的小学。法国的小孩是非常可爱的，长睫毛，大眼睛，精力充沛，懂礼貌。你逗逗他，他必有一个天真而友善的回答，向你笑笑或眨眨眼睛。中午国家免费供应一顿午餐，由保温车拉来，一人一份，里面都是一次性的小盆小罐，吃过就扔掉了。饭分高年级和低年级两种。有一次我看见一个高年级学生恳求老师给他一盒低年级的饭，原因是他马上要去赛球，低年级的饭里骨头少，吃得快。这些天真的学生却很有些“崇洋媚外”，不少人背美国书包，买不到美国书包的就在自己的书包上写上“USA”3个字母。老年人看了直摇头：“这一代！”

有趣的是，我在纽约街上见到的第一次排队抢购，是买便宜的法国香水。一个衣冠楚楚的男人和我开玩笑说：“女人都应该嫁到巴黎去。”可是，不止一个巴黎土生土长的女大学生对我说：“我毕了业就去纽约，干什么都行，巴黎太不自由了，长舌妇和大嘴汉窥视人们的私生活太多了。”更出人意料的是，中国的懒汉鞋居然在巴黎风靡一时，以汉字为坠子的项链在美国十分流行。究竟谁“崇拜”谁，哪一国“崇拜”哪一国呢？

年轻人的好奇心、改变生活的愿望是社会发展的动力之一，开始时不无偏颇，正如淘金要先拉来一车沙子一样，如果一个社会在前进，高品质的产品、真正的艺术和伟大的理想与时髦的次货、粗俗的娱乐和对刺激的追求之间，是会泾渭分明的。既然如此，那么，“崇洋媚外”这个词，我想该有新的解释了。

贡比涅——一座有特色的大学城

贡比涅（Compiègne）位于巴黎东北66公里，在紧邻法兰西岛大区的皮卡第大区的瓦兹省。开车去贡比涅则有80公里，巴黎北郊的路更不好走，来回要3个半小时。巴黎北郊是工业区，田园不多，多为传统产业，显得破旧败落，有的厂房被弃，有的也不冒烟，让人猜不出还开不开工，巴黎申办2008年奥运会要改造的就是这片地区。穿过工厂区后，空气清新，树木扶疏，仿佛是世外桃源，原来是到了巴黎近郊三片100平方公里以上的大林区之一——贡比涅森林。

贡比涅森林是有名的狩猎区，森林中更为著名的是一节火车车厢。这节造于20世纪初的豪华车厢，油饰一新，停于密林中供人参观。这节车厢是第一次世界大战中法军元帅福煦（Ferdinand Foch）的指挥部，当时的林中铁路，现已拆除，只留下一小段怀旧。1918年11月11日德国战败，在这节车厢上和法国签订了停战协定。车厢旁有纪念碑，在紫色大理石制的小凯旋门下，一只灰石雕的鹰张着翅膀，倒毙在地上，象征德国战败。胜利者福煦元帅的雕像立于高石之上。林中有小纪念馆，其中有停战协定的文件：德国要赔

5000门大炮、2500架飞机、5000辆火车头、5000辆卡车，还有15万节车厢，数目惊人。三十年河东，三十年河西，1940年希特勒德国击败法国后进行了报复，强迫法国于6月22日在这同一车厢中签订了停战协定。5年之后希特勒德国覆灭，法国也没有再要求回到这一车厢来签字了，人类对“战胜”有了新看法。森林中树木浓密，空气清新，战争过去了50年，林中已是葱绿一片，只有从战争中焚毁或砍伐的老树树根上还可以看出那硝烟的遗迹。

在贡比涅森林德法两次世界大战签协定的火车车厢

贡比涅城建于1000年以前。19世纪初，拿破仑曾在此指挥对欧洲联军的战役。像大部分欧洲中等以上城市一样，贡比涅也有一个小巧但气派的市政厅，古堡式的3层楼，中间有尖塔，两边有配塔，两翼有配楼，厅内陈设富丽堂皇。市政府还请我在右侧配楼的市府餐厅中用了法国北方风味的佳肴，所用器皿均是银制，造型华贵美观。市政府前照例是个广场，广场地面由石块嵌成，经几个世纪踩踏已经很光滑，由于石质坚硬，竟无一破损。欧洲的石结构建筑和石嵌地面与中国的砖木结构建筑和砖铺地面相比的确耐久得多，可说是千年大计。欧洲人常说：“产品的质量就是民族的素质。”这句话是耐人寻味的。广场中心有花坛和可供人小憩的长椅，广场周围也照例是最热闹的街区。

流过贡比涅的美丽的瓦兹（Oise）河使小城变为了一座旅游城市，瓦兹河是巴黎的母亲河——塞纳（Seine）河的一条支流，因此从贡比涅可以一直乘船到巴黎。瓦兹河河面宽阔，流水清澈，市民沿江而住，游艇顺流而过，蓝天之下，碧水之上，绿林之中，红楼之畔，贡比涅的河滨部分是一幅美丽的图画，每年的夏日都吸引许多游客，在游艇上观光就餐，度过一个惬意的假日。

近年来使贡比涅变得更为著名的是1972年才建立的贡比涅大学，在百年老校林立的欧洲，贡比涅大学得以脱颖而出是因为它的确独具特色。在校长L教授管理下，贡比涅变成了一所为高技术开发培养人才的有特色的工科学校，教学与研究相结合，教学与技术开发相结合，培养了实用人才。在法国失业率居高不下，尤其是大学毕业生就业十分困难的20世纪90年代，贡比涅大学的毕业生比较抢手，这的确是个了不起的成绩，也十分值得我们借鉴。

贡比涅小城大约有5万人口，古朴清幽，居民质朴，衣着也不奢华，居民与大学的务实风气交融，互相感染，互为补充，造就了大学的特色环境，是一个有特色的文化城市。这里既有古迹，又有现代的贡比涅大学。我多次驱车来贡比涅，20世纪90年代初，初到时真有一尘不染的感觉，街上没有一张废纸，没有一片落叶，没有一堆浮土；而我1996年又去时，感觉不如以前，可能是移民政策放宽的缘故吧！我想，吸纳移民是法国社会的需求，也是件好事，但如果不妥善安置加强管理恐怕会有麻烦，没想到不少事情发生在20年后，国家也要有远虑啊！但小城仍给人以好感，是个难得的去处。

图瓦里小镇的城堡和拉巴诺斯先生

在巴黎正西约40公里的地方，有个图瓦里（Thoiry）小镇，小镇有980个居民，小镇的中心就是我的好朋友拉巴诺斯夫妇的图瓦里城堡，在城堡外有法国最著名的图瓦里野生动物园。

园中分三部分：图瓦里城堡、室内动物园和野生动物园。城堡是个典型的3层法国古堡，第一层是大厅，约有5米高；第二层是住处，也有4米高；第三层依屋顶和烟囱而建，是顶楼，还有3米高，一般用作储藏室。古堡总高达12米以上，相当于5层楼高，共有上百间房子。室内陈设精美，还有乾隆时代清朝王室送的花瓶，显示着主人身为名门望族之后的身份。古堡没有围墙，屋后有个巨大的法式花园。动物园主人是子爵后裔拉巴诺斯先生。我们只能称后裔，因为法国与英国、瑞典、荷兰不同，大革命把王室推翻以后，就取消贵族封号了。拉巴诺斯热心公益事业，为办这个天然动物园倾尽心血。天然动物园耗资之巨是人人皆知的，而拉巴诺斯先生把门票价格定得很低，因此，在创园初期，他除了把全部收入赔进去，在开始经营时，还要变卖一些家产补贴。

图瓦里的核心是“太阳堡”。它建成于1564年，时间相当于明朝嘉靖年间，比北京的地坛、日坛和月坛只迟30年，由名师设计，地处高岗，晨阳朝霞和落日余晖都能从城堡大厅中穿堂而过，实为奇观，因此被称为“太阳堡”。城堡一层有城堡文物博物馆，其中有拿破仑给拉巴诺斯先生先祖的亲笔信件；“白厅”中陈列有世界上第一批出厂的钢琴和大量古老家具，还有清朝皇帝送给这个家族的瓷器，以及路易十五的财政预算簿、路易十六的挂毯等珍贵文物，其中还包括我送给他并亲自注释的一套清朝十个皇帝时代的铜钱。其中白厅全由17~18世纪家具布置而成，巨镜、名画和古籍真实地再现了当年贵族的生活。博物馆的大厅还可以出租给年轻人举行古典婚礼，经营之道，令人叹服。拉巴诺斯夫妇多次邀我住在他城堡家中高大贵宾客房，落地大窗、古典家具，这是我第一次住在城堡中宫殿式的客房，让我仿佛回到了19世纪。

我的好朋友拉巴诺斯夫妇在他们的城堡前

古堡外是一个大法式花园，在高台之下，有一片坡地，让人豁然开朗。花园绿草如茵，密林环绕，与动物园和森林相连，苍翠一片。城堡对面是法式花园修剪整齐的松墙、喷泉水池，和凡尔赛宫的一样。远远望去，花园似乎到了尽头，而走上前去则豁然开朗，一片绿茵茵的斜坡草地展现在眼前，真让人有“花园尽处默无语，低坡绿茵又一村”的感觉。这就是法式花园的标准模式。法式花园东侧是自然风景的英式花园，花园中绿树青草听其自然，古树参天，最老的树已达700岁，可惜1999年圣诞节的一场暴风吹倒了许多古树。花园共占地127公顷，拉巴诺斯夫妇还计划修建一座中式花园，这位园林专家想把世界的花园都集中到图瓦里，如能实现，倒真是世界园林一绝。

图瓦里之所以闻名欧洲，还因为它是法国最大的野生动物园。整个园林都是拉巴诺斯先生本人设计的，他在法国外省还有两个野生动物园，本想在马赛建一个海底野生动物园，因各种原因暂时搁置。法国国家野生动物园也是拉巴诺斯先生设计的，他是法国首屈一指的野生动物园专家。

野生动物园约有1平方公里，内有非洲动物园、南美洲动物园、虎园、狮园、熊园、猴园，还有专为儿童游玩的小动物园，园中有小猪、小马、小狗和小熊猫等，颇受儿童喜爱。驱车园中，大象举鼻致意，斑马拦路乞食，让人感觉返回大自然之中，仿佛游览了非洲草原和美洲丛林，有一种心旷神怡的感觉。动物园中有20多头狮、虎，60多头熊，共150种800多只动物。

动物大都散养，大部分地区要坐汽车参观。成群的斑马和野鹿和睦相处，犀牛和仙鹤在水中各不相扰。长颈鹿昂首漫步而来，吃城堡边树上的叶子，老虎则悠闲自得地在公路上大摇大摆。每到冬日，是园中冷落的日子，游客稀少，狮子、老虎和大象都钻进笼子里不出来，只有斑马和非洲横角牛若无其事地在园中游荡，因为老虎不是东北虎，也怕冷。有时部分展区还因此而关闭。最有趣的是喂狮子，十几头狮子分别关在铁笼里，喂的是牛头、腔骨，当分给第一头食物时，其他的拼命吼，只要有一头还不停息，伙伴们就都不吃，到最后一头有了食物，才分别入“座”，“合唱”也就结束了，继之而来的是一阵“咔嚓”“咔嚓”的咀嚼声。如要你隔着房子听，一定会感到毛骨悚然，亲眼看着，反而好些。

这样一个大规模野生动物园只有34个工作人员，驯养动物的只有17人。图瓦里城堡前就是一个类似凡尔赛宫主花园的法式大花园，城堡边上有1.3平方公里的英式花园，周围是3.6平方公里遮天蔽日的森林，集野生动物园、室内动物园、法式花园、英式花园和森林于一体，总面积达6平方公里，是巴黎人郊游的理想场所。图瓦里每年约有40万游客，每到夏日车水马龙，游人如织，游客主要来自法国以至欧洲，足见其管理之高效和现代化。

凡尔赛镇上的凡尔赛宫

凡尔赛（Versailles）属法国伊夫林省，地位相当于北京的海淀区。说凡尔赛宫是巴黎的“颐和园”，那是再确切不过了。凡尔赛是法国皇帝的夏宫，外国人也把颐和园称为“夏宫”；颐和园距天安门14公里，凡尔赛宫则距圣母院18公里；只不过颐和园在北京的西北，凡尔赛宫在巴黎的西南罢了。我无数次开车陪朋友或自己去凡尔赛宫游览、休憩，说不上熟悉那里的一草一木，也称得上了解那里的一林一水了。

凡尔赛原只是个小村落，1624年，也就是清太祖努尔哈赤时期，路易十三开始在这里修建城堡，只是作为狩猎的行辕。路易十四于1661年开始建宫殿，1685年大兴园林，至1689年历时28年建成。像海淀镇随颐和园兴起一样，凡尔赛镇也随凡尔赛宫兴起，与海淀镇的热闹不同，凡尔赛至今还是个幽静的小镇，但房子都高大整齐，是富人的度夏别墅。一般游客都认为凡尔赛园林不大，这真是只见树木不见森林了，凡尔赛花园不大，只有1平方公里，是颐和园的1/3，而整个凡尔赛园林则达7平方公里，超过颐和园的2倍。

凡尔赛园林在凡尔赛镇的东端军队广场前，军队广场是当年路易十四阅兵的地方。广场正对镏金的高大宫门和铁栅栏园墙，进门后又是一个广场，广场中央是路易十四身着戎装，坐骑骏马的雕像，广场周围是王宫。主宫呈“凸”字形，是3层大厦，长达405米，两侧还有配楼，总建筑面积达11万平方米，是比较典型的巴洛克式建筑。主宫中间是路易十四的王宫，装饰雍容华贵、富丽堂皇。尤以镜厅最为著名，大厅宽阔，采光极佳，水晶吊灯高悬，巨镜交相辉映，装饰金碧辉煌，堪称登峰造极。左右两侧是内阁办公室、剧院和教堂，室内都用红木和大理石镶嵌，墙上有巨幅油画、挂毯，屋中有各种雕塑陈设。其中以米格纳（Mignard）画的路易十四最为著名，路易十四头顶乌黑假发，身着棕上衣、红斗篷、蓝绶带、紫背心、白衬衣，五色彩装，高鼻阔面，目光冷峻，专横独断的个性跃然纸上。

凡尔赛宫后是凡尔赛花园，占地1平方公里，是法国，也是世界最大的法式花园。从宫后两个巨大水池中穿过，走下台阶，就进入了巨大的凡尔赛花园。这是典型法式花园独具匠心之处，在台地上只能看见远处林木，并不知有巧夺天工的花园就在脚下；走到台阶前，一个大花园扑面而来，真是“遥望天边不知路，脚下便是杏花村”。花园和其他法式花园一样，有修剪整齐的松墙和塔状松树，红绿相间、拼成图案的大小花坛，以各种几何图形显示其千姿百态。最引人注目的是大喷泉水池“Latone”，大水池中喷泉分四级，第一级是跃出水面的鱼类向外喷水，第二、三、四级分别是人和动物向高坛中央的半裸女神喷水，构成了一幅奇妙的水帘雕塑。凡尔赛大花园广阔、整齐、庄重，美不胜收。

凡尔赛宫边的小镇

人们了解最少的是凡尔赛园林，凡尔赛园林和花园不直接相通，一般从南门进入，其中有汽车路，徒步要走上大半天。园林的中心是称为“大运河”的长1.7公里、宽60米的长条湖和称为“小运河”的长105米、宽75米的长条湖。两湖十字交叉，中间形成一个圆湖，湖中可以荡舟。湖的四周是茂盛的草地和浓密的树林。密林路边有不少皇家建筑、马厩、鹿苑、小花园、小亭子，还有爱情小屋。路易十六的皇后来自奥地利农村，不愿过宫廷生活，特制了草顶泥房的小农舍，舍前有菜地、磨坊，村边有小桥流水，村外还有农田，这种农家的设施在其他宫苑中是少见的。现在这里有居民，我以为他们是演员，上前攀谈，发现不是，他们真的生活在这里，自食其力，不过拿点公园补助。这种管理方法很接“地气”。

我多次来凡尔赛园林休息，觉得它是凡尔赛最美的地方，在蓝天之下，碧草地上，看着那游戏的儿童、对坐的情侣、清澈的湖泊和浓密的树林，一种返璞归真、回归自然的感觉油然而生。园林北面连着一片面积同样大小的小森林，因此遥遥望去密林一片，不知其深浅。人造景观自有其诱人之处，最美的还是大自然！如果和北京颐和园相比，凡尔赛宫的缺憾是既没有“万寿山”，也没有“昆明湖”，园林内容略逊一筹，但园林的布局和修整又是其胜出的地方。

出了凡尔赛宫在小镇上踱步，街上看不到居民，十分静谧，房子不超过3层，但每层都很高大坚固，可能与多次驻军有关。本来镇与宫有间隔，但自20世纪起有不少达官贵人搬来盖房度夏，已经把镇与宫连了起来。

宁静的沙特尔有闻名世界的大教堂

沙特尔（Chartres）在法兰西岛大区和中央大区交界的厄尔-卢瓦尔省，与法兰西岛大区近在咫尺，人们说巴黎周围名胜的时候总把它也算上。沙特尔在巴黎西南71公里，是座清幽的小城，有4.2万人口。小城以城中的大教堂闻名于世，它被联合国教科文组织定为世界文化遗产，也是法国九大名教堂之一，更是早期四大教堂之一。从巴黎到沙特尔直线距离仅有71公里，但行车距离至少90公里，加上出入巴黎的困难，往返一次要3个半小时，对半天的远足来说，是最适宜的去处。巴黎西南有广阔的田野，驱车上路，那金黄的麦田投入眼帘，那清新的空气扑面而来，那清脆的鸟鸣声声入耳。

沙特尔闻名于世是由于它的大教堂。大教堂之所以出名有几点：一是大教堂建得早，落成于1160年，比巴黎圣母院的开工时间还早，尽管1194年被烧毁，但1260年重建后仍比巴黎圣母院落成早85年。二是教堂造型宏伟奇特，规模庞大，达2700平方米。教堂正面左右各有一座造型不同的尖塔，是法国少见的不对称教堂。大门顶上有巨大的圆窗，中间是12瓣的巨花，周围又有12朵8瓣小花，宛如一个花坛。第三，也是举世闻名的，是教堂有色彩鲜艳的彩色玻璃窗，上面刻画有5000个人物，其中大多造于公元12～13世纪。玻璃窗呈鲜红、雪白、湛蓝、翠绿、墨黑、杏黑、深棕和靛紫八色，十分艳丽，阳光照过，光彩夺目。刻画的人物有圣母、神父、国王、大臣、富商、平民、农民和差役等三教九流，几乎无所不包。

沙特尔大教堂较巴黎圣母院小，但堂高差不多，进入后更显出高耸冲天的庄严，在阳光下，玻璃窗色彩斑斓，仿佛一个神话世界。沙特尔教堂位居高岗，远远望去越发显得巍峨雄浑。堂后有一个巨大的后花园，绿草如茵，鲜花遍地，与民舍相连，一扫教堂的肃穆气氛，有田园般的祥和之风。沙特尔在政治上也是很出名的教堂，1594年法国国王亨利四世曾在这里加冕。

在大教堂前

小城沙特尔也别具特色，这座历史古城建在高岗之上，小河拥抱之中。高岗之巅是沙特尔教堂，教堂之下躺着这座静静的小城，小河绕城而流，并在市中心分成三叉，因此居民住在河边，住宅的后花园紧依着小河，像一座水上花园。小城的难得之处是非常静谧，城中仿佛无人居住，无声无息。只有高耸的教堂冒着仙气，只有埃夫尔河（Evre）在潺潺地流淌。到教堂的成群旅游者，也像受了小城恬静的感染，不声不响，静静地享受这宁静的舒适。沙特尔小城有山，有水，有文物，实在是周末郊游的好去处。

沙特尔小镇没有高层建筑，更没有

标志性建筑物，哪个大师还能设计出比沙特尔教堂更好的标志性建筑物呢？不幸的是在我国有的省市就有。“标志性”建筑物是从国外学来的，但那都是新城，“大师”不与古人“竞争”。

“宁静而致远”是我国的古训，宁静的确是人的一种追求，让你安心，让你思考，让你憧憬，找一间宁静的小屋容易，找一片宁静的树林就不易，找一个宁静的小区就难了，找一座宁静的小城更是难上加难，而沙特尔就是这样一座小城。

探索历史上丝绸之路可能的终点——沙托丹

目前对于“一带一路”的国际部分研究，不仅在国内，在国际上也很少，我任中国常驻联合国教科文组织代表团参赞衔副代表（对外）时，于1991年把联合国教科文组织《世界文化十年》计划中“重走丝绸之路”项目引入国内。那时，无论是联合国教科文组织，还是我的工作，由于财力和人力等原因，活动都仅限于国内。

因此，丝绸之路起点相对固定（也有西安和洛阳两说），而终点根据马可波罗游记较一致地认为是意大利的威尼斯。实际上丝绸之路从我国汉代开始几起几落，因此，有不同的起点和终点是很自然的。例如到了威尼斯也自然会南下到“条条大路”通到的罗马，也会北上，所以一说终点是德国。

根据我的研究，大批商旅翻越横在面前的阿尔卑斯山，北上德国的可能性是不大的，倒是沿地中海沿岸去法国，上溯罗纳河谷去法国的发源地卢瓦尔河谷的可能性比较大。

丝绸之路可能的终点——法国沙托丹小镇

卢瓦尔河谷也是今天中国游客去法国的必游项目，我更是多次去考察，还专门去了卢瓦尔河谷的西端，在巴黎西南100公里，距卢瓦尔河谷中心也仅100公里的小镇沙托丹（Châ teaudun)。

沿途经过了不少法国农村，和我国有的地方一样，不少农村萧条无人，看来这是现代化与城镇化的通病。村庄贫富分明，有的村房粉饰一新，而有的年久失修，死气沉沉。村中几乎看不到年轻人，天色渐暗，家家户户的窗户都放下木挡板，一丝光都透不出来，像个黑碉堡，街上无人，路灯昏暗，整个村庄仿佛睡去一般，让人想起第二次世界大战。

沙托丹沿卢瓦尔河的支流卢瓦河而建，是个沿河小城。公元3世纪建立高卢王国，卢瓦尔河谷就是中心地带，当时正是汉代丝绸之路繁荣的时期。

沙托丹的法文意思就是“丹城堡”，城堡始建于公元910年，当时正值唐朝末年，中央集权的统治力大大削弱，战乱还未起，促进了丝绸之路的兴盛，可以想象当年有的商旅应该会从卢瓦尔河谷到过沙托丹。

10世纪的沙托丹城堡就是一座中世纪的碉堡，成圆柱状，上有圆锥形尖顶，地面10层，连顶高约50米，由巨石垒成，每层都有在墙壁巨石中凿出的窄而高的枪眼，在没有热兵器的中世纪的确是坚不可摧。中世纪碉堡下就是集市，商旅和农民在此进行贸易，丝绸之路的商旅很可能到此交易。城堡有巨大的地下室，当年用作牢狱，囚禁被俘的敌军和违规的农民，大牢狱就是个地洞，除了粗修的拱顶外，地面是碎石，墙也是土石，没有一点装修，阴暗潮湿，囚徒的感觉可想而知。旁边还有几间单间囚室，涂了白墙加了木门，不知囚的是什么“高级犯人”，在这里活生生地展现了欧洲中世纪的黑暗和残酷。

在12世纪于城堡边上修建了教堂，教堂大门很高，约有12米，从底部的大门连到了三层的窗户，这样的大门在法国不可胜数的教堂中别有特色。

我在法国6年多，到处旅行，但在一个小村子停留半天还是第一次，这个沙托丹近郊的小村子叫圣但尼-莱蓬 (Saint-Denis-les-Ponts)，即“圣但尼桥”的意思，在法国92号国道的沿线，国道穿村而过，并未另占农田建设。这里原是一个军事基地，现已废弃，我的一个朋友——创办公司的留法学生，在这里买了一片地，还买了前村长的一套有14间客房的沿国道小楼，这里有可能用作建我们“一带一路”国际科技工业园区联盟的第一个国外孵化器。

小村很幽静，沿国道两边呈长条状分布，居民不多，小超市也只有一个。环境很好，天蓝地绿，村前一个小池塘，村后一座布满森林的小山，其中有狩猎区。

在小村的教堂边遇到了村长阿兰・卢梭先生，他个子不高，但很精神，很外向，主动与我攀谈。由于他要开村务会议，我们就很快道别了。他对我们那个办公司的留学生十分友善，给了不少帮助，甚至在他购房时帮助讲价。这个留学生不少时间在中国工作，不在时偌大的房子都托他照料。

看了圣但尼-莱蓬小村，我们就去沙托丹小镇就餐。我在法国期间，外地小镇餐馆很少去，去也是加油站的餐馆，匆匆吃一顿美式快餐。这次要尝试一次乡村小镇餐馆。我们是星期一到的，不料仅有的法式餐馆关门，因为星期日营业，今天补休，其实餐馆大厨就在路边闲荡，对我们表示歉意，好像在说："大家都不干，我怎么办呢？"这从另一个侧面反映农村小镇的不景气。

我们只得进了一家公路边类似加油站餐馆的新式餐馆，餐馆面积很大，餐桌也很多，但是也没有顾客，找了一会，只有一个服务员。但价格的确只有巴黎的2/3，不到15欧元，可以吃得不错，量不小，货真价实。千年的古丝绸之路，几起几落，几次变线，要经过多少像沙托丹这样的小镇，他们都可能借当今的"一带一路"倡议复兴，谁能说圣但尼-莱蓬这样的小村不会发展成新丝绸之路上的小镇呢？

圣米歇尔山近海生态修复——人海和谐

全欧洲的旅游者没有不知道圣米歇尔（Saint-Michel）山及其大教堂的，在法国当然更是家喻户晓。这座山其实是个小镇，有上百户居民，居舍建筑都很别致，让人分不清哪里是景点，那里是民舍，每年有来自世界各地的200万游客来此旅游。圣米歇尔大教堂早已列入了联合国教科文组织《世界文化遗产名录》。

圣米歇尔山在法国西北部的诺曼底半岛西部，就是第二次世界大战中盟军登陆的地方，与更西的布列塔尼半岛隔圣马洛海湾相望，属于布列塔尼大区的芒什省。圣米歇尔山实际上是个距海岸2公里的圆锥形小岛，底周长900米，直径约150米，面积1.6公顷，也就是24亩地，约两个足球场大小，高为78米。流入扇形海湾的有从东向西排列的塞（Sée）河、塞吕讷（Sélune）和库埃农（Couesnon）三条河流。

约公元708年，地区主教奥贝尔在当时距岸6公里的小岛山顶，修建了一座奉献给天使米歇尔的小教堂。公元1203～1228年用了25年时间把小教堂扩建成今天高150米的大教堂，连山高达230米，远远望去像一艘不沉的航空母舰，又像一座海市蜃楼。以后又相继在教堂背后修了梅韦勒修道院等6座建筑，构成了一个完整的建筑群。

1658年这里成为以酷刑著称的监狱。1811年拿破仑将它改为博物馆，直至1863年政府才停止向岛上流放犯人；1874年开始对岛上建筑进行修复，使之又成为宗教和旅游胜地。1875年修了一条长达1800米的海堤，涨潮时也可以驱车上岛了。

政治的劫难已经过去，但是，随着人类活动的增多，圣米歇尔山的近海生态系统遭到破坏。原来的海滩由于路堤阻挡，无法在退潮时将泥沙冲走，逐渐变成了陆地。现在只有大潮到来时，圣米歇尔山才显现为海岛。

圣米歇尔山的变迁充分说明了人与自然的关系，自然生态系统的变迁，既有“天灾”，也有“人祸”。自然生态系统自身也在变化，塞河、塞吕讷河和库埃农河携带泥沙的沉积，使得1300年前距岸6公里的圣米歇尔山至今距岸不到1.8公里，平均每年前进3.2米。当然，其中也包括由于后来生产和战祸伐毁森林，造成水土流失加剧的人为原因。

而自1875年修路堤以来，仅130年，原有的1800米海滩在低潮时已成为陆地，每年的淤积速度高达13米以上，翻了两番，说明人类活动加剧对近海生态系统的影响比自然影响大得多。

低潮时海的消失给这个景观带来巨大的损失，我几次去都是在茫茫黄沙间的堤路前行，和以前的碧海蓝天当然是两番景象。对生态系统的破坏还远不止旅游资源的损失，低潮时海滩的干涸使大批浅海动植物死亡，破坏了生物多样性，毁灭了当地的物种资源。同时，随着动植物的灭绝，其对海水的净化功能消失，大大降低了有水时海水的水质，使得圣米歇尔山和对岸的水环境恶化，进而污染地下水，直接降低两地的饮用水质量。

经有关技术专家的详细论证和民众的广泛讨论，2005年法国政府决定启动拆堤清沙工程，实现人退水进，与自然和谐相处。第一期工程将圣米歇尔山附近的停车场后撤2公里，退出海滩，并清除海滩上的沉积泥沙和杂草，修复自然海滩；然后在库埃农河上建水坝，在涨潮时拦蓄海水，退潮时用海水冲洗海滩沉积的泥沙，恢复自然潮汐功能。工

在世界文化遗产圣米歇尔山的教堂中

程第二期将拆除路堤，修建一个栈桥，使海水得以通过，恢复自然海滩，游人仍可直达海岛。此外，该工程还有整个海湾保护的配套部分，这是法国近年来最大的生态工程项目，估算投资约2.6亿欧元。

这些工程完工后，距岸1.8公里的近海海域得到恢复，低潮时景观可以迅速改变。近海生态系统的恢复则大约需10年以上，那时近海生物系统复苏，水的自净能力大大加强。对地下水水质的影响则大约可以在20年内消除，从而保证区域可持续发展。由此可见，对自然生态系统真是破坏容易，修复难啊！

1992年我任中国常驻联合国教科文组织顾问时，帮助世界文化遗产——法国的圣米歇尔山所在地圣米歇尔市和世界自然与文化双遗产——中国泰山所在地泰安市建立了友好城市关系，当时签订了协议，一时间来往不少。转眼十几年过去，不知现在关系怎么样了？无论近年来联系如何，圣米歇尔这个仅有250人的小镇和法国政府修复近海生态系统、人与自然和谐的理念是十分值得我们的城市，尤其是近海城市发展借鉴的，许多城市不是现在还在大建堤防吗？

举世闻名的敦刻尔克大撤退

敦刻尔克（Dunkerque）在法国最北端，紧靠英吉利海峡的地方，是一个港口小城。敦刻尔克在世界闻名是和第二次世界大战中著名的敦刻尔克大撤退分不开的。1940年5月，德军绕过号称固若金汤的马其诺防线，抄了英法联军的后路，把40万以英军为主的英法联军压迫在10公里长的英吉利海峡海滩上。我去敦刻尔克见到了海滩战地，真可谓无阻无挡、无遮无拦。平平的沙滩，苍茫的大海，对岸距英国的多佛尔港不过70公里之遥，却像有万里之远。可以想象，不论是坦克冲锋，还是飞机轰炸，顷刻之间40万大军不是死于炮火，就是葬身鱼腹。40万人挤作一团，乱作一团，慌作一团，绝望于一团；人喊声、马嘶声、车辆的轰鸣声乱成一片。此情此景，任何一个身临其境的人都可想而知。然而，奇迹发生了，希特勒下达了停止进攻的命令，40万人只损失了5.3万人，33.6万人的大军，在英国空军掩护下，用850艘舰艇、渔船、游艇、拖船和一切可以用上的船

第二次世界大战中法英溃败之地敦刻尔克已成休憩的海滩

只，在6月4日安然撤回英国本土，在军事史上被称为“敦刻尔克”奇迹。

当年，希特勒为什么做出这一不可思议的决定，至今史学界众说不一。有的说是希特勒为与英国和谈给英国人留的面子；有的说是希特勒为了重编军队，向法国南部进军，而对这块肥肉不屑一顾；也有的说希特勒被突如其来的巨大胜利搞昏了头，兴奋得有点神经错乱。至今也没有在希特勒的作战档案中找到什么可靠的根据来说明他这一离奇决定的原因。敦刻尔克大撤退后18天，第一次大战的“凡尔登英雄”贝当元帅向德国求和，在6月22日于第一次世界大战德国曾经签署过投降协定的贡比涅森林车厢中签订了投降停战协定：德国占领大半个法国，解散法国军队，建立了以贝当为首的伪政权。

今天的敦刻尔克小城仍以海滩闻名，仍是人声嘈杂，不过这已是旅游者的欢声笑语了。黄澄澄的海滩上布满了五颜六色的遮阳伞，湛蓝色的海面上飞驰着各种颜色的摩托艇，绿油油的岸上矗立着红顶白墙的旅游饭店。敦刻尔克再不是败军的坟场，而是旅游者的天堂，欧洲人对战争所特有的恐惧心理从这里可以得到深刻地了解。至今海滩上还可以看到当年希特勒对抗盟军登陆修筑的巨大碉堡，同时也矗立着纪念牺牲战士的高大纪念碑。

早在公元4世纪初敦刻尔克还是个渔村，11世纪初村中盖起教堂，起名叫“敦刻尔克”，在古法语中是“建立在沙滩上的教堂”的意思。屡经磨难的敦刻尔克在历史上曾3

次毁于战火，一次是1695年毁于英国军舰的炮火，后两次分别是第一次世界大战和第二次世界大战的战火。尤其是1940年英法联军在敦刻尔克向英吉利海峡的大溃退，使全城3/4毁于战火。

今天的敦刻尔克已成为法国第三大港，号称“欧洲的十字路口”，冶金、石化和造船业都很发达，市区较第二次世界大战前扩大了10倍，已成为10多万人的城市。然而敦刻尔克人民没有忘记过去，繁华的市中心广场上矗立着描述敦刻尔克战役的浮雕，最热闹的街区中有博物馆陈列着大溃退的实物，讲解员绘声绘色的描述把人们带到那个不能忘却的年代。敦刻尔克是个历史名城，今天的吸引人之处在于几乎没有喧宾夺主的新建筑，一切都保持了历史的风貌。没有排污的饭馆，更没有卖低质纪念品的货摊，海滩一平如抹，宁静如前，让人于无物中看蜃景，于无声处听炮声隆隆，让人深切地感到一定不能让那段惨绝人寰、不堪回首的历史重演。

蒙彼利埃仿古罗马新城似乎不成功

从波尔多沿加龙河和比利牛斯山向东，驱车穿过大西洋和地中海之间的地峡，就到了地中海岸北的重镇蒙彼利埃。蒙彼利埃属于朗格多克-鲁西永大区，是埃罗省的省会，已是中等城市，但按人口和我国的大镇差不多。

蒙彼利埃附近也有一条河——莱河（Lez），河很小，最窄的地方居然不到10米，可见水量之小。因此，当年罗马人在时就开始建水槽输水，经不断扩建，现存的水槽成了蒙彼利埃的一景。输水槽之宏伟不亲见是难以想象的。水槽全用巨石砌成，分上下两层，下层是有穿行孔的底座，高达10米，上层是有支撑柱肋的输水槽，有10米高，真像万里长城，可见当年输水工程之浩大。水槽中间建了一个大平台，中间有一个纪念碑式的建筑——水堡，水堡很像凯旋门，1767~1774年花了7年时间建成，既是对水槽这巨大工程的纪念，也为登台祈水而用。远远望去，高台上的水堡十分壮观，确有人定胜天的气概。蒙彼利埃现存古罗马文物已很少，仅有的公元7世纪的马戈隆教堂规模很小，但石墙和木门上精美细致的雕刻，还是展现了当时当地罗马人高超的艺术成就。

蒙彼利埃仿古小区因不实用住户不多

蒙彼利埃是自1349年归属法国的，现存蒙彼利埃古城是典型的法国城市布局，蒙彼利埃古城向东放射出街道，老城呈圆形。水堡向西是高台广场和绿地，水堡向东是雄伟的输水槽，绿树和法国南方典型的红顶三四层楼房相间，没有高层建筑。大法院算十分雄伟的罗马式建筑，大厦建于数十级台阶的高台之上，大门之前是高大的门廊，由3排组成两个三角形的12根巨柱支撑，显示出法律的无比威严，大厦落成于1853年。蒙彼利埃城中小巷狭窄深幽，十分曲折，而且高低起伏，许多小巷中有几层台阶，漫步其中，别有一番风味。

我有徒步走遍所到城市主要街道的习惯，但很少在晚间走，怕遇上麻烦。在蒙彼利埃这座清幽的城中我开始了我的夜游，蒙彼利埃的夜晚的确清静，在街头漫步是一种享受。但当我走到一个古堡之后时，看见几个青年男女聚作一团，这本也司空见惯，但我走出几百米后，一个女青年追我而来，我以为有什么事，停下来以后发现她酒气熏人，对我说："我们谈谈好吗？"我自然回绝了，她醉得不轻，说："你怕我，我是好女孩。"然后蹒跚地走了，我看着这个漂亮的姑娘摇晃的背影想，她过去或许的确是个好女孩……

蒙彼利埃有一个在法国几乎看不到的奇观，建了一座古罗马式的新城，耗资不菲，规模庞大，可谓标新立异。新城隔老城与水堡相对，长达1.3公里，直到莱河河畔，宽300多米，这是一片新建的住宅小区，先是梅花形的楼组，花心是宽敞的院落，接着是有古罗马门廊的长廊式建筑，半圆形建筑以后又接一个梅花楼组，最后是临河的半月形广场。建筑气势恢宏，别开生面，大厦飞檐很长，房子开间很大，窗上有三角形窗弦，都仿古罗马，类似北京的大屋顶仿古建筑，置身于其中真有回到了古罗马的感觉。应该说这是个大胆的创造，说明了蒙彼利埃市不落俗套刻意求新，它完工于20世纪70年代，但并不成功，后来无人效仿。

蒙彼利埃的古罗马式新城建设耗资巨大，却有些不伦不类；规格很高，气派不小，生活却不便，因此入住的居民不多，也无其他城市效法。这是20世纪70年代的事，没想到40年后在我国重演，不少小城镇都建成了高档的新城，有的却成了"鬼城"，看来游世界百镇，汲取经验教训还是很有必要的。

蒙彼利埃市的首脑热情地在古色古香的市政厅中接待了我们，然后又请我们去了建于1745年的毛松古堡就餐，算是该市的贵宾礼遇了。席间我才知道蒙彼利埃和四川省成都市是姐妹城市，之间有不少交往。负责体育的市政官员对我说，我看过中国的足球赛，觉得中国有一些好守门员，我们蒙彼利埃足球队想买一位中国守门员来。我问他："语言不通怎么办？"他说："那好办，开始可以雇中国留学生做翻译，慢慢就适应了。"看来他们是很认真准备的，不知道后来为什么没有买成。

埃克斯——法国的文化名城

从格勒诺布尔乘火车向南就是普罗旺斯-阿尔卑斯-蓝岸大区，埃克斯城就在以马赛为省会的罗纳河口省，位于马赛城北21公里的地方，火车沿线全是山路，先向西走，隧道一个连着一个，最长的达1公里。中途在维那小镇换车。这是一个只有3500人的小镇，镇中心，一群青年骑在停靠的摩托车上面聊天，见我过来，他们好奇地盯着我这个陌生的来客，他们的衣着比巴黎的还时髦。这是我在法国到过的第一个小镇，幽静、清新、亲情浓郁，有一种大城市体验不到的乡土气息。不过说外国人都愿意返璞归真到小镇居住，那是以环境保护比城里还好为先决条件的。如果镇口就是垃圾堆，镇边有条脏水沟的话，那就没人去了。换过了火车，开始向南行进，穿过富庶的谷地，埃克斯城就在眼前了。埃克斯城是公元12世纪罗马帝国建立的城市，城虽小，但悠久的历史文化传统一直保持下来，是仅次于巴黎的法国第二文化名城。埃克斯城大学以文学、艺术系闻名于欧洲，市内布满名胜古迹，若以密度而论，超过了巴黎。

最吸引人的名胜是"救世主"教堂。它的桃木大门世界闻名，我去参观的那天，一批美国游客专程来看这个门。一到门前，就急切地问工作人员："门开不开？"我很奇怪，门不是明明大开着吗？原来，这扇宝门被做了套保护起来，经常不开，后来，工作人员拿来钥匙开了门套，我赶上好运气，得以欣赏这"门中之门"。大门的确不比寻常，全用桃木制成，上面雕了16个栩栩如生、神态各异的宗教人物，不是浮雕，而是立体雕塑，有的人物只有一片衣襟与门体相连。门的厚度达半米以上，令人叹为观止。石雕在欧洲的文化名城俯拾皆是，但是，“救世主”教堂后花园石廊上的雕刻是少见的，大理石的质地精细如研、洁白如玉，雕的每一只鸟都让人看出绒毛，雕的每一层衣褶都让人看出布纹。我去过上百个教堂，然而，这个精巧的小教堂给人留下的印象最深刻。真是物不在大，宝不在多啊！

埃克斯城还是闻名的泉城，全城到处是泉，每个泉眼都配有一尊石雕。最大的一眼泉坐落在市中心的亭子里。亭顶是圣像石雕，亭中是10眼喷泉，亭前是10尊威武的狮子，好像是在守卫，又像是在淋浴，狮身下面是巨大的水池。街道从水池前向四周铺展开去，恰似埃克斯城的文化源泉，把文明送向四面八方。这里的古建筑，其艺术构思颇为别具匠心。四海豚泉也是名泉之一，4只肥壮的石雕小海豚聚在一起，每只嘴里都吐出一股清澈的泉水。据说，这里水质最好，许多人特地来饮用。

中世纪给人留下的当然不只是美好的艺术珍品，更留下了黑暗统治的遗迹。市中心有一所庞大的建筑，地下室露出地面的窗子引人注目，窗里是个黑洞洞的大厅，实在难以猜想是干什么用的。菜窖？为什么开那么大的窗子？舞厅？为什么要建在地下？防空洞？当时还没有飞机。一打听才知道，这是座监狱！监狱为什么要建在市中心，还开大窗子呢？原来，是特意让身陷囹圄的犯人看看人间的自由，这的确是一种残酷的惩罚。在那“黑暗的中世纪”（西方史学家的称呼），什么人才锒铛入狱呢？绝大部分人，无非是冒犯了宗教，或者一贫如洗还不起债务，或者不顾门第，追求自由的爱情。当我看着空空如也的地牢和狱前露天咖啡馆中对对双双的情人时，一股说不清的滋味涌上心头……

在文化名城埃克斯市中心

一座城中的古迹，如果保护得好，利用得当，就像现在的人们看到了活生生的历史，温故知新，以史为鉴，增加知识，开阔心胸，汲取经验，少犯错误。当然，现在人口增多生活现代化，要古城原封不动是不可能的，但要遵循三大原则，一是核心部分不能动，要尽量保护修旧如旧；二是不能过度扩张喧宾夺主；三是新建部分要与古城和谐。

香槟酒小镇埃佩尔奈

中国城市人大概没有不知道法国香槟酒的了，但是知道香槟酒产地——香槟—阿登大区文化历史的怕是凤毛麟角了。香槟大区在巴黎东北，地区的古迹集中在马恩省的省会兰斯（Reims），而兰斯的古迹之最又要属它的大教堂了，兰斯在巴黎东偏北约130公里处。在法国成千上万个大教堂中，兰斯圣母院可列于九大教堂之中。

这里被许多书籍和文献收集的九大教堂，只是于13世纪中叶以前动工兴建的大规模现存教堂。有的教堂修得更早，但后来被毁，兰斯圣母院大教堂最早建于公元407年，852年又改建，1210年毁于大火，现存教堂是1211年始建的，因此从1211年算起。这些教堂也不是最大的，巴黎著名的三大教堂，除圣母院外，圣马德莱娜教堂面积达5500平方米，始建于1746年，落成于1906年；圣心教堂达5000平方米，始建于1976年，落成于1909年。三大教堂之外的圣叙尔比斯教堂面积更达6554平方米，是巴黎最大的教堂，但始建于1646年，落成于1932年。马赛大教堂也规模宏大，这些教堂均不在九大教堂之列，可见法国对于民族历史和文化传统的重视与追求。

在法国香槟地区酒厂前

尽管目前中国人几乎没有不知道“人头马”、“拿破仑”和“马爹利”等法国名酒的，但连以久喝为荣的富者也很少有人真正知道其中的奥妙，我也是在参观了香槟大区兰斯附近的酒厂才了解的。其实张口就说喝“XO”，法国人并不知道你要什么酒。XO只是酒的级别，法国酒分超级extra、XO和V. S. O. P等级别，以下是牌子如人头马（Romy Martin）、拿破仑（Napolen）和马爹利（Martéll）等，再下是产地，最好的白兰地酒产在干邑（Cognac），再下是酒种，以上所说都属于白兰地酒。因此，说法国香槟大区干邑产的人头马牌XO级白兰地酒，才说到了位，对应着唯一的一种酒，才算不外行。当然，法国香槟大区的白兰地已成为世界最畅销的酒，酒商和天下人打交道，你说个大概也不会搞错。白兰地是一个世界通用的酒种，各国都产，不过法国最好罢了。法国人认为“香槟酒”是法国的专利，像中国的茅台酒一样，只有在香槟大区用香槟水酿的酒才叫香槟酒，其他都是“冒牌货”。

我去的酒城叫埃佩尔奈（Epernay），是香槟地区著名的香槟酒城，小城仅3万人，但在香槟大街——酒厂街上就有30多家制酒公司，其中最早的酒厂始于1670年，最大的酒厂年产达3500万瓶。我参观的酒厂叫梅西耶（Mercier）酒厂，由E·梅西耶建于1958年，已有百余年历史，一进门就有一个雄伟的丰碑——容积达20吨、高7米、直径达5.5米的大木桶，它是为1889年巴黎世界博览会建造的，共造了20年，耗工耗力可想而知。酒厂年售酒500万瓶，厂中共3502名职工。酒造出后必须存3年才能出售，因此存酒是很重要的工作，酒存于地窖，地窖规模之宏伟蔚为奇观。地窖始建于1858年，共用30年才完成，有42条大小轨道，全长18公里，可存酒1500万瓶。地道高大宽阔，阴冷幽深，九曲十折，恰似迷宫，酒瓶在木架上倒插排放，酒箱在小火车上运输，像一个庞大的酒的地下宫殿，每年要接待约20万参观者。来访者无不赞叹这里是酒的世界、酒的奇观。

埃佩尔奈小城没有高层现代建筑，显得陈旧，古色古香，每个酒厂都像一座古城堡，高门大厅，越发显示出法国悠久的酒文化。在香槟地区，像这样的小城还有好多个，都有大小不等的酒厂，总共有1500家。所谓“XO”级人头马，其实也是小厂分别所产，聚在一起分出等级，按质论价出售的，只不过是质量检验标准十分严格，不容任何假冒伪劣，哪怕是提高等级。

香槟酒是葡萄酿的，驱车在香槟大区乡间整齐成行的葡萄田，一望无际的酿酒葡萄却不能食用，苦涩难咽，所以每当收获季节招大量临时工时，不怕工人饱吃误工。葡萄还分好年、坏年，坏年葡萄酿的酒质差，好年的酒可以久存，不过酒店中都有好坏年份表，做到童叟无欺。香槟大区到处产酒，商店售酒，饭店卖酒，人们喝酒，谈酒，就连看到绿油油的葡萄田结着玫瑰紫的葡萄时，也想到了酒，真是一个酒的世界。在世界上，“香槟”

也成了法国酒的象征和酒的代名词。到香槟大区和兰斯不看看酒厂，不喝点酒，那真是遗憾，连我这个“禁酒”的人也在好客的主人殷勤地劝慰下痛饮了几杯，但我只有眼福，没有口福，只觉得很好，却不知其奥妙。

卢瓦尔河谷的古典小城镇群

当您游遍巴黎、马赛、里昂等大城市和尼斯、戛纳等蓝色海岸地带后，法国朋友会对你说：“下一个值得看的地区是法兰西文化的发源地卢瓦尔（Loire）河谷。”法国有五大河流，西北的河是与德国的界河莱茵河，河畔重要城市是斯特拉斯堡；北部的河是塞纳河，穿巴黎而过；东南部的河是罗讷河，罗讷河流经里昂，在马赛附近入海；西南部的是加龙河，在波尔多入海；中部的是卢瓦尔河，在重镇南特入海。法国的经济、文化和城市发展都与这五大河密切相关，道理很简单：“有水才有人，有人才能创造经济、文化和城

卢瓦尔河谷中小镇的城堡

市。”法国的水是管得好的，五大河流都有权威的流域机构，实现了流域的水资源统一管理，很值得我们借鉴。

所谓卢瓦尔河谷就是指从奥尔良（Orléans）到图尔（Tours）这一段。1030年法国最终皈依基督教以后，战乱逐渐平息，出现了一段和平发展的时期，法国的封建制度、社会经济和民族文化首先在相对远离战乱的卢瓦尔河谷发展，这里是法兰西现代文化的起源地。从巴黎出奥尔良门一直向南约100公里就到了卢瓦尔河谷的起点奥尔良市，河谷长约100公里，经布卢瓦（Blois）到与谢尔河相汇的图尔市终结，进入平原，地跨中央大区卢瓦雷、卢瓦尔-谢尔和安德尔-卢瓦尔三省。

卢瓦尔河谷青山伴着绿水，有一系列的精彩的古典小镇，看似相近，却又千差万别，各有各的风姿，各有各的奇妙，各有各的厚重历史，没有一处乱拆乱建，没有一座标志性建筑物。只有建筑的艺术，只有文化的积淀，吸引了全世界的游客，十分值得我们借鉴。河谷中青山傍着绿水，田园连着古堡。在蓝天下，那苍翠的山林显得格外清幽；在阳光中，那清水显得格外清澈；在白云下，那田园显得格外静谧；在清风中，那古堡显得格外神秘。布列塔尼半岛给人的印象是美丽，蓝色海岸给人的印象是壮观，阿尔卑斯山给人的印象是雄伟，而卢瓦尔河谷给人的印象是文化，那四溢的文化气息感染着每一个游客。

过了卢瓦尔省会奥尔良市，最早的景点是维朗德雷（Villandry）小镇，维朗德雷的古堡建于1536年，但维朗德雷以喷泉和花园闻名，典型的法式花园达7公顷，是法国最大的法式花园之一。修剪整齐的松墙拼成各种几何图形，大小组合，与花坛相间，也是法国最复杂多彩的法式花园之一。花园中的大小自然喷泉更给花园以动感，让人心旷神怡。

尚博尔（Chambord）小镇则以墙著名。尚博尔城堡建成于1519年，当时英法百年战争结束，法国国王得以大兴土木，在城堡周围建了一个达55平方公里的大花园，围墙长达32公里。尚博尔也是一个军事要塞，法国国王准备在英国再犯时可以退到这里固守，因此城堡规模十分宏大，设施一应俱全。

卢瓦尔-谢尔省会布卢瓦市始建于1205年，在15世纪末路易十二时代扩建，以宫殿著称，建筑十分精巧。其中又以弗朗索瓦一世梯最著名，所谓“弗朗索瓦一世梯”就是四层宫殿的大门在一座5层高塔中，塔门的下4层都有斜梯直通本层，而且斜梯外露，这种开放式的不对称建筑，是当时兴起的文艺复兴建筑形式的一个创举，在法国也独一无二。

在安德尔-卢瓦尔省会图尔市近郊的舍农索（Chenonceau）城堡是卢瓦尔河谷建筑

的终结，也是其精华，是法国最著名的城堡之一，也是文艺复兴式建筑，始建于1513年。本来是一座私宅，后被献给法国国王弗朗索瓦一世。城堡由主堡、大回廊、圆塔、平台、拱桥和花园组成。主堡为正方形建筑，圆角、尖顶；大回廊长60米，与主堡相通；主堡东有平台，平台四周有护城河环绕。舍农索城堡的最大特点是有水，护城河与谢尔河相连，可直接乘船去大西洋。

卢瓦尔河谷文化是法国摆脱英国统治后，在文艺复兴的文化浪潮下建立自己文化的历史证据，现代法兰西文化在这里逐渐形成，法国人认为卢瓦尔河谷是法国文化起源。

其实我国不乏这样的地区，有许多遍布古迹的小城镇，可惜保护不好，不少小城镇已经被“专家”规划设计得“西洋化”，希望亡羊补牢，为时未晚。

枫丹白露——巴黎的八达岭

如果说凡尔赛是巴黎的颐和园的话，那么枫丹白露（Fontainebleau）堪称巴黎的“八达岭”。枫丹白露距巴黎市中心56公里，八达岭距北京市中心58公里，都是远郊名胜。不同的是八达岭在北京西北，而枫丹白露在巴黎的东南；八达岭以峻岭和长城闻名全球，而枫丹白露则以密林和宫殿著称于世。枫丹白露位于塞纳-马恩省的枫丹白露镇，以一个美泉而得名，“枫丹白露”法文就是“蓝色的泉”的意思。开车去枫丹白露是练车的好路，有快速路，可以上速度；也有连续弯道，可以练技术。我最高开到过180公里/小时，当然有些超速，不过法国对时速限制是不严格的，距离足够长，可以过过高速车瘾。还路过一段田野，在广阔的田野上高歌猛进，真是别有一番滋味在心头。

枫丹白露的建设历史比凡尔赛更早，1137年路易六世在狩猎时就看中了这眼密林中的甘泉，开始修建城堡，为狩猎休憩之用。在巴黎周围还存在3片100平方公里以上的原始森林，达170平方公里的枫丹白露是最大的一片，还有朗布依埃（Rambouillet）在巴黎西南，贡比涅（Compiègne）在巴黎东北，至今还是狩猎区。

自路易六世开发枫丹白露以后，从1528年起，弗朗西斯一世、亨利二世、亨利四世、路易十四、路易十五、路易十六和拿破仑都对宫殿进行了增建、扩建和整修，成为巴黎远郊的历史名园。现存6个朝代修建的王府、5个不同时代的院落和花园，有白马园、喷泉园、椭圆形园、月亮神（Diane）花园和英国花园。建筑风格、布局和室内装修各有特色，都出自历代名家之手，成了园林建筑的历史博物馆，使游客能在这里看到欧洲的建筑历史。

在卢瓦尔河谷达・芬奇晚年住所前

对许多人来说，枫丹白露这片浩瀚、深幽、古老而又著名的森林中，数不尽的传说和趣事甚至比宫殿更有吸引力，其中最吸引人的传说是在林中极易迷路，甚至有人丧生于林海的迷宫。我多次游过枫丹白露森林，这里只有三条主干道可以开车，要识森林真面目只能徒步。林中树木茂密，遮天蔽日，落叶层积，幽深曲折。走不了多远就让人难找去路，又难找来路，大有迷路的可能，几次都只敢深入1～2公里的路程。不过现在葬身林中的可能并不大，因为林中距公路或村庄最远的距离不过7公里，也就是说，迷了路只要咬牙坚持向一个方向走两个小时，加上绕点弯路最多3个小时也可以走出来。

园中有几处特别著名。一是御座厅，原为历代国王的卧室，拿破仑于1808年命名为自己专用的“御寝厅”，厅室很高大，龙榻却不大，大约是适合拿破仑的身材，但高至屋顶的帐幔使龙榻显得华贵庄严，四壁是白底金花的装饰板，地上是画毯，再加上水晶大吊灯，其富丽堂皇可谓集古今之大成。二是中国厅，在19世纪中欧洲宫厅普建中国厅的风潮中，由拿破仑三世的奥日妮皇后于1862年修建，其中陈设有明清的首饰、玉雕、牙雕和名画达上千件，是法国最大的中国艺术馆。三是鲤鱼塘花园，鱼塘很大，长宽各200米，当中可以泛舟，塘边有一八角亭，是夏日拿破仑晚宴群臣的地方。四是见于多种旅游纪念册，和凡尔赛宫路易十四画像齐名的拿破仑像。画中拿破仑年轻英俊，甚至可说是一张娃娃脸，目光深邃而和善，头顶金叶冠，手执长权杖，身着白缎袍，外披红面皮大氅，十分威武，堪为传世之作。

枫丹白露是一座集建筑、园林、室内装修和艺术精品于一身的多姿多彩的宝库，就像来北京必到长城一样，是去巴黎不可错过的地方。与枫丹白露更为相近的是在河北承德的避暑山庄，有不少法国朋友都这么比。

枫丹白露园林旁就是枫丹白露小镇，小镇好像还停在20世纪初，没有现代旅馆的高楼，没有新盖的住宅小区，更没有标志性建筑物。小镇古朴、静谧，与枫丹白露那么和谐，无愧于联合国教科文组织授予的世界文化遗产的称号。只有当你向身着T恤衫和牛仔裤的女中学生问路，又看到她见到中国人毫不吃惊，再听到她礼貌的回答时，你才不会有错觉，这确实是在21世纪。

阿尔卑斯山上的小镇

1981年5月初一个晴朗的日子里，我乘火车南行。在城里到处是灰褐色的大理石建筑，一到乡下，映入眼帘的是一望无际的碧绿原野，令人耳目一新。怪不得巴黎人一有假日就往乡下跑。

车厢里洋溢着和谐的气氛。一个在巴黎人看来穿着土气的农村姑娘，提着一个篮子，坐在角落里，以纯真的眼神打量四周，好像生怕被人看不起。只有当她从篮子里摸出点吃的大嚼起来时，好像才忘掉这一切。邻座是个巴黎的小女孩，她告诉我，长大了要当个理发师，让每个人的头发都漂漂亮亮。她居然从小立志于服务行业这是我没有想到的。窗外繁茂诱人的葡萄林提醒我已经到了勃艮第，这是与波尔多齐名的葡萄酒产地。

从里昂向东南，开120公里就是罗纳-阿尔卑斯大区伊泽尔省的省会格勒诺布尔。在格勒诺布尔的车站上，我的朋友和他的法国朋友——一位年轻的邮递员来接我。这个小伙子虽然大学毕业，还是要先当邮递员，据说，法国的邮电局长没有没干过邮递员的，大概除了现代化的设备之外，这也是效率高的一个原因吧，因为工作人员都受过5点钟就上早班的艰苦磨炼。

如果到了格勒诺布尔，不去阿尔卑斯山，那就白来了。我小时候看外国油画中的山峰感觉诧异，外国人为什么把山画得像个馒头似的。后来才知道，欧洲大陆地质年代更古老，所以山势平缓。亚洲大陆地质年代较年轻，才出现了泰山、庐山和黄山那种秀峰兀立的壮观。不过山总是山，当汽车沿盘山路直上的时候，其险势也让人惊叹不已，到了圣尼兹耶峰，登上瞭望台，遥望远山，不禁心驰神往。那是个难得的好天气，轻易不露面的欧洲最高峰勃朗峰难得地展现了她洁白的面容，我拍下了珍贵的照片，连法国朋友都羡慕我的运气好。后来这幅照片在高手如云的科学院影展上获奖，我对摄影实在不内行，得的是“运气奖”。周围的群峰，有的叫珠宝箱，有的叫母猪脖，还有叫男人岩的。离开瞭望台，前去1968年冬季奥运会的旧址。闻名遐迩的圣尼兹耶跳雪台，是一个巨大的水泥坡道，有70度的仰角，共100米长。从顶上往下观望，令人胆战心惊，跳雪运动员又需要多大的勇气啊！

欧洲第一峰勃朗峰，没有好运气是拍不到的

从跳雪台向上走，就到了圣尼兹耶的峰顶了。峰顶平坦，有百十家住户，是个山顶大村子。依山而建的小楼各具特色，门前是如茵的草地。一家小商店是用半米见方的大木头垒起来的。密不透风的墨绿色丛林连狗也钻不进去，只有远处的皑皑积雪，让人感到是在山顶。山上有座饭店，已经经营两代了，第三代的接班人是两个小姑娘，大的喜欢弹琴，立志做厨娘；小的爱跳舞，决心当招待员，没想当居里夫人。她们说为人服务，看到客人高兴的样子，自己也高兴。我夸她很聪明，她笑答：“有点”，真是诚实得可爱。

饭店过去是座教堂，里面有穿牛仔裤的青年向捐款盒里投放硬币，点燃圣烛，擦了圣水后跪在长凳前祈祷。这种情景，在大城市里已经很难见到了。教堂的后院是墓地，有一个青年的墓最大，墓前的花也最多，他死于第二次世界大战结束的前夕。当时，山下的格勒诺布尔已经解放，可是，山上的德军还在顽抗，这位青年就在结婚的前三天去袭击德军据点时，不幸身亡。站在我身边的老太太流着眼泪说：“他明明知道，再过一天，军队就可以把据点打下来，可他还是去了，去了……”我望着他的墓地，望着圣尼兹耶山峰，一股热潮涌上心来：如果这座山峰以他的名字命名，反对个人崇拜的法国人大概不会有非议；如果说他的精神和戴高乐将军一样崇高，挑剔的法国人大概也不会反感的。

天色晚了，我匆匆赶到汽车站。末班车的时间到了，车还不来，又等了十分钟，还是不见影子。一对老山民夫妇真诚地对我说：“我家离这里不远，车再不来，就走到我家去住一夜吧，露天过夜可不行，太冷，还有狼。”不一会儿，一个粗犷的大胖子停下车来对我招呼：“小伙子，搭我们的车下山吧！”我还来不及感谢他，班车来了，一个颤巍巍的老太婆上车就大骂，司机小伙子有涵养地说：“您的车不是来了吗?您骂它可听不懂，只有我骂它才听得懂。”车从秀丽的山景中向山下奔驰，一些长跑运动员居然在这时光还跑上山来。瞬时间，饭店、教堂，还有那令人难忘的墓地，全留在山上的黑幕之中了。历史一页、一页地翻过去了，只有阿尔卑斯山和人类的理想是永恒的。

紧邻法国的小镇之国摩纳哥

摩纳哥人是由法兰西人和意大利人又吸收了许多其他民族成分混血而成。早在公元前10世纪，就先后有腓尼基人和希腊人在这里殖民，公元1世纪这里处于罗马帝国统治之下，公元7世纪又有阿拉伯人的入侵，1215年意大利的热那亚人在岸边的礁岩上建立了摩纳哥城堡，摩纳哥因此得名。

1338年，摩纳哥公国建立，由热那亚的格里马尔迪家族统治，一直延续到今天。这样一个小国在当时是如何独立的呢？只有研究了欧洲历史才会明白，其实当时的欧洲就是几百个小公国分立，摩纳哥也就不足为奇了。但是后来强大的统一国家出现，这些小公国个个岌岌可危，要么被大国吞并，要么寻求大国保护，摩纳哥先后被西班牙、法国和意大利的撒丁王国保护过。从1860年起，摩纳哥再度受法国保护，而意大利于1861年统一，因此摩纳哥公国作为两强之中的地带而得以存在。

大国有大国的烦恼，小国有小国的难处，由于摩纳哥人口有限，青年男女许多人与外国人结婚，如子女都为摩纳哥籍将引起人口急剧膨胀，甚至到小国难以容纳的程度。因此，1982年7月25日进行历史上第一次全民公决——摩纳哥女子嫁给外国人就自动丧失摩纳哥国籍，结果被否决。

今天的摩纳哥是个只有3.5万人的国家，还不如北京清华园的人多。土地面积为1.95平方公里，约合3000亩地，比清华大学还小，而且原来只有1.5平方公里，其余0.45平方公里都是填海造地而来的。摩纳哥的人口中，有1万人是法国人，而且有法国国籍，另有6400人是意大利国籍，真正摩纳哥国籍的只有7200人。摩纳哥的足球队也参加法国足球联赛，还是劲旅，多次夺得冠军。

摩纳哥的经济支柱是旅游业，弹丸之地就有19家旅馆，2200个房间，餐馆有140多家，以旅游纪念品商店为主的大小商店不下200家。每年大约有600万游客，是摩纳哥人口的200倍，旅馆上客率将近100%，不事先预定在摩纳哥是住不到房子的。当我在摩纳哥大街游览时，想向行人问路，连问10个人也找不到一个摩纳哥人，在摩纳哥的大街上要找一个真正的摩纳哥的行人是不容易的。我只得到商店里去问，路是问到了，但是他们说自己也不是摩纳哥人。

除了旅游业之外，近年来政府积极支持工业发展，鼓励高附加值、无污染的高技术产业发展，目前已驻有电子元器件、精细化工、医药和首饰等104个厂家。但限于摩纳哥有限的地皮，其规模之小是可想而知的，可谓袖珍国家中的袖珍厂。大概是太小了，我在摩纳哥游历时居然一家也没有发现。摩纳哥还有建筑公司，而本国基本再也没有空地建房，主要是去法国和意大利发展了。

摩纳哥没有军队，全国只有450名治安警察，不及北京的一个公安分局，然而占全摩纳哥国籍人口的6.25%，比例可谓是世界之最。摩纳哥不向居民征收个人所得税，所以吸引了大批外国巨商富贾、文体明星来居住，如20世纪80年代瑞典的网球明星博格，90年代的乌克兰撑竿跳高明星布勃卡。在申奥期间布勃卡就是由于住在摩纳哥申请签证不便，而请我帮忙利用在巴黎逗留期间提前申请签证的。摩纳哥不收个人所得税，而商品增值税很高，赚游客的钱，而且使穷人难以居留。

在摩纳哥王宫前

摩纳哥还是个国际活动频繁的场所，小小的国土上设有10个外国大使馆，还是国际海道测量组织、国际体育总会和国际业余田径联合会等10余个国际组织的总部所在地。1993年举行的2000年奥运会申办投票就在这里举行，使千千万万的中国人知道了摩纳哥，也记住了那一刻。

首都蒙特卡罗是旅游之城，平均每天有2万游客来到这里。

摩纳哥王宫是该国的第一胜景，这个乳黄色的5层楼，是在12世纪的摩纳哥城堡的基础上建成的，今天兰尼埃三世国王还住在里面。门前有全国最大的广场，大约也只有100米见方，门前排着8门大炮，卫队全身古代戎装，和19世纪电影中欧洲士兵的军服一模一样，个个精神抖擞，神气活现。每天12点举行两队卫兵的换岗仪式，一板一眼，毫不含糊，到节日时还要鸣炮。正午12点，游客都聚到广场来看换岗。摩纳哥是王国，国王就住在宫内，倒也不嫌游客人声嘈杂，看来还是个开明君主，这大概也因为旅游是这个国家的生财之道。王宫对面就是出售旅游纪念品的商店，欧洲几乎每一处名胜前都有卖纪念品的，纪念品做得十分精致，巴黎卖小铁塔，伦敦卖小木钟，罗马卖小巧玲珑的石刻飞天城堡。

蒙特卡罗是摩纳哥的首都，在这不到2平方公里的弹丸之地上，楼房林立，花园遍布，要分出哪是首都来还真不容易。大教堂是蒙特卡罗又一名胜，19世纪建的拜占庭式教堂算得上国家的宏伟建筑了，而这座白大理石砌成的教堂样子又实在平常，和一座一般的4层楼差别不大。然而，就是这样一个教堂，我偏偏在任何位置也照不到它的全景，因为教堂前20米处就是峭壁了。

蒙特卡罗是以赌城闻名于世的，数学上的一种概率计算方法以蒙特卡罗命名。蒙特卡罗的卡西欧大赌场是其中最大的，“卡西欧”意大利语是带赌场的俱乐部的意思。赌场建在一个大花园里，门前棕榈成行，鲜花成坛，大楼里面既有单间又有小厅，环境幽雅，外表真有点像图书馆。当然，里面进行的是赌博，老虎机、轮盘赌，还有免费供应茶点的单间巨额赌室。不少国家都是禁赌的，有些国家是限地、限量的，赌博使不少人倾家荡产，赌博又使极少数人一夜暴富，赌博业完全规范以后是否能成为一种产业呢？还是待专家研究吧！至少我完全不同意“人生就是一种赌博”这种荒唐的说法。

这样一个小国，商业也十分发达，几条商业街商店毗邻，十分热闹繁华。因为无税收，电器产品比较便宜，采购的旅游者不少，当然，商品大都是外国货。是不是外国货充斥市场就是丧权辱国呢？看来也不是，摩纳哥是一个主权国家，并通过对外贸易使自己富裕起来，要买外国货就要有外汇，就要拼命干活，这种现象能否形成竞争促进发展，全看对这个国家的治理。国与国之间不仅需要精神交流——文化交流，也需要物质交流——商品交流，这是更重要的一种交流，因为商品交流之中也包含了文化交流。

二

英国、德国和意大利值得记忆的小镇

在英国小城布莱顿会诺贝尔经济学奖候选人

位于英伦三岛南端伦敦南85公里的布莱顿（Brighton），在这个阴雨连绵的岛国中以“阳光城市”著称。早在18世纪末布莱顿就成为海滨疗养地，有5公里长的海滩，巨大的游船码头可停泊2000多艘游艇，有两条长堤深入海中，西堤长280米，上面有音乐厅和戏院，东堤长434米，上面有游乐宫。每逢夏季，成千上万的人来这里的海滨度假。

布莱顿属东萨塞克斯郡（Sussex），是个不大的山城，依山而建，街道狭窄，而且坡度很大。当你乘车上坡时，迎面的下坡车就好像从头顶上直砸下来，当然，习惯了的人们也就不以为然了。我到过的山城，除了旧金山、重庆以外就数这里险要了。

小城中有个印度式皇宫，和泰姬陵的建筑十分相似。雪白的印度式宫殿外面都有弧形走廊，上边有球形圆顶，顶上还有一个绿色的尖头，像避雷针一样指向天空。这座宫殿原为威尔士王子于1787年所建，1815年才改建为今大的臭卧儿式宫殿。由于这里气候温和，还种植了一些亚热带的花草，使人仿佛有置身于印度之感。在西欧，这样规模宏大而且建筑考究的东方园林我还是第一次见到。著名的萨塞克斯大学就在布莱顿的近郊，那是一座环境优美、清静幽雅的大学，世界闻名的科技政策研究中心就在这所大学里，有一位世界著名的教授，他就是“国家创新体系”的创意人——弗里曼（C. Freeman）博士。

弗里曼教授是英国布莱顿的萨塞克斯大学著名的经济学家，被公认为新经济，也就是知识经济的核心——“国家创新体系”概念的创意人，如果不是过世早，获得诺贝尔经济学奖是众望所归。他1920年生于英国，1939年考入伦敦政治经济学院，1941年参军，作为坦克手参加在法国和比利时对德国法西斯的战斗，1946年再次入学后师从英国著名法学家和政治家、曾任工党主席的社会党理论家拉斯基教授，与前加拿大总理特鲁多和前美国总统肯尼迪等世界政治名人及我的父亲是校友。1965年布莱顿的萨塞克斯大学建校后弗里曼教授在该校任教。1987年把德国著名经济学家李斯特提出的国家政治经济体系与美籍奥地利经济学家熊彼德提出的技术创新理论，在现代高技术的基础上结合，首创了“国家创新体系”概念。

我在申奥期间访英，去布莱顿专程拜访了这位德高望重的世界级专家。弗里曼教授在他的研究所接见了我，他中等身材，走路略有不便，满头白发，面容慈祥，敏锐的目光，睿智的头脑，不修边幅，待人和善。只有当你听到他的谈吐的时候，当你看到全所上下对他肃然起敬的时候，你才能体会到这是一位世界级的学者。由于年龄和身体关系，他一般已不会客，而这次不但破例见我，还交谈了3个多小时，竟然还请我共进午餐。我见过不少世界级名人，而当我看到侍者惊奇的目光和优礼有加的服务时，我深深体会到这次会见的意义非同寻常。

英国小城布莱顿

更使我十分感动的是弗里曼教授慨然应允为我的早期国家创新体系研究《1984—2000我的知识经济及其管理研究——从北京到巴黎》一书作序，他写道："对于世界知识经济学来说，这本书做了不同寻常的、启蒙性的贡献。作者吴季松教授对于世界经济的发展趋势有着极为深刻的理解，对中国知识经济的发展更有透彻的掌握。作者经历独特，他曾任中国人大环境与资源委员会研究室主任，是现代水资源研究领域领先的科学家，加之他丰富的世界各地的经历，都使他具有资格成为这本书的作者。""在书中，作者没有回避当代社会最主要的矛盾，例如如何使环境与其他发展目标和谐发展，如何面对技术的迅猛发展将引发的失业问题等。尤其让人感兴趣的是，书中他提出的建立高科技产业化的观点就可以看作是一篇高水平的论文，而这本书中还包括了许多其他同样有见地和创意的内容。书中还就世界关注的道德价值观作了对比分析，堪称中国文化的最佳诠释。我高度评价并愿向所有研究全球经济新趋势的人推荐这本书。"

这一评价的确让我却之不恭，受之有愧。但当我看到，在国际会议中，与我只有一面之交的国际奥委会委员接到我的赠书，看到弗里曼教授的序的惊奇目光，并且和我一下拉近了距离的时候，我才更体会到这本书对申办奥运的意义。

我和弗里曼教授谈到北京申办奥运会，弗里曼先生说："我认为中国应该申办成功，中国有世界上发展速度最快的经济，中国有理解世界未来的领导和新一代，中国有世界上最多的人口，中国从来没有举办过奥运会。”他深情地回忆：“您父亲1939年才离校，我正是1939年入校的，有印象……美国前总统肯尼迪、加拿大前总理特鲁多和澳大利亚前总理惠特拉姆，都曾在这个系学习过，您父亲过世太早了，不然可以为中国、为世界做多少事啊！我很愿意为中国做点事……”当弗里曼教授在霏霏细雨中送我离校时，小雨打湿了他的白发，老人仍然挥手不肯离去，我心中百感交集。弗里曼先生现在已经去世了，但他对北京申奥的间接和直接的支持将永远留在我国的奥林匹克运动史中。

父母在伦敦的旧居

我父亲是在1936年远渡重洋留学英国的，母亲同来陪读，住在伦敦近郊的一个小镇。当年不少伦敦大学的学生因为房租低廉而住在这里，这里称得上是培育世界英才的小镇。这里小商店、小菜店、小肉铺、小茶馆，一切都小巧玲珑，没有高档，没有名牌，古色古香，让人受到英国文化的熏陶。

父亲就读于伦敦大学的政治经济学院，这所学院由于培养了诸多世界名人，由于著名，在国际上单提伦敦政治经济学院业内皆知，学校临泰晤士河在闹市窄巷之中，全是古建筑，虽然经费充足也没有扩地拆迁。1939年父亲在伦敦经济学院获博士学位之后，拒绝高薪聘请和赴美深造的机会，毅然返回国难当头、水深火热的祖国。他的导师是世界闻名的政治经济学家H. J. 拉斯基（1893~1950年），他那篇被拉斯基教授批上“这是迄今为止我所见到的最短的、最好的论文之一”评语的博士论文，依然放在伦敦大学图书馆里。英国人怀旧的心情是浓烈的，我受到了热情的接待。

当年父亲就住在城北的小镇瑞贞公园路，圣马克斯巷7号，房东是法国人。我好不容易找到了这所旧宅。这是一座小小的3层楼，现在被粉饰一新，准备出售，然而周围与40年前的样子变化很大，原来的菜市场已经拆除，街道也整齐多了。

我面对这所孤零零的房子，仿佛看到父亲埋头攻读的身影，往事如烟云般在我眼前浮现。也想起在我考大学之前，他用一种令人难以理解的复杂目光望着我说：“还是考理工科吧！在中国学理工容易集中精力，为国家争口气，为人民做点实际的事情。”当时我还搞不明白：为什么学文科就“不容易”。随着年龄和学识的增长，我渐渐明白了这是那个年代的烙印。后来在英国的其他大学里我遇到了父亲当年的同学，他问了父亲的情况以后，沉默了半晌，眼望着窗外说：“那是学校的黄金时代啊，前美国总统约翰·肯尼迪也跟同一个导师学习，……您父亲是个好学生。”

伦敦大学尽管不是英国最早的大学，却是英国第一所著名的平民大学。它是根据诗人托马斯·坎贝乐“为‘技工’和‘富翁’之间的阶级提供教育机会”的倡议，于1836年正式创办的。由此可知其学术气氛是十分自然而浓厚的。

父亲的博士论文导师H. J. 拉斯基教授是个十分值得介绍的世界著名人物。他自1926年到伦敦经济政治学院教授政治学。20世纪30年代欧美经济危机时期，他倾向马克思主义，认为资本主义制度的经济困难可能导致政治上民主的毁灭。他看出：社会主义是唯一可能战胜正在兴起的法西斯主义的制度。在第二次世界大战中，他进入工党领导层，出任亦曾执教于伦敦经济政治学院的艾德礼（1883~1967年）副首相的副手，号召进行广泛的经济改革。1945年他被选为工党副主席，同年大选中工党获胜，艾德礼任首相。如果不是此后拉斯基健康状况不佳的话，在后来保守党和工党两党长期轮流执政中，他出任首相的可能性是极大的。拉斯基于1950年英年早逝，年仅57岁。

20世纪30年代父母在英国留学时的伦敦近郊小镇旧居

自艾德礼后的历任工党首相：卡拉汉、威尔逊和希思，都受到拉斯基很大影响；在英国以外，澳大利亚总理惠特拉姆奉拉斯基为宗师，我率的申奥考察团受到他本人的热情接待。而美国总统肯尼迪和加拿大原总理特鲁多则是他的学生。

父亲在攻读研究生期间，还有一个很“特殊”的同学，他就是后来的美国第35任总统J. F. 肯尼迪（1917~1963

年）先生。肯尼迪当时在伦敦经济政治学院求学了一年多。父亲说曾与他有过接触，印象较深的是当年仅20岁的肯尼迪就热衷于政治活动，常去海德公园角发表演讲。期间还有一个可上史书的小插曲。一次肯尼迪又从海德公园讲演回来，父亲问他："今天听众多吗？"他说："有十五六个。"父亲说："不少啊！"他说："都是孩子。"

当父亲获得博士学位时，抗日战争已经开始，留学的公费已断，家中又全无接济，父亲是不得已接受导师拉斯基教授的资助回国的。30年后，当他处于"文革"逆境之中的时候，曾和我谈起30年前决定了他一生道路的这一决定，他说："这很自然，我是中国人，又是东北人，毫不后悔。"

站在父亲的旧居门前，遥望着祖国的方向，我不禁思如泉涌。

在小镇中踱步，这是伦敦近郊的一个极普通的小镇，不是富人区，也不是工人区，街道不宽，但两旁浓荫蔽日，有一种宁静而幽雅的气氛，小楼都不过2层，花园也很小，小镇至今在世界上，甚至在英国也不著名，但这个小镇上住过那么多英才，联系着五大洲，在世界上也是不多的。

牛津大学城

牛津大学城在泰晤士河上游，距伦敦西北87公里处。小城分两部分，一部分是汽车制造和印刷等产业的工业城，另一部分则是以牛津大学、图书馆、博物馆和天文台组成的文化城，或者叫大学城。

从伦敦到牛津的一路，让人饱享了英国的田园风光，英国的草场美得就像精心制作的绿丝绒地毯，我开始很纳闷，城里的草地有人维护，这荒郊野外谁来修剪呢？原来，这种草是耗费巨资，花了几十年的时间培育出来的，并不用修剪。一望无际，碧绿如茵的草场上纵横着小河，草地与河只有一线之隔，没有坡岸。河中漂浮着五颜六色的游艇，岸上有五色缤纷的鲜花，把泰晤士河上游风景区阿宾顿（Abingdon）描成了一幅艳丽的图画。阿宾顿是一座小巧的古城，和我到过的其他欧洲小城有异曲同工之妙。不同的是建筑，英式古堡多呈四方状，像我国抗日战争时期的炮楼。更大的区别是车辆左行，真让人感到别扭。在伦敦车水马龙，车辆左行这点会记得很清楚。而到了乡间小镇里本想松懈一下，当一辆车迎面驶来时，真能吓出一身冷汗。现在世界大国中，车辆左行的大概只剩下英国、日本等很少几个国家了。

我到过世界上许多大学城，法国的埃克斯城、瑞典的隆德、美国的普林斯顿，其中最典型的大学城要算牛津了。全城就像一所大学，共有36所学院，各院风貌都不相同。皇后学院临街，像一所大戏院；基布尔学院（Keble College）则有广阔的草坪院子，建筑像一座大教堂，外表装饰得五颜六色；赫特福德学院（Hertford College）则像一座古堡。牛津大学是世界上最早的大学之一，早在1168年这里就办起了学院，到17世纪中叶才形成规模，从19世纪起才招收女生，目前研究生已占学生总数的1/4。牛津大学现在有14000学生，加上教职员工有2万人，如果再加上职工家属有5万多人，占了全城人口的一半以上。牛津大学图书馆藏书600万册，是世界规模的大图书馆，而且其中有不少孤本和珍本。所以说，牛津是座名副其实的大学城。牛津培养了一大批科学家。如2002年来中国演讲，被誉为当代爱因斯坦的著名物理学家霍金就毕业于牛津大学。牛津还培养了许多政治家，如英国首相撒切尔和希思都毕业于牛津。

牛津城的商业街也很热闹，但控制有度，街道清洁整齐，各色物品应有尽有，不过更多的是满足学生需要的廉价物品。这里有英国的一种特殊商店——书本商店，商店里没有橱窗，没有货架，只有许多印刷精美的产品目录，再就是提货处。顾客看书，交钱，取货，不满意的话，一星期之内可以退货。这种商店省去了店堂和售货员，也适合知识分子的购物要求，大概可算电商的雏形。

有个不识趣的商人企图也在这里开一家黄色书报店，但被愤怒的学生捣毁了，看来牛津的文明传统是树大根深的，难怪大多数牛津毕业生知识渊博，温文尔雅，受人尊敬了。牛津处处都很静穆，没有摩托车的吼叫，没有“迪斯科”的噪声，连在公园草坪上晒太阳的男女青年也是人手一书，真是个做学问的优雅场所。如果把这些看成英国的“保守”的话，那就大错而错，把游戏厅、饭馆开到大学门口这种现象，美国的名校也是不存在的。

我国有的大学曾一度“电商化”，近年有所改观，还要更彻底一些。大学中不是不能有商业，但目标要明确，要为苦读的学生服务，价格和样式都要做到这一点。牛津大学周围有空地，但并没有无度扩张，更没有高层建筑，真正实践了“所谓大学者，非谓有大楼之谓也”。如果哪天牛津大学盖了20层高楼，那世界学人一定是一片哗然。

山清水秀的爱丁堡

很早就听人说过，没有到过苏格兰就等于没有到过英国，可能还应该说，没有到过爱丁堡（Edinburgh）就等于没有到过苏格兰。爱丁堡不仅是苏格兰的首府，也是苏格兰经济与文化的中心。爱丁堡位于苏格兰中部低地的福斯海湾，公元6世纪形成村落，1329年建市，1437~1707年为苏格兰王国的首都。爱丁堡在英国算城市，但在我们看来也就相当于大镇，没有摩天大楼，没有车水马龙、灯红酒绿和昼夜喧嚣，就是一个有历史古迹，有文化内涵的镇。

爱丁堡临烟波浩渺的海湾，地势起伏，风光绮丽，气候温和，虽然纬度高达北纬56度（我国的漠河仅为54度），年平均温度却达8摄氏度，绿树成荫，鲜花盛开，山清水秀。尤其是水质值得一提，苏格兰全境95%地区的水质为I类，是世界上人口较密地区最好的水域，爱丁堡就在其中。作为一个现代工业化的地区，人口密度也大约达到每平方公里70人，水质保持I类是十分不易的。

2017年我主撰政协委员提案，希望在水污染严重的我国北方人口较密集的地区河南鹤壁将淇河修复为一条健康河流，使鹤壁成为中国的“爱丁堡”，比到处建名不副实的“佛罗伦萨小镇”有意义得多了，但是任重道远。

爱丁堡作为历史名都，最著名的古迹就是“爱丁城堡”。城堡建在一座高达135米的火山岩石上，三面峭壁，一面陡坡，北望福斯湾，可御北欧海盗，南俯通往英格兰的大道，地势险要，易守难攻，可抵罗马人入侵。从公元7世纪开始修筑工事，11世纪建了碉堡。城堡中建于1076年的圣玛格丽特教堂，是全苏格兰最古老的教堂，也是爱丁堡最古老的建筑，长6米，宽只有2米，不过一间学生宿舍大小，实际上是个小石屋，置身简陋的教堂，面对低矮的圣像，使人回忆起中世纪神权、战争和贫困的年代。戴维一世（1124~1153年）时代古堡基本落成，并掘了33米的深井，自备水源，可以

在绿水青山的爱丁堡山巅古堡

长期坚守。1437年以后这里成为苏格兰王宫，1502年宫中建成大殿，全厅长20米，宽15米，面积达300平方米；舞厅长40米，宽15米，面积达600平方米；大殿全木结构，无一钉一铁，为全英木建筑之冠。当时苏格兰王国议会就在此召开，在今天也算颇具规模的大厅。

1580年，堡中又落成了半月形炮台，防御工事逐渐完善。1603年乔治称苏格兰王，开始了更大规模的建设，1615年建成今天的主堡，称戴维塔。城堡内有国王的寝宫、兵营和地牢，可谓“多功能堡”，而今天都已成为博物馆。陈列室中有苏格兰国王王冠，为1306年所造，镶嵌的蓝宝石在堡室的昏暗光线中十分夺目，还有一把巨剑长达1.5米，在王冠旁闪着亮光。生活在这种封闭、阴暗环境中的帝王，性格怪异，倒真不难理解。

爱丁堡的另一处古迹是玛丽王宫，现在是英国女王的夏宫，是1520年为苏格兰女王玛丽修建的行宫。玛丽王宫位于爱丁堡近郊，邻巨大的火山岩——狮子山，该山形成于4亿年前，山顶还有火山湖。现在狮子山火山口仍然寸草不生，褐色的山岩裸露，山前是一片如荫的草地，山旁有小河流淌，风景宜人。早在1128年，这里就修建了一座教堂，玛丽王宫就依山傍水临教堂而建。1544年教堂被入侵的英格兰军队焚毁，现在，当年哥特式的教堂仍剩残垣断壁，堂基中已经杂草丛生，但还能看出当年的宏伟规模。古堡式的行宫却完好无损，正门两边各有两个联成一体的尖顶古堡，从风蚀的颜色不同可以看出建造得相差不少，堡前绿地鲜花，清凉幽静，的确是度假的好地方。

爱丁堡市的议长请我们在临福斯湾的霍斯（Hawes）小饭馆吃饭。木结构的房屋、沉重的桌椅、村妇式的老板娘、暖洋洋的气氛却道出了苏格兰农村的风情。我不是美食家，还是如从前一样，吃什么都不记得了，只记得浓郁的苏格兰啤酒，真有点像液体面包。席间谈起建于1583年闻名世界的爱丁堡大学。著名生物学家达尔文（1809~1882年）毕业于爱丁堡大学，著名电磁学家麦克斯韦尔（1831~1879年）曾在爱丁堡大学就读，著名古典经济学家亚当·斯密（1723~1790年）自牛津毕业后就在这里任教，并创立了古典经济学。席间谈话是这些内容，就谁都不可能多喝酒，否则不仅是闹笑话，还会亵渎祖先，我想这也可能是西方人宴会饮酒极少一醉方休的原因吧。

一个国家，尤其是一个大国，如果不看三个以上的城市和农村，你是很难真正了解它的；而一个城市，不看三个以上的景点，也是很难真正认识它的。20年后再游英国，北海波涛依旧，英伦迷雾渐稀，山顶古堡铭刻着过去，泰晤士晨曦预示着未来。

全球化的标准——格林尼治小镇

格林尼治是伦敦近郊的一座小镇，以它的天文台在初始子午线来划分世界时区的起点而著称于世。格林尼治是海上船只经泰晤士河入伦敦的必经之地，素有“伦敦咽喉”之称。15世纪初欧洲航海日盛，摄政王汉弗莱在小山上建了一座入港船只瞭望塔，1675年英王查理二世把这里改建为皇家格林尼治天文台。1884年在美国华盛顿的国际天文学年度会议上这里被确定为世界时区的基准。小小的只有3层楼的天文台自此闻名于世。

在天文台的小院里有一个嵌在大理石中的长近10米的铜条，这就是著名的划分地球经度的本初子午线，这里是“零度”，东西两边分为“东经”和“西经”。我也照例两脚横跨东西半球照了张相。院中天文台大门外白墙上挂着1851年安装的大钟，世界各国均以此为计时基准校对本国的时间。天文台只是一座3层小楼，远没有人们想象中的高大宏伟，但是登顶举目眺望，还是能将泰晤士河两岸尽收眼底，最惹人注目的就是远处的伦敦眼和近处的千年穹。

在原格林威治天文台两脚横跨子午线

格林尼治小镇还有其他历史渊源，女王伊丽莎白一世和格林尼治有密切的关系。伊丽莎白一世（1533~1603年）生在格林尼治，她活了70岁，但在位45年，被认为是英国历史上最杰出的女王。伊丽莎白出生后就历尽磨难，她仅3岁时，生母安妮被砍头，伊丽莎白被宣布为私生女。1457年她仅13岁时，她的父亲亨利又死去。她的异母兄弟爱德华六世（1547~1553年）在位登基，伊丽莎白曾因支持新教被捕，投入伦敦塔。经过了25年含辛茹苦的生活直到1558年她才继承了王位。

伊丽莎白上台后就宣布基督教的分支新教为国教，至此传播已久的新教才有了合法地位。当时苏格兰是另一个独立的国家，伊丽莎白关押了笃信天主教的苏格兰女王玛丽，由于她在关押的19年中策划几起反对伊丽莎白的阴谋而被处死，1560年伊丽莎白就和平地结束了与苏格兰的纠纷。伊丽莎白建立了庞大的英国海军，于1588年击败西班牙无敌舰队而确立了海上强国的地位。她给莎士比亚财政支持，支持上演他的新戏；伊丽莎白还支持了英国在北美的远航、探险和征服；她使英国成了有史以来最强大的国家。伊丽莎白终生未婚，也未指定继承人，因此在她死后英国陷于内战，这或许是她的最大失误。

格林尼治这座伦敦卫星城周围的别墅区是我在伦敦见到的最美的大住宅区，黑顶白墙的小洋楼整齐地排列在路旁，延绵几公里。清晨，空气新鲜，鸟语不断，房前花园里如茵的草地上挂着晶莹的露水，真像在一个童话王国里。然而，这片别墅区失之于千篇一律，不像法国的建筑百花齐放，各有特色。

英国的皇家天文台早在1948年就已经迁到苏塞克斯去了，但仍叫格林尼治天文台。今天格林尼治的原址已改为国家航海博物馆，陈列英国历史上各种航海图、天文图、天文观测仪器和天文时钟，清楚地表明当年对天文知识的需要主要是航海的要求，促进天文学发展。伽利略的天文研究也是被当时的航海热潮所刺激，而中国早期的天文研究主要是农业时令的需要，显然比航海要求低得多，这可能就是中国天文学研究起步早，但后劲不足的原因吧！看来任何科学研究都是直接或间接的生产需要。本初子午线就穿这个博物馆中的子午馆而过。

格林尼治不仅是天文名镇，宜居的好环境，居民悠闲，舒适方便，它也是都市中的伦敦人假日休闲的好去处。早在1979年我来伦敦时就乘车经过这里，尽管是走马看花，那如茵的绿地和清新的空气仍深深地吸引了我。这次来格林尼治巧逢假日，游客如云，三五成群地在伦敦近郊的这片高岗上漫步。土岗上树木扶疏，绿草遍地，五颜六色的鲜花开在树林和草地之间，让人流连忘返。

格林尼治是一个科学的小镇、历史的小镇、宜居的小镇，它完整地保留了我们今天经济全球化的科学起点，但没有增建任何显示气派的“标志性建筑”，而我们在世界文化遗产法门寺等地让大师建筑喧宾夺主，让历史“相形见绌”的做法是否应深思呢？

蜿蜒剑河小桥边——剑桥镇

全世界科学与教育界几乎没有不知道剑桥（Cambridge）大学的。世界上最古老的大学是建于1087年的意大利博洛尼亚大学，其次是建于1167年的牛津大学，再次就是建于1209年的剑桥大学了，而法国的巴黎大学和德国的海德堡大学则都是14世纪才真正建校。从伦敦沿M11号公路北行90公里就进了剑桥大学城。剑桥城有10万人口，以剑（Cam）河而得名，河上桥不少，不知指的是哪座桥。入得剑桥，小河弯曲，春江水满，小桥四布，古城静谧，黄色的两层老房子把人一下子带回几百年前的意境。

城中现存最久的是1284年建的彼得学院（Peterhouse College），1440年亨利6世又创建伦敦国王学院（King's College London），到16世纪中期剑桥大学已有14所学院，在欧洲享有盛名，那时大学主要是教神学，"神学"的科学部分就是哲学，所以英文的"博士"都是哲学博士。

剑桥大学的三一学院（Trinity College）的著名毕业生，唯物主义哲学的始祖培根（F. Bacon，1561~1626年）成为伟大的哲学家后，剑桥才开始教授近代哲学。

17世纪初剑桥又出了第二个伟人：政治家英国资产阶级革命的领袖克伦威尔（O. Cromwell，1599~1658年），1660年王朝复辟，克伦威尔被掘尸断头，相传被支持者偷埋入剑桥大学教堂，导游者还能指出在哪块砖底下，当我踩上那块砖时，心里真有点不是滋味。17世纪中叶自然科学迅速发展，伟大的物理学家牛顿（I. Newton，1642~1727年）就毕业于著名的三一学院，学院门前的一棵苹果树，据说是他看见落果发现万有引力定律之处，是否为史实，有待考证，这里也引发了一个问题，科学发现到底是灵感的爆发，还是勤奋的积累，牛顿本人说："天才在于勤奋。"看来至少是二者兼而有之吧！不过学院大门边二楼的一间学生宿舍是牛顿上学的住处，却是有历史考据的。19世纪末英国著名大诗人拜伦（G. G. Byron，1788~1824年）也毕业于剑桥。这四大伟人似乎记述了工业革命从神学到哲学，从政治到科学，乃至文学的发展过程，或许对人们认识历史有所启迪。

工业革命以后的近代史中，剑桥的毕业生又出了四大名人，著名作家萨克雷（W. M. Thackeray，1811~1864年）以其《名利场》深刻地揭露了新兴资本主义社会的现实。1820年以后，剑桥大学脱离了以哲学为主的教学时代，开始建设科学实验室，而且

1830年开始建立按自然科学分科的系，1871年建立的卡文迪什（Cavendish）物理实验室，为剑桥赢得了永久的科学信誉。剑桥大学毕业生，英籍新西兰著名物理学家卢瑟福（E. Rutherford，1871~1937年）则于1902年在实验室中揭示了原子结构。20世纪初的剑桥毕业生，著名经济学家凯恩斯（J. M. Keynes，1883~1946年）在20世纪30年代推出的“凯恩斯主义”经济学至今对世界经济发展有重大的影响。在高技术革命中剑桥大学并不落后，1953年著名生物学桑格（F. Sanger，1918~2013年）在剑桥大学的实验室中首次弄清牛胰岛素的结构，第一次提出蛋白质氨基酸（DNA）序列的分析方法，可以说是基因工程的鼻祖。这四大伟人可以说是前四大伟人的延续，从应用科学研究，到市场经济理论，直至高技术开发，更对人们认识现实有所教益。

桑格等人发现DNA的实验室正对着校内的一个小酒馆，实验成功后他们兴奋地冲出实验室奔入酒馆，见人就请喝酒，使客人莫名其妙，传为佳话。自20世纪70年代以来以剑桥大学为依托的科技工业园区，不仅在英国首屈一指，而且世界闻名，为高科技产业化作出了重大贡献。剑桥先后培养出60名诺贝尔奖获得者，其中牛顿就学的建于1351年的三一学院占1/3以上。可以毫不夸张地说，剑桥史就是工业革命发展史的缩影，因为工业革命的核心就是人才的培养、使用和发挥。智育与体育是密不可分的，世界上第一次正式的田径比赛也是在牛津和剑桥大学之间于1864年3月5日举行的校际比赛。

让牛顿提出万有引力定律的苹果树已枯，定律永在

剑桥大学的副校长向我们介绍，今天的剑桥大学有108000名学生，4500名研究生，每年还有15000名培训人员，全校3000名教职员工，其中只有1626名永久性工作人员，1100名是教师。剑桥共有31个学院，6个研究生院，其中有3个女子学院。最早的学院建于1284年，最新的1998年才建立，相差700年之久。大学的收入31%来自政府，

31%来自科学研究合同，31%来自国内各机构的赞助，5%来自学生所交学费，2%来自国际赞助。

剑桥大学每个学院都有自己的校园，校园不大，像一所所中学，古色古香，没有高楼大厦，但建筑各不相同，精巧别致，各具特色。国王学院像一座宫殿，是最具特色的一个，五塔组成的门楼尤为壮观，院内绿草如茵。其中的国王学院教堂规模很大，建于1450年，长80米，宽15米，总面积达1200平方米，在英国也是著名的教堂，要买票入内参观。宽大的门楼由高耸的双塔护卫，整个教堂内无柱，多个伞状梁组成的穹顶，五色缤纷的玻璃窗花让人叹为观止。剑桥大学中也有许多现代建筑，中心图书馆就是其中之一，整体为玻璃桁架结构，采光极佳，在古典的校园中也还和谐，而且给学校带来现代气息。

剑桥的历史就是一部简约的英国近代史，让游者走在历史的长河之中，我国又有哪所大学是这样的，或者想成为这样呢？

到弗拉斯卡蒂不是来喝酒，而是为了人类的水

弗拉斯卡蒂在罗马的近郊，这里产的葡萄酒闻名于世，不仅有企业成批生产，还家家自酿，各具风味。然而我不喝酒，1981年来弗拉斯卡蒂，是参观核研究所的。这个研究所的规模比美国、日本、德国、法国和英国的同类研究所要小很多，然而，意大利的同行们以他们有限的物力，想方设法把受控热核聚变研究搞出特色来的精神是值得钦佩的。意大利人是很有创造性的，大凡是有悠久历史传统的民族都如是，而这种创造性往往被传统的陋习所压抑。我和在法国的意大利同事，在世界各地碰到的意大利学者都讨论过这个问题。“嫉妒”是个最可怕的凶神，保守的传统把身居现代化大都市人的思想关押在一个“贫瘠的村子”里，人们比较的对象只是周围的人、邻里、同事，谁敢在有如此文明传统的社会中标新立异出人头地，便是大逆不道，非用流言蜚语把他窒息不可。你不懂“人言可畏”吗？那就让你身败名裂。在21世纪哪个民族能够尊重知识，尊重人才，尊重人才的创造性，哪个民族就有无限光明的前途。

弗拉斯卡蒂是个小山镇，不富裕，离开镇中心几步就是乡村的公路，居然没有路灯。

意大利名园蒂沃利

在镇上还有人住在摇摇欲坠的房子里，说“贫民窟”是名副其实，为了离研究所近，也为了体验贫民的生活，我住进了一个孤身老太太的家，这是我第一次进入西方的“贫民窟”。地面很脏，堆满破烂，落满尘土的蛛网封住了屋角，而老鼠则在屋边窜来窜去，但总比露宿好一些。然而，她还是享受着现代文明，12个按钮的彩色电视有20多个电视台可供选择。好心的老太太知道我来自中国，热情地拿出她自酿的葡萄酒让我们品尝，可惜我是个“酒盲”，只能说：“好！好！”对她来说，这个赞语肯定是太平淡了。我送了老太太一个纪念品，她说：“今天真是我的大喜日子，我第一次见到了中国人，而且还送我东西，要知道，这是10年来我第一次收到礼物。”工作时间要延长，我就住进了旅馆，临别时直到我走远了，回头看时，老太太还立在门边。

在弗拉斯卡蒂旅馆的最后一夜里，朦胧中，我的床忽然摇晃起来。原来是地震了，其幅度不比1965年我在北京感到的邢台地震小。我跑到走廊里，见到几个外国游客也惊慌地跑了出来，有的人大喊大叫，有的人夺路而走，也有的人十分镇静，立即返回屋中，原来是去写遗嘱，几分钟就写好，并从窗户中扔了出去。而当地人却仍在酣睡，大概是这里地震太频繁了，或是因为这里的地震有惊无险，看他们没什么动静，我也回去睡了，没想到这后半夜还睡得特别香。

当时我在欧洲原子能联营的法国芳特诺欧豪斯受控热核聚变研究中心作为访问学者、题目组长，是来与欧洲原子能联营的意大利弗拉斯卡蒂受控热核聚变研究中心谈工作的。

地球上的一切能量都来自太阳，太阳以热核反应向地球辐射的能量用之不竭，人类为什么不能像太阳一样产生能量呢？可以，这就是受控热核聚变反应能的商用。

1千克氘和氚的混合物进行热核聚变反应可以释放出相当于9000吨汽油燃烧的能量，是同重量铀进行核裂变反应释放能量的大约5倍。氘和氚可以取自海水，可谓“取之不尽，用之不竭”，1千克海水中可心提取34毫克氘，即如果受控热核聚变能商用实现，1升海水可以替代300升汽油，就是所谓的“海水变汽油”。同时，热核聚变也不产生放射性污染，它还是一种清洁能源。大规模商用以后，所产生能源的成本只有水电的1/10，可以为人类最终解决能源问题。

自然界在无休止地进行江河淡水入海，海水蒸发进入大气环流，在陆地降雨汇入江河，再流入大海的水循环。海水淡化产业正是加入了这个水循环，从全球气候变迁看来越来越有必要。

海水淡化不仅是维系地球上的淡水和海水之间的平衡，也是解决陆地淡水短缺的最根本的方法。但是，海水淡化要大量耗能，占成本的40%以上，而且如果用碳氢能源淡化海水，又造成了大量二氧化碳的释放，加剧了温室效应。受控热核聚变能解决了这两方面的问题。一是受控热核聚变能极其廉价，可使海水淡化成本降低1/3以上，即从目前的6元/吨下降到4元/吨，使得海水淡化实用性大大提高；另一方面是受控热核聚变能是与水电能一样的清洁能源，不产生温室气体。

海水淡化的另一个主要成本——过滤膜的成本，随着新材料科学技术的发展，到2030年也将下降2/3（包括价格的降低和寿命的延长）是可以预期的；届时海水淡化的成本可以降到2元/吨以下，使大规模海水淡化成为可能，从而大大低于调水的实际价格，而且水质好得多。

受控热核聚变能最终解决地球缺淡水的问题。这就是我到弗拉斯卡蒂这个以产酒著名的小镇来的远景目标，现在距我访问弗拉斯卡蒂已经过去了36年，对这个我奉献10年青春的事业我还是有信心的，我的乐观预计2035~2040年投入商用已被联合国采用，我有信心能看到那一天。因为我也贡献了一份力量，那一天一定比弗拉斯卡蒂贫民让中国人喝上自酿的酒更兴奋。

盖房要打好地基——比萨镇的斜塔

意大利以斜塔闻名于世，博洛尼亚也有“双斜塔”，但肉眼看不出斜来。我从博洛尼亚来到了真正的斜塔——闻名于世的比萨斜塔。驱车在北意大利的乡间，相隔10多年在21世纪初再来，与在南意大利乡间飞驰有不同的感受，北意大利的高速公路相对较为宽阔，农舍建筑较为新颖；和南方一样的是夏日的阳光和热浪，从地面向车上扑来，不打开空调享受一下人造的凉爽就有点头晕脑涨，意大利的天气也和意大利人一样热。

比萨斜塔和许多其他著名建筑大不一样，不仅在于它的斜，还在于它不在城中，斜立在郊外的海滩边上。沿着去比萨斜塔的路形成了一个面积不小的旅游小镇。小镇商业繁荣，这里有卖旅游纪念品的，有卖手工艺品的，有卖皮货的，形成了一个小商品区。这个小镇我来过3次，没有强买强卖和假货骗人的；还有卖小吃的，小点心、汉堡包和比萨饼应有尽有，又形成了一个小饮食区。值得说明的是“比萨饼”（Pizza）与比萨（Pisa）并无关系，只是音似罢了。不过比萨的比萨饼的确不错，不仅味道好，而且便宜，大约2欧元就能买上一只，大约相当于法国的半价。虽然是摊贩，卫生还可以。

在比萨斜塔旁的“托塔天王”

比萨的旅游区是一片十分宽阔的草场，绿草如茵，在蓝天白云之下显得格外瞩目。偌大的草坪上有一组三个灰白色大理石的建筑物，其中最著名的当然就是比萨斜塔了。比萨斜塔实际上是比萨大教堂这组建筑物的一个钟楼，它于1174年动工兴建，1350年建成。是一座8层的圆柱形高塔，高达54.5米。底层较高，且墙厚达4米，由15根巨大的方柱支撑。以上是6层由31根圆柱支撑的塔楼。顶层是钟楼，由15根圆柱支撑，也比下6层高，为了让钟声远扬，开有两层大窗。8层高塔的外表共建成213个拱门，全塔用1.42万吨大理石建成，远远望去好像一只镂空的巨型大理石花瓶，斜放在绿草地上。塔内有294级螺旋状楼梯，盘旋登顶可以鸟瞰比萨全城。

比萨塔之所以斜是有一段典故的。建塔时因选址不佳，地基打得又不合格，建到第三层塔就出现了倾斜现象，因此不得不停工，一停就停了150年之久，后来不知为什么又继续陆续兴建，一共建了176年。建成之时塔顶中心至地的直线就偏离垂直中心线2.1米。600年来塔身继续倾斜，从1918年开始准确测量以来，每年平均向南倾斜1毫米，现在塔身中心线已偏离垂直中心线4.4米，斜度达5.3度。看来似将倾倒，岌岌可危，但出人意料的是斜塔经历了1972年10月的一次地震却仍然歪斜不倒，使得比萨斜塔更为世界闻名。看来当年的设计师不是一无是处，地基虽然打得不牢，塔身却建得十分坚固。众多的游客都为拍一张“托塔天王”的照片不远万里而来。所谓“托塔天王”的照片就是站在塔前，伸手向塔，做扶住倾斜的比萨塔状，然后利用视差即刻摄影留念，好像一个巨人扶住了即将倾倒的巨塔，我也照了一张，形象十分逼真，可谓有生以来最出风头的照片之一。

传说1590年近代天文学的奠基人、出生在比萨的伽利略登上了比萨斜塔，利用这一现成的实验场地，亲自做了著名的重物落体实验，他把大小相同的一个铁球和一个木球同时从塔顶放下，结果两个重量不同的球体同时落到地面，推翻了古希腊物理学家亚里士多德确立的，重量不同的物体落体速度不同，被沿用了1900年之久的理论。比萨斜塔给这个实验提供了绝无仅有的机会，因为直塔上做实验为了使球体落下不碰塔身必须把球抛出，而只有在斜塔上才能实现真正的自由落体。许多学者怀疑这一传说的历史真实性，但是，首先是自由落体实验确有其事并被证实，只不过是不是由伽利略在比萨斜塔上做的无法确定；其次是这个传说使比萨斜塔更为闻名，读过中学物理课本的人无不想一睹为快。

比萨斜塔以“斜”著名，其实与镇上的比萨大教堂一组三个建筑物相比它只是一个配角。这一组建筑物，比萨大教堂居中，比萨斜塔在右侧，另有古堡在左侧。这一组灰白色大理石建筑都十分精致，各有特色，矗立在绿茵之上，仿佛在蓝天白云之下，绿丝绒地毯之上的一组工艺品。比萨塔、堂、堡科学合理，让人饱享艺术情趣。

比萨小镇也没有喧宾夺主的标志性和高层建筑，今天的大师为什么要和当年的巨匠比试呢？如果他知道比萨斜塔建了176年而他的杰作要在176天中完成，肯定会觉得相形见绌的。

世界奇迹——庞贝古城

世界闻名的庞贝古城在那不勒斯东南20公里处。在意大利庞贝古城是和罗马斗兽场齐名的伟大古代遗迹，在欧洲名列前茅，在世界上亦可谓屈指可数。大诗人歌德说：“我不知道还有什么比庞贝更为有趣。”一语道出了庞贝的神秘、深蕴和博大的内涵。

庞贝背依维苏威火山，距山脚仅2公里，面临那不勒斯海湾，建于公元前6世纪。依山傍海的地理位置使得小城农业、手工业、航运业和商业都很发达，但也正是这种地理位置铸下了700年后的灭顶之灾。

公元79年8月24日上午10时维苏威火山喷发了，喷出的亿万吨熔岩先向上直射，震耳欲聋，喷至数千米的高空，然后变成一阵炽热的石雨向四周落下，浓密的黑烟使周围一片漆黑，庞贝古城被笼罩在烟石之中。以后又下了暴雨，山洪卷着火山灰和火山石形成泥石流，排山倒海呼啸而下，繁华的庞贝城顷刻从地面消失。这场灾难来得如此突然，逃生者寥寥无几，仅知的逃生者——罗马作家布林尼后来写了两封信描述了庞贝末日，但当时没有引起重视。事后更像埋在沙漠中的金字塔一样，被人淡忘了。

1748年当地的一个农民修渠的时候发现了石碑和石像，这样才开始了对庞贝古城的发掘工作，至今历时200多年仍没有全部完成，已经发掘的部分已使世人震惊。

庞贝古城建在一片高岗之上，占地1.8平方公里，石砌的城墙为4.8公里，有8座城门，纵横各有两条大街，成“井”字形分布，把全市分成9个区域，4条大街的两端分别是8座城门。全城的大小街道都由巨石铺成，街道中央由于车辆长年来往碾磨，形成了两道深达10厘米的车辙沟，可见当时车水马龙的盛况。街道两旁有高出路面的人行便道。在十字路口都有3～5块圆形柱石，高出路面约10厘米，这就是今天行人过街的“斑马线”，较今天的斑马线更具优越性的是，不但可以完全阻挡车辆高速前进，还可以作为“过街桥”以方便行人在雨雪天通行。

庞贝古城废墟中居住单元的标准间也是13平方米

庞贝古城中不但有可与今天媲美的

交通系统，还有十分完备的供水系统。用砖石砌成的引水槽和水塔相连，把城外的山泉引入城内，水槽1人多高，1米多宽分布在所有主要街道上，全城都赖以取水。富人家里庭园的喷泉和水池也来源于这个系统。

城中还有众多的公共设施。有澡堂，分男女部，用锅炉烧水；还有温泉浴场，是由石块建成的拱形建筑，被火山灰填埋，居然一直没有倒塌，拱顶上有装饰图案，墙壁上有雕像，墙中装有热水管道。有体育场，在城东南，大约建于公元前70年，比举世闻名的罗马科洛塞奥斗兽场早40年建造，场地近乎正方，每边约130米，刚好是现代体育场100米跑道的长度，场内大约可容5000名观众，占全城约3万人口的1/6。还有剧场，在城南，室内剧场可容1200人，也是今天一般剧场的规模。

在城的西南部是一个长方形广场，是当年全城的宗教和政治活动中心。全城最宏伟的建筑都集中在广场的周围，有庞贝市政府、市法院，有太阳神阿波罗庙、爱神维纳斯庙和女神艾亚斯庙。市政府的整体建筑已不复存在，但正面底部两层的石柱门框还傲然耸立，石柱高达3～4米，有的上下两层各4根石柱联成一体；有的上层只剩二根，也联成一体；还有的上层剩3根，但横梁已不翼而飞，当年的宏伟仍可见一斑。庙宇的地基就有1米高，建筑也只剩门框，门框的石柱上还雕有十分精美的图案，当年的豪华可见一斑。在广场残留的墙壁上还留有古代竞选的口号，可见当年灾祸来临的时候，正在进行选举。

广场附近是经济和商业区，当时庞贝已经有许多手工作坊和颇具规模的商店。多年的发掘发现了大量的工具、衣物和钱币，宝石、手镯和耳环等装饰品，还有商人的账本、高利贷者的账本和借债人的借据，可以清楚地看到当时繁荣的商业活动。在挖出来的商店的瓶罐中，还可以看到面包、葡萄和其他食物，仍未失去原形。

城内的居民贫富差别亦不小。达官富商的深宅大院十分豪华，都由大理石和石灰石料造成，粗大的石柱，精雕的门楼，巨大的厅堂，仆人的小房。餐厅和卧室中有彩绘的壁画和精致的马赛克地面；庭园中有大理石的雕像和巨大的花盆花瓶；和现代的富豪宅院全无二致。城中有大批平民房子，整整齐齐分布街旁，组成了大街小巷。令人惊讶的是大多数平民房子很像今天的两间单元，更像较早的大室小厅式，两个房间也居然和现在的大小差不多，大约是14平方米，厅不大，大约10平方米，还有厨房和洗澡间，只不过是设备都荡然无存了。2000年前的房子和今天如此类似，真是难以想象。

在庞贝城中已经发现了2000多人和大批牲畜的尸骨，并根据骨架的形状用石膏复制了当时大难临头人畜惊恐万状的情景。有的人头顶枕头在街上飞奔，结果倒毙路上；有的人趴在地上，挣扎死去；母亲席地而坐，看着膝上的女儿，坐以待毙；富人则手提财宝，仓皇逃命。庞贝就是一个露天的博物馆。

庞贝古城成了世界闻名的旅游点，旁边也随之兴起了小镇，小镇房屋低矮简朴和古城废墟十分协调，也没有过分商业化，保护了这处世界文化遗产。

在意大利“靴子尖”小镇科森扎见“市长”

意大利的版图像一幅画，半岛像一条穿着高跟靴子踢球的人腿，撒丁岛像一个踢起的球，西西里岛像一个即将踢到的球。我到的科森扎（Cosenza）首府就是靴子尖了，有10万人口。

飞机晚点，午夜12点整，我们乘飞机到达了卡拉布里亚中部的拉麦兹亚。主人C先生和F先生租来了两辆车，转瞬之间，我们就上了高速公路，消失在意大利南方的苍茫夜色之中。夜幕下的旅行别有一番胜景，墨色的海，漆色的天，昏暗的大地，乌黑的高山；天上繁星点点，海中摇曳着簇簇船家灯火，路上流逝着一条条汽车的光带；在夜幕下汇成一体，显示着宇宙间的生灵。难怪常有人把星星拟人，在黑暗的孤寂中，人是多么需要伴侣啊！C先生和F先生都是驾车能手，转眼之间，我们已经到了预先订好的旅馆，没想到店主给少登了一个房间，C先生和F先生以意大利人特有的热情一定坚持合住一间，把单间留给我们，谦让一番之后，也只好恭敬不如从命了。就寝前，我看了看表，时针正指向2点。

第二天清晨，我们先到小镇科森扎近郊的科技园区考察。最先访问的是伦德丛山中的一个信息公司。这家公司建在贫瘠的山区，很像一所学校，搞技术培训、信息咨询、生产计算机配套设备和软件；与学校的不同在于，它是营利的，一切都收费，但是营利的主要部分都投入在扩大规模和添置设备上。这家信息公司的建立的确给闭塞的山区带来了新气象，人们开始了解什么是计算机，许多年轻人都来这里接受培训，寻找工作，有的还成了这里的教师。公司给山区景色带来的变化更是显而易见的。几幢乳白色的小楼矗立在翠绿

意大利“靴子尖”卡拉布里亚镇海滨古堡

的山谷中，谈不上很协调，却也不失为新的点缀。道路开始从这里延伸，农舍开始向这里聚集，一个新的村镇开始形成，公司的影响不言而喻。公司培训班的一个本地学员兴奋地对我说：“在计算机学习中，我看到了一个崭新的世界。”

离开了信息公司，我们乘车向上攀行，登上了圣斯特凡诺山顶。山顶有座中世纪的教堂，像座奶黄色的碉堡，矗立在高岗之巅，高耸的钟楼上正面摆着一面大石英钟，而钟楼里面吊着3口大人力钟，从外面看得一清二楚，仿佛在和现代化争雄。意大利主人请我们在教堂下的古堡餐馆中就餐。餐馆的房子，原是一个富人的别墅，因此颇有家庭风味。侍者打着领结，留着小胡子，文质彬彬，服务的一招一式都很规范，但总让人觉得他的殷勤欠几分真诚。我们吃了一顿华而不实的饭。据意大利朋友说，当年在意大利，低档餐馆的一顿饭要5个美元左右，在中档餐馆吃一顿像样的饭要25个美元左右，而你要步入高档饭店，没有上百美元就难以应付了。这个别墅饭店自然是属于高档之列的。为什么要这么破费呢？应该记得，这里是南方，越穷越讲排场大概也是世界性通病。

午饭后，我们奔赴科森扎省的省会科森扎小城。汽车在群山间奔驰，山虽是绿油油的，居民却很稀少，山间偶尔有两座农舍也显得破旧。行进在这崎岖的山林之间，你就不难懂得为什么南方远远落后于北方，也不难体察政府为开发南方所做的巨大努力了。

当我们到达科森扎市政府门前时，已有人在那里迎候。走进市政大厅，许多人走上前来迎接，然而却并不把我们再向里面让。过了一会儿，市长才缓步进入大厅，原来在等待他老先生。市长先生穿一件墨绿色的西装，和他那红润的面色形成强烈的反差。在官方场合穿墨绿色西装的确少见，也算意大利南方的特色吧！他目光锐利，鼻梁又高又直，人显得十分干练，却又显露出阴沉。有的意大利朋友说，不少南方市长都有点黑手党背景，这位市长呢？就不得而知了。不过从他对下属只打手势而不说话，从助手唯唯诺诺的劲头来看，很有点像他的仆人。而当两个身着厨师服的小孩给我们送来精致茶点的时候，就更像家僮给主人和客人敬茶了。一个地方有一个地方的风俗，外人是无可非议的，然而，这种风俗的含义人们还是可以揣摩的。

科森扎小镇很普通，但是这位市长给我留下深刻的印象，他的威严，他的干练，他的敏锐。会见时他只与主要助手说几句意大利语，尽管我不动声色，他还是看出了我可能懂点意大利语，就立即停止，只讲英语，不知道的词也不再问人。地方官要有势力，要威严，大概世界上都大同小异，只要他为地方人民谋福利，这些都可能算“小节”吧。

山岗城堡国圣马力诺

圣马力诺共和国以首都圣马力诺而得名，圣马力诺是著名古城，位于共和国中部蒂塔诺山西坡，人口约4400人，市财政收入主要靠出售邮票和旅游业。圣马力诺是一座山城，最大的广场和市政府都在海拔750米的山顶上。

说城先要看城门，圣马力诺有两座门，一个是圣弗兰西斯科门，另一个是卢比（Rupe）门。圣弗兰西斯科门是主门，进门后就进入圣马力诺市中心的主街——唐纳（Donna）大街。

圣弗兰西斯科门早在公元4世纪后半叶就建成了，当时它是圣弗兰西斯科修道院的

在山岗小国圣马力诺城门

大门，那时更高处还没有什么建筑，圣马力诺也未成为城市。1361年圣马力诺城基本成型，修道院的大门被改成城门，站岗放哨。1451年和1581年又两次重建，成为今天的样子。今天，我们一进这座大门就可以看到城中的市街，大门变为了城门。城门的下面是拱门，中门有小阳台，上面是棕色尖顶的敌楼，墙上还有城堞，构成一个防御工事。这座门面对山下来客，今天到圣马力诺的人还要进入这座城门。在拱门中还有古代的石碑，上面刻有禁令："严禁旅行者带武器入城"，门后的墙上还有圣马力诺共和国国徽。

另一座门——卢比门则是面对圣马力诺市西郊的山上居民，在第三道城墙的最西边。这座门造型简单，成正方形，下面是拱门和门上是敌楼。卢比门始建于1525年，重修于1589年，当时是战乱频繁的年代，城门后的小圆形塔楼过去是炮兵的火药库。入卢比门后是一片茂密的树林，一般游客罕至，是城中难得的清幽地方。

圣马力诺的城门只有两座，城墙却有三道，建于不同时期。第一道是碉塔瓜伊塔（Guaita）的护卫墙，从高处向下延伸，到圣弗兰西斯科大门；第二道始建自13世纪中期，延伸到市政府；第三道完成于1549年。今天这三道城墙都因城市建设被拆成了残垣断壁，有些段，尤其是政府大厦附近还保存得相当完好。圣马力诺是座山城，城墙拆得大没必要，也很可惜。几座城墙内都修有蓄水池，积雨水以备战时之需；看来圣马力诺缺水，市中没有看到泉。

圣马力诺的自由广场，西边是政府大厦，东边是前邮电大楼、现财政部大厦，南面是城墙，下面就是悬崖绝壁。广场中间是手执长枪，捍卫自由的女武士雕像，是1876年由柏林的瓦格那尔女伯爵赠送的。自由广场长大约50米，宽不过20米，大约1000平方米，是天安门广场的1/1000，地面都是由巨石铺成的，再下面是巨大的蓄水池，在节日这里都举行阅兵式，好在圣马力诺也就一个连的兵力，否则都来了是站不下的。

政府大厦是在古时"公众大会堂"的遗址上建起来的，1884年奠基，1894年建成，小小的3层楼建了整整10年，可见当时建筑材料运输的困难。今天，政府大厦是圣马力诺的象征，这是一座土黄色的4层大厦。

从自由广场向东是著名的蒂塔诺广场，这里有国家博物馆和蒂塔诺歌剧院。国家博物馆中收藏自新石器时代开始的文物，有不少意大利油画的精品。圣马力诺国家虽小，却以博物馆多著称，除国家博物馆外，还有古代兵器博物馆，藏有中世纪的刀剑；现代兵器馆，收集各国军用品；酷刑博物馆，陈列100多件刑具；蜡像馆中有希特勒和墨索里尼的蜡像，大约是第二次世界大战中圣马力诺未经践踏，有他们的像百姓还能看看的缘故；爬行动物馆，可能是蒂塔诺山上多爬虫的缘故；还有珍奇博物馆，有60厘米高的鸟蛋和世界最胖的人的模型，真是无奇不有。如果在世界城市中比万人均博物馆数，圣马力诺城大概是第一。

几乎所有大街小巷的两边和小广场周围建筑的第一层都是商店，除了小饭店和咖啡馆，就是旅游纪念品商店，据说80%产品来自中国。

沿主街一直向上登，商店渐少，树也少了，岩石裸露，住宅多了起来。大概从自由广场又向上爬了50米，就到了圣马力诺的最高峰——蒂塔诺山山顶，也是圣马力诺城三塔中的第二座，切斯塔（Cesta）所在地。

通向切斯塔的路，像华山的北峰，“自古华山一条路”。这座峰才750米高，因此不像华山重峦叠嶂看不清楚，三面都是悬崖峭壁，不存在另辟蹊径攻上来的可能。切斯塔向东对海的一面尤为险峻，山口的岩石上布满裂纹，而且小树丛生，可谓绝壁，断无人敢爬上来。切斯塔实际上是一组碉堡群。一条小路通向堡群，周围有高达10米的围墙，墙上有箭垛和碉楼。碉塔距亚德里亚海仅20公里，登塔可把大海看得一清二楚，也成为海上航行船舶的灯塔。

切斯塔有女巫小道与第一塔瓜伊塔相连，瓜伊塔建于10世纪，因建造时间早称为第一塔。这座塔碉也建在悬崖峭壁之上，它有两道围墙，一道是城的，另一道是塔碉群的，也是一条小路通向高耸的大门，地势更险。

切斯塔居中，第三座塔——蒙塔莱（Montale）与它也有小路相连，蒙塔莱是座独塔，建于11世纪。塔的基部呈五角形，入口大门高于地面几米。

组塔成为城市的守护神。即使敌人花了极大代价攻下城门，占了城市，也攻不下这三座塔堡，塔上的守军可以随时反击，实际上等于没有拿下圣马力诺城，这大概是圣马力诺得以维持千年独立的主要原因。入夜，灯火齐明，三座塔雕像三个头戴金盔的哨兵，使任何来犯之敌望而生畏，不战而退。

圣马力诺城中的教堂也很多，最有名的是在市政大厦上面不远的圣皮耶韦（St. Pieve）教堂，城的创始人马力诺的部分圣骨保存于此，头骨放在1602年制的镶金饰银的盒里。教堂里还有马力诺的大理石雕像。边上还有一座叫圣彼得罗的小教堂，直到1713年这个教堂还保存着马力诺的遗骸。还有刚入城门时看到的圣弗朗西斯教堂、圣奎利诺教堂和卡帕西尼修道院等多个教堂。

圣马力诺国整个像一座石碉，16个世纪前施工者是如何在700米高的悬崖峭壁上凿山运料的，真让人叹为观止，憧憬当年罗马帝国的昌盛，敬佩建筑者的伟大。

世界富镇——梵蒂冈

梵蒂冈堪称世界上最小的国家，在罗马西北的一个小高地上，只有0.44平方公里，不到70亩地，不过5个足球场大。人口只有1380人，但其中多是警卫和佣人，常住人口不过540人。然而梵蒂冈却是世界上最富裕的国家，究竟有多少财产，谁也搞不清楚，至少在千亿美元之上。现仅黄金外汇储备就达100多亿美元，年度财政收入近2亿美元。

1200多年来，世界天主教徒的首领教皇从世界各地搜罗的价值连城的宝物，虔诚的教民捐赠的财产难以数计。法国巴黎爱丽舍田园大街上唯一的中国餐馆——福禄居，其铺面居然是从教廷租的，仅此一例就可以知道教皇有多少财产。

梵蒂冈这个弹丸之地分三个部分，一是众所周知的圣彼得大教堂；二是著名的梵蒂冈博物馆，三是教皇的官邸和神职人员的住处。这三块地方联成一体，除了圣彼得教堂前的大广场以外就是沿城堡的环形人行道，过了人行道到街对面就出国了，连卖旅游纪念品的小街都是属于意大利罗马的。

公元4世纪罗马皇帝君士坦丁皈依基督教后，圣彼得于公元325年初到罗马的传教地，后来也是他墓地的地方建了圣彼得教堂。当时规模很小，公元756年教皇斯蒂芬二世获得法兰克国王丕平赠罗马城及周围地区，形成了教皇国，以后教皇国疆域屡次变迁，数度兴亡，最后1870年教皇国并入意大利，1929年墨索里尼同教皇签订条约，教皇承认教皇国灭亡，仅剩了今天的梵蒂冈弹丸之地。世界上最宏伟的基督教堂——圣彼得大教堂于

1506年在罗马西南角动工，竣工于1657年，工程历时150年。

我至少5次仔细游历圣彼得大教堂，每次都禁不住赞叹它的宏伟，每次都能发现新的神奇，教堂坐西朝东前连巴洛克式椭圆形圣彼得大广场，北依教皇城，西靠高岗；广场宽阔宏伟，东西长172米，南北宽130米，连教堂前方空地共可容10万人。教堂前地面由黑色长方形石块嵌成，两侧各有一组排列成半圆形的大理石廊柱环抱，每组半圆形柱廊由142根圆柱和44根方柱组成，柱高18米，直径近3米，每根柱顶都有一尊大理石雕像，是天主教历史上的圣男圣女，其精雕细刻，神态各异。弧形回廊环抱着巨大的圣彼得广场，气派不同凡响。广场中心耸立着从埃及运来的方尖石碑，布局气势恢宏。就在我第一次到广场的前一天，1981年5月13日下午1978年登基的教皇保罗二世遇刺，刺客像不少西方暴徒一样，又是一个想让人“吃一惊”的青年。

更让人惊奇赞叹的无疑是大教堂。整个教堂高大宽阔，庄严肃穆，金碧辉煌，气势恢宏，不愧为积众多名家百年辛劳之名作。最初由建筑家勃拉芒特（1444~1514年）进行主体设计，为正十字形，在四个小圆穹顶中有一个大圆穹顶；勃拉芒特去世后，由拉斐尔（1483~1520年）负责将正十字改为长十字形，穹顶也变为一个；拉斐尔去世后又由米开朗琪罗（1475~1564年）任总建筑师。可谓几代名家，一脉相承，表现了基督代代相传、坚忍不拔的精神。包括文艺复兴三大师达·芬奇、米开朗琪罗和拉斐尔在内的成千艺术家和上万能工巧匠，在120个春夏秋冬的精雕细琢中造就了这个世间建筑艺术的瑰宝。

梵蒂冈的传教士也游罗马斗兽场

圣彼得大教堂像一个宝盒，精华都在里边。进入教堂大厅，一改外表石灰岩的昏暗颜色，立即光彩夺目，彩顶雕壁，漆柱拱梁。厅柱、地面全是大理石的，墙上是壁画，柱上是石雕，地面是镶嵌，穹顶则是彩色的玻璃。壁画有文艺复兴初期名画家乔托所作的镶嵌画《小帆》，描绘基督教早期耶稣门徒乘小船传教，遇风浪颠簸前进的艰难情景。雕刻有大师米开朗琪罗25岁时的大理石雕像《母爱》，描述圣母玛利亚手搂耶稣遍体鳞伤的尸体，低头啜泣，悲痛欲绝的情景。

教堂平面呈十字架形，长236米，最宽处130米，面积为1.5万平方米，从地面到尖顶十字架高137米，教堂中可容5万人，曾是世界最大的教堂，现在小于几个中东石油输出国的清真寺了。教堂是最典型的文艺复兴式建筑，从正面看上去，大教堂是一座3层楼的黄色石灰岩建筑，第一层是5扇大门，正门只有在盛大节日时才由教皇亲自打开，其余4扇终日打开，任人入内参观。第二层是有典型罗马式圆弦窗的落地大窗。第三层则是一排列在中间的方窗，顶上立有精致的雕像，两端立有大钟。三层屋顶上就是巨大的圆形穹顶，直径达42.34米，穹顶上是一座由圆柱围成的圆柱形尖顶宝塔，塔尖有个圆球，圆球顶上是一座十字架。远远望去以为圆球很小，其实球中可站十几个人，可见教堂之大。

教堂之中还有两件宝物。一是圣彼得本人的青铜像，由于400年来善男信女的亲吻抚摸，右脚闪闪发光，如金铸一般。据意大利朋友说已被磨短了半厘米。大厅正中偏后则是著名的金华盖，由雕刻家、建筑家贝尔尼尼用9年时间精雕细琢而成。华盖总高达29米，由4根高达11米的螺旋状描金铜柱支撑，柱上缠绕着葡萄藤和桂树枝，枝叶间攀附着许多活灵活现的小天使。华盖四周垂挂着金色的吊叶，波纹起伏，好像迎风招展；华盖之内是一只展翅飞翔的金鸽，光芒四射。金鸽之下是大理石祭坛，用黄金和珠宝装饰，是教皇做弥撒的地方。祭坛下面地窖中是圣彼得的陵墓，地窖很大，可以下去参观，墓室内几十盏长明灯在昏暗的地窖中摇曳，昼夜不灭，平添了几分神秘的色彩。

梵蒂冈博物馆是世界上最古老的博物馆，建于公元5世纪末，在圣彼得大教堂的北面，展出面积达5.5万平方米，分12个陈列馆和5个艺术长廊。其中西斯廷教堂世界闻名，内有米开朗琪罗创作的从顶到壁的巨画《创世纪》。还有文艺复兴三杰之一拉斐尔的作品陈列馆，拉斐尔于1508~1518年在梵蒂冈作壁画达10年之久，成年累月仰首作画，想来一定有严重的颈椎病，不过与现在的青年成天玩电脑和手机的病相反，其中名作是《辩论会》，传神地描绘了先哲们辩论和沉思的情景。

梵蒂冈博物馆是世界著名大博物馆之一，不仅规模宏大，收藏丰富，而且宝物价值连城，藏品精彩纷呈。艺术长廊是画和雕塑的世界，穹顶画、壁画、油画、镶嵌画琳琅满目，壁雕柱雕和雕像活灵活现。地图廊上挂着16世纪数学家、天文学家和建筑师伊尼亚齐奥・丹蒂（Ignazio Danti，1536~1586年）手绘的40幅地图，描画了意大利的国土和城市，至今色彩鲜艳，是对当时地理学和航海事业的重要贡献。馆中还有一个动物雕塑厅，俨然一个石头动物园，狮、虎、豹、狼等猛兽，鹰、鹫等飞禽个个栩栩如生，是让我每次都看，而且一再驻足的地方。

海德堡是德国历史的博物馆

从斯图加特沿莱茵河的支流内卡尔河北上，在接近莱茵河交汇处的地方，就到了世界闻名的大学城海德堡市（Heidelberg）。内卡尔河从谷地中流过，像一条蓝色的绸带在绿色的布面上回环飘动。河边的梯田很像浅黄色的尼龙搭扣，横竖成行，密密麻麻；河边的小村落像黑色的纽扣，黑顶白墙的农舍，一幢一幢，紧紧地凑在一起；而高耸的教堂像枚插在绿布上的别针，在黑扣子的中央。

我1991年、2001年和2015年三次来海德堡，一个小城也至少待两天才有深刻的认识。海德堡初建于1196年，可能是古城中被第二次世界大战破坏最少的，因此每年吸引几百万游客。人们来这里旅游一是因为古迹多为原物，看不出修饰的痕迹，街两边都是典型的德式房屋，使人感觉像在中世纪城中漫步；二是小城也是个大学城，因此文化气息很浓；三是小城十分清幽，依山傍水，市中心几乎全是步行街，自然的城区环境让人十分舒适。

海德堡是个仅有14万人的小城，但像许多欧洲古城一样，也有一个堂皇的市政厅，不过更为著名的却是海德堡大学。海德堡大学实际上叫鲁普雷希特—卡尔大学，1386年由鲁普雷希特一世创建，是德国最为古老的大学，先为宗教人士控制，到1803年才恢复到现代的真正大学，并成为巴登州的州立大学。海德堡大学和海德堡古堡一样也历尽沧桑，不同的是海德堡大学并没有像古堡一样荒芜沉沦，而是获得了新生，培养了许多杰出的人才。大学分新老两部分，老大学主要是18世纪初的建筑，而新大学建于1930~1932年。此外还有著名的马克斯·普朗克研究所等学术和文化机构，海德堡可谓“文化之都”。

莱茵河的支流内卡河从在莱茵河东岸市中心穿过，流过罗马时代建造的、好似现代高架路的运水槽，高高的拱梁架起了古代的“自来水管”；城市建在河两岸的谷地，古堡和教堂建在谷地后的高岗。当你登上高岗向下俯视，内卡河碧波粼粼，棕色的古老河桥横贯河上，黑顶白墙的桥头堡矗立桥头；红顶黄墙的老宅，尖顶高耸的教堂，灰顶白墙的古堡在城中错落有致；奥登瓦尔德山不高，但山坡上绿草如茵，绿树成林；整个海德堡就像一幅风景画，如果早晨登岗，真是不在画中，胜似画中，沿着朝霞和晨光一定能拍出最美的照片。

山岗上就是选帝侯宫古堡，初建于12世纪，是海德堡的第一名胜，每年游客络绎不绝。古堡建在195米高的内卡河畔山岩之上，就地取材，就用内卡河沙岩建成，古堡由一组宫殿和碉堡群组成，有圆形和方形的炮楼，也有各种形式的宫殿，整体呈土黄色。堡上的山中还有花园，黄色的古堡夹在苍翠的绿树之间，从远处望去和谐自然，雄伟壮观。

选帝侯宫古堡始建于12世纪，自1356年正式选帝以后加快了建设步伐，在1556~1620年间完成了主要建筑。建成后灾祸不断，选帝终止后古堡逐渐废弃。主要建筑在1897~1903年德国统一后的全盛时期进行了修复，但至今仍是一座废墟博物馆。古堡外面是山间的广阔平地，原来的花园已几乎不存在，花草早已无踪影，只是参天的古树和杂草掩盖的路，还能让人看出当年的痕迹。穿过花园向前走去就进入山林，树木浓密，地面潮湿，由于天色渐暗，更显得神秘莫测，杂草丛生处真不知有什么动物会钻出来。我到过不少古堡，但像选帝侯宫这样荒凉和神秘的还属少见，它好像永远隐在莱茵河谷的迷雾之中。

古堡由碉堡和宫殿围成，四周两面是悬崖，两面是护堡河，中间有桥通向大门，进门的正对面就是规模宏伟的选帝侯宫，3层高的楼房上还有2层阁楼，可惜废弃已久，绿顶和黄墙都已褪色。两端一边是5层圆堡，另一边是7层塔楼，远远望去像一艘巨型军舰，塔楼像是指挥塔，主楼其中的音乐厅、玻璃厅和夫人厅已没有多少展品，处处表现出这是一座废墟。底层的小卖部倒是有多种纪念品出售。宫殿的左侧是另一座宫殿，今天已是废墟，只有外墙还在，4层大厦只剩了一面内墙，窗户中全露出蓝天，只能让人想象当年的规模。宫殿旁的碉堡，几乎和宫殿一样高大，十分坚固，在内外墙上三层楼高的地方都有突出的石头岗亭，悬在空中，只一角与古堡相连，站在上面视野开阔，对周围情况一览无遗。刚进门的地方是一座巨大的火药库，在17世纪法军攻堡时已被炸塌一角，幸逢大雨，使全堡得以保存，可谓天不灭堡也。

在主宫和主堡的交接处有一座3层建筑，从它中间的塔楼大门进去是一个宽敞的大厅，进门就看到一个两人高的大酒桶，没想到这还是小巫见大巫。厅的一角还有一个世界最大的酒桶，直径8.5米，长7.5米，可容酒1751吨，真让人叹为观止。登酒桶要上三层楼高的木梯，在酒桶顶上有个5米见方的平台，可以演戏。酒桶下面有个铁制闸门开关，手柄就有1米多长，可想而知，装满酒时在如此重压之下启闭闸门，没有两三个壮汉合力操作是办不到的。以每人一天喝半市斤酒计，整个桶中的酒够1万人喝一年，而这还仅仅是一个酒桶，选帝侯当年的奢华可见一斑。德国的选帝制度从11世纪到18世纪延续了800年，海德堡的选帝侯不过是其中之一，其穷奢极侈正如所见。

海德堡这座小城陈列了德国的历史，1870年以前德国一直分裂动荡几分几合，统一才造就了强大的德国。所以，今天的脱欧盟挺欧盟也就不奇怪了，这就是历史。

从美因茨看欧洲印刷术的创新和创业

美因茨是德国莱茵兰-普法尔茨州的首府和最大城市，位于莱茵河左岸，正对美因河注入莱茵河的入口处，是一座美丽幽静的古城，居民19.2万人。

自1356年德国开始了圣神罗马帝国的选帝侯时代，列选帝侯之首的美因茨是主持选帝的大主教驻地。早在公元343年就有美因茨主教，780年美因茨被提升为大主教驻地。第一位美因茨大主教是卢留斯。美因茨因此成为阿尔卑斯山脉以北最大的天主教中心。

城中景点近有席勒广场、圣马丁大教堂和圣斯蒂芬大教堂。圣斯蒂芬大教堂是一座红墙灰顶的建筑，它的底层由中堂和两边的配楼构成。两个配楼的前后又各有一座拱塔，中堂顶上是圆柱形的6层顶楼，顶楼的下面3层都是小窗，第四层较多的是大彩色玻璃窗，五层和六层逐渐缩小，直至冲入云霄的尖塔。正教堂宏伟壮观，像一个错落有致、布局严谨的碉堡群，想当年德国曾分成314个小邦国相互征战时，教堂可能就起碉堡的作用。

我不但浏览了小城美因茨，还在乡间住了一夜。由于乡间地价便宜，旅馆只有一层，占地不小，但设施很现代，旅馆有不少特点。

一是价格便宜，我们在9月初到了这里，虽然已是欧洲旅游旺季之尾，但法、德大中城市的旅馆价格居高不下，三星旅馆也要100多欧元一天。美因茨这座旅馆只是三星，但是设施与服务已堪称四星，价格却仅60欧元，居然在我们国内出差报销标准之内。

二是硬件设施齐全，房间有25平方米，比海德堡老城10平方米上百欧元的旧旅馆房大多了，楼道和餐厅也很宽敞。屋内电脑设备、电水壶、电熨斗和各种家具一应俱全，住起来很舒服。

三是服务质量也不差。由于旅馆地处偏僻，服务员大约都是附近农村招来的，但看来她们都经过较严格的培训，服务技能不差。可能由于农村姑娘比较朴实，也许是对工作有新鲜感，服务态度比城里的高星旅馆还更好。我在东欧也住过乡村旅馆，除空气好和幽静外，从多方面来讲都不如城市旅馆，主要差得不在设施，德国从业人员职业培训的成功在这里十分明显。而美因茨这座乡间旅馆周边服务环境也不差，周围有巨大的超市，有汉堡店，也有公交车进城，叫出租车也很方便。

这个旅店有没有缺点呢？也有，就是有的设备过于先进。电水壶可以夹入茶叶袋直接出茶，由于结构太复杂，我仔细研究了半天，仍用不好，叫来服务员，她也用不好，看来这种现代化还是要“接接地气”。

印刷术是中国发明的，早在公元6世纪隋朝时我国就在印章和拓石刻的基础上发明了雕版印刷，但是费时费力，所以当时书十分昂贵。到了宋朝，大约在1045年前后，毕昇发明了胶泥的活字排版印刷术，十分便捷，大大降低了印刷品的价格。但泥的活字既不清晰，又十分易损，缺点很多。13世纪下半叶活字排版技术沿漫长的丝绸之路传到德国。

中国的印刷术在德国用了一个半世纪后，产生了创新，1450年前后德国美因茨的古滕贝格（J. Gutenberg，约1400~1468年）技师发明了铅字印刷，同时还发明了印刷油墨，后来居上，把印刷术向前大大推进了一步，使得精准便捷的印刷得以实现，可以印制精密的航海图，才能使哥伦布发现海上新航路，从而把地球的东西两半联成一体，开始了人类近代历史的历程。

古滕贝格于1400年左右出生在美因茨。是一个珠宝匠的儿子。他开始制作镜子，当他用一个压具把镜子装到框子里去时，他产生了一个思想，能不能用同样的压具把排成词或句子的活体铅字托住，然后利用它来印刷。

创新由当地一个财主资助，创造革新刚开始时，工作进展不快，教会由于自身印刷的需要支持了这项发明。

1434~1444年古滕贝格在斯特拉斯堡开了一家公司。他研究出了适于做字母的合金和铸造法，建立了一套字母库，用这个他印刷了他著名的《古滕贝格圣经》和其他一些书籍和文件。他从一个当地商人约翰内斯·福斯特那里借了一笔钱办了一个印刷厂。他自己经营管理使印刷厂成为第一家盈利的印刷厂。《古滕贝格圣经》一共被印刷了约180份，其中49份今天尚存。

现代印刷术有4个主体因素。第一是活字及其定位法；第二是印刷机本身；第三是适宜的墨水；第四是适宜的材料，如印刷的纸张。中国的蔡伦所发明的纸早在古滕贝格发明活字印刷术以前就传入了西方。纸对古滕贝格来说是印刷术中唯一伸手可得的，其他三种因素虽说前人已经做了一定的工作，但仍需要他做出许多重要的改进。例如他发明了一种适于制造活字的金属合金，一种能准确无误地倒出活字字模的铸模，一种油印墨水和一种印刷机。

古滕贝格创造的是一种全新的、完整的生产过程。古滕贝格的发明在欧洲飞快地普及，在50年中已经印刷了3万种印刷物，共1200多万份印刷品。在当年的西欧平均每两个人就有一份，使文化得到极大的普及。

美因茨小城中古滕贝格技术创新和创业的故事说明技术创新及其产品的商业化从来就不仅是经济发展的原动力，而且是人类文明发展的动力。

夜幕中的德国施兰根巴德小镇

飞机到达法兰克福夜幕已经降临，叫了出租车上路后天已全黑了。车从机场很快进入高速公路，在高速公路上飞驰了20分钟以后就进入了黑森州的森林，近处车灯照出墨绿色的树，远处是无边无际的黑森林，一片漆黑，名副其实，车好像掉进了黑色的峡谷，偶尔有一两家旅游饭店，好像是峡谷中散落的夜明珠。我们开国际水资源大会的地方距法兰克福50公里，是黑森州一个叫施兰根巴德（Schlangenbad）的山间林中小镇，距森林仅1公里，镇上只有700人，这一小区也叫施兰根巴德，一共有7个小镇，共有7000人，以施兰根巴德为首镇。

施兰根巴德镇虽小，历史却悠久，小镇得名于1687年，到1819年这里建了乡。由于环境优美，早在18世纪初这里就是一个达官贵人开会的地方，包括西班牙的伊莎贝拉（Isabella）女王、俄国沙皇和德国皇帝奥古斯都（Augusta）都来过这里。这里还以有9个温泉而著名，泉水温度终年在21～31摄氏度，因此建有很多温泉游泳池，林中又以多

德国小镇上的啤酒馆

蛇著名，因此这里的温泉浴被起了个可怕的名字——“蛇浴”，大概是蛇多次游入游泳池所致，但是现在旅游区中蛇已不见踪影。这里每年游客很多，年收入达1800万马克，仅此一项对一个700人的小镇来说，年人均收入就达2.5万马克，不过这大概也是小镇上仅有的产业了。

我们入住的旅馆叫公园旅馆，依山而建，所以从正门看是3层楼，而从侧面看是5层楼。旅馆也有悠久的历史，建于1912年，至今有90年了，除了在第二次世界大战中一度被征用作军医院外，一直是旅馆，现在是镇上最高级的旅馆——四星级。旅馆规模很大，沿山凹建成V字形，有116间客房，最小的标准间才50美元。这里的旅馆是当年的建筑，在德国是少有的躲过了第二次世界大战轰炸的原物，过道很宽，房间较大，尤其是浴室更大。大家有公共阳台，门厅和拐角都安放了小桌和舒适的座椅，更是和现代旅馆不同的地方，看来那个时候的达官贵人还很注重人际交流，不像今天，地位越高，金钱越多，越要求待在自我封闭的环境里。

旅馆和饭店都有高中低档，既有4星旅馆，又有家庭旅馆，既有高档饭店，又有小酒馆，面向不同消费层次的顾客，各取所需。旅馆盖成各式各样，都像童话国里的住宅。我住的公园旅馆是灰顶、奶油墙、黄凉棚，有的则是绿顶、白墙、黄红凉棚，在绿森林中争奇斗妍。

小镇上布满了旅馆和饭店，麻雀虽小五脏俱全，小邮局、小洗衣店、小超市、小服装店、小古玩店应有尽有。居民住在山坡上，既有老式的房子，也有现代的公寓，房屋之多使人不知道这里人均有多大的居住面积。

小镇四面环山，中有一条叫沃卢夫（Wolluf）的小河从镇中流过，镇就沿河而建，小河清澈见底，小鱼成群游荡，这在我国是难得一见的情景。镇是个小山镇。出门就要上下坡，窗外就是森林，院外就是温泉，温泉真是水如泉涌，在仲秋天气冒着热气，泉水聚成小湖，白天鹅在湖中游弋，森林倒影在小湖之中，自然的美景再加上中秋的静谧，让人感觉这里就是世外桃源。

小镇上仅有的一块空地是个温泉流淌、绿草如茵的公园。婆娑的垂柳，舒展的雪松，挺拔的梧桐，金色的橡树散落在园中，不事修整，是个英式公园，我们的旅馆就因此而得名。镇上还有个1701年建的小教堂，临岸而建，越发显得高耸挺拔，尖塔则好像插入云中，主厅有200平方米大，大概可以容下镇上所有的大人。星期天清晨我去时，空无一人，但已有一支点燃的祝愿蜡。小镇上民风淳朴，晚上我在小街上散步时，居民居然都和我打招呼。大概是已近深秋，游客大减的缘故，居民有山民的特征，在英语很普及的德国，这里很多人不会讲英语，甚至连旅馆的柜台服务员也讲不好英语，我问“修道院”，还要找来一本英德字典去查，认真精神倒是可嘉。

德国东道主的确是选了个开水会的好地方。我深深感到我国水环境的差距，问了问东道主，他们说在第二次世界大战后，经过30年的生态修复，到20世纪80年代就已经是这个样子了。

我们要在全国实行河长制，乡一级的河长可以到这个小镇取取经，700人的居民好管，几万游客呢？

奥地利卢森堡小镇上世界独特的研究所

卢森堡国有一个卢森堡镇，奥地利也有一个卢森堡镇，很有特色。古朴典雅的维也纳以音乐之都著称于世，它的近郊还有一个鲜为人知、世界上独一无二的研究所。1985年1月15日我们来到了维也纳东南郊白雪皑皑的卢森堡小镇。

传说一个北方的骑士来到古代的维也纳，在沼泽里杀死一个魔鬼后得到了这块封地，在它的中央建立了一座城堡，这就是今天维也纳近郊的卢森堡镇。北京是“先有潭柘寺，后有北京城”，维也纳也是“先有卢森堡镇，后有维也纳城”。历史上，维也纳于1136年建村，1529年土耳其人占领奥地利时用它作为监狱。1753年后落成了一座国王狩猎的行宫——兰宫。随着维也纳成长为大城市，卢森堡镇也跟着发展，不过卢森堡镇到今天主要是由于另一件事。

1972年奥地利政府以每年1个先令（约合人民币1角）的租金把这座奶油色的3层宫殿提供给由美国、苏联、法国、联邦德国、英国、日本、瑞典、加拿大、民国德国、波兰、捷克等16国组成的委员会，建立了一个著名的国际应用系统分析研究所（IIASA）。进入保持着皇宫原貌的城堡，内部是自动门和计算机，这真可谓“古为今用”了，研究所一共有250名工作人员，其中也有中国的科学家。研究所对世界当前所面临的经济、科学、资源、环境、人口、粮食等重大问题进行系统分析研究。

IIASA研究所的工作条件确属上乘。卢森堡小镇距维也纳约20公里，环境幽美。IIASA研究所背后就是维也纳市郊最大的天然公园，林木葱郁，河流曲折，空气清新。科学家的办公条件也很优越，皇宫内部装修一新，房间高大宽敞，和一些现代化研究所的鸽子笼式的办公室形成鲜明对照。食堂物美价廉，花上40个先令（约合人民币4元）就可以吃一顿可口的午餐。东西方科学家边吃边谈，显出一派和睦的气氛。

1984年9月，曾在通用电器公司等许多美国著名大公司任职的麻省理工学院教授、美籍华人李天和先生受任第四任所长。上台之始李先生就提出一系列问题：“谁是我们潜在顾客？什么是他们需要回答的问题？他们是否真正提出了正确的问题？什么是我们能做出的独特的贡献？”以期扭转该所脱离实际的倾向。IIASA研究所向何处去？这已成为国际学术界都很关心的问题。

李天和先生是一位值得记述的人物，他原籍上海，当时50多岁，中上等身材，秃顶，圆脸，带一副金丝眼镜，待人平和但说话有力，既有教授的儒雅，又有经理的精明，而且二者在他的身上得到和谐的统一。他取得了被国际社会认可的成绩，因而被任命为这样一个国际闻名的研究所所长。我们谈了很久，也很谈得来。事后听人说，他在研究所几年的政绩是被人称道的。他后来致力于与中国交流，对中国的发展提了许多有益的建议，遗憾的是他在20世纪90年代就英年早逝了。

在IIASA研究所与李天和所长会谈

1月25日下午，我们结束了短暂的4天访问，乘车离开了IIASA研究所，转眼之间，它就成了银雕玉砌的冰雪世界中一个奇特的鲜黄斑点。研究所消失在我的视野中，一个问题跳进了我的思路："IIASA研究所给了我们什么？"简单的调查报告和会议已不适应复杂的现代化形势。系统分析在发展中国家的各级决策上的应用已经是当务之急了。怎样才能使系统分析可行和有效呢？关键在于三点：一是要建立专门的系统分析的研究队伍，它不能临时拼凑，也不是秘书班子；二是要有尽可能准确的数据输入；三是系统分析的全过程要适应决策者的文化、知识水平。对讨论的问题不下严格的定义，不划明确的界限，没有可供选择的程序提案，你一言，我一语，概念模糊，逻辑不清，个人情绪以至恩怨和工作的建议混在一起，这种马拉松式的会议决策方法，人类已经沿用了3000年之久，现在该是让位于新方法的时候了。

卢森堡小镇先是由古堡兴起，现在又以IIASA研究所世界闻名，目前小镇主要为研究所服务，旅馆、饭店和商店都追求不尚时髦的高档次，适应国际科学家的需求。

洛桑与奥林匹克

在经济全球化的进程中，奥林匹克运动会的影响越来越大，争办2000年奥运会更是国人记忆犹新的事情。1993年9月23日国际奥委会在摩纳哥的蒙特卡罗的4轮投票牵动了多少人的心。在和悉尼、曼彻斯特、柏林、伊斯坦布尔四大市的角逐中，前3轮中国一直领先，最后北京仅以43票对45票2票之差落选。其时我正在联合国教科文组织工作，并主管与政府间体育运动委员会联系的事务。

国际奥林匹克委员会的总部就设在洛桑（Lausanne），大名鼎鼎的萨马兰奇主席就住在洛桑，总部有《奥林匹克月刊》出版，洛桑还有奥林匹克运动纪念馆。非常可惜，在2000~2001年申奥的1年半过程中，因为实在繁忙，没有再来洛桑，但是我1991年到过的洛桑国际奥林匹克委员会总部的影子一直贯穿我长达500天申奥过程的始终，我相信北京奥运会一定会得到国际奥委会的真正认可。

越来越密切的世界交流使得国际组织日益重要，人们说国际组织有四大首都：纽约、日内瓦、巴黎和维也纳。其实在瑞士不仅日内瓦有众多的国际组织，联合国难民事务高级专员公署（UNHCR）、联合国劳工组织（ILO）、世界卫生组织（WHO）、国际电信联盟（ITU）、世界气象组织（WMO）、世界知识产权组织（WIPO）、世界贸易组织（WTO）、和国际标准化组织（ISO），在洛桑和巴塞尔也都有许多国际组织。瑞士称得上国际组织之国了。

洛桑在日内瓦湖的北岸，从日内瓦沿湖东行60公里，就到了风景如画的洛桑，早在14世纪洛桑就成为国际旅游城市。洛桑有“国际文化城”之称，因为许多欧洲大文学家如拜伦、狄更斯、卢梭和雨果都曾在此居住。1906年辛普龙隧道开通后，洛桑就成为法国、瑞士和意大利之间的交通枢纽，自此游客倍增，洛桑更加国际化了。

洛桑是瑞士第8大城市，早在公元4世纪已经建城，依侏罗山，临日内瓦湖，市中间又有弗隆河和卢夫河两条河穿过，不仅是依山傍水，而是山环水绕。12世纪建造的大教堂是典型的哥特式，两座塔楼的尖顶几乎占了教堂全高的一半，气势冲天，教堂不大，但显得十分精美。洛桑的老城基本上是14世纪建成的，其中建于14世纪的主教宫是最宏伟的建筑，建筑古朴雄浑，三层楼的大屋顶上的天窗有探出的窗檐，好像一间间小房了又建在窗顶之上，别具一格。主教宫临河，河上有多座雕栏大桥连接两岸交通。其中最有名的是一座建于1333年的木桥，长200米，不仅是洛桑最古老的桥，也是瑞士最著名的桥。桥通体是木结构，支柱、护栏和顶盖全是木质的，顶盖如房顶，护栏上挂着一盆盆鲜花，整个桥像建在河上的一排木屋，现已成为洛桑一景，游客宁可绕路也要经此过桥。

瑞士洛桑的国际奥林匹克运动委员会总部

洛桑不仅有湖光山色，小桥流水，也有许多现代化建筑和商业区，河边、湖边现代化的旅馆林立，市中心有一条十分繁华的“步行街”，街上商店鳞次栉比，楼顶上彩旗招展，许多钢索横跨空中，把路两边的商店连接起来，上面挂满各种广告，仿佛整个街区成了一座大商店，而街上的商店不过是“大店”中的柜台。

入夜，商业街五色缤纷，显示一种现代化多彩的繁华；教堂和古堡的单色灯光幽深莫测，显示出一种古朴的雍容；整个洛桑像嵌在日内瓦湖畔的一块宝石。洛桑像日内瓦湖畔的一个港口，把奥林匹克精神送往世界各地。

洛桑不仅是一座旅游城市，它的文化教育也很出名，早在1537年市内就办起了神学院，1890年发展为现在的洛桑大学。被列入世界100名校的是洛桑高等工科学校，19世纪初从巴黎留学回来的5名瑞士学生开始在洛桑筹建工科学校，1853年洛桑高等工业科学校的前身“洛桑工业、公共工程和建筑专业学校”落成。现在在校学生有3500多名，教职员工2000人，其中有200多名教授。现在洛桑高等工科学校以培养各类工程师闻名，工程师中又以建筑师、水坝工程师为最，被世人称为“现代工程师的摇篮”，近年来位于洛桑西郊莱蒙湖畔的这所百年老校又增设了新材料科学、微电子技术和信息技术等新系，扩建新校舍，不断发展科研，继续保持“瑞士第一校”的位置。

瑞士不仅在世界上，在欧洲也是个小国，但日内瓦是国际组织之都，苏黎世是世界银行之都，而洛桑是国际奥林匹克运动之都，在世界上发挥了巨大的影响力。我国已经提出了建立国际组织，让国际组织总部移居中国和增加国际组织官职员的政策，是十分及时的，有待全力落实。

再回到欧洲不少异民族联邦先后解体，而瑞士联邦浑然一体的老问题上来。究其原因，不断发展国际交往大概是重要原因之一，往往认为闭关自守可以稳定，事实证明恰恰是事与愿违，可以说，封闭往往促进了分裂。瑞士容纳了众多的国际组织，吸引了无数的游客，使瑞士这个小国国际化，非但没有引起动乱，反而使瑞士人以自己为瑞士人而自豪，增强了凝聚力。

到处是皮包公司的列支敦士登首都瓦杜兹

列支敦士登是瑞士和奥地利边界上的一个小小的山国，面积只有160平方公里，人口只有3.4万。首都是瓦杜兹（Vaduz），临莱茵河，是高山脚下的河谷平地，瓦杜兹仅有

5000人，不过是我国一个大村子的人口，可谓世界上最小的首都之一。

瓦杜兹实际上只有两条街，都不到200米长。前街的中间是市政厅，一座紫顶奶油墙的5层楼建筑，说不上是什么式的。楼是现代几何线条形状的，但门顶是圆拱形，门前有一匹奔驰的骏马，马前是一片被灌木围绕的草坪。这条街上店铺集中，有较大的商店，专卖旅游纪念品的就有3家，有一家还是中国人开的，商品的价格都不菲，好在可以货比三家。

第二条是后街，街上多是些高档的小商店，都是历史悠久，陈设得当，价格当然更高了。这条街的南端是政府，政府大厦褐色顶白墙的3层大楼，是21世纪初的欧式建筑，拱门大屋顶，两边还有角楼。据说马上要盖新的议会大楼，原因是在这幢政府大厦中，议会与政府同楼办公，这在世界上大概是绝无仅有。国小节约也是好的，不过单建一个议会大厦还是必要的。

列支敦士登古迹不多，除了国王的城堡以外，仅有的就是几座古堡和瓦杜兹教堂了。瓦杜兹教堂就在政府大厦边上，教堂是灰塔褐尖的塔楼，有点像克里姆林宫，但小得多。

瓦杜兹的一景就是遍布全镇的皮包公司，有的公司还在小楼里有间房子，有的居然只是墙上牌子中的电话号码，是不折不扣的“皮包”公司，这些公司在列支诺士登这个几乎是“零关税”的国家钻空子，获取了丰厚的利润。而列支敦士登也乐于发展这种无烟产业，正所谓“周瑜打黄盖，一个愿打，一个愿挨”，造出了这种世界奇景。

瓦杜兹的居民区在城北，有上百幢不大的公寓楼，相当于北京的一个小区。居民区外就是郊区了，不过百米之遥，郊区的房子是典型的德国式农舍，都是木屋，有的也高达3层。郊区有座传统老屋特克尔饭店很有名，可惜我们没时间光顾了。在小国列支敦士登的首都小城瓦杜兹，如果你不买东西，不进博物馆的话，半个小时就走遍了，小得让人难以置信，又小得让人难以忘怀。

瓦杜兹王宫

列支敦士登家族本来是维也纳南的安吉尔斯多夫村的一个望族，早在12世纪这个家族就已封侯，后来在列支敦士登买地，并建了今天首都瓦杜兹北悬崖上的城堡，也就是今天的王宫。

当时的侯府完全是按一座城堡来建的。莱茵河畔有一片平地，宽不到200米，就是今天的首都瓦杜兹，瓦杜兹东面是高达50米的悬崖，直上直下的悬崖，悬崖上长满绿树，好像一面“绿墙”，绿墙之上就是城堡。

城堡以防御工事为主，外面是高达15米的城墙，厚达3～5米。墙上是“碉堡展览”，圆形的、方形的和长方形的碉堡各式各样，主碉楼高达32米，连尖顶近40米。上面有瞭望楼，不少碉堡上面还有屋顶。碉楼的窗子都很小，用作枪眼，既有保护作用，又有保温作用。城堡褐顶黄墙，看起来真是固若金汤，大有“一夫当关，万夫莫开”之势。当然百密一疏，悬崖北面远处坡势较缓，今天的登山公路就是从那边上山的，碉堡的建造者也考虑到了这一点，因此碉堡的这一面围墙更厚。

侯府后来成为王宫，不断扩建，今天堡内共有3幢3层楼，国王还住在那里，宫太小，不像欧洲许多王宫可以国王住一半，对外开放一半，因此不能进去参观。但从照片可以看出，内部装修还是很豪华的，而且应有尽有。有大餐厅，顶有吊灯，墙有壁炉；有客厅，墙上有淡雅的壁画，室内有华贵的家具；另有画室、图书室、小教堂、小兵器库。

列支敦士登家族世代在此经营，不断买地扩张，1719年成为王国，但国王仍住维也纳。自1938年，希特勒德国吞并奥地利后，国王约瑟夫回到自己的小王国，“躲进小宫成一统，管他纳粹与欧洲”，他直到1989年才去世，在位51年。其后，长子亚当继位，其长子阿罗瓦1968年出生，立为王子，是个帅小伙子，刚结婚不久。

现国王夫妇有三子一女，算起来王宫中连仆人也有几十口人，3幢楼看来够住，而不足200平方米的院子实在太小了。好在王宫城堡外面有花园，城堡下就有个小花园绿树成荫，鲜花盛开；紧邻小花园又有个大花园，有大片如茵的草坪，上面开满鲜红的玫瑰花，在蓝天阳光之下，格外鲜艳。

当我们驱车登岗，绕到王宫背面时发现了问题，如果强攻上岗，从后面居高临下向堡中投火器，那是很难防守的。不过，据了解，堡内的每幢房子都独立成为碉堡，而且一楼都不开窗子，火器在院子里爆炸，并不会对建筑产生致命损坏。看来我的担心有点多余，筑堡的时候，已煞费苦心，早有防备。

但是建城人没想到千年之后经济战中的不守规矩——皮包公司，这里当年没有被敌人从背后攻陷，今天居然成了皮包公司的乐园，从这里把触角伸向全球。

三

西欧和北欧
走向海洋的小镇

重峦叠嶂安道尔

安道尔工业不发达，除水利和森林外，其他资源都不丰富，在高山环绕之中，交通又不方便。安道尔的经济靠什么呢？靠旅游业，每年接待游客上千万人次，是本国人口的200倍，境外旅游人数可以和中国相比，占国民收入的90%以上。

安道尔境内有7座高峰，最高峰为科多佩特罗峰，高达2900米，高山积雪期长达8个月。安道尔因地制宜，大规模兴建高山滑雪场，目前已在全国7大高峰中的6个高峰中建了多达60个的滑雪点，缆车、雪道、更衣室和旅馆等设备十分齐全。安道尔山峰少树木给滑雪提供了便利，吸引了大批滑雪爱好者，使安道尔的旅游业长年不衰。从白雪皑皑的山顶滑下，犹如下凡的天使。山间明亮如镜的湖泊，依然苍绿的树木和间或出现的牧人小屋构成了人间仙境，滑雪不仅是勇敢者的运动，也是对大自然最好的欣赏方式。除了建滑雪场外，安道尔还在高山来建狩猎场，山间有呲着利齿的棕色野猪，有长着双角的褐色小鹿，还有闪烁着亮眼的黄色狐狸。

安道尔的又一胜景是长达63公里，横贯全境的瓦利拉（Valira）河，瓦利拉河发源于安道尔的东南角，先向北，再向西南流经安道尔全境后进入西班牙。遍布安道尔的小河都是瓦利拉河的支流，把瓦利拉河称之为安道尔的母亲河是当之无愧的。

我们从法国沿瓦利拉河西进，山路越发崎岖险峻，同行的司机事后才敢告诉我，车闸有一段失灵，把他吓得心惊肉跳，但不敢声张，我听了也真有些后怕，亏得是个老司机，沉着应付。安道尔距海很近，山峰又高，车在盘山路上，白云好像飘在脚下，轻轻起舞，远望蓝蓝的瓦利拉河时断时续，翠绿的山间牧场时隐时现，宁静的村落仿佛童话中的王国，只有当一缕炊烟升起，汇入白雪之中时，才提醒人们仍在人间。镇上现代化楼房都不高，最高的是五六层，街道整齐，由于每个谷地都很小，所以房屋密集。

有的地段构成了一幅美不胜收的画面。远处是湛蓝的晴空，近处是轻柔的白雪；远处的山峰呈紫褐色，脚下的谷地一片苍翠；一株浓绿的大树在路边升起，一辆火红色的缆车从天而降；山间的湖泊像一块块蓝宝石，谷中的小溪像一簇簇透明水晶片。我们的汽车仿佛一只小甲虫，在这画面中爬上爬下，穿进穿出；一会儿俯视，一会儿仰视；一会儿腾云驾雾，一会儿身临其境；在苍天之下，在高山之巅，尽情享受世间的美景，尽情感受人间的乐趣。据说比利牛斯山的山民民风强悍，淳朴直率，我若能再来安道尔，第一个愿望就是访问一家山民。

比利牛斯山间的安道尔

九曲十折的瓦利拉河谷把我们送进了安道尔国唯一的城市，首都安道尔城，安道尔城跨瓦利拉河而建，常住人口约2.2万。安道尔城也是欧洲最高的首都，海拔1029米。这一城市建于欧洲的中世纪，许多建筑都保持着那时的风格。

安道尔城沿瓦利拉河而建，跨河有三座大桥把城市连在一起，城市很小，登两侧高山望去很像安在瓦利拉河上的一颗大纽扣。安道尔城以商业闻名，全国的1000多家商店有一半都集中在这里，由于免税，商品便宜，加上游客众多，十分繁华。尤其是入夜，霓虹灯五色缤纷，很像一颗巨大的宝石纽扣。中心商业街只有一条，沿河东西横贯，略有曲折，不同段叫不同的名字，前两段各长200米，最后一段有近千米。街两旁商店鳞次栉比，商品中有日本电器和英国、法国酒，都不见得便宜，但经营灵活，酒可以尝，还买二送一。有趣的是你用法国钱买东西，找的零钱是西班牙钱。食品比较便宜，其中火腿和奶酪最有名，所以是送给法国的贡品。安道尔真正出名是安道尔雪茄烟，在欧洲享有盛名。因为瓦利拉河谷南的山坡地土质优良，气候适宜，产好烟草。尽管可买的东西不多，顾客仍然熙熙攘攘，都是游客，醉翁之意不在酒，买点旅游纪念品也就行了。商店服务不错，只不过多数售货员英语水平不高。

离开了繁华的商业街，安道尔小城又展示了幽静和古朴的一面。议会大厅和任何一个欧洲国家的议会大厅类似，古朴而精致，壁板和挡板上都雕有花纹，不过一切都像个袖珍本，缩小了几号，大厅里只有30个座位。大厅本为私人府第，自1580年才成为议会，是安道尔城最古老和最重要的建筑。

像一切法国城市一样，安道尔城也有一座圣母院，我们到时正在进行撒旦舞蹈节表演，舞者身着民族服装，热情奔放，又表现出安道尔人性格的另一个侧面。此外著名的还有圣埃斯蒂芬教堂等。安道尔城颇具特色的还有一些小广场，既有圣母院前高耸钟楼之下的古色古香的小广场，又有现代化的新广场，一个城边广场，大约有足球场大小，整个广场用各色大理石铺地，形成用白色大理石分割褐色大理石的美丽图案。广场四边有黄色的石椅，白色的路灯。广场既可以跳舞，又可以休闲，坐在广场的黄石椅上，远眺两边的高山和头顶的蓝天，人们可以尽情地享受安道尔山城的幽静。

安道尔城景点虽少，引起人们的思绪可不少：这样一个山国，人口极少，资源不丰，交通不便，又夹在两个巨大的国家之间，似乎劣势占尽，它靠什么发展呢？真有点江郎才尽了，可是安道尔人比江郎更胜一筹，他们找到了致富的途径——发展旅游业，就利用自己生产不丰但欧洲不多的高山，就利用自己在法国、西班牙两大国之间的优越地理位置，让所有来往于两国的游客在这里驻足。安道尔人想到了，也做到了，人们不能不佩服这个小小国家的远见卓识和实干精神。

西班牙“最后的格拉纳达”

人都把格拉纳达视为神秘的地方，称作“最后的格拉纳达”，因为格拉纳达是历时7个世纪后阿拉伯人在欧洲的最后一个据点。现在是西班牙格拉纳达省的首府。

1492年西班牙伊莎贝拉女王的军队包围了格拉纳达，困守格拉纳达近郊穆拉森山岗上阿尔汗布拉宫的奈斯尔王朝的末代国王阿卜杜拉投降，条件是居民全体臣服西班牙国王，而穆斯林获得人身的安全和信仰的自由。1492年1月2日阿卜杜拉国王身着盛装，在瑟瑟的寒风中带着随从逃往摩洛哥隐居，这一幕被称作“摩尔人的最后叹息”。阿卜杜拉的母亲——王太后给儿子的两句诗十分精彩：“你未曾像男子汉一样地保卫国土，怪不得要像妇女一样流泪痛哭。”

15世纪阿拉伯人在西欧最后的据点格拉纳达

格拉纳达以阿尔汗布拉宫而闻名于世。阿尔汗布拉宫又称作“红宫”，指坐落在城边穆拉森雪山山岗上的阿尔汗布拉宫，在密荫浓雾中，这座褚红色的宫殿更增加了城市的神秘感。公元前的伊比利亚人和公元后的罗马人都在这里居住过，不过只是小村落，这里真正成为城市是公元8世纪阿拉伯摩尔人入侵以后的事。11世纪后，随着入侵欧洲的摩尔人向西班牙南方退却，格林纳达成了重镇，那时这里有大片石榴林，“格林纳达”即从摩尔语“石榴”而来。

格拉纳达市依山而建，城市不大，街道窄小，古迹众多，新建筑少，比塞维利亚市更像一个露天博物馆，而近在咫尺的绿色山峦上的阿尔汗布拉宫则像沙盘上的模型。城中最多的是教堂，原来伊斯兰清真寺已难看到，但天主教堂林立小城之中。阿拉伯人收复了格拉纳达以后，把兴建教堂，重树基督教的丰碑作为了当务之急。1523年就开始建设城中最大的圣玛利亚教堂，直到1704年才完工，这座文艺复兴式的红色教堂也采用了文艺复兴时代出现的不对称形式，右侧的独塔高达57米；正面一排五扇拱门显得十分宽阔，是小城中最宏伟的建筑。大教堂中有统一西班牙的伊莎贝拉国王和裴迪南国王夫妇的陵墓，这一对同为国王的夫妇齐心协力统一了西班牙，传为历史上的佳话。

城中教堂林立，风格各异。有在市中心的天主教大教堂，是土黄色的红顶建筑，也有独塔。在近郊的山岗上有圣安德烈教堂，像一座屹立山岗的巨大城堡，阿拉伯的风格十分明显。市中心的圣胡安·德迪奥斯教堂则是典型的文艺复兴式建筑，但立塔上覆盖的瓷砖又带有阿拉伯特色。每座教堂中都金碧辉煌，色彩夺目，收藏着许多名画和珍宝，欧洲的教堂不仅是神权的象征，也是财富的宝库。

格拉纳达市中心也有一条步行街，街头布满了餐馆和咖啡馆的露天座位，露天座位上游人几乎满座，顾客们尽情享受着格拉纳达明媚的阳光，尽情体验着古城独特的风味。步行街的一端是新广场，所谓“新广场”就是现代新辟的广场。在广场上有当年的皇家法院，现在是市法院，是一座3层的宫殿式建筑，一层大厅十分高大宽阔，让人体会到法律的尊严。

城中小街是摩尔人当年的建筑，小巷又短又窄，九曲十折，小店门面不大，商品却五光十色。教堂前面的小广场上还有集市菜摊，我走得口渴想买两个橘子尝尝，4个橘子1公斤，每公斤1欧元，约合7.5元人民币，比北京要贵些，但口味不错。西班牙人一般英语较差，菜贩就更差了，只得手语，还闹了误会。我想收集欧元硬币，用找给我的2元硬币换两个1元的，摊主无论如何搞不清是什么意思，以为我说找错了钱，找来了上中学的儿子，没想到儿子也连这最简单的英语都搞不清，也向我一再表示钱找得是对的。好不容易找到一个懂英语的顾客才解除了这场误会，摊主一边换给我2个欧元，一边道歉，同时哈哈大笑，儿子也为自己没学好英语而羞愧地低下了头。不过应该强调的是，西班牙老百姓英语虽不好，教养却很不差，自始至终摊主和儿子的态度都十分礼貌。

在阿拉伯摩尔人离开格拉纳达4个世纪之后，西班牙又侵入了西北非撒哈拉的摩尔人领土，并把它变成了海外省，真是三百年河东，三百年河西，看来只有经济全球化才能结束人类循环反复的战争。

大西洋中马德拉岛上的小镇克鲁兹

1997年我访问了葡萄牙在大西洋中的一个岛屿，距里斯本上千公里的马德拉岛。马德拉是个群岛，由马德拉岛、圣港岛、德塞塔斯和塞尔瓦任斯等岛组成，总面积达741平方公里，人口29万多，俨然一个小国家。岛上有10万人居住。其余的岛屿则很小，最多几平方公里，都是荒芜的礁岩，无人居住。马德拉岛距非洲的西海岸最近也有500公里，距葡萄牙首都里斯本978公里，飞机要飞1个半小时，可谓洋中孤岛，自成生态系统，是另一个“世界”。

马德拉群岛像一串珍珠撒落在大西洋之中，在爱好航海的葡萄牙王子亨利支持下，航海探险家扎科于1419年发现了马德拉岛，马德拉群岛的发现大大刺激了葡萄牙国王支持进一步的远洋航海探险。

当年马德拉岛被派作两种用场：一是毫无节制地掠取贵重木材的地方，我们今天看到的丛山密林的马德拉岛，海拔1000米以下的森林都是再生林，当年都被砍伐殆尽，碧绿的海岛成为秃岛。二是用作进一步远洋探险的航海基地，如前所述，哥伦布等著名航海探险家都曾来这里居住、训练，并从这里开始了他们伟大的事业。耗竭性的木材砍伐，经过了半个多世纪已经难以为继，15世纪末居民开始利用这里温暖湿润的气候种甘蔗，依然收入颇丰。16世纪中，葡萄牙殖民者开始在巴西大规模种植甘蔗，大批廉价的巴西甘蔗冲击了马德拉这个小产区，遵循市场法则，马德拉岛又再次面临“产业转变”。不远千里来马德拉拓荒的开拓者是有勇气面对挑战的，他们又从希腊的克里特岛引入白葡萄种植，生产马德拉葡萄酒，至今已是欧洲和世界名酒，同时大量种植香蕉和菠萝等各种水果。

马德拉岛是我到过的极有特色的岛，主要有以下三点：

一是马德拉群岛地理构造奇特，奇峰从海平面跃起，绝壁在海边矗立，沟壑如万丈深渊，险峻如华山无路。我曾经写过中国的泰山、庐山和黄山是世界一绝，一峰从平地突兀而起，如利剑刺破天空；而欧美只有馒头山，在高原之上突起。尽管我也跑遍世界五大洲，说走遍世界确实还太早，这次在马德拉群岛我见识了奇峰，从海平面突起1800米之高，比“中国式”的山真是有过之而无不及。

在大西洋马德拉岛海滨

二是由于地处亚热带的海洋之中，夏季气温为21℃，冬季亦为16℃，可说四季如春。海水温度则常年保持为18～20℃，温暖而湿润的气候，再加上巨大的落差，马德拉岛真是一个天然的植物园，从高到低包括了温带从北到南巨大跨度的各类植物。据说世界上还有另一处，就是夏威夷群岛。

三是马德拉岛构成了一个独立的、特殊的生态环境，是不折不扣的世外桃源。岛上除了野兔外没有任何大的野生动物，使旅游者最高兴的是没有蛇，也没有多种昆虫，我没见过蚊子，即使在鱼市上苍蝇也很少，有的是别处见不到的奇花异草和名贵树木。

乘飞机从里斯本到马德拉岛，飞机没有在首府丰沙尔降落，降在了海边的克鲁兹小镇，原因是丰沙尔居然没有一块可以作为机场的平地！小镇平地也不大，一边是万顷波涛的大西洋，另一边是万仞悬崖的马德拉山岗，飞机场不在中间，而飞机像从天而降的长了翅膀的小海龟，在这苍茫世界上起落。机场和房屋的地基都高高填起，以防惊涛拍岸，小镇就是机场，除了加油站、停车场和几幢白墙红顶的西班牙式两层居民小楼外，看不到其他建筑，只有一座高高的灯塔显示：马德拉在这里。

马德拉岛上的港城丰沙尔

汽车经过半小时惊险万分的盘旋，终于到了岛顶的丰沙尔（Funchal）小镇。

马德拉岛的首府丰沙尔虽然仅是个10万人口的小城，也不乏精彩的名胜。堪称丰沙

在丰沙尔小镇最高点

尔第一名胜的是大教堂（Se Ctedral），它始建于15世纪末开拓者刚登陆上岛的时候，完成于1516年，可见当时人们未建住房，先建教堂的强烈的宗教精神。教堂是哥特式的，内部布置着拉丁式的陈设。这个不大的教堂十分有特色，外形呈塔状，底部和腰部都漆成雪白，顶部和棱角则保留灰砖的原色，褐色的塔顶在四面各安放了一口大钟。教堂内两边各有6根大石柱，形成5个拱廊，拱廊之上是黑色的大方硬木构筑的屋顶。厅内里端照例是装饰华丽的神龛，耶稣受难像和旁边的修女像全是镏金的，遥遥相对的外端仍是安放在二层的巨大管风琴。引人注目的是厅中的摆设里有中国的石狮和瓷瓶，反映了葡萄牙和中国的悠久文化交流。教堂长50米，宽20米，大约可容千人之众，来教堂的人很多，不少人虔诚地跪拜，这个大西洋之岛的宗教气氛要比欧洲大陆浓重。

丰沙尔另一宏伟的古迹是山顶上的古堡，目前仍为军事设施，不是旅游景点，然而，哥伦布能越海到达美洲，我就不能登山探堡吗？照例按地图攀登，虽比不得汽车上山惊险，却也十分不易。首先是所有旅游图上都未标出这个城堡的名字，我只得举着地图，用手指出其位置边走边向路人询问，好在小城不大，很快就可以按图自己走了。其次是登山路途之险，虽然都是柏油路，但坡度达40度以上，是我在世界上见到的最陡的城市街道，街又很窄，要不时贴到路边躲车，因为根本没有行人路。如果要喘口气，只得进入路边小店，否则会妨碍交通。在这里真应了“上山容易，下山难”这句俗语，也只有这次才真正体会到这句话的含义。由于坡度太大，根本收不住脚，只能跑步下山，而后面又不断来车，来车时只能赶快跑到停着的车前躲避，真不知后面的车如闸不太灵该怎么办？下山之路是在快跑和躲车中完成的。不过真是“车到山前必有路”，20分钟的路从山上跑下来还没出事，这一次算个小历险了，这种历险是大部分中国游人不愿意做的。更险的还在后面，依图找到了古堡，却找不到门，进了一所败落的庭院，我正在看大古树下的人家，想找个人问问，没想到一条趴在地下的大狼狗一跃而起，好在又一落而下，没有向我扑来。院子原来是古堡的后院，我已爬到山顶。

我只得又从山上跑下，走进一条小街，才看清古堡的真面目，这座古堡建于1647年葡萄牙人赶走西班牙人之后，为防止再遭入侵而建，筑于全城制高点，高达113米，真是一夫当关万夫莫开，如此险堡，门前还掘了护城沟，沿碎石铺成的上坡路过桥才能进入古堡。巨型石灰岩垒成的巨堡，只有大门是大理石砌成的，里面是小条石堆成的台阶通向堡内，院中有高大的古槐，还种了芭蕉围成的小花园，里面开满了红色和黄色的杜鹃花，反映了军人的情趣。古堡四周的高墙十分厚重，巨大的箭垛高达1.2米，宽1米，摆炮有余；两边有小角楼，仅一人多高，瞭望孔却高0.4米，宽0.6米，是为开阔视野，远眺来犯之敌的需要。我在这个军事重地待了20分钟，只见到一个奥地利女游客。

丰沙尔小城中博物馆很多，其中最著名的是哥伦布博物馆，这是我在世界上看到最有纪念意义的博物馆之一，它以实物和绘画生动地记述了当年哥伦布以此为基础的发现海上新航路的壮举，多次没有目标的深入惊涛骇浪的大西洋航行，见不到目的地，但一次比一次远，取得经验，百折不挠。我在馆中整整待了半天，馆长说："您是在馆中待的时间最长的中国人。"我有不少称号，但这个口头称号是我引以为傲的。

坐落于城东南靠海处的大市场是丰沙尔的又一景，想当年市场肯定是露天的，现在已加了顶棚。市场分上下两层，有大大小小百余个摊位，鱼、水果和皮包是丰沙尔的待产，这类摊位尤其多。马德拉是地处大西洋中的海岛，水产自然是丰富的，鱼市单辟一角，有切成牛肉块似的大块出卖的巨鲨，有只有几厘米长的小鱼，有像带鱼一样的长条黑鱼，还有鳞光闪闪的白鱼，当然少不了虾、蟹、牡蛎等海鲜。我去得较迟，海鲜已卖得差不多了，可见生意不错。鱼市内腥气扑鼻，不少游客都站在二楼走廊上观看，但几乎没有苍蝇。市场的另一引人之处就是水果市，果市上种类之全，令人惊叹，绿的是苹果，青的是香蕉，橙的是芒果，紫的是葡萄，红的是桃子，黄的是菠萝，还有梨、杏、木瓜、甘蔗、香瓜、椰子和猕猴桃，几乎包揽了从温带到热带的所有水果，而且全是马德拉岛上出产的。市场中第三大类产品是皮货，岛上产牛羊皮，牛皮皮鞋，羊皮皮包，货色俱全，琳琅满目。货主说："马德拉的皮货在欧洲是闻名的。"我只略听说过马德拉酒，至于马德拉皮货如何从没听说过，自然也就不敢买了。

山城丰沙尔之夜也是迷人的美，黑洞洞的天，黑茫茫的海，山城华灯初上，五光十色，好像一座灯火通明的大城堡，屹立在皂色的天水之间。岸边，餐厅正在招揽晚餐顾客。有的餐厅建在岸边，外窗已伸入海中；有的建在海中，由栈桥通入厅内；还有的餐厅干脆设在船上，是标准的水上餐厅。所有这些餐厅都由霓虹彩灯装饰，用玻璃广告牌展出所有海鲜菜的照片，并标明价格，让顾客一目了然，价格并不昂贵，一般在4美元左右。

过了海滨大道，山坡又是另一幅景象，小巷曲折，小店密布，尽管多已关门，但明亮的橱窗仍能展现繁华的市容。餐馆照例开门，比海边餐厅的生意差些，但也不乏食客。夜晚的丰沙尔是很安静的，听得见海涛拍岸的响声，我走了很远，只见到一个音乐酒吧在吵闹，但声音也不大。夜晚的丰沙尔也是很安全的，众多的游客和市民在闲庭信步，还有不少人站在巷口聊天，大概是山城院子太小的缘故。有的小巷幽深黑暗，走进去也没有什么流浪汉和怪异的嬉皮士。丰沙尔的确是旅游者的天堂，可以不分白天黑夜地尽情欣赏。

达·伽马继承哥伦布遗志从贝伦塔到达印度

从里斯本的贸易广场（Praca do Comercio）向西就是绵延14公里的港区，有连绵数公里的灰色货仓，有漆成黄墙的兵营，还有矗立着纪念碑的繁花似锦的广场，一面是山城，一面是海湾，绿色的山和蓝色的海之间夹着灰色的公路和五彩的花园，在灿烂的阳光照耀下美不胜收，这样绚丽多彩的港区在世界上也是少见的。14公里的海滨公路上到处可见航海家和支持他们探险的国王的纪念碑，葡萄牙人对他们祖先献身探险的大无畏精神的怀念，在这里表现得淋漓尽致。

沿海滨公路西行从老城区进入贝伦区，仍然是港区，贝伦区因贝伦（Belem）塔而得名，由于塔的建立形成了贝伦小镇。贝伦塔不仅是里斯本的象征，在全欧洲乃至全世界也是著名的文物。这座通体用白色大理石建成的4层宝塔是1515年为纪念达·伽马的远航而建的，1521年落成。哥伦布寻找海上新航路的目的地是印度，但他没有到达印度，却到了当时与世隔绝的美洲。真正远航到印度的是7年之后的达·伽马。达·伽马（约1460~1524年）1497年奉葡萄牙国王之命从里斯本出发，绕过非洲的好望角，于1498年到达莫桑比克，以后由阿拉伯航海家马吉德领航，于1498年5月20日到达印度西海岸的科泽科德，完成了哥伦布梦寐以求而又未能实现的真正的印度之行。这一航行大大促进了欧亚和东非的贸易。1502~1503年和1524年，达·伽马又以印度总督的身份两次去印度，开始了葡萄牙对亚洲的殖民掠夺，1557年葡萄牙在澳门建立了永久性据点。

达·伽马的印度之航从这里出发

贝伦塔是在达·伽马有生之年建成的，可见葡萄牙国王对寻找印度航路的重视，因此也未以达·伽马的名字命名。贝伦塔是一个典型的葡萄牙民族风格建筑，塔为方形，立于海中，有栈桥通达。塔外有半圈平台，平台的栏杆上有圆柱形塔体、球形塔尖的小塔立于四角，主塔有4层，顶层外又有一圈平台，塔顶又是平台，四角也有小塔，不过比底层的更小。湛蓝色的茫茫海湾之中，晶莹洁白的贝伦塔不失为一道风景，但算不上高大，历470多年风雨的塔体已经发黄，然而它的意义重大，是对一个新时代的最早的纪念建筑物，因此被联合国教科文组织定为世界文化遗产。在贝伦塔边的岸上是一片公园绿池，绿地上有一尊世界闻名的白色大理石雕，和贝伦塔遥相呼应。这尊石雕堪称高大，立于海边，连底座高达50米，整尊石雕是一艘扬满风帆的大船，风帆前从下到上有搬运工、水手、大副和船长的大理石雕像，他们有的在远眺，有的在祈祷，有的在沉思，有的在遐想，但都表情凝重、信心坚定地望着大海，期待着即将开始的远航。船长身高达8米，停泊在雕塑两边的五彩游艇在他脚下相形见绌，他们高大的英雄形象是航海探险家的代表，激励了一代又一代葡萄牙人。贝伦塔和船雕互相呼应，两个白大理石建筑在绿地之前，棕榈之旁，蓝海之上，阳光之下越发显得晶莹剔透，是港区的美中之美。

整个贝伦小镇就是港区，像一个巨大的仓库，居民楼像简陋的葡萄牙农舍。没见到多少居民，到处是肌肉发达的码头工人，像个搬运工小镇。沿海岸向特茹河（Tejo）与海的交汇处延伸，近海处矗立着4月25日大桥，桥长3018米，中心跨度达1013米，是欧洲最长的吊桥。桥两端高大索架被漆成红色，很像旧金山的金门桥，大船可以在桥下通航。据陪我的A先生说，现正在更靠近海的地方建设一座长达15公里的大桥，那将是仅次于日本跨岛大桥的世界第二大桥，现在大桥已经落成。我们驱车离去时已到下午，夕阳西下，海面上泛起万道金光，就是里斯本人称之为“麦草海”的奇景，海面上金光熠熠，随风起伏，酷像一片金色的麦田上下起伏。

葡萄牙是个海洋国家，我在这个小国就写了3个小镇，2个在海岛上，1个在港口，我爱大海，也爱海边小镇，海洋使人心胸开阔，海洋引人搏击惊涛骇浪，海洋促人走向未知。我们的地球表面有70%是海洋，我国的疆域有1/3是海洋，我们大力开拓海外贸易，建造航母保卫海疆的政策是富民强国的必然。

千年古城卢森堡

卢森堡的首都卢森堡市是个有两千年历史的小镇，仅8万人口。卢森堡的发展自公元4世纪建筑要塞和城堡而来，游卢森堡首先要看城堡。城堡中最著名的是1050年建的第二圈城墙上的三塔堡。距今已900多年，比巴黎圣母院还早一个世纪，至今保存完好。三塔堡由城墙上的一对组塔和高岗上的一个小塔组成。一对组塔立于城墙之上，共有4层楼高，底下2层仍然没有窗口，显得坚实牢固，第三层四面各有一扇大窗，第四层是黑色的屋顶，浑然一体，左右相映，显得雄伟壮观。小塔则像嵌在岩石上的一个石雕的小屋，圆墙，尖顶，还有一个底座，小塔高出组塔许多，是瞭望塔。三塔组成了一个坚固的防御体系。

要塞之外除了碉门之外还有大门。卢森堡要塞的布雷德韦（Breedewee）门最为著名，该门气势宏伟，门高12米，宽8米，其中门洞高8米，宽3.5米，门由巨石垒成，顶上有高达3米的箭楼。大门建于高岗之上，一出大门就是大下坡，易守难攻。现在门外由石块铺成广场，已经是战乱渐息，为了便利交通发展贸易留下的痕迹了。不过一幅油画还是

在人均GDP世界最高的卢森堡简朴的大公府前

提醒我们几十年前这个“国门”前的情景：天上是压城的黑云，门前是雨中的泥地，几个农民冒着雨从他们耕作的田地返回城里，那凄风苦雨、牛马劳作的情景引起人们的回忆。

城门之下，老城里最为壮观的就是卢森堡国家元首大公的府第——大公宫了。大公宫是一个德式的宫殿建筑，主楼有4层，3层高大的正房，有落地大窗，第四层是斜顶。两边有5层和4层配楼，第五层是斜顶，整个屋顶上耸立着许多小顶塔，大楼形成一个巨大的“山”字，顶上又出现了许多小“山”字，别具一格。建筑由白色大理石砌成，棕色的大门，灰褐色的窗框和屋顶，颜色淡雅协调。这座宫殿的规模自然比不上法国巴黎的卢浮宫和英国伦敦的白金汉宫，就是和比利时布鲁塞尔的王宫比也小了几号，但仍不失为宫殿中的小巧之作。这座建筑原为市政厅，大约始建于1244年，至1573年才全部建成。大门前有两个全副武装的卫兵，神情肃穆。我们还看到了换岗仪式，相当隆重，还有个小小的乐队吹打一番。

像法国城市一样，卢森堡市也有一个圣母院教堂。该教堂始建于1613年，主体完工于1621年，中心大厅塔高15米，配楼塔高18米，和巴黎圣母院比自然是小几号了，但是卢森堡市圣母院也有其特点：一是不对称结构，只有右侧一个配楼，二是和居民建筑的墙壁相连，三是不刻意装饰。这三点都反映出小国地狭财少的情况。主楼大厅的大门还是十分宏伟的，不然也就不是圣母院了。门很小，但石雕的门框很大，高达8米，门不过3米，分成两半，中间是一尊圣像，门上有4个小窗，窗上是半桃形的砖砌大门楣，门楣高达4米，中间有一个直径达2米的菊花形圆窗，这种独特的结构在教堂中还不多见。以上是灰色的屋顶，顶上有一个绿色的尖塔。整个教堂显得朴实无华，也是卢森堡民风的写照。

卢森堡金融业发达，老城中装饰得最华丽的是银行，国家储蓄银行的大门就像一件艺术品。全玻璃的大门，弦窗上布满装饰铜环，门的两侧各有一尊妇女雕像，象征勤俭持家的妇女，两尊雕像离地达5米之高，而且下有底座，上有雨遮。门顶上有一个类似中国华盖的非常复杂的装饰。整个大门有两层楼高，十分宏伟，大门前有高台阶一直通向半层楼高的大厅。银行的每一层都很高大，这种于20世纪建成的豪华银行在卢森堡市还不止一所，更不用说那些现代的银行了。

整个卢森堡市区被阿尔泽特河与佩特罗斯河分成两个部分，由95座桥相联结，最长的夏洛特桥长355米，高85米。市北部是新市区，新市区楼高路宽，很有现代化城市的特色，除了高耸的新银行大楼以外，最引人注目的就是众多的国际组织总部了。在卢森堡市有欧共体的前身——欧洲煤钢联营、欧洲共同市场法院和欧洲议会秘书处，这些机构集中于欧洲中心大厦里。欧洲中心的主体是一座庞大的24层玻璃大楼，和许多国际组织大厦雷同，形状是规则的长方体，在这个巨大的长方体上整整齐齐地分割着成百上千个小方窗，好像一个巨大的蜂房，在蜂房中有成百上千的国际组织职员在自己的小房子里，像蜜蜂在自己的小格子里一样紧张地工作。下班时，恰似千百只蜜蜂从蜂房中飞出。入夜，又像一个巨大的方盒子，在无数小格子中有千百只萤火虫，组成了一个玻璃方灯。卢森堡市新区的街道宽阔，车水马龙，有高耸的纪念碑，有大片的绿茵地，虽不是著名的旅游胜地，却也不乏迷人的景色。

卢森堡这个小市人均收入11万美元，世界最高，靠什么呢？靠金融业、游客和国际组织，我们在长三角、珠三角和京津冀能否也建这样的小镇呢？

小巧玲珑的荷兰水城代尔夫特

在荷兰低地中，距海牙东南10多公里处，有个名为代尔夫特的小城。我两次来这个小城，一共住了10天，它真像一件美丽的工艺品一样让人不忍离去。代尔夫特在现代史上还是个很有纪念意义的地方，欧洲对封建专制统治的斗争始自荷兰，1609年西班牙征服者菲力浦二世和荷兰起义者签订了停战协定，荷兰的执政者定首府于代尔夫特。这个城市真是个袖珍本，小小的市场广场上的微型皇宫充其量也不过相当于现在的一个小旅馆大，然而色彩却十分鲜艳，白花岗岩的4层楼，顶是蓝色的，窗是红色的，顶上面还有一个3层的钟楼。皇宫的对面是议会，小得像一所小学，然而这里却是欧洲议会民主的策源地。广场两旁小商店鳞次栉比，咖啡馆、酒馆也很小。旅游纪念品商店却比比皆是，各色工艺品让人目不暇接。店主笑容可掬，让你不买点东西不好意思离开。

代尔夫特是那么小巧，细细的小河只有10米宽，仿佛可以跳过去，河上布满弯弯的小桥。小小的街心花园里坐着谈笑的青年，一切是那么恬静。

在这个袖珍小城中诞生了伟大的生物学家列文虎克（A. V. Leeuwenhook，1632~1723年），他自己大半生在市政府里做一个低级官员，但使用研究显微镜是他的嗜好，后来他超过了专业人员，成为制造显微镜的大师。他用精细的观察图记录了肌肉纤维和皮肤组织，直到1674年他第一次观察到微生物——细菌，为2个世纪后的现代医学奠定了基础。

代尔夫特的闻名还因为它今天是个大学城，现在9万人口中就有13000名大学生，占全部人口的14%，代尔夫特理工大学在教育界与代尔夫特水力学实验室在工程界一样，不仅在荷兰，在欧洲也闻名遐迩。代尔夫特市专门为学生提供了良好的住宿条件，一共是7000个单元，还有独立房屋，几乎所有学生都可以住入比较便宜的学生公寓。我作为请来的教授也就在代尔夫特就住在一个较好的学生公寓单元，房间有20平方米，另有4.5平方米的厨房和3.5平方米的浴室，美中不足的是既无电话又无电视，真是为一心苦读的学生准备的。我住的公寓在代尔夫特近郊，楼前是小河，小河中野鸭游弋，对面是密林，楼后是大草坪和一个小足球场，环境可谓优雅。由于外籍学生和工人较多，这些廉价住房附近比较杂乱，甚至把破旧电视机弃在小河之中，给幽静的小城抹了一点黑。

代尔夫特最诱人之处还在于老城中教堂林立。老城中最老的教堂叫“老教堂”，位于市中心，建于13世纪建城之初。教堂是哥特式建筑，正面是一个高耸的门楼，上面是钟楼，四角4座尖塔，拱卫着中央塔，高高的塔尖上是十字架。这座教堂依河而建，高大的门楼已向河面倾斜，仿佛要倒入河中，可与比萨斜塔媲美。主厅灰顶黄墙，落地长窗。教堂面积达1500平方米，距老教堂不过200米之遥就有一座更大的教堂——市政厅广场上的新教堂（Nieuwe Kert），它的面积约有1800平方米。建于1382年，主楼是一座塔，底下3层是褐色的塔身，顶上立着十字架，是一座黄、褐、黑、白的四色塔，这在世界教堂中实属罕见。更令人惊讶的是距新教堂仅30米处就有另一座几乎同样大小的教

荷兰水城代尔夫特

堂——双塔教堂，面积也达1800平方米，两座褐色的配塔守卫着主厅的大门，大厅两侧各有4座棕色小塔，这座教堂建于1850年。代尔夫特的特色就是在这座小城里，极小的范围内，集中了这么多大教堂。

为什么在弹丸之地建这么多教堂呢？前两座教堂当时都是天主教堂，后来德国的马丁·路德宗教改革，荷兰成了新教国家，这两座教堂就随之改为新教教堂。许多天主教徒作为异教徒受到排挤，远涉重洋逃到美国和荷兰的殖民地南非与印度尼西亚，在那里发财后于1850年新建了这座双塔天主教堂，与新教一争高下。

新教堂在市中心广场的东侧，市中心广场是代尔夫特的中心，整个广场有一个足球场大，西侧是市政厅大厦。市政厅大厦是一个典型的中世纪建筑，2层楼高的厅堂上是一个巨大的屋顶，屋顶实际分为2层，都开有带屋檐一样窗檐的小窗户，顶上是一个5层的直立钟楼，市政厅大厅可以自由出入，一进门是一个面积200平方米的大厅，大厅地面由黑白相间的大理石铺成，木板镶墙，古色古香，墙上挂着古典名画和古地图，桌上摆设的居然是南瓜和葫芦，用以表现小城以农为本，不事奢华的本色。

代尔夫特的另一名胜是古城门。代尔夫特周围小河环绕，城门依河而建，2座有黑色尖顶的棕色圆柱形塔雕像2个戴着黑尖帽的卫士守卫在城门两边。门前是吊桥，可放人出入，真是一夫当关万夫莫开。今天吊桥已不复存在，改建成了路，而吊桥架依然立在那里诉说着它的历史，供游人观赏。中世纪代尔夫特是一个四面环水的小城，不过1公里方圆，易守难攻，所以许多显贵都在这里安家。

代尔夫特最大特点是河多，天然河、运河、小河沟，大大小小纵横交错，城内城外的许多小河都只有7~10米宽，但水很深，可以行驶不小的游艇。不少人家门前停着五颜六色的游艇，船体有的长达10米，但最宽不超过3~4米，否则两船就无法对行了。河岸边上是排列紧密的民宅，民宅最宽也不过6~7米，楼挨着楼，墙挨着墙，百米之内可以排20户人家，楼后都有花园，花园极小，楼前距河不过3~4米，充分体现了荷兰地少人多的国情。

代尔夫特小城河中的清澈流水仍有富营养化的趋势，由于人口稠密河流水质至今仍不尽如人意。代尔夫特小巧玲珑，十分精致，古迹遍城，保存完好，让人赞叹，如果说美中不足的话，那就是水，真是“水城”成也在水，败也在水，虽然比我国江南的水城好得多，但仍可以更好，看来水环境治理真是这个世纪的难题。

“滑铁卢”——失败的代名词

历史上比利时境内战争不断，大小战役不计其数，最有名的莫过于滑铁卢（Waterloo）战役了，在这里常胜统帅拿破仑遭到了毁灭性的失败，“滑铁卢”成了战败的代名词。滑铁卢这个地名也成了深赋寓意的英文单词，不言而喻，其含义就是“惨败”“决定性的失败”。

周末休息我从巴黎驱车向东北行230公里，2个小时就到了滑铁卢。一路上已把滑铁卢古战场实地考察。这里是在平原地区从德国到法国的交通要道，远离本土的英军和普鲁士的联军与法军在此激战也就不难理解了，谁占领这一要冲，国门自然洞开。对于19世纪的列队布阵的大战役，这里是一片理想的战场。北面是索瓦尼森林，南面是一片略有起伏的开阔地段，中间有一座小土丘，高不过40米，比景山还略低；既有高地需要争夺，又有平地可供厮杀。1815年6月18日，英国统帅威灵顿公爵和普鲁士元帅布吕歇尔率领了22万英国和普鲁士联军占领了小山顶，与拿破仑率领的12万法军在山底展开了大厮杀。当时拿破仑自1812年在莫斯科战败退出俄国，1813年在莱比锡再次被由俄国、普鲁士、英国、奥地利和瑞典组成的欧洲联军战败退位后，于1815年3月从放逐的厄尔巴岛逃回法国，纠集旧部，复辟再战，虽已是强弩之末，其中却也不乏能征善战之旅，最后一搏。威灵顿的英普联军虽挟连胜之勇，而且人多势众，但也有内部矛盾。因此，这次大战仍称得上势均力敌，战况空前惨烈。当时，拿破仑的司令部在战场南部滑铁卢镇边的一个小石屋中，威灵顿的指挥所则在战场北部

当年拿破仑与反法联军为争夺这座小山厮杀

镇边的一座古堡里。两军统帅在屋中运筹帷幄，战机稍纵即逝，军令雷厉风行，两军将士在阔地血肉厮杀，铁骑冲锋驰骋，刀剑横起竖落；喊杀声、军鼓声、枪炮声、马嘶声汇成一片，硝烟战火弥漫升腾，在长达9小时的厮杀后法军大败，战死3.2万人，联军也付出了死亡2.3万人的代价，自此，拿破仑永久地退出了历史舞台。当你伫立在如今苍翠遍地的古战场时，仍能想象出当年厮杀的情景。

今天登上小山已是另一幅景象。滑铁卢大战后，小丘被加土重塑，加高到50米，成为一个直径300米的标准圆锥形，圆锥的尖顶上是英军统帅惠灵顿公爵用战场上的废枪炮铸造的一头雄狮，雄狮屹立在高达8米的石台上，面向西方——法国的方向，咆哮示威，并把小丘命名为"狮子山"。圆锥的小丘上有226级石阶直通山顶，整个小山上没有一棵树，绿草如茵，远远望去像一座巨大的绿色纪念碑，山底有巨树环绕，当年的大战已经使得小山上下寸草不生。登顶遥望，已不见战争的痕迹，远处是浓密的索瓦尼森林，碧绿的农田，嫩绿的草地，翠绿的树木，红顶白墙的农舍自森林向脚下延伸，一派宁静、祥和的农家乐景象，使人们感觉战争已经是遥远的历史。毫无疑问，百余年来欧洲的进步，不在于战场的复垦，而在于"不再战"的思想深入人心，人们通过惨烈的战争认识到战争不能解决问题。"一场战争的结束孕育着另一场战争的开始"，这几乎是我走遍欧洲时，听到饱受战乱之苦的欧洲各国人民都说的话。1944年希特勒德国重新挣扎的最后一次"突围之战"又在这里进行，1944年冬至1945年初，仅美军就在这里战死不下7.7万人。整整45年后，就在我登上狮子山的时候，在前南斯拉夫境内战火又起，人们汲取了历史的教训吗?

历史值得记住，其实就在狮子山下战争的痕迹也没有完全消失。从狮子山上可以看见阵亡的法国、英国和普鲁士将士的墓碑。在狮子山旁的滑铁卢小镇上也有不少遗迹可寻。镇上的小旅馆，法国大作家维克多·雨果就曾经住过，并在这里身临其境写出了长篇小说《悲惨世界》中滑铁卢战役的篇章。小镇中当年拿破仑司令部的小石屋和威灵顿司令部的古堡都在。农舍中还有战争人物蜡像馆，有小电影院，有旅游纪念品商店，有小旅馆，使得小镇成了旅游区。其中最引人注目的是滑铁卢纪念馆，纪念馆中最著名的是法国画家路易·杜默兰于1912年绘制的高达12米、长110米的全景画，巨画形象地描绘出当年战争的惨烈情景，近处的泥塑人物，枪炮实物陈列和画面融成一体，更让人身临其境。拿破仑战功显赫，留下的只有在巴黎市中心用缴获枪炮铸成的旺多姆柱。拿破仑失败的纪念馆，世界闻名的就有两处，另一处在莫斯科近郊，是拿破仑在大火中从莫斯科狼狈逃出的情景，我也去参观过。两座纪念馆一起向世界游人永久地展览他的败绩。

往事越百年，在欧盟短暂的统一后又面临英国的脱欧，所谓天下大事分久必合、合久必分，这种分合都伴随着血腥的战争。今天的分合可能不会再有大战，但代之而出的是恐怖袭击。我在滑铁卢小镇吃午饭，切着带血的牛排时想，但愿这是今后人类仅能见到的“刀光血影”，“一带一路”在向这个方向努力。

瑞典乡间小镇梅勒吕德

我虽然到过105个国家，但是基本上去的是大城市或深山老林，真正的乡间小镇去得不多，其中瑞典的梅勒吕德（Mellerud）是印象颇深的一个。

梅勒吕德在瑞典东海岸到西海岸的交通要道上，是达尔斯兰地区的门户，早在1879年就修了铁路，可见其地理位置之重要。我们是乘汽车来的，开赴梅勒吕德之前，我们的陪同曾和梅勒吕德的旅馆联系，等我们到达梅勒吕德小镇，天已全黑，当天没有月亮，乡间路灯又稀疏，真有点伸手不见五指的感觉。好不容易找到了预定的汽车旅馆。旅馆大门紧闭，没想到我们的陪同从大门旁边的一个小盒里摸出了一串钥匙，不但有大门的，还有我们所定的4个房间的。原来瑞典这种汽车旅馆只有一两个人照料，没有夜班，顾客可以在白班时电话联系，夜晚到达就可以自取钥匙开门。由此可见瑞典的效率，也可以看出治安情况良好。

在小镇与一户农民全家合影

我们进入自己的房间，晚餐已经准备好了，是三明治和饮料。尽管简单，却足以充饥了。美中不足的是服务员把晚餐放错了房间，单人间放了两份，而双人间放了一份。旅馆大约只有2星，虽然简单但是设备齐全。我们有些县城都大建4星旅馆，有那么多顾客吗？人们为什么要到乡间住高档宾馆呢？起码在西方，富豪也不会做这种“土豪”的事。瑞典的旅馆里还放瑞典文英文对照的圣经，装帧精美，可以免费取走，可见宗教势力在瑞典之强大，因为在其他西欧国家的旅馆中赠送圣经已不多见了。

第二天一早，我们就赶去梅勒吕德市政府，应邀共进早餐。赴“早宴”在我的国外生活中还是不多的几次，可见我们日程之紧和主人热情之盛。会谈之中，镇主席J先生给我们介绍了这个小镇。他说，梅勒吕德是个仅有15000人口的小镇，全区也只有5万人，镇上每年有300万美元的财政收入。小镇虽自古处于交通要道，后来却由于高速公路和空运的发达，使其地位相对下降，所以经济繁荣只是近几年的事。这是因为保守的传统最近才被彻底冲垮，破除了自给自足的陋习，吸收外来投资，发展外向型企业。小镇利用电台、广告各种手段宣传梅勒吕德的投资环境，说梅勒吕德虽是弹丸之地，却有地价便宜、风景优美、劳力低廉和税收较少四大优越性。投资者不但可以来建厂，还可以建乡间别墅。小镇全力支持产品外销，目前以建材工业为主的配套产品不但卖到全国，还已经走向世界。

J先生动情地说：“现在镇上的人外流很多，都出去挣钱了，发展地方经济，保住这个历史悠久的小镇，是我们这些‘父母官’义不容辞的责任。”虽然这的确是个不容易的任务，但是，我从J先生深思熟虑的分析和坚定的语气中，十分相信他会达到自己的目的。J先生送给我一条小镇的钥匙链，我一直用了17年，最近才因为意外事故损坏，真有点遗憾。

我们一行的到来，对这个乡间小镇是件不小的事情，全区一共有3家报纸，居然都专门派来摄影记者，给我们在市政府前的花园里噼里啪啦一共照了几十张相，说是第二天见报，因为我们来去匆匆，只得留下名片，请他们寄来。然而，至今未见报纸寄来。

看来外来人口外流是世界上普遍的现象，其实“一方水土养一方人”，难道城市化要消灭小城镇吗？这不是历史的必然趋势，最关键的还是“人”，是“人才”。小镇如果有记住乡愁，守土为责的“父母官”，再用一系列措施来吸引人才，破除保守，大胆创新，扬长避短，利用自己环境好，工资较低和其他特殊资源的长处，在城市化的过程中不是没有优势的。

“一带一路”的倡议给我国许多沿线的小镇提供了发展的机遇，抓住机遇不是大建标志性建筑物和高档宾馆，而是根据需要聚纳人才，发展产业。

瑞典小镇的皇宫

“知识经济”实际上是执行联合国教科文组织的一个项目“多学科综合研究应用与发展”的结果，这项工作是于设在瑞典首都斯德哥尔摩的乌瑞克斯达鲁皇宫的国际高级研究所联盟总部进行的，它在瑞典国王借给的一个皇宫中，说是“租”，其实是“借”，一年只有象征性租金1克朗，许多国际组织都有这样的待遇，据说纽约的联合国总部，也只交1美元租金。

乌瑞克斯达鲁宫是瑞典国王在斯德哥尔摩保留至今的六所皇宫之一，就设在同名的小镇上，这所宫殿是其中建成最早的一个。破土于1639年，完工于1644年，即我国清朝开始的那年。这是一所典型的17世纪古堡，整个建筑是一幢成“凹”字形的奶油色二层楼，屋顶是浅蓝色的，主楼顶上飘扬着王室的旗帜。皇宫正面临波罗的海海湾。宫前是一座大平台，夏天，国王在台上举行盛大晚会。皇宫的背面是个很大的法式花园，有两个足球场大小的葱翠草坪，中间有一条路通向喷泉和花坛。法国园林的模式在这里刻下了明显的印记，当你看到花园尽头向它走去时，到达了尽头才发现下面又是一层花园，柳暗花明又一村。

当然，瑞典的皇宫和园林也有它自己的特色，花坛两边各有一头栩栩如生、凶猛异常的青铜野猪，它们是国王的猎获物，以显示国王的勇武之功。花园的东边是美丽的波罗的

瑞典国王的六个皇宫之一

海海湾，西边是一座山，山上是一片原始森林，可以采到许多野果和蘑菇。瑞典皇家园林的特点就是与自然更好的结合，看来瑞典人与自然和谐思想的形成也不是一朝一夕之功。每当晴朗的夏日，男女老幼特地开车来此，在草地上晒太阳，尽情地呼吸蓝天和绿草之间的新鲜空气，沐浴和煦的阳光。到了冬天，山上、树上、草上都是积雪，一派银装素裹，当那因靠近极地而姗姗来迟的橘黄色太阳升起的时候，又给大地换上了一身金装。乌瑞克斯达鲁宫就静静地躺在这样一个令人心醉的环境之中。

瑞典国王把这所宫殿的南翼租给了两个组织，其中一个就是世界高级研究所联盟——我工作的国际组织，另一个是世界野生动物保护协会。中间和北翼只存放物品，无人居住。白天，这偌大的宫殿中有十来个人上班，一到晚上和假日，就成为无人之境了。除了前国王的一个卫士以外，离这里最近的居民点也有1公里之遥。阳光下的天堂此时倒像是笼罩在黑暗中的地狱了，四周死一般的寂静，只有几盏老式的宫灯像幽灵一样若明若暗，白天显得那么精美的小教堂变成了一个黑色的怪物匍匐在那里，山上的森林像一面黑墙似的把这宫殿和人间隔断；偶尔传来的海涛声像恶魔在呻吟，楼中吸气管道发出的“叭叭”的响声，好似妖怪在嚷叫。

一个女秘书好心地告诉我，晚上不要到复印室去，因为那里闹过“鬼”，并且讲了一个可怕的传说。一位屈死的皇后的油画像就高悬在那间房中，据说近年来有人见到这可怜的冤魂曾经下来过。我当然不在乎这些“禁令”，不过每当我复印张数太多，忙中偷闲看看那墙上古画中的贵妇人时，也能想象得出她是怎样在忧郁、猜忌、孤寂和苦闷中死去的。那种平时看来含笑的眼神、温文尔雅的姿态，此刻却显得那么古怪，难以猜测。我心里多少还是有点恐怖感，只想赶快印完，离开这里。

200间房的皇宫只住了我一个人，但这3个星期的日子我过得并不那么可怕，我毕竟生活在尘世上，除了白天偶尔和秘书交谈以外，周围还有那个前国王的老卫士，尽管有言语不通的障碍，他的英语和我的瑞典语都离谈话的水平相去太远，但是我毕竟搞懂了不少事。这个老卫士对老国王感情太深了，老国王死去后他就留守故居。他从未婚娶，没有儿女，没有离开过瑞典，在这现代化的今天过着19世纪的生活。他是一个很好的人，正直、勤劳，大概也受孤独的影响，他每次清晨过来扫地时都挥动大扫把向我致意，我也摇手还礼，后来这就成了每天早晨的惯例，我甚至都盼着见到这位老人。每当我在清晨看见他扫雪（实际上是为我扫）的身影的时候，我不禁问自己：他愚昧吗？他生活得有价值吗？我那些走遍世界的同事似乎对他也很敬重。什么是西方人的新价值观念呢？

小镇只有一条街，但清洁整齐，宽敞。一家百货店，一家面包房，一个小超市，一家旅馆，一家理发店，一家药房，什么都是只此一间别无他店。

在皇宫不但住得单调，吃得也单调。由于工作忙，我几乎天天午饭都用餐券到镇上唯一的小餐馆吃，否则就要乘车到另外一个小镇，往返多花至少1个小时。

这个餐馆吃得我现在再也不吃比萨饼了，甚至闻了味道就烦。餐馆很小，大约只有30平方米，狭长形，有4张小桌，3张对门，1张临窗。老板连伙计一共两个人，老板是个大胡子，热情的意大利人，听说我要在这里吃几个月的饭，十分高兴。

大胡子胖老板对我说："吃几个月？太好了，您可是找对地方了，连吃几个月别的不行，吃比萨饼没有问题，您知道比萨饼有多少种？有100种，我每天给您换个新鲜样式，保您吃上一年也不厌。"当时一个星期5天上班，只吃5顿，周末自己做，何况上班时常外出，一星期平均也就吃3次。这次我是集中了3个星期完成了工作报告，天天中午吃比萨饼，因为一天做两顿饭太费时间了。这下子积累效应再加上强度，一下子就伤到再也不想吃比萨饼了。

精明又好心的老板说他的比萨饼有100个品种，其实都一样，面饼加奶酪，只不过饼心中有点花样可换，牛肉、羊肉或猪肉，小鱼、大鱼或小虾，土豆、卷心菜或洋葱，黄瓜、西红柿或茄子，顶多换一点贝类和草莓。但是这些东西的量很少，被浓重的奶酪味所掩盖，实际上每天都在吃奶酪饼。坐在布满奶酪分子的小饭馆中看着小老板那不变的笑脸，望着远处的密林，唯独不想那比萨饼。

让我长见识的不只是比萨饼，更重要的是一个服务员，他说："您知道'亚述'吗？"我说："在世界历史课上学过。"他又问："您见过'亚述人'吗？"我说："这个民族不是消亡两千年了吗？"他说："没有，我就是，我们还有后裔，有我们自己的语言，文化，甚至相貌，您看不出来我与阿拉伯人的区别吗？"这真是个奇迹，他也是人类命运共同体的一员啊！

在大学城隆德完成"知识经济"创意

隆德小城在瑞典南端，是瑞典历史上最古老的城市。在我的105国、200多个小镇之旅中，是最值得记忆的之一，我于1986年开展联合国教科文组织"多学科综合研究应用与发展的研究”，在国际上首次完成了“知识经济”的系统研究和学科创新，基本工作是在斯德哥尔摩的世界高级研究所联盟做的，而最后完成是在隆德大学研究所，并得到了所长和研究人员的很多帮助。我也因此于2009年高票当选瑞典皇家工程科学院外籍院士，在授诺贝尔奖的同一个大厅里，也由瑞典国王授予了证书。

隆德1020年建城，以教堂著名。1103年丹麦王就在这里兴建了瑞典历史上最大的教堂，工程历时42年，直到1145年才完工。不幸于1234年毁于大火，至今未能全部复原，现存的是16世纪重建的。这座灰色花岗石的建筑物和乌普萨拉（Uppsala）教堂结构类似，从外边看两座塔楼于前，大厅于后，不同的是塔楼更雄浑，大厅后面突出来一个极大的半圆形神龛。教堂进门处有座14世纪的天文钟，高达2米。向里走和所有教堂一样，过了授经堂就是灯火通明金碧辉煌的神龛，耶稣像高立于宅顶，有几十人正在听讲经，地下是一个庞大的地窖，石柱支撑着拱顶，达官贵人的亡灵都在这里占一席之地。

隆德大学在瑞典也是著名大学之一，始建于15世纪，现在全城8万人中，隆德大学的师生员工就占3万人，如果连家属算上，隆德城中直接和大学有关的达5万人以上。隆德大学是一所发展很快的古老学校，市中心的主楼不过是一座两层楼的建筑，而郊区的新校园中现代化大厦林立。大学中的学生斯文而规矩，有时举行星期日晚会，上百人聚在院子里又吃又跳，临走时打扫得干干净净，看不到杯盘狼藉的痕迹。但也有一些大楼里迪斯科的音乐在周末吵到半夜。据我观察，在瑞典的老大学里，古典晚会还是比迪斯科占优势。瑞典人以他特有的持重来对待世界的变化。

瑞典小城隆德

我在隆德大学的研究所工作，学校在城里，我住在近郊隐于密林之中的一片居民区内，由于城很小，我就采用了自行车作为交通工具。每天从家中出来，穿过空气清新的密林，进入还在沉睡的城市，通过几乎无人的街道，骑行半小时后进入了我的办公室。晚上有时候加班，要骑车走夜路，近郊居民十分稀少，路灯也很稀疏，在苍茫的黑暗中，对面如果来辆汽车，大灯一打，实在晃得你睁不开眼睛，倒真是有点难受。好在我在隆德只工作了1个多月。我在地球上居住过的城市按长短排列居然是北京、巴黎、合肥、乌鲁木齐、斯德哥尔摩、上海和隆德，北欧小城隆德居然排第7位，以这里的工作为主，我在国际上创意了得到国内外专家认同的知识经济理念。在隆德生活的日日夜夜让我至今记忆犹新。

从我上班的研究所出去，拐两条小街，大约200米的样子就到了市中心广场。市政大厅、超级市场都在这里，这是我有生以来第一次在离闹市这么近的地方工作。最吸引人的要算广场中的周末集市。集市上有卖蔬菜、水果的，有卖香肠、鸡蛋的，有卖衣服、鞋帽的，有卖手工艺品的，还有把自己家里的旧东西拿出来卖的。五花八门，应有尽有，摊位林立，色彩缤纷。我在自由市场上买蔬菜、鸡蛋和一些杂品，和小贩与农民聊天，他们知无不言，讲话直率，有的尽管英语不好也不推辞，以北欧人特有的淳厚和朴实让人觉得可亲。

每逢星期天，市场人流不断，熙熙攘攘，有一种在大城市中体会不到的乡土气和亲切感。竞选的时候，就接上麦克风在广场上拉票，还有的人自己搞个扩音器陈述政见，尽管没人听，其高谈阔论的豪情壮志并不稍减。有时还有一些大中学生涂上花脸演一些闹剧，有的在地上连滚带爬，的确有点不大成体统。隆德在西方是少见的正规城市，几乎没有夜生活。入夜我有时还在研究所加班，工作得太累，常在街上走走，这时，小城已陷入一片黑暗之中。街上几乎没有人，只有几家饭店和酒吧还露出星星点点的灯光。信步白天的闹市，遥望夜晚的星空，吸一口凉凉的海风，多么美啊！隆德之夜。

我曾和朋友骑车往返隆德与马尔默之间，共40余公里，这是我在国外最长途的自行车旅行。在瑞典，各大城市内的交通工具中，自行车占重要地位。北欧人崇尚环保，提倡绿色出行不是说说而已。瑞典人说斯德哥尔摩是欧洲自行车最多的首都。城市之间的交通也不乏骑车的人，公路旁有自行车道，十分安全，沿途风景如画，海风习习，骑上一个小时车不仅不污染环境，也真是一种极好的休息。

挪威斯塔万格的知识经济故事

斯塔万格在挪威是第4大城市，但人口只有10多万，在我国也就是个大镇。斯塔万格是个临波罗的海的美丽小城。这里是我的百镇游中仅有的几个只讲故事而不写风景的小城镇之一。

1997年夏，我应邀作为主席团成员参加了在挪威斯塔万格举行的北海环境与发展大会，在东道主举行的招待宴会上坐在主桌，与主人——斯塔万格市长相邻。我和市长很快就攀谈起来。市长问："您是否看了看我们的小城呢？"我说："看了。"市长说："太好了，但我说的不是一般的看，是在城中漫步，与百姓交谈。"我说："正是这样看的，这是我的习惯，在我的世界旅行中，无论多忙，我一定抽时间自己在城中走走。"市长说："这就更好了，我看得出您是个不同寻常的教授。"他接着说："我能问您一个特殊的问题吗？"我说："当然可以。"他说："您说斯塔万格人傻不傻？"我有点吃惊地回答："斯塔万格是世界上最富裕的地区，人均产值比硅谷还高，这里的人当然是最聪明的人之一了。"市长说："我不是开玩笑，我给您讲一个故事您就明白了。"他讲了一个十分精彩、意味深长的故事。

"直到19世纪，挪威在瑞典的统治之下，还处于农业经济的时代。但挪威地处高寒，作物生长周期短，不可能高产，农业经济无法发展。尽管斯塔万格地区有大片森林，但由于砍伐和运输工具落后，每年可以上山伐木的时间也不长，因此，守着森林资源受穷，无法开发。当时的穷困是我们今天难以想象的，居民穿着粗制的毛呢料，和罗宾汉差不多；很多人盖不起房子，处于半穴居状态，就连有钱人也没有中国清代那样的豪宅。越是穷困，越是愚昧，居民把仅有的一点钱都捐出来建了教堂。"

"到了1830年左右，英国的海外殖民地急剧扩张，经济发展迅速，和近邻挪威的贸易急剧增加，也给挪威带来了先进的技术，如机械锯。后来，由于1859年法国的普朗泰发明了蓄电池，又有了电锯，使得伐木效率大大提高。大批名贵木材被砍下，装船运去英国、法国和德国，至今这些国家宫殿用的许多家具都是那时挪威名贵木材的制品。当然，伐木的收入大大高于种地，斯塔万格地区开始富裕起来，城市里今天留存的最古老的好房子，大都是那个年代建造起来的。"

"但是仅仅过了两代人的时间，到了1870年左右，山上的树就被砍伐光了，成了一片秃山野岭。"

"森林资源被毁了，靠什么生活呢？地也荒了两代人，更种不好了，怎么办呢？好在地广人稀，再找一种资源。斯塔万格海域是世界上最好的沙丁鱼场，目前斯塔万格沙丁鱼罐头的产量占世界的80%左右，当时采用了先进技术，用汽船拖网，大规模捕鱼，而且提高附加值，做成罐头出口。斯塔万格成了世界著名的沙丁鱼产地，人们的生活又富裕起来了，今天的斯塔万格就是那个年代成型的。"

"没想到好景不长，从1870年至20世纪初不到两代人的时间，沙丁鱼又捕光了，水是流的，鱼会游的，沧海之中的沙丁鱼又捕光了，真是令人难以置信。最富饶的斯塔万格海域沙丁鱼场捕不到鱼了。怎么办呢？只好去逃荒要饭，逃到美国去，真正的逃荒要饭，当时的挪威人是乘货舱去，吃水手的剩饭，在20世纪初10年内就逃掉了当时斯塔万格人口的1/10，还多是年轻力壮的市民，他们在芝加哥一带建了贫民区。"

讲完了这个故事，市长对我说："吴教授，您看，我不是对您开玩笑，我们的祖先真就愚昧到这种程度，抓到一样资源，就毁掉一样资源，是不是有些傻呢？我们都有这种基因。当然也不只是我们的祖先，世界的工业革命都有这个问题，斯塔万格不过是个典型的例子罢了。不过人类就是从无知到有知，从愚昧到文明的，现在我们明白了，一定要持续发展，这是联合国教科文组织创意的概念，您在会上作了知识经济的讲演，深深地打动了我，我们就是要搞知识经济，不能搞无知经济。"

他接着说："我以前听到过知识经济这个词，但知之甚少，听了您的讲演后，我感到我们现在搞的就是知识经济。您看自20世纪40年代起，我们封山造林，把森林恢复了，斯塔万格又是森林无边无际了，许多人都不相信这仅是50年的次生林。20世纪50年代起，我们休养生息，又把渔场恢复了，现在斯塔万格生产的沙丁鱼罐头又接近世界

斯塔万格城标——海滨三剑

总产量的80%了。”

他最后说：“在斯塔万格海域周围海域又发现了石油，这第三种资源的开发使我们成为世界上最富有的地区。但是这次我们要牢记愚昧的教训，走知识经济的道路。用知识开发石油，要科学分析油田构造，哪口井打，哪口井不打，哪口井多出油，哪口井少出油，都要经过系统分析计算。要通过优化配置使石油资源尽可能长时间地高效率利用。斯塔万格人遗传基因不好，但是我们善于学习，勇于改正，我们能发展真正的知识经济。”

我说：“人都是猴子变来的，都有这个变化过程。我在街上交谈，斯塔万格人认识到这一点，就是真正的现代人。”市长说：“您讲得太好了。”我走过斯塔万格茂密的森林，吃着斯塔万格的沙丁鱼罐头，看着海上采油平台的井喷火焰，心里在想：这真是一生中听的最好的故事之一。每一种深奥的理论都要有几个“故事”来支撑。所以我在国内外的讲演，不仅在中央党校讲，作为北京奥申委成员参加欧洲奥委会大会代表团团长的讲演也讲这个故事，讲北京的经济发展方向已确定为知识经济。

芬兰仙境奥兰岛上的小镇玛丽港

在我的世界之旅中，除阿尔卑斯山巅外芬兰的奥兰岛可以说也是个仙境，夏日里树木扶疏，绿荫遍地，汽油车被禁止在岛上行驶，路上骑自行车的人也不多，那种宁静，那种安逸，那种舒适感，蓝天白云之下洁净的空气之中，海风习习，真让人恍惚在梦中，正是“此曲只应天上有，人间能得几回闻”。

如果你知道奥兰岛的历史，你绝对不会相信你面对的就是奥兰岛。奥兰岛在历史上曾与芬兰一起属于瑞典，1808年俄国击败瑞典，1809年签约，把芬兰和远离芬兰而毗邻瑞典的波罗的海中的奥兰群岛都割让给了俄国。属于沙俄。这里曾是流放罪犯的地方，是全欧洲最落后的荒岛。荆棘丛生，乱石遍地，除戴镣铐的罪犯和持枪的看守，就是小马大的警犬了。整个岛像一座露天监狱。

玛丽港小镇是奥兰岛的港口，也是奥兰群岛的首府。一踏上玛丽港，就好像来到了另一个世界。空气是那么清新，小城是那么静谧。斯德哥尔摩的郊区是我到过的空气最好的地方，可是那里也有川流不息的汽车，而这个小岛几乎没有车，人们的交通工具是自行车。加利福尼亚的山里确实十分寂静，但带着几分凄凉，而这里是阳光和煦的宁静。如果说这里是人间仙境，那并不太夸张，因为这地方几乎断了所有尘路，孤单单而又暖洋洋地立在汪洋大海之中。小城绿树成荫，芳草遍地，道路宽阔，像水洗过一样一尘不染。

一出港口，岸边停靠着一艘20世纪初造的机帆船，尖尖的船头，高高的桅杆。岛上许多老人都乘这艘船出过海，现在已经成了小镇的博物馆。林荫大道两旁，许多建筑都带有俄罗斯风格。岛上最大的教堂也是岛上最古老的建筑，红砖教堂的绿色钟楼尖顶一直刺向天空。市政府的二层白色小楼隐在一片浓荫的树林里。居民住宅十分宽敞，好像并不比市政府小，而且每户都有一个栽满鲜花的园地。路上很难看到一个行人，因为这个南北长12公里，东西宽10公里的岛上只住有1万多人，而这个首府重镇则不到3000人。不但在街上，就连商店和咖啡店里也那么静悄悄的。咖啡馆里不放流行音乐，顾客交款时，售货员只用微微一笑做答，仿佛怕破坏了这可贵的宁静。

在这里卖东西也是“一奇”，自取自放钱的地方不少。少几分钱售货员也会让你把东西拿走，多几分钱他也可能不找了，处处显出了诚信。

在这无声的世界里，我几乎以为连路也问不着了，当我截住一对才从海滩游泳回来的年轻人时，出乎意料，他们倒十分健谈。他们对我从北京来大吃一惊，说还没有见过北京来的中国人，问我北京是什么样子。他们还给我介绍说：“要看文物去巴黎，要看热闹去纽约，要找宁静、优美的地方，那就是这里了。”我问他们去过巴黎、纽约吗？他们说：“没去过，不过电视上看够了，也不太想去，我们很想去中国。”临别他们建议我，还可以去看海滨浴场和狂欢树。

海滨浴场有一个足球场大，不过沙滩极平，非常清洁，而且有更衣室。浴场旁边有个4层楼的旅馆，门前立着北欧五国的国旗，算是镇上最大的建筑。狂欢树立在一个摆满长凳的广场之中，是一根高达10米的笔直的树干，上面挂

启航去仙境奥兰岛

满各色装饰物。每逢节日人们就到这里来围着它跳舞，演节目。广场已是小镇的边缘，出了小镇就是森林，林边有个小村，古老的风车还保留在那里，让人们回忆过去。远处的小湖隐约可见，湖边红色的小小木屋有一种神秘色彩，可惜没有时间前去参观了。

我于2001年7月第二次到达玛丽港是在夜间，我在豪华客轮的单间中醒来，船已经停靠在玛丽港码头，奥兰岛的夜更静，旅客在昏暗的灯光中上下，几乎不发出声音。仿佛怕打破了这个人间天堂的幽美，仿佛受人间天堂的气氛影响而轻手轻脚，人真是一种创造环境而又被环境改造的动物。奥兰岛实在太优美宁静了，只可惜我必须当天赶回去，没有时间再多欣赏一下这个世外桃源。然而，它给我留下的印象直到今天还那么清晰，让人回味无穷。

在返回斯德哥尔摩的路上，一个瑞典邮递员和我聊天。他说奥兰岛太美了，他每年都要来一次，他外祖父就住在岛上，曾经乘那艘“博物船”出过海。奥兰岛建设成这样也就是近30年来的事，第一次世界大战前这里是沙皇流放犯人的地方，第二次世界大战以后这里还是个不被人注意的荒凉小岛。但是，今天富裕了，日子却不一定都好过。他的舅舅4年前在那座教堂里山盟海誓地结了婚，可是今天已经离婚了，妻子走了，留下了孩子。在大城市里还可以搬搬家，可在这个小岛上能搬到哪儿去呢?

真是穷有穷的问题，富有富的难处！幸福的基础是小康，小康以后又要求环境，这两样都有了就是人的和谐，这第三件在一定意义上更重于前两件。

“诺基亚帝国”总部的小镇

称芬兰的诺基亚公司为帝国是不过分的，诺基亚公司比不少国家更为知名，21世纪初人们用的手机最多的就是诺基亚牌的，很多人不清楚，在世界各地的通话用得最多的也是诺基亚遍布全球的通信网络。但是真正了解诺基亚，并到过诺基亚总部的人就很少了。到2001年诺基亚手机的销售额占全球市场的37%，达275亿美元。世界上大约每3个用手机的人中就有1个诺基亚的，在中国这个比例还稍高，而在欧洲每2个人就有1个人用的是诺基亚手机。

诺基亚公司成立于1865年，当时芬兰还处于俄国沙皇统治之下，这家小公司只从事伐木造纸浆的初级产业，经营了30多年。到20世纪上半叶，开始向化工和橡胶行业发展，也只是一个利润不高的传统工业公司。到了20世纪60年代才开始进入电信行业，90年代才专攻电讯业务，1988年以前电信产品只占10％，现在已经达72％。在短短的20年内以手机异军突起，成了芬兰的第一大企业，占芬兰国内生产总值的1/7。一个公司取得这样的成绩，在世界历史上也是屈指可数的。

诺基亚虽然在世界500强中还排名百位开外，但在电讯公司中已是佼佼者，我于2000年到访时它有6万员工遍布世界130个国家，在10个国家有生产厂家，在15个国家进行研发，研发人员近2万，研发经费占销售额的8.5％。中国已成为诺基亚仅次于欧洲的第二大市场，2000年诺基亚在中国的销售额达28亿美元，投资达17.3亿美元，在中国的研发人员已达2000人。

诺基亚的总部在赫尔辛基近郊的一片小森林里，周边已形成一个小镇，高档的住宅区傍着小湖，小森林中有超市，有银行，有文化娱乐中心，不但环境幽美，而且服务设施齐全，大部分诺基亚的高层人员都住在这里。进入诺基亚公司总部俨然一个现代的帝宫，高大的玻璃大厦一进门就让人吃一惊，大厅前不是油画，也不是雕塑，而是巨大的玻璃窗透出的天然美景，一片绿草地前一个湛蓝的小湖，湖心的小岛上有一座白色的小楼，岛后是墨绿的森林，是实境还是油画？每个进门人都要驻足观察几秒钟。这一独创的构思让人叹为观止，不用改换外景就有四季的变化，在夏日里人们可以想见春、秋、冬的情景，充分体现了芬兰人崇尚自然的现代观念。

在高大而简朴的接待室里，负责研发和教育的副总经理瓦马沃女士给我们介绍了诺基亚成功的秘密。她说诺基亚获得成功，第一是敢创新，拿中国话说叫“敢闯”，一个造纸浆的伐木公司敢进入强手如林的电信高技术行业，而且起步很迟，本身就说明了这个问题。第二是大主意自己拿，由于芬兰被瑞典统治了600多年，被俄国人统治了100年，在1917年才获得独立，因此独立意识很强，公司的决策层都是芬兰人；进入21世纪后才有1个美国人和1个英国人，但他们都有不可取代的专长。三是必须全力向外国学习，采取的办法是买人、买知识、买技术，甚至买公司，目前公司雇员只有50％是外国人，而在研究与开发的人员中占到60％。四是永远要有前瞻性，诺基亚大胆开发手机取得成功，超过了在电信方面较它起步早100年的瑞典爱立信公司就是一个典型的例子。诺基亚在手机方面取得的巨大成就世界上有目共睹，但诺基亚并未就此止步，目前手机产值占公司产值的70％，却只用了2.8万人；而网络开发仅占公司产值的25％，却用了2.4万人，在诺基亚手机品牌知名度已接近可口可乐的同时，诺基亚已把眼睛盯向了网络，要在2002年使用手机上网的用户超过用PC机上网用户，要把“互联网装进每个人的口袋中”。

诺基亚的根本就是高技术创业，就是以高素质人才和风险投资的投入来引导产品潮流，占领世界市场。瓦马沃女士给我们做的高技术创业的介绍可以总结为“创新、自主、拿来主义和永不停步”。“永不停步”说来容易做起来难，就在四五年前诺基亚跟不上迅速发展的世界高技术潮流，手机占世界用户的比例急剧下降，被包括华为在内的多家公司超过，营业额下降，利润下降，遇到了30年来从未遇到的危机。我没有认真研究过诺基亚公司，但参观时瓦马沃女士十分自豪地给我看她的袖珍女士手机，十分精致但只有火柴盒大，不但先生们用不了，老年女士也用不了，这种创新有多大的价值。“创新”的基础是人的需求，追求“极致”是科学实验，至于能否成为产品要看市场，瓦马沃的那款手机好像从未进入市场。现在诺基亚在全面总结，重新崛起，不知何时能再见到瓦马沃女士，听她讲讲新经历。

芬兰图尔库的科技园区

从瑞典的斯德哥尔摩到芬兰的古都图尔库的海路只有250公里，图尔库是芬兰的第2大城，仅次于赫尔辛基。

1157年占领芬兰的瑞典人在图尔库登陆建镇，1229年建城，先是木头城，后来在13世纪末建成石头城。直至1812年俄国占领之前，图尔库一直是芬兰的首都，因此也是芬兰文化的摇篮，1640年芬兰的第一所大学——图尔库大学在此建立。沙俄占领芬兰迁都以后，1828年连图尔库大学也迁往赫尔辛基。图尔库位于奥拉河河口，河口处就是老港口，河流把城市一分为二，小河只有20米宽，宛如一条人工水渠静静地从城中流过。城中现有16万多人，加上郊区有20万人，在只有500多万人口的芬兰就是第二大城了。

图尔库科技园

图尔库最著名的建筑是大教堂，始建于1287年，完成于19世纪30年代，高达101米，是罗马式和哥特式混合的建筑，矗立在市中心。教堂建在一片绿树成林，绿草如茵的高地上，褐色堂体像一座高耸的碉堡，在主塔的顶端有一个巨大的时钟，时钟以上是黑色的小塔，塔顶是绿色的，上面的圆球上立着十字架，主塔的两侧是两翼的屋顶。这座大教堂已成为城市的象征，不仅游客络绎不绝，还举行礼拜、婚礼和音乐会等各种文化活动。我们爬上高岗，还要再上几十级石阶，才到达大教堂的小门，白色桃形大理石门楣的小门，使得教堂更像一座碉堡，进入堂中，装饰也比较朴素，体现了北欧古朴的风格。

图尔库的另一著名景点是市中心的阿格里科拉（Mikael Agricola）大主教的青铜像，建于1951年。雕像也在市中心的一个小高岗上，小高岗上树木扶疏，雕像位于高岗中心，大主教头戴教士帽，身着长教袍，手捧圣经，面对市区而立，好像要把圣经送给每一个市民。阿格里柯兰大主教生活在16世纪，他把圣经翻译成芬兰文，对基督教的传播做了巨大的贡献，而更大的贡献在于发展了芬兰文的书写语言，使得当时以瑞典语为官方语言的芬兰人把自己的语言保持下来。

图尔库长期被瑞典统治，瑞典国王都以这里为行宫，从1280年开始在奥拉河河口建设城堡和行宫，不断向里延伸，工程持续了300年，形成了沿河城堡群，是北欧目前保存最完好的大型城堡之一。其中以1574—1588年建的灰花岗石的新堡最为著名，前后有14个瑞典国王都曾进驻，自1881年起这里是图尔库文化历史博物馆，有芬兰历史的丰富馆藏。

芬兰科技园区协会执行主席杰克拉尼先生亲自陪我们参观了大学的科技园区。杰克拉尼先生金发碧眼，中上等身材，温文尔雅，是一个典型的大学教授。作为执行主席，他不带助手，单枪匹马，热情地来到我住的旅馆会面，详尽地给我们介绍芬兰科技园区的发展。到科技园区和参观古迹是我国外考察的两大活动：一种是越古越好，古老的东西让人积累充实；一种是越新越好，新的东西激发人想象创造，这就是所谓“厚积薄发”的含义吧。

图尔库大学科技园区建于1988年，用大学的知识创办产业，创造新的就业机会。目前园区中有250家公司，建筑面积13.3万平方米，5000名从业人员。1996年创业的一位企业家，在园区的扶持下，经过短短6年的高技术创业奋斗，目前已成为图尔库的十大富翁之一。园区中有制药公司、网络咨询公司和电子技术公司等各类公司，每个公司都有自己的一技之长，即自主知识产权的创新项目，在竞争激烈的高技术市场中占有一席之地。我在国际上参与了科技园区三元参与理论的创意，科技园区是干什么的呢？在政府、大学和企业的三元参与下，科技园区的核心就是孵化器，像母鸡，通过种子资金，场地设备、技术转移、市场研究和职业培训等一系列手段在这里把高技术创业公司这个蛋孵出小鸡来。

当然，图尔库不光是文物和高技术，也是个商业城市，图尔库的市中心也有条步行街，集中了商店和饭店，每年有上百万外国游客，在6月份还不是旅游旺季，街上还不算拥挤。图尔库是个古老又新兴的城市，它既有古老的大学和教堂，又有新兴的科技园区和创业公司，还有繁荣的商业，它们分别代表着图尔库的过去和未来。历史是一个城市的灵魂，它在很大程度上决定着城镇的走向。

冰岛首都极地小城雷克雅未克

冰岛共和国首都雷克雅未克，位于冰岛西南部临大西洋的法赫萨湾内，北纬64度，是世界上所有的国家首都中纬度最高的一个。市区有11.9万人，包括郊区在内的首都区有1982平方公里，共20万人，占全国人口的58%。

雷克雅未克靠北极很近，因为高纬度，每年从5月底到8月初是“不夜期”，而从11月底到2月初是“无昼期”。只有在那里住过的人才能体会不夜期在光亮的白夜中拉严窗帘也难以入睡的滋味；也只有在那里住过的人才能体会在阴霾的黑昼中满街亮着路灯上班的凄凉。

冰岛最早的居民是公元874年被挪威国王放逐的贵族阿纳尔松（Ingólfur Arnarsson）

一家。城中现存最古老的建筑是一栋1752年建的乡村木屋，位于市中心，被漆成红色，因为冰岛从未有过大的战争，得以保存至今，雷克雅未克于1786年建城。

在第二次世界大战中，先是英军在1940年，后是美军在1941年，共有9万人驻扎在冰岛，大部分在雷克雅未克。因驻军后勤供应的需求，城市也得到发展，旅游业、餐饮业和娱乐业才有了规模，城市才有了生气。1944年6月，冰岛共和国成立，雷克雅未克成为冰岛首都。

雷克雅未克是座景色很美的城市，西面滨海，北面和东面有高山环绕，山上覆盖着白雪，大海的蓝色、苔原的青色和皓雪的白色构成了一幅淡雅的图画。每当朝阳初升或夕阳西下，山峰现出雅致的青紫色，海水变成莫测的深蓝色，只有白雪不变色。

雷克雅未克并不像人们想象的那样天寒地冻，而是海洋性气候、相对温暖湿润。7月份昼夜温度在7～15摄氏度之间，平均温度为11摄氏度，元月份平均温度为-11摄氏度并不是太冷。雷克雅未克周围没有森林，也没有灌木，尽管自然条件恶劣，但是没有消灭农牧业，没有消灭农村，没有消灭农民。有大片的牧场，青草与苔藓交织，草却长得不高。还有农场，利用短暂的夏季种植蔬菜。

雷克雅未克虽然只有不到12万人，只相当于我国的一个大镇子，但文化很发达，故被称为“文化城”。建于1911年的冰岛大学是有2000名学生的综合大学，这里设备齐全，教学水平也很高。在国家博物馆中，陈列着冰岛各个历史时期的文物，如石器、铜器。还陈列着古代的绘画、雕刻，其题材除反映爱、神和死以外，也有反映冰岛独特风貌的火山、冰川、地热和海洋等，画面栩栩如生。全市有报纸、出版社各5家，这里还有许多书店销售各种书籍。雷克雅未克冬季长，冬天的黑夜更长，人们利用漫漫的长夜读书看报，已经成为全民的习惯。因此，冰岛人的文化水平很高，是世界上最早扫除文盲的国家之一。

雷克雅未克还利用地理位置适中和社会安定，成为外国领导人会晤和举行国际会议的场所，所以这个偏居地球一隅，躺在北极圈里的城市，并不是孤悬大西洋中，还有不少国际交流。

到过雷克雅未克的人，亲身感受到

雷克雅未克海边维景船骨雕塑

那里刺骨的严寒，无垠的荒凉，都会产生一个疑问：“为什么有人定居在这里？”但当你问到当地居民时，他们会反问:“这里比那些空气污浊、车马喧闹的大城市有什么不好吗？地热驱走了严寒，文化解除了荒凉，这里没有雾霾，很少传染病，还有最好的水和夏日的太阳，漫长的冬季我们可以出国旅游，为什么不住在这里呢？”“一方水土养一方人”这是真理，只要有基本的生活条件，居民都不要怨天尤人。这十分值得我们许多自然条件差，又可以生存的小城镇借鉴。

四

东欧的斯拉夫风情小镇

俄罗斯边城布拉戈维申斯克房地产过热

与我国黑河隔河相对的是俄罗斯的布拉戈维申斯克市，城中十分寂静，就连河滨的列宁广场，游人也寥寥无几，场中有座建在高台上的列宁塑像。广场一边是滚滚的黑龙江，另一边则是6层楼高的市政府大厦，两边绿树成荫，显得十分开阔。广场上有六七个儿童，据说是单亲儿童。他们衣衫不整，大模大样地走过来用中国话向我们问好，接着就伸出手要烟抽，一位推着儿童车的妇女，摇头叹息而过。

布拉戈维申斯克市街道宽阔，房屋整齐，树木不多，给人以地广人稀的感觉。我们驱车来到了胜利广场，广场中央矗立着纪念第二次世界大战胜利的大理石纪念碑，台基上埋着在第二次世界大战中曾被夷为平地，对战争做出巨大贡献的苏联9个城市的土壤，都装在铁盒之中。广场上有人兜售卢布硬币作为纪念品，由于游客很少，所以顾客不多。一个小姑娘十分真诚地恳请我买用塑料袋装好的10叠硬币，共7.5个卢布，要卖28个卢布。盛情难却，我买了一小捆，她十分高兴。

阿穆尔州博物馆是一个典型的2层俄式建筑，角楼尖塔高耸，有点像克里姆林宫，柱檐都漆成白色，楼体则为紫红，显得肃穆又不失活泼。进入馆中真切地体会到俄罗斯人的高文化品位和良好素质。看一个国家和城市品位的流行说法是“一看市容，二看博物馆”，市容是现在，博物馆是历史，是城市的灵魂。馆中除了展示自然风貌外，历史，尤其是十月革命后的历史是展览的重点内容。十月革命的口号“和平属于人民，土地属于农民，一切政权归苏维埃”，的确激动人心。当时阿穆尔州于1923年开始了和平建设，发展工业，建立齿轮厂，在厂中还给工人开文化课。博物馆中的一个当年工人家庭房间实物展览，有自行车，有照相机，还有手风琴。在第二次世界大战中，这里成了苏联的大后方，阿穆尔州在反法西斯的红军里出了64名英雄，其中只有一位女士，现已80多岁，至今还生活在莫斯科。博物馆中还有自然展品，有重达6900克的全俄最大纯金块。

布拉戈维申斯克教堂也是一处景点。本来布拉戈维申斯克有多座教堂，都在20世纪30年代被拆除，如今只剩一座了，教堂在一个小院里，是一座3层尖塔状小楼，一层是大厅，不到100平方米，红墙蓝漆门；二层是有拱顶长窗的红砖楼；三层是一座白色尖塔，塔顶是一个镀金十字架。掩在小院绿荫中的小教堂倒也五颜六色，颇吸引人。大厅中正在给一个胖娃做洗礼，神父和父母都虔诚无比，只是主角——那个胖娃娃不领圣情，哇哇大哭。

布拉戈维申斯克的旅游饭店规模不小，在一座综合楼内。楼下有卖旅游纪念品的，白桦木刻小套人是其中一绝，把一块白桦木掏空制成鸡蛋状，外面画上五彩村姑，从大到小，一个套一个，可套10个之多。中等的一套只售500卢布，当时合180元人民币，可算是很便宜的手工艺旅游纪念品了。二楼是餐厅，主人把我们让进了一个单间，尽管谈不上档次，还算很干净，菜也是标准的4道，先是冷盘，生黄瓜和西红柿，酱茄子味道很好，还有熏肉、香肠和奶酪，随后是土豆汤，味道还可以；接着是烧鸡与饭，最后是冰淇淋，这样一餐要170卢布，是一般人近半个月的工资，已经算布拉戈维申斯克的豪华餐了。旅游业还刚起步，游客主要是中国人。

布拉戈维申斯克最大的百货商场，有3层，是传统的中国百货商店样式，没有自动电梯，没有彩灯装饰，甚至衣服也挂起来，而没有模特架子。商品还算充足，但据说也有假货。俄制巧克力糖物美价廉，约60卢布一盒，味道极好，但也不是一般俄罗斯顾客可以问津的。

我到过的世界上大一点的城市都能接触到华人，在这里我遇上了王经理。王经理热情地招待我们，并讲述了他的发展史。他1991年来布拉戈维申斯克，现在已有饭店、夜总会和贸易公司等5个企业，本人也成为侨民。他一共雇了33个人，没有一个中国人，他至今俄语不流利，需要翻译。由于卢布贬值，在雇工方面大大受益，新卢布原定2元人民币兑1卢布，而现在1元换2.8卢布，雇员工资为每月100～300元人民币，而且所有雇员都有高中以上文化程度，这真是在国内任何地方也雇不到的。但现在布拉戈维申斯克失业减少，不是一贴广告就有人来排队，人不太好雇了。他的公司最好时可达2000万元左右人民币的营业额，现在受中俄双方经济状况的影响，已经大减了。

布拉戈维申斯克给人最深的印象就是空旷、寂静和简朴。街道宽阔，街边两幢楼间也有不小的间距，树木虽不茂密但表土裸露不多。到了郊区就更空旷了，一些新建的居民楼建筑标准不算太高，不过售价不贵，一套60平方米的单元房只合30万卢布，也就是每平方米5000卢布，只合2000元人民币。但是在俄罗斯这个边陲城市近郊，再便宜有人买吗？新建的住宅楼中看不到居民，只见楼前的杂草，到夜里也是“鬼城”，看来房地产过热已成了世界经济的流行病。

伊尔库茨克的特色——露天博物馆

伊尔库茨克是俄罗斯远东重镇，是座城市，但从城中几乎没有高楼和城市布局来看，像个大镇子，直到17世纪，俄罗斯沙皇摆脱蒙古人的统治后，驱使农奴制的反抗者——哥萨克东进扩展疆域，1661年哥萨克小头目伊尔马克率领20多人到达安加拉河口，踏上了这片水肥草美的当年苏武牧羊地。在今天市中心的季赫温斯卡亚教堂前茂密的森林中砍伐树木，建立了一座不到1公顷的多边形城堡，由外墙和几座碉楼组成，在此定居。后来这里成为丝绸之路北线的重要驿站。这就是今天伊尔库茨克的起源。

伊尔库茨克是一片严寒的土地，但我们于8月7日至14日在黄金季节的末尾到达，气温在25摄氏度，还有两天遇到下雨，气候宜人，是避暑胜地，人人感到了逃离北京桑拿天的爽快幸福。

1686年伊尔库茨克正式命名，创始人是后来移居的沙皇大臣的儿子——雅哥夫·波哈波夫，也就是说，在清政府与俄罗斯签订《尼布楚条约》承认这里归属俄罗斯之前3年，就已经造成了既成事实。其实条约承认的仅是贝加尔湖以东归俄罗斯，而伊尔库茨克在湖西，从法律上说仍不属俄罗斯。直至1727年清政府与俄罗斯签订的《布连斯奇条约》，贝加尔湖才成为俄罗斯的内湖，此时距伊尔库茨克建市已过去了41年。到1898年西伯利亚大铁路修到伊尔库茨克，这里才成了现代城市。

伊尔库茨克的苏联痕迹较俄罗斯的欧洲部分重很多，新建筑不多，马克思大街、列宁大街、十月革命大街、马雅可夫斯基大街和斯维尔德洛夫大街都没有改名，仍是最重要的街道。

伊尔库茨克已建城352年，当年的遗迹已早不存在，在城郊的密林中也建了“历史民俗村”，就是把当年的建筑复建在一起，让人们追溯历史，回忆过去。村中既有贫民住宅、地主住宅、村公所、学校，也有教堂和小城堡。

村中的模拟建筑伊利斯克要塞原建于1667年，是继1661年哥萨克小头目伊尔马克在安加拉河畔建的小要塞后最大的建筑，全用木头叠成，顶上是碉楼，底下是监狱。伊尔马克的祖先就是罪犯，到了伊尔库茨克自己自由了6年，就开始关押新罪犯了，这就是封建农奴制的循环，也是整个封建社会的历史循环。

16世纪60年代建的小教堂只是一个有印度式屋顶的小木屋，后来建的新教堂不过是加了一层，变成锥顶。1679年建的喀山圣母圣像教堂较大，也是全木建筑，由3个上有十字架的中亚式的圆顶和螺顶组成，还有一个大凉厅，并有瞭望的功能。

被流放的“十二月党人”在伊尔库茨克盖的别墅

村公所也小巧玲珑，房间却很小，一是简洁，二是保温。村长办公室和学校是最大的两间，学校只有10张桌椅，也就是不到10个学生，但当时在荒蛮的西伯利亚就能认为村长办公室与学校同样重要，值得现在我们今天大盖办公楼的人借鉴。

村民的住宅有大有小，有贫有富，但格局都一样。横木钉成的木墙中的小院里有两层楼的木屋，楼上住人，楼下是粮库，住房不大，开间不过7～8平方米，门也很低，一切从保温考虑。屋前有木梯直上二楼。院内有牲口棚和无门的皮毛仓，既有牲畜皮，也有野兽皮。哥萨克在这里无仗可打，就用征战的本领狩猎，不知是否曾与布里亚特原住民的猎手一比高下。这样他们不但不弃武功，还能增加收入，出售皮货当时是村民最主要的现金来源。

博物馆的讲解员就是些村民，但她们不懂英语，所以我们去时，个个无所事事。一位1965年出生的乌克兰妇女看起来很老，她说是从爷爷一辈到这里来的。爷爷生于1886年，因为反对当年斯大林时代的集体农庄化，于1929年被放逐到这里，死于20世纪40年代，她陈述时面无表情，满脸的皱纹都一动不动，看来历史把她脸上的皱纹刻得如此深重。一个女乡村歌手在院中表演俄罗斯歌曲，她已年过50，将我们熟悉的苏联歌曲唱得如泣如诉，我们团中年长的团员不禁合唱起来，让人回忆起“中苏是兄弟”的年代。而我们的导游80后的瓦利娅瞪大眼睛：为什么中国人的俄文歌唱得这么好？此情此景是这一代俄罗斯人不可思议的。这位乡村女歌手已经苍老，但表演后仍积极推销她的光盘，我们11个人的团就买了3张，遇到了知音，让她十分兴奋。

这种因陋就简的实地露天历史博物馆，把游人带回历史的源头，不用投多少资金却让人感到历史的厚重，还有和当地居民交流的机会，把我们这些中国游客带回了“中苏友谊”的年代，这个博物馆是十分值得参观和借鉴的。

在贝加尔湖游泳，上奥利洪岛小镇

奥利洪岛是贝加尔湖中仅有的大岛，在中贝加尔湖区，72公里长，平均宽度15公里，面积730平方公里，有北京五环内的2/3大，但岛上小镇居民仅为1500人，只有北京五环内居民的万分之一。按当地居民数计算，已超自然保护核心区标准。现已成旅游胜地，游客与日俱增，即便以旅游季节50天内上岛游客1000人/天计算，等于岛上增加了1倍的人口，就不符合自然保护区标准了，而目前岛上对游客全无控制。

奥利洪岛旅游业已经开始，但达标旅馆仅1处，岛上不但没有污水处理厂，连林间道路和厕所也没有，林间烧烤也没有相应区域和设施，游客多了极易发生森林火灾。很值得我国西北新型旅游小镇借鉴。

奥利洪岛真是荒山野岭，没有树，只有小草，更多的是沙土地，也没有公路，汽车在起伏的山岗上、崎岖的土路上前行，汽车沿着雨洪形成的沟壑颠簸，如不抓紧车顶的扶手，头一定撞上车顶。

贝加尔湖中的奥利洪岛为什么成了这个样子呢？由于历史上卫国战争期间大量伐木支援前线，因此现在岛南端有大片土地荒漠化，估计至少有50 平方公里，而且出现了沙漠，沙丘在1956年才46米高，现在已达90米，令人触目惊心。

尽管布里亚特语“奥利洪”就是“干旱”的意思，是指当地降雨量少。但岛在贝加尔湖之中，地下水肯定丰富。出现沙漠是生态理论的又一个极好的例证：即在降雨少的生态脆弱地区，乔冠草原始森林一旦被摧毁，就极难自然恢复，怕也要等上千年。如果由于过度抽取地下水使其水位而降低，就不足以支持新生植被生长，或许永远不能自然产生次生林了。

在贝加尔湖水中游泳

过了奥利洪沙漠就到了我们住的拉利萨小镇，镇上住500人。我们入住了岛上唯一的三星旅馆，这是座木头旅馆：墙是木栏，道路是木板，房间是木屋，家具当然更是木头的。空地铺满了松塔，倒是个保水的好办法。

房间多是两层小楼，分成多个小院，院中都是木板铺地。都是大约10平方米的标准间，由于新建不久，油漆尚未全干，房间显得很清洁，但设施简单。两个很小的单人床，一张小桌，桌上一盏台灯，一把椅子，一个小衣柜，行李箱就只能放在地上了；一个卫生间，只有淋浴，一个热水器，一个毛巾架，屋中就再没有任何东西，可以说是世界上最简陋的三星旅馆之一了。村民转成的服务员还不太适应，我的房间收拾过后，没有放毛巾。

旅馆的餐厅规模很大，高大空旷，而且一面临贝加尔湖，佐湖光进餐，真是一种享受。早中晚三餐都采取自助的形式，食物种类还可以，味道就不用挑剔了。但是，必须注意有无新旅游团的到来，因为餐厅虽大，但厨师太少，晚去就可能吃不到什么了。餐厅中的服务员有的不是岛上的人，有在大宾馆干过的，和蔼可亲，要什么就给盛什么，但也不懂英文，错把猪肉当羊肉是常有的事。

我曾经具体主管全国水资源6年半，到了贝加尔湖一定要下水的。游泳是在奥利洪岛上的旅馆旁的沙滩。朋友们都劝我不要下去，因为已70岁，怕会冻出病来。朋友的好意我当然心领，也自知年纪，而且心动过缓下冷水是很不好的。但是不下水，怎么能算到了贝加尔湖呢？我进过亚马孙河的深处，穿过肯尼亚的热带雨林，都的确有生命危险，贝加尔湖是一定要下一次的，我下水时水温最高大约只有16摄氏度。

下水后的确有股刺骨的寒冷，坚持向湖中走去，大约5米远水已经齐腰深，到10米水深已经没人了。听说在贝加尔湖中边游泳边喝水是个享受，我喝了一口水，的确清凉，由于太冷，甘甜没感觉出来。在这种条件下游泳，只有摆个样子，朋友帮我照了张相就上岸了。一出来倒感觉还可以再游一阵，一想到年近70，就作罢了。

第二天傍晚，沿海滩走去显得很杂乱，有丢弃物，但不多，是因为游客总量少。海滩很窄，显得人不少，小孩在嬉戏，狗在追逐。一般旅游海滩是禁止狗入内的，这里不管，是狗的乐园，野狗与家狗成群，成了海滩的一道风景。

海滩的尽头是拉利萨小村，奥利洪岛上一共有7个小村，总共1500人定居，平均1个村子有五六十户，200多人。拉利萨是大村子，有八九十户，大约400人。村中都是俄罗斯老式农舍，分布在岛上的纵贯公路两旁，路很宽阔，所以好像是两个村子。房屋都年久失修，可见村民并不富裕，正是下午晚饭前时分，街上看不到一个人，只有狗在街上摇尾巴。像我国的农村一样，年轻人都离开岛去伊尔库茨克市找工作，村中只有老弱病残，见到的村民就是在海滩边身着泳装闲坐的富态的俄罗斯大妈带着一群小孩。

奥利洪岛的贝加尔湖岸是一景。有的小湾有一抹窄窄的沙滩像一轮明月；有的奇石伸入湖中，像一只要冲入湖中的怪兽；有的像顶上长草的万仞高墙立在湖中，实际是直上直下的峭壁上茂密的树林；有的像一个巨大的、烤得发黄的面包扣在湖中，上面没有一棵树；有的小湖湾伸入岛中，湛蓝的湖水，浓绿的密林，在蓝天之下完全是一幅俄式风景画。贝加尔湖的岸千姿百态，美不胜收，让人流连忘返。

在奥利洪岛上欣赏贝加尔湖的夜景，落日西沉发出金光，把低空照成紫色，湖中的岛屿全都变黑，任凭人们想象，原住民把坎伊岛——两个长岛对着一个圆岛想象成两只巨大的海豚游向一只巨大的海龟，在入夜时分真是惟妙惟肖。渐渐的，天、湖、地一色，变成了一片漆黑，寂静得犹如死去一般。

乌克兰千年古镇——白城

在乌克兰基辅西南40公里，在德涅斯特河河口有座海滨城市叫白城，白城已有2500年历史，在古希腊时代就建城了，当年叫米来特（Milet）。在白城郊外有座中世纪的古堡，建于13—15世纪，由摩尔多瓦公国的王子所建，称为白城堡，扼黑海要冲，如很多欧洲小城镇一样，白堡镇就是依托白堡建起来的。

城堡规模很大，有9.2公顷，即11个足球场大，呈八角形，一面临海。围墙长2.5公里，十分曲折；墙高5米，墙上的碉楼高达15米，墙的厚度自1.5米至5米不等，高与厚相等，是世界上不多见的铜墙铁壁。不临海的三面墙外还有护城河，所以城堡实际上是个小岛，护城河宽20米，深13.5米，比北京原来的护城河还深，其中水深3米，不会游泳的士兵攻城落水时会被淹死，是少见的深沟高堑。

过了护城河的石桥，就到了城堡高大的门楼，共4层，门不大，木质的门上有许多巨大的铁钉。门楼的二层与城墙等高，上两层有大小不一的方形枪眼，看来不是欧洲的城堡，是座真正的碉堡，丝毫不考虑美观。堡内的院子十分宽阔，有的建筑已成废墟，现存的堡垒，都是黄石墙、红尖顶，好像带了一顶土耳其帽。堡垒有高有低，高的从地平面立起，有10层之多；低的在城墙之上，只有1层。院中既有伊斯兰教的寺院，也有基督教堂，有指挥塔，有带地库的主塔，还有塔式库房。

白城郊外卖水果的村民

院中有小树林，有草坪，想当年一定有花草，而今天是黄土漫地，碎石成堆。院中的空地上还展出了抛石机等兵器，13世纪还没有枪炮，用木车以反弹原理向城墙上抛巨石就是除云梯外仅有的攻城工具。值得注意的是一处古希腊遗迹——石柱的柱基，石柱已不复存在，但方形的柱基和柱根还十分完好，连我都能看出是古希腊的柱子，这是堡始自2500年前的唯一见证，但也只用塑料带子拦了拦，谁都能进去。

自1453年土耳其奥斯曼帝国的穆罕默德二世占领君士坦丁堡，灭亡拜占庭帝国，立伊斯坦布尔为帝国首都，此后这个在黑海旁首都要道上的要塞对于横跨亚欧非三国的帝国就十分重要了。1455年白城以北的摩尔多瓦公国向奥斯曼帝国称臣，但白城仍在波兰人手中。1475年奥斯曼军队先是攻克要塞占领乌克兰的克里米亚半岛，然后就多次攻击白城要塞。

奥斯曼巴那塞特二世（1481~1512年在位）即位后于1484年率30万土耳其军队对要塞发动总攻，内有5万波兰军队驻守，此时的波兰在俄国攻击下已是强弩之末，仅坚守16天就在这固若金汤的堡垒中投降，此后战乱不断，要塞也曾易手，可怜的是对外武功卓著的巴那塞特二世居然废于内乱，在1512年被自己的亲儿子废黜。从1516年以后，这里就是奥斯曼帝国稳定的内陆，白堡再不驻军，荒了近500年，我们到时已是古堡与废墟参半，小镇凋零。直至1944年被苏联红军占领前，这里一直属于土耳其。

现在属于乌克兰的白城和白堡，已经成为乌克兰最古老的城市和建筑，历史真是变幻莫测，久远难知。但现在这里尚未进行文物保护，几乎无人管理，只是进门要5个格里夫尼亚（乌克兰货币单位），约合1美元。门前是一片荒地，几个村妇在卖旅游纪念品，守株待兔，并不招揽顾客，但1页纸大小的英文介绍也要1美元，赚钱还是不含糊的。

由于游客较少，白城实际上是个小镇子，镇上除了古堡和2层的农舍外没有现代的建筑。农舍十分破旧，完全没有粉刷，道路年久失修，路上坑坑洼洼，一副败落的景象。镇上居民都很淳朴，瞪大眼睛看我们这些少见的黄皮肤游客，在路边摆着水果摊，既不叫卖，也不拉客。我买了苹果和一位老年人用早已忘记的俄语加手势攀谈起来，问社会主义时代和现在比哪个好，满脸胡须的老人回答："现在是自由了，但生活没保障，还是社会主义好。"这几句俄语我还能听懂。白城还能复兴吗？

世界文化遗产斯洛伐克班斯卡矿山城

联合国教科文组织的世界文化遗产中工业文化遗产今年才有，现在已进入后工业化社会，所以工业文化也是遗产了。世界上的工业文化遗产，仅有德国的弗尔克林根钢铁厂和埃森煤矿工业区、英国的利物浦海上商城、意大利的雷蒂亚铁路和斯洛伐克班斯卡矿山共5处。

班斯卡是座历史悠久的城市，早在1238年这里就成为统治斯洛伐克的匈牙利国王避暑的小城。13世纪末，这里发现了欧洲最富的银和金的共生矿，1740年达到最高产量，生产了600吨金和23000吨银，这在当年是一笔极大的财富。这里不仅是欧洲的金银矿中心，也成了中欧最富有的城市之一，公元15—16世纪富有的矿主在这里建设了许多豪宅。1627年这里进行了世界第一次爆破矿井作业；到19世纪，最深的矿井达1009米，也是世界之最。这里建成了世界矿井最好的抽水系统，矿山中现有60个小蓄水池——水库，今天已成为人们休闲的好地方。

小城城中有矿，矿上建城。一条坡度很大的街上豪宅一幢连着一幢，我们沿坡向上攀登，街上几乎没人。小城现已败落，只有1万多居民，真是矿竭城衰，如不是世界文化遗产，更没人来了。豪宅随矿而兴起，也随矿而败落，现在豪宅年久失修，油漆斑驳脱落，在两幢豪宅之中有一间房子，本来就建筑质量不高，现在已梁歪柱斜，像个废墟，无人过问。街边还有一个矿井，有如地道，门已被封，门上有镰刀斧头，记录着社会主义时代。

沿街而上到了半山腰就是市中心广场，到了这里才看出城市的气派，广场虽有坡度但十分开阔，在世界的山城中算是大的了。广场南边是市政厅，3幢绿顶奶黄色小楼始建于14世纪，侧面有个高耸的绿塔顶钟楼，建于16世纪，市政厅中有旅游问询处、纪念品商店，更有趣的是还有一个矿井展览，井口就在市政厅旁，矿井在地下。东侧和南面各有一个大教堂，东面的是黑墙白顶的卡塔里尼大教堂，尖顶高耸，始建于1443年，完工于

1491年。南面的是罗马式的黄墙绿顶教堂，属新教的英国（福音）派，是17世纪初新教徒在捷克被驱逐来到这里建立的教堂。广场中央是16世纪初建的圣父、圣子、圣灵三位一体神柱纪念碑，十分著名，落成于1711年，广场也以此命名。建筑是褐色大理石的组合：底有神坛，坛中有喷泉水池，上有神台，台间有雕刻神像，台上内有高耸的凉亭，外有巨大的石柱撑起高顶，顶上又有神像和斜的十字架，为世界少见，是当地原始宗教与基督教的混合。

矿山露天博物馆中有立在屋顶的瞭望塔，为了监视来抢劫的盗贼。有当年为工人开的小商店，今天已用来卖旅游纪念品，其中矿石珠串吸引了我的注意力，同伴见状马上对我小声说：“假的，中国旅游点到处都是。”原来如此，还好没上当。院中有工人食堂，现在是旅游饭店，菜的种类不多，但价格不菲。院中还有工人宿舍，小楼不大，看来当年住得十分拥挤。

我们跟着导游下矿井，这才知道矿山之大，下了整整50米，一个北京景山的高度，而这只是一个矿。到了矿门，导游先扼要介绍了这座18世纪矿山全盛时期的老矿，然后大家鱼贯而入。进去后才知道，金银矿矿道十分狭窄，宽处顶多三个人并排走，窄处仅可一个人挤出；整个矿道路灯的间隔很大，一片黑暗，导游发的灯光昏暗的电筒每个人都必须打开，才看得见眼前的路。头上有水滴下，岩尖倒悬，没戴安全帽一定头破血流；脚下是大片泥浆和小片积水，更可怕的是运矿石小车的铁轨，一不小心就会被绊倒；最可怕的是岩洞侧面的石尖，如果不穿雨衣，很可能划得皮开肉绽。参观这样的矿山真是一次历险。而我们在这曲折的矿道中整整走了1小时，大约有2000米，但这还不到总长度的1/5，这段矿道在地下42米，最深的地方达500米。

矿井下恒温14摄氏度，但选矿场壁上展览的照片显示矿工们全身赤裸，只有一块遮羞布还满身大汗，可见劳动强度之大。“最可怜的”还不是人，如果以今天善待动物的观点来看，最可怜的是马，因为大马无法在如此狭窄的坡道中通过，进来到选矿场工作，实际所谓的“场”也不过50平方米大。因此要拉进来小马，等到他长大再工作，可怜的

已被封闭只供参观的老矿井

小马就在暗无天日中长大，基本都是瞎马，终年劳作到死，度过黑暗的一生。各国游客听到这一介绍，无不长吁短叹，想象着那可怜的小马的身影。

当然“最可怜的是马”是句玩笑话，也说明今天生态观念需要科学性。矿道里低矮狭窄，阴暗潮湿，进行超强度的体力劳动，几乎找不到工人可以休息的地方，其饮食更是可想而知，夜里值班的人睡在这里，那真是不折不扣的水牢。如果把小马放进来，可以减轻这些牛马不如的人的劳动，应不应该呢？今天的环保主义者的答案自然是“不行”，而且万分愤慨，他们或许会说这是历史，今天不存在这种劳动需求。

在那如地狱一般的井下一个多小时的步行，有种说不出的压抑感，有物理的，更主要是心理的。当我们上到地面，眯着眼睛重见天日时，才更体会到“光明多么难得”。班斯卡矿山作为世界工业文化遗产是够格的。

我们有这么多“矿竭城衰”的矿山小城镇，也应该对其现状进行保护及合理利用。

城中之城——华沙老城

2000年北京申奥时，欧洲奥林匹克委员会全体成员大会在波兰华沙举行，时任奥申委主席特别助理的我，作为中国参加欧洲奥委会代表团团长参会。

东道主波兰在华沙皇宫城堡为欧洲奥委会举办的欢迎宴会真可谓是极尽豪华、殷勤之能事，拱顶大窗，紫色大理石柱的大厅中灯火辉煌，长桌上摆满了丰富得令人惊讶的食品。波兰人吃猪肉较多，仅猪肉菜就有香味四溢的熏猪肉，鲜嫩可口的烤猪腿，硕大的肉丸子和粗大的肉肠，鱼也有多种，有梭蒙鱼，有蒸青鱼，有鱼子酱和鱼丸子，有各种蔬菜色拉，更让人吃惊的是还有饺子，不过大如包子，一个人吃不了几个，这大概也是缘于波兰在东欧，东西方饮食文化交融的结果吧！在波兰这样一个并不富裕，目前经济还处于萧条期的国家，为300多来宾摆出如此丰富的盛筵，充分表现出波兰人民的好客、自尊和想加入欧盟的迫切心情。

宴会气氛热烈，大家热情交谈，负责国际奥委会场馆事务的欧洲奥委会名誉副主席、英国奥委会常务副主席帕尔梅与我交谈时说：“我主持评价场馆，参与了从10个申办城市中选出5个的工作。”我说：“是我也会这样做，今天都得公平竞争。”谈起北京的体育场馆，我说：“北京的体育场馆对于1200万人口的大城来说是太不够了，但是体育场馆相对集中，对于举办12000名运动员参加的奥运会则是富富有余，当然还需要改建、增建，我们正在做。”他说：“您说得很对。”

华沙老城是华沙最美的地方之一，它是在华沙皇宫城堡西南方的一个长为750米，宽约500米，0.38平方公里的城中之城，完全保持了老城的风貌，行政管理也是单独的。它比0.44平方公里的梵蒂冈还小，四周原有14世纪建造的城墙，现在只有东南部分尚存，墙外有护城河，墙外是绿地。老城就是15世纪的华沙，是一个袖珍城都，北面是皇宫——君王居住的地方；宫前是扎姆科维广场，皇帝阅兵与公众聚会的地方；南边是居民区，北部是教堂和高贵住宅区——王公贵族居住的地方，中间是露天市场广场——露天的百货公司，再向南则是饭店、商店和商人居住的地方，在中世纪的欧洲，穷人和农民是住不进城里来的。在小城市中漫步，思绪一下子就飞向了中世纪的欧洲生活，但当人们看到城市的新砖新瓦时，又一下子想到这里曾被纳粹夷为平地，这座城居然是一座重建的等比模型，真让人感慨万千。

我向老城走去，半路碰到了著名乌克兰运动员、跨世纪撑杆跳纪录保持者布勃卡，我们在会议上已经认识，他还请我到巴黎时帮他办跨年度的中国签证，布勃卡看上去比想象中的矮一些，但身材挺拔，精神抖擞，风采不减当年。布勃卡像老熟人一样说：“去老城吗？一起走。”不久又碰上巴黎申奥的展览团，三男两女共5个人，我们7个人排成“一”字向前走去。走了大约100米，小街上路灯稀疏而暗淡，两边的居民小楼都拉上了窗帘，对面有几个男人横街而站，由于背光而看不清他们的面容。布勃卡对我说：“对不起，我有点事，先回去了。”大概是他近几年东欧生活的经历使然，我们互道了再见。

世界撑杆跳名将布勃卡与我同游华沙老城

法国展览团的人和我对视了一下，才继续向前走去。我们看清对面是几个壮实的年轻人，看我们坚定地向前走，就默默地散开了，不过一直在注视我们。又走了不远，一个中年人上来要钱，这里当然不是掏钱包的地方，不能给他。要钱的刚过，又上来一个妇人卖花，当然也不能拿钱。这时街上灯光更加昏暗，两边的小胡同里有不少人影在晃动，法国展览团的人对我说："我们回去了！"可以理解，团中有两位女士，我们又道了再见。

我又向前走了二三十米，就到了老城的市场，这是一个不大的广场，大约长宽各100多米，有一个足球场大，就是刚才说的中世纪露天集贸市场。广场上没有一盏路灯，黑乎乎的一片，广场边有座椅，座椅上有男有女，酒气可扑到10米之外，醉男女们向我招手示意，我也相应还礼，不过心里的确在盘算：如果他们冲上来……像到每个城市一样，我早已熟读地图，知道老城已经走了一半，进也是一半，退也是一半，一定要把华沙老城走完，"不过老城非好汉"。

越向前走，有特色的古宅越多，有巴黎一样的富户宅第，有威尼斯一样的过街房——跨小街两边的桥屋，真是充分利用空间，不过下面没有水。夜幕再加上40多年的风雨，使这些重建的古宅已看不出痕迹，据说这是华沙唯一的一片完全恢复原貌的街区，真可惜在夜间已经成了不大安全的区域。我终于从街区中走出，走完了老城，到了皇宫城堡前广场的另一侧，整个走了一个圈，已近午夜12时，抬头看楼上的宴会厅仍然灯火通明。

看来旅游小城镇建设与"修旧如旧"、软硬件服务同等重要的就是社会秩序。

丝绸之路上贝尔格莱德卡莱梅格丹古堡小镇

贝尔格莱德在塞尔维亚语中的意思是"白色的城堡"，由于多年的战乱，白色的城堡已荡然无存。2000多年以前，在南斯拉夫最大的河流萨瓦河和欧洲最大的河流多瑙河的交汇处，西欧的克勒特部落建立了一座名为欣吉杜姆的城市。公元9世纪，欣吉杜姆改名为贝尔格莱德。由于它处在欧亚交界的地理位置，来自东南西北的许多民族都想将其据为己有。2000多年中，有记载的战争就发生了40多次。这座城市一次次被摧毁，当然也殃及周围的小镇，但都又一次次被重建起来，1882年成为塞尔维亚首都。1945年，在第二次世界大战中被毁的贝尔格莱德开始重建并逐步繁荣起来。不同时期的丝路商旅留下了记忆，但没有文字和画作流传。

在老城区的萨瓦河口，有一座罗马帝国时期始建在高岗之上的古城堡，奥斯曼帝国击败东罗马帝国占领贝尔格莱德时，这里是坚守到最后的一座大碉堡，随之而来的是旁边小镇的兴起。在奥斯曼帝国时代这里又大大扩建。萨瓦河在这里与多瑙河汇合后向东流入黑海。古堡及堡边小镇共占地52.5公顷，现在是卡莱梅格丹古堡公园（Kalemegdan Park）。

在古堡的地面上盘绕着3层垣墙和当年的护城河，彼此以吊桥相连。在高大的城墙和爬满藤蔓的角楼间，坐落着古塔、钟亭、教堂、天文台、土耳其澡堂、罗马大井、御敌用的土炮阵等。古堡地下的暗室与隧道相连，可通往多瑙河和萨瓦河，在被围困时可以取水，也可以给敌人出其不意的袭击，或是在败局已定时突围逃走。

在高岗的半坡，还有一口阴森森的洞口，要买票才能进入，我的时间紧，就没有进去。这里原来是一座监狱，内有刑讯室、地牢和水牢，监禁塞尔维亚的反奥斯曼帝国志士，这是很好的爱国教育，为什么古堡公园都无需买票，这里反而要买票呢？

公园内有一块不太显眼的大理石纪念碑，但意义十分重大，上面镌刻着1867年土耳其总督向米哈伊洛王公和塞尔维亚军队交出城堡钥匙以及管理权的历史画面和文字说明，这是塞尔维亚在500年土耳其统治后走向自治的开始。在奥匈帝国里被占领的各国中是最早的，塞尔维亚反异族占领是有传统的。

卡莱梅格丹小镇上的千年古堡

在公园高岗顶上，有建于1982年的“胜利者纪念圆柱”，柱顶屹立着一座青铜武士像，他左手托着一只振翅欲飞的鸽子，右手拄着利剑，面向萨瓦河。他已成为贝尔格莱德的象征。公园内还有一座用明屋暗堡建成的军事博物馆，里面收藏着数万件实物和图片，反映了南斯拉夫民族从到此处定居到第二次世界大战期间的斗争史。

站在卡莱梅格丹公园的古城堡上眺望，一是看河，二是看镇。

萨瓦河与多瑙河河面宽阔，水量充沛，河水静静流淌，交汇处尽收眼底，多瑙河和萨瓦河是贝尔格莱德的母亲河，也是城市的亮丽风景。萨瓦河清，多瑙河浊，泾渭分明。已经流经了德国、奥地利、斯洛伐克、匈牙利和克罗地亚五国的多瑙河到这里已经是中游，早已不是“蓝色的多瑙河”，虽然各国都对排污进行控制，但程度不同，尤其是经过战乱的前南斯拉夫地区，认真治理怕是刚刚开始，但是下游还有罗马尼亚和保加利亚，更何况作为国际河流污染黑海也是不应该的。其实，多瑙河流域的综合治理可以看成为“一带一路”建设的好项目，正在走向世界的中国水务公司可以积极加入。

小镇在古堡公园北部，没有一座高层建筑来破坏古堡的风景。小镇居民当然要“靠山吃山，靠水吃水”，他们多半都从事旅游纪念品销售和导游业。难得的是十分规范，都集中在公园北门一条通向小镇的路两旁，看不到到处追着顾客兜售，看不到导游拉着顾客纠缠，当然更看不到强买强卖。但是商贩就是商贩，提价是他们的自由，以明信片为例，商业区第一家的价格大约是最后一家的1.5倍，还算规矩，不漫天要价。

“瓦尔特”保卫的萨拉热窝能变成和平驿站吗?

在我国50岁以上的人几乎没有不知道萨拉热窝的，“瓦尔特保卫萨拉热窝”是那时可上演的几部外国电影之一。所以我到了波黑也很想见见“瓦尔特”，我是2016年4月18日到达贝尔格莱德的，4月19日就约见，瓦尔特已在重病之中，他的护理人答复，身体允许愿意见面。但我4月20日已启程去波黑，4月21日晚才回到贝尔格莱德，只能4月22日见面了，当时“瓦尔特”虽然在家，却已处于昏迷状态，这一宝贵的机会就永远错过了。我收到了他送的小礼品，都是他所在制片公司的影碟和徽章，至于是不是他本人所嘱就不得而知了，但无论如何这十分宝贵。

引发第一次世界大战的萨拉热窝小桥

著名演员“瓦尔特”的扮演者——韦利米尔·巴塔·日沃伊诺维奇1933年出生于贝尔格莱德附近的一个小村庄，从15岁起开始做舞台工人。他毕业于贝尔格莱德戏剧学院。2002年，日沃伊诺维奇作为社会党候选人参与南联盟塞尔维亚总统竞选，但竞选失败，2003年退出政坛。他的妻子茱莉雅娜是一名舞蹈演员，两人育有一子一女。日沃伊诺维奇有一个孙子，三个外孙女，一家人共享天伦之乐。2016年5月22日去世。

萨拉热窝的建城历史可追溯到公元1263年。它曾长期被土耳其人占领。“萨拉热”一词的意思是“苏丹总督的宫殿”。1465年，土耳其苏丹先建造了自己的官邸，然后修建了一座清真寺、一个公共浴池、一座桥梁、一项水利工程、一家客店和一个贸易区，这些都成为以后城市的中心。一个世纪后，行政官在这座城市又建造了图书馆、室内市场、宗教学校、寺院以及一种供穷苦市民和游人免费用餐的公共食堂，城市形成。

16世纪的萨拉热窝达到空前繁荣，穆斯林、犹太人、东正教徒和信奉天主教的斯拉夫人共同生活在这里。1878年柏林会议之后，奥匈帝国占领了波斯尼亚和黑塞哥维那，萨拉热窝成为奥匈帝国中波斯尼亚的首府。新统治者匆忙建造起政府大楼、军事营房、法院、监狱及商业街道，还修建了铁路，引进了电灯和电车，增设了剧院、博物馆、公园和旅馆，并在米利亚卡河上架起几座桥梁，其中一座名为“拉丁桥”，由于一位塞尔维亚青年普林西普于1914年6月28日在此刺杀了奥匈帝国皇储，成为第一次世界大战的起源地而闻名于世，后来桥也以普林西普命名。这一时期，萨拉热窝由老城向宽阔的平原地带发展，沿河流形成漏斗形状的城区。

城市风貌独具风格，由不同时期建造的形状各异的房屋组成。不同的统治者为这座城市带来了形形色色的民族习俗和宗教，使它成为东方和西方经济文化的交会处，逐渐发展成为一个东西方合璧的城市，带有浓郁的当年“一带一路”东西方文化交融的特色。市内既有19世纪奥地利式的黄褐色建筑，又有东方风格的阁楼和土耳其手工艺作坊。市内还保留着土耳其统治时期的老城遗迹，称“巴希查尔希亚”。第二次世界大战期间，南斯拉夫军民在萨拉热窝老城同德国法西斯展开地下和地上的激战，成为电影“瓦尔特保卫萨拉热窝”的素材，瓦尔特的原型实有其人，1943年牺牲。为缅怀在第二次世界大战中为保卫萨拉热窝而牺牲的烈士们，在市内建有一座烈士纪念碑和民族英雄瓦尔特的半身塑像。

在战后的40多年里，萨拉热窝得到突飞猛进的发展，人口从8万人的小城增加到29万（2014年），成群的钢筋混凝土高层公寓相继建成。在高楼大厦之间的空地上，有儿童乐园和街头公园。城市的规模不断扩大，从山谷向上发展。

萨拉热窝的战略地位十分重要。历史上，天主教、东正教、基督教和伊斯兰教，德国人、斯拉夫人、俄国人和西方人曾在这一带展开过民族与宗教矛盾交织、历史与文化传统碰撞的错综复杂的殊死搏斗。这座多次引发战争的城市以“火药桶”闻名于世。1992年3月2日，萨拉热窝市的主要居民塞尔维亚人、克罗地亚人和穆斯林人因在一对塞族青年的婚礼上发生冲突，又成为波黑内战爆发的导火索。

在萨拉热窝新区还设有巴尔干地区合作协会，在一座现代化大厦中。参加巴尔干地区合作协会的包括13国，不仅有塞尔维亚、克罗地亚、斯洛文尼亚、波黑、马其顿和黑山等南斯拉夫6国，还有罗马尼亚、保加利亚、阿尔巴尼亚和希腊等国。我在暴雨中来到协会总部，见到秘书长斯维兰诺维奇（G. Svilanovie），他是塞尔维亚的前外交部部长，在地区很有影响力，中等个子，亚麻色头发，人很精干，但温和有礼。他简单介绍了区域合作的情况，对“一带一路”倡议很感兴趣，代表地区愿积极参与。他的助手特伦达菲洛娃（M. Trendafilova）身材娇小，但显然是个女强人，十分积极地表示，日后与我的秘书联系，探讨合作的具体事项。

我为重走“一带”专程访问这里，站在普林西普桥上自然想起了100年来这里的3次大战争，希望“一带一路”把萨拉热窝变成永久和平的驿站。

匈牙利圣安德烈镇

匈牙利的圣安德烈镇（Szentendre），在多瑙河的一个岛上，在百国百镇中别有特色。岛长约8公里，宽约1公里，斯赞坦勒镇上有3万人口，是个历史悠久的旅游城市。

我们的游艇在河边码头靠了岸，由于夏江水满，只上了大约2米的台阶就到了堤岸马路，路边绿树如荫，走了20米就是一家饭店，店主很会做生意，近水楼台，先抢游艇上不备餐的顾客，所以尽管我们上岸时已过4点，饭馆里仍有顾客。再向前行约200米就是镇中心，镇中心照例有个小广场，但小得可怜，只有两个篮球场大，场中间也照样有个纪念碑，是欧洲城镇千篇一律的模式，只是不识马扎尔文，无法记下碑上写的是什么。广场周围大概就是镇上最宏伟的建筑，最高的有两层，不过每层都比较高大，属欧洲老式建筑。建筑物的颜色十分鲜艳，有的是白墙黑顶，有的是白墙红顶，还有的是黄墙绿顶，给这个旅游小镇添了不少色彩。广场边上停着拉游客的马车，高头白马，在身穿中世纪服装的车夫的鞭下静静地伫立着，看来已经很久无人乘坐了。

沿最主要的街道走去，两边都是店铺，鳞次栉比，卖的东西雷同，都是旅游纪念品、明信片、纪念册和各种手工艺品。这里出名的手工艺品是木雕，有小靴子，有啤酒桶，有长达30厘米的大铅笔，最为精致的是匈牙利农村姑娘木雕，所有木雕都漆上鲜艳的色彩。据说这里物价比布达佩斯贵，所有纪念品都不便宜，甚至不比巴黎的旅游纪念品便宜。街上游客不少，大概我是唯一的中国人，不过刚巧有个日本旅游团，不下50～60人，成群结队，在这个弹丸小镇上就很显眼了。刚好我也挎了个尼康照相机，所以在进所有商店的时候大概都被当成了日本人，有的店主还特地给我指点远去的日本人，意思是“你掉队了”，但由于语言不通也无法解释。当我仍然平静地挑工艺品的时候，好心的店主还真有点为我这个“离群孤燕”着急，使我不由得有两点强烈感受：一是大概所有欧洲人都认为日本人的团队精神十分强，二是我可用英语、法语和简单的俄语会话，走遍世界没太觉得语言不通，而在这匈牙利偏僻小镇，真“翻了船”。

在布达佩斯多瑙河上

小街的尽头是一座教堂，大概是镇上唯一的3层建筑，再加上塔尖，真有点高耸入云的气势。教堂的白墙上镶着红边，绿色的尖顶，色彩明快。匈牙利人信奉天主教，而这个教堂无论从色彩，还是从塔尖上来看都像东方的建筑，匈牙利东西方文化融合的痕迹是随处可见的。可能由于不是休息日的缘故，教堂的院子里空空如也，我在门前等了几分钟，也不见一个来者。走过教堂就进了居民区，镇上的民宅近于农舍，不是西方现在别墅式的农舍，而是欧洲20世纪农舍的样式：平房、大房顶、高门、小窗，房后带个种满花草的小院子。农舍给小镇添了几分田园风光，石板的道路，参天的古树又给小镇带上几分深幽。

岛宽处最多不超过1公里，当我走完这条弯曲的居民街时，居然又绕回码头了。离约定的开船时间还有几十分钟。码头旁坐着一位带3个女孩的中年妇女，问过她懂英语后，就攀谈起来。她是一个中学英语教员，以中学英语教员的标准来看，她的英语不够好，但她为人很真诚、热情。她说是她丈夫开了100公里的车，他们带了女儿和两个外甥女来这里度假。3个女孩几乎同年，都在上高小，但除了女英语教师自己的女儿外，其他两个女孩几乎连英语单词也说不出来，仅就外语而言，低于中国小城市的水平。匈牙利在东欧是开放最早的国家之一，20世纪80年代初，曾是我国开放的借鉴典型之一，但10年之后，英语水平竟至如此，说明一个国家、一种体制的转变绝不是一朝一夕的事情，要经过一个艰难、漫长的过程，匈牙利与西方近在咫尺，更何况其他国家呢？这位女教师说，在乡村教书生活还过得去，只是物价上涨，生活不富裕，这次来玩只能早出晚归，住旅馆是不可能的，而且就在游玩期间，丈夫还去找活干，捞点外快，大约是拉点东西或拉游客去了。一方面说明匈牙利人的勤劳，另一方面也说明经济转轨后法制不健全，在西方，私车是被禁止拉活挣钱的。

谈话结束了。我借着夕阳遥望着女教师和3个女孩，她们的背后就是流淌千年的多瑙河，多瑙河年复一年地哺育着像她们一样的匈牙利儿女。匈牙利的历史也像多瑙河的波浪一样有起有伏，但是也正像无人能阻挡多瑙河奔向远方一样，也没有任何力量能阻挡匈牙利人奔向自己美好的未来，现在匈牙利的人均GDP已经达到了1万欧元，超过了我国目前的水平。

罗马尼亚日拉瓦小镇

罗马尼亚的首都布加勒斯特像20世纪60年代的北京，出了城就是农村，农村里有小镇，日拉瓦（Jilava）就是布加勒斯特北部的一个小镇，靠近中国驻罗马尼亚大使馆。

街边有一个小得像我国农村土地庙一样的教堂。进去看了看，两三个衣着陈旧的中老年妇女在黑洞洞的堂中点起小小的圣烛，满脸严肃，虔诚得让人不忍打扰。这座和不远的宽阔的大街很不相称的小教堂居然没被拆除，充分说明了罗马尼亚政府对宗教传统的尊重。

使馆区附近是布加勒斯特的风景区，两个大湖中间有著名的赫拉斯卓乌公园（Herastrau），园内有世界名人雕像，不但有雨果、贝多芬和托尔斯泰的，还有泰戈尔的。据说，到了夏天游客如云，泛舟的、游泳的、散步的、长跑的，干什么的都有。使馆建在郊区，附近有高层的工人住宅区，质量不错，但都与苏联模式雷同。住宅区附近就能找到村舍，农民木屋的墙上挂遍了放满相片的镜框。看得出，不少照片是第二次世界大战以前照的，这种古朴的民风在西欧已经看不到了。村路上有一些穿着黑棉袄、扎着花头巾的妇女和姑娘在背木柴，每人背了满满一麻袋木材厂的下脚料。当看到背柴的小姑娘掉了柴又回来捡的时候，我真想试试有多重，又怕言语不通，只得做罢了。

在布加勒斯特大街上

在欧洲，看一个国家的发达程度，从大城市的马路上是看不出所以然的。一样的高楼大厦，一样的川流不息的小汽车，在20世纪80年代甚至是一样的美国牛仔裤。关键要看农村，而农村的重点又是看路，看高速公路的多少，看柏油路铺到了哪里，是镇前，是村前，还是一直铺到每一座农舍的门前。

我们的旅馆就在布加勒斯特近郊的这个小镇上，在落日的余晖下我出来散步，看到了两个妇女背上背了两大捆柴从树林中走来。我几乎不相信自己的眼睛，这是一个欧洲大城市的近郊，在平原地区的一个高档旅馆的旁边，在20世纪90年代居然有砍柴的，太难以令人置信了。

不过我没有看错，两个个子很矮，大概只有1.50米的中年妇女穿着很旧的棉衣，围着大头巾，踏着积雪从树林中走出，她们黑发黑眼，像亚洲人，由于语言不通，是不是吉普赛人我费了很大力气到底没有问出来。她们脸冻得通红，手已冻裂，背着一捆比自己身体体积还大的柴。

她们当然不懂英语，也不懂法语，我不会说罗马尼亚语，大概由于罗马尼亚语与法语有点相近，我用法语说带肢体语言辅助终于搞清她们是城市人，没有工作，房间也没有暖气，在如此寒冷的冬天只能多打柴取暖。今天打的柴可以让她们不挨冻了。尽管当时我实在没什么钱，但还是给了她们一点，她们千恩万谢地走了，还十分吃力地回头看我，因为背后背着一大捆柴，不全转身是看不到她们的脸的，但那目光我至今不能忘怀。我一直目送她们消失在视线之中，留下四行深深的脚印，她们走进了落日的昏暗，这是不是这个国家的缩影呢？这是在欧洲，在第二次世界大战结束了38年后经历了近40年社会主义建设的东欧大城市，对此熟视无睹的国家领导人，是应该扪心自问的。仅仅6年之后，她们的国家发生了巨变，这两个中年妇女怎么想呢？30年后的2012年罗马尼亚的人均GDP已经是70381欧元，达到了我国目前的水平，布加勒斯特的近郊小镇大概已经没有人砍柴了，这又一次在国外证明了小平同志的名言：“不改革开放只有死路一条。”

人口渐减的立陶宛第二大城考纳斯

考纳斯（Kaunas）是立陶宛第二大城，面积120平方公里，1995年还有48万人，2005年只有38万人。人口减少了1/4还多，到2015年人口已不到30万，是波罗的海沿岸国家人口减少最多的城市之一。考纳斯位于立陶宛两大河涅曼和尼亚里斯交汇之处，在立陶宛的心脏部位，地理位置十分重要。

考纳斯最著名的历史遗迹是考纳斯堡，该堡在公元13—14世纪建于尼亚里斯河边，以抵抗入侵的德国骑士军团。1361年城堡被毁，在16世纪下半叶又重建，建了炮楼，结构改善，可以安装加农大炮，而且用砖建了通道，使各工事间能互相联系。

远远望去，考纳斯堡像个大磨坊，底层石砌的碉堡作为基础和外墙，碉堡上有枪眼，墙下有城门，顶上是圆堡，方堡和多层屋顶碉楼的组合，圆堡最大，圆堡上有凉棚一样的木顶。整个城堡不大，看起来也不太坚固，可以推测16世纪的考纳斯是座不大的小城。

考纳斯的市政厅是老城的中心，这座巴罗克式的大楼建于1542年。市政厅正面是一座白色塔式建筑，底层较矮；第二层高大，哥特式的3扇落地窗内是大厅；第三层是罗马式的假窗，第四、五层缩成塔状；第六层是顶层，顶上是黑塔尖。主楼背后是一座2层的黑顶白色大厦，现为市政府的办公室。我们进入市政厅，走上红地毯台阶的二楼，大厅中正在举行聚会，灯火齐明，壁上有古油画，顶上有水晶灯，装饰华丽，来宾一个个西服革履，我们也就不便久留了。

市政厅外照例是个广场，对于考纳斯这个小城来说，广场显得十分宽阔，而且人不多，与一般欧洲城市的市政厅广场相比，显得冷落。这座黑尖白塔的市政厅在市政厅广场上突兀而立，显示出圣洁和权威。早在14世纪这里就成了市中心，15世纪考纳斯成为立陶宛与西欧的贸易中心，主要是出口考纳斯盛产的橡树木材，今天在市政厅南仍可以看见当年存木的库房。

市政厅边上就是老城，在涅曼和尼亚里斯两河相汇的尖角地带，考纳斯最主要的大街——萨瓦努鲁大街（Savanoriu）从东北向这里延伸。老城不大，但一样体现出欧洲古城之风。在市政厅广场东南角不过50米远处有一座被称“雷公屋”的3层红砖小楼是城市的象征，也是全城最古老的房屋。雷公屋建于15世纪，立陶宛尚未完全皈依基督教的时候，房屋按古老的拜物教义修建。底下是2层红砖楼，没有太特殊的地方；不过大门顶的阳台，室角突出的黑铁皮顶小塔，还是显示了特色。最特殊的是屋顶侧面的装饰，的

立陶宛首都古宫殿

确在欧洲旅行中仅见。红砖砌的曲线装饰通向屋顶，砖柱冲天，再用泥糊成黄色，而每个黄柱上都嵌上凸出的红砖，这些砖砌图案围绕着顶楼的窗户，形状十分怪异奇特。不过，顾名思义还可以理解：这些图案是闪电，突出的砖就是放电，因此楼房被称为雷公屋。在这里人们看到欧洲非基督教文化的遗迹。

考纳斯小城有一座很大的市中心公园，200公顷的阿祖利纳斯（Azuolynas）公园，布满密林，高大的橡树林成为城市一景。本来立陶宛布满橡树林，但工业化使橡树被过度砍伐出口，使得立陶宛已成为波罗的海三国中森林覆盖率最低的国家，故此，市中心的这片橡树林显得尤为珍贵。

站在教堂上看考纳斯美景，我不禁想到当年立陶宛美侨的爱国激情。在美国还不太富裕的时代，作为外侨，修建宏伟的教堂要集多少血汗钱呢？而70年后，立陶宛再次独立了，10周年时外侨再没有大举动，而考纳斯人却在独立后15年内出走了10万，城市人口由48万减到38万，走了1/5以上。是什么造成了立陶宛人在这70年间的变化呢？工资低、出国挣钱大概只是表面的原因。不建设自己的祖国，工资又什么时候能高呢？我不禁想：这也不是立陶宛所独有的，这种现象在中国不是也已见端倪了吗？这是经济全球化的结果，但是，它是前进，还是倒退呢？看来问题在限度，走掉1/5的人实在太多了，而且走得是精华。若流失精华，哪怕再少也是问题。

考纳斯人口流失的萧条情况连我一个匆匆的游客也看得很清楚，白天还以为是人们忙于工作，到了晚上就十分明显。我本以为我住的旅馆在近郊，因为十分冷清，但我的立陶宛朋友说："这里是市中心。"出了旅馆大门，街上几乎没有人，公共汽车上乘客也稀稀落落，几乎没有亮灯的商店。走过一个亮灯的咖啡店，只有女老板自己在喝咖啡，好像对面还有一位女客，仔细一看原来是镜子中的女老板。再向小巷中深入，发现到处是败落的院子，油漆剥落，杂草丛生，偌大的楼中只有几个窗子在厚重的窗帘后露出一线灯光，汽车都停在几乎开不出去的位置，落满灰尘。美丽的考纳斯竟有如此荒凉的去处，立陶宛人第一次独立时那种使祖国飞速发展的激情为何不在了呢？

一个国家的发展是有起有伏的，近10年来，爱沙尼亚发展迅速，人均GDP已达16000美元，步入了高收入国家的行列，人口外流也像我国当年的广东"逃港"一样被止住了。

爱沙尼亚大学城塔尔图

塔尔图是爱沙尼亚的直辖市，约有11万人口，是爱沙尼亚的第二大城市。塔尔图是个幽静的小城，埃马（Emajogi）河从城东静静地流过，市中心在河的西岸。

城市的中心当然还是市政厅，市政厅前当然还是广场。不过塔尔图市政厅广场别有特色，是与市政厅大楼差不多宽窄的一个长方形，也是立嵌的石砖铺地，但是没有多少店铺，也没有旅游纪念品商店，我只得在邮局里买了两张明信片。店铺都在广场东边的东西向步行街上，但店铺也不多，顾客更少。

落成于1789年的市政厅是一座色泽鲜艳的五层小楼，说小楼，底层除大门外，只有8个窗户。底层漆成红色，露出了白色的窗框；二、三层漆成粉色，也是白色的窗框；上面是棕色的大屋顶，内有阁楼，外有2个白色的大烟囱；最上面是绿色的钟楼，一座大钟嵌在钟楼的底部。

市政厅向西北不过200米的地方就是塔尔图大学，塔尔图大学建于1632年，瑞典统治时期由国王古斯塔夫二世所建，在17世纪的东欧是屈指可数的大学，当时的莫斯科是个小城，没有大学，而圣彼得堡城市还未建成。塔尔图大学主楼高大宽敞，正面只有3层，但每层都很高大，由6根大柱撑起的钝三角门楣，是古希腊式建筑，整个大厦是白色，给人以清新的感觉。当然，这里只是大学在老城的主楼，在城里还有多处大学的校舍，而在新城还有塔尔图大学的新区，塔尔图大学遍布全城。大学师生员工1万多人，全市共有大学生2.5万人，占全市人口的1/4。

大学前广场的侧面有个奇景，一座精致的橘黄色2层小楼的窗户里居然有穿着各个年代服装的人在彼此交谈，好像演戏一样。走近一看才知道是窗户上贴的画，栩栩如生，给大学平添了趣景，文化气息更浓。这种创意，我好像只在丹麦见过一次，但已记不得在哪里了。

大学背后是一座小山，高不过50米，叫图米（Toomi），小山上有塔尔图的一些古迹。山上树木扶疏，浓荫蔽日，也是塔尔图的城市公园。上山要路过一座桥，连接两个小山岗，白色立柱，黄色桥栏。从上面走是桥，从下面走是门，构思奇特，建于18世纪英国开始强大的年代，所以叫英国桥。

到了小山顶，有一座规模宏大的教堂——多姆（Dom）教堂，占据山岗之巅，宽有

30米，长有70米，大约2000平方米的面积，可惜已成废墟。教堂是一座红砖砌成的5层建筑，建筑中门窗交错，层层相嵌，红砖墙从底到顶，每条砖缝都很清晰，造型别致，可惜在第二次世界大战中被炸毁，现在已经是顶盖全掀，墙也塌了半边。墙砖上弹孔如雨点般布满外墙，看来在第二次世界大战中经过了很激烈的战斗。

第二次世界大战留下的如此规模的古建筑废墟，我在欧洲还不多见。不是故意留下的，而是无力修复，说明了第二次世界大战后爱沙尼亚的经济发展程度。

翻过小山，在城北有一座保存完好的教堂，就是塔尔图市的大教堂——亚阿尼（Jaani）教堂，又叫圣约翰教堂，亚阿尼是爱沙尼亚语的名字，大概是欧洲大中城市里仅有的叫亚阿尼的教堂。教堂始建于13世纪，落成于14世纪，是一座哥特式教堂。正面红砖塔楼高耸，有黑色的尖顶；后面主堂高大，顶端是神龛的圆形外墙；很像瑞典教堂。我们去时教堂正在维修，搭起脚手架，但也有几十人在长椅上静听讲经。最令人称奇的是教堂里的砖雕。欧洲教堂里有砖雕的本来就不多见，而这些砖雕有些像佛像，就更为出奇了，有的雕像好像带着唐僧帽。是不是当年匈奴已接触到佛教，把它带到了爱沙尼亚呢？值得研究。

中午，主人热情地请我们去塔尔图夜总会餐馆，临埃马河。饭店是现代建筑，在大城市不过是个小餐馆，但陈设雅致，品位不俗。菜肴也按现代高档餐馆的模式，让你吃不出是哪里的菜来，真还不如立陶宛乡村餐馆的风味淳厚。不过在餐馆二楼上看河倒是风景宜人，埃马河水源于东北欧大湖——佩普西（Peipsi）湖，河在塔尔图大约有50米宽，水很大，两岸齐整，流水清澈，给城市带来了活力。

我国的大学城现在已如雨后春笋般建立起来，但是如果没有文化积淀，又没有大师在这里安心教学，称得上“大学”吗？“所谓大学者，非谓有大楼之谓也，有大师之谓也。”

爱沙尼亚塔尔图乡村饭店

我在爱沙尼亚塔尔图考察的主要目的是科技园区，塔尔图科技园区给我们预订旅馆的工作人员出了差错，给两个人订了一间房，因为是塔尔图市中心最好的四星级酒店，所以到达时，当晚再也找不出第二间房来。塔尔图旅馆不多，市内其他旅店也没有空房，热情的秘书小姐就打出租车带我们出了城。我一看就猜到：要送我们去乡村旅馆了。

我们果然在城郊的黑暗中到了一个“大村”，在欧洲就是小镇了，这大概就是我欧洲之旅中住过的最小的地方了，还好镇上有一座乡村旅馆，名叫鲁赫。在东欧，村子里本来是没有旅馆的，21世纪以来，旅游兴起，也建了旅馆。这座旅馆建于2005年，距城5公里，有50个房间，餐厅可容120人，还有会议室，可容100人，中国乡村旅馆建会议室的不多，还有个小游泳池。旅馆价格十分便宜，两间房还不到刚才四星级酒店一间的价钱，一共合70美元，是中国中等城市的价格。

我们接近午夜时分到达，一位爱沙尼亚女经理站在前台，笑容可掬地迎接我们，不过办手续水平不太行。也难怪，刚开张，顾客不多，还不熟练。办好手续去找房间还真费了点事，通往二楼的楼梯在一个圆厅内，旅客很难发现；上了楼又有几岔路通向客房，还没有标识，好在旅馆不大，我们绕了绕就找到了。

旅馆的房间是我在世界上住的旅馆中最大的之一，长有7米，宽有5米，总面积达35平方米。两个宽大的单人床之间隔了很远，摆在屋子中央，两边还有很大空地。浴室大约有10平方米，但只有淋浴，没有浴缸，给人以大而无当的感觉，沐浴喷头下地面坡度不够，又没有设计专门的淋浴区，洗过澡满地是水。不过被褥都是新的，很干净；装修就不能细看了，很粗糙。旅馆中高大的房间，宽大的楼道，不见人影；看旅馆窗外，一片漆黑。如果有点什么事，真有呼天天不应，叫地地不灵的感觉。周围一片寂静，抱怨也没对象，只好紧锁房门，拉上铁链，睡上一大觉。

第二天早上起来，拉开窗帘才看到，昨夜的担忧并不是没有道理的。楼下是一片草原，连个农舍也没有，远处的公路上车辆稀疏，真有歹人，来也容易去也快。但近年来爱沙尼亚秩序已很好，这大概是这座荒凉草原上的乡村旅馆得以建立的原因吧。

去吃早餐，餐厅很大，也有五六位旅客，但多是农民。服务员都是村姑，

爱沙尼亚议会前的群众集会

高大而强壮，白衣黑裙，不多打扮；挺胸抬头，大手大脚，咖啡壶在他们手中像个小杯子。自制的木餐桌上食品不多，但很实惠，黑面包、果酱、火腿、腌鱼、煮鸡蛋和酸黄瓜都是自产自销，有些小苹果，又小又青，看来这里的果树品种不好。食品已经完全欧洲化，不带爱沙尼亚人祖先匈奴的亚洲食品味道。村姑当然不懂英文，我的俄文又想不起来了，想要热水，比画了半天冒热气，村姑顿然醒悟，然后笑眯眯地拿了一大杯热牛奶来。大概是想不明白，要热水干什么呢？入乡随俗，就喝热牛奶吧。

早上公务繁忙，吃了早饭我们就结账离去，前台换了个俄罗斯大嫂，不会讲英文，但还是看懂了我们的比画，给开了发票。我已多年未住乡村旅馆，尝试一次，别有风味。

现在我国的乡镇都兴起了农家乐，这个乡村饭店也可算个“农家乐”吧。我们的农家乐也应该可以接纳外国人，借鉴鲁赫农家乐，第一是服务员态度要好，不会外语也可以现学两句和肢体语言并用；第二是硬件不求高档，但质量一定要过关；第三是食品不要求“洋”，因为也做不出“洋味”来，有地方特色就行，但一定要卫生。

雅典阿格拉镇的古市场

为了北京申奥特地再次来到雅典，早就听说雅典附近阿格拉镇的古市场十分值得一去，这次忙中偷闲去了一次。我从雅典卫城高岗上走下来，去阿格拉（Agora）古市场。在卫城和市场之间有一块巨大的岩石，约有10米高，石上凿出的石阶可以登顶。据说公元1世纪时，耶稣的大弟子保罗（St. Paul）就曾在此宣讲圣经，告诉大家“在这个世界上只有一个上帝”，因此巨石被称为“圣石”。巨石毫无疑问已历经上万年，至于2000年前保罗是否登台布道就不得而知了，历史上是否真有保罗其人也难以考证。

过了巨石就到了阿格拉镇，古市场就在镇上，或者说就是雅典古城邦的“王府井”。如今的市场是一片比卫城更残破的废墟。目前，主市场——斯托阿（Stoa）已被洛克菲勒基金会赞助的美国雅典学校修复。室内市场长达200米，外面是巨柱支撑的宽大走廊，当年应是摆满摊位；里面是店铺，高大宽敞，十分明亮，看来当年商店就分了档次。市场建于公元前5世纪，店铺门外有许多栩栩如生的大理石雕像，大约是公元前330年的作品，但其水平绝不低于300年后古罗马的作品。如今这些雕像的头已不翼而飞，但身体和衣服还是显示出深厚的雕刻功力，冰冷的大理石衣褶仿佛能随风飘动，坚硬的大理石腰带仿佛随人体弯曲。

阿格拉市场外的独立店铺已荡然无存，只有黄色的巨石伴着绿色的杂草，没有人，也没有声音。当年的五彩缤纷，当年的富丽繁华，当年的熙熙攘攘，当年的市场喧闹，只有靠游人去想象了。人类能创造辉煌，人类也能制造废墟。信步向前有四根巨大的石柱，底是方的，三只上面有雕像，分别是人与鱼蛇等动物在一起，据说是公元15年的室内音乐厅。音乐厅已荡然无存，但从门前的石柱还可以看出当年的宏伟。

阿格拉古市场硕果仅存的是在一座高岗上的火神庙。火神庙是典型的希腊神庙式建筑，呈长方形，长26米，宽13米，长边有13根巨石柱，短边有6根石柱，石柱与屋檐间有扁方石连接，上面是大钝角屋顶。火神庙建于公元前460年，较帕特农神庙为早，保存得也更为完整，所以是世界上现存最早、最大的希腊神庙式建筑。

雅典古城也是有门的，就在卫城高岗脚下，过了门就开始爬坡登岗。门不大，却很别致，分两层，底层为10米，是一个圆拱顶的砖砌大门；大门上又有一座小门，是两个三座联门，很像老北京的牌楼，三个方形门联成一体，高达6米，中间的门上有希腊神庙式的大倒钝角顶。三边的城墙已荡然无存，门外就是今天雅典的街道，汽车风驰电掣而过，和古门的气氛很不协调，好在门内与卫城高岗之间还没有搞任何现代建筑，否则卫城岗下的古迹景观将被破坏无遗。当年来自希腊东北部的运动员就是经雅典去奥林匹亚参加运动会的，我能想象他们在阿格拉逛市场的热闹情景。

在雅典古城门外阿格拉小镇前

除了阿格拉古市场外，附近著名

的古迹还有奥林匹亚（Olympian）庙，我们申奥当然是安全的。奥林匹亚庙就在卫城高岗脚下，这里原是公元前4世纪建成的希腊神庙，后被毁，在罗马统治时期重新建成于公元前132年一样的样式，只不过柱子改成了科瑞坦（Corinthian）式。所谓科瑞坦式，不过是罗马人把柱子与木梁的连接处由扁方形改为雕刻成像棕榈树的圆柱形。庙规模宏大，有104根高达27米的立柱，长达107米，宽41米，比巴黎圣母院还大。但今天除了残梁连接的十几根立柱还存在外，已经连庙形都看不出来了。

北京将在2022年举行冬奥会，在近代奥林匹克史上，一个城市前后举行出夏季奥运会和冬季奥运会的只有北京一个，意义非凡。奥林匹克运动会，之所以能在千年以后复兴，成为世界盛举，是因为它的宗旨是把战争变成体育比赛，追求使人类“更高，更快，更强”，这一举世普适高意深远的宗旨至今灿灿发光，是它的思想性洞悉了人类的追求，这是一个可持续的伟大创举，其火炬照亮了后人。

在雅典奥运会期间于爱琴海比雷埃夫斯小镇得了“金牌”

由于买不到赛票，在雅典奥运会期间我们参加了一次爱琴海萨洛尼克海湾的三岛游。早8时半出发，乘游轮去爱琴海中的帕罗斯（Paros）、伊兹拉（Hydra）和埃伊纳（Aegina）三个岛，到晚7时半才返回码头，整整去了11个小时，得以饱览美丽的爱琴海风光。

雅典在爱琴海的港口叫比雷埃夫斯（Piraeus），希腊是著名的海运国家，以船王著称世界。真是不到比雷埃夫斯不知道港大，英国的利物浦、荷兰的鹿特丹和日本的东京的码头，都比比雷埃夫斯大，但那里是成排的现代货仓，延绵十多公里，既不见船，也不见人，像个大货栈，不像港口。比雷埃夫斯却不同，它的客运十分发达，堪称首屈一指，码头上人头攒动，熙熙攘攘；一艘万吨客轮到岸，几千旅客从船上鱼贯而下，顷刻间挤满了码头，等班车的、打出租的、步行的，热闹非凡，是火车站和机场所不能比拟的。

比雷埃夫斯港给人印象最深的是它的环境保护。在码头边看不到漂浮物，一片油污、一个易拉罐都没有。海水清澈如大洋之中，我站在船上真恨不得跳下去畅游一场。这种感觉是我在世界上所有港口所没有的。真不知是什么使比雷埃夫斯港口保护得这么好。是高额罚款？没见标牌。是众多的清扫艇？没有见到。是游客的高素质？其实人也来自五湖四海。究竟是什么原因？由于上船、下船来去匆匆，也来不及调查了。

在奥运期间已经发了太多的赞美爱琴海的报道，其实紧临雅典的爱琴海萨洛尼克湾最美的是湾中的岛。我们最先到的是较远的帕罗斯岛，只有23平方公里的小岛上有5000居民。码头前就是小镇，一尘不染，街上没有一点垃圾，镇上也没有汽车，海水清澈见底，恍若一个没有污染的仙境。金色的骄阳，湛蓝的爱琴海，岛上红顶白墙的两三层住宅，构成了一幅和谐的风景画。

小岛上没有一个标志性建筑物，岛上的房屋新建的很少，多是百年老房，不过粉饰一新。我登上了岛上和景山一样50米高的小山，看到了岛上仅有的名胜——钟楼，仍如百年前那样简陋，甚至有几处残破，但勾起人们对当年爱琴海战争的无尽回忆，更感到今天和平奥运的可贵。我不禁想，有些本来文化积淀很深、古迹不少的城市，为发展旅游业，一定要请国外过气的“设计名师”，耗巨资建几个不土不洋的标志性建筑物，能给游客什么印象呢？

然后，我们到达了最远的伊兹拉岛。这个岛形状狭长，长约20公里，宽不过1公里左右，只有3000人居住在岛的一端，其余部分都是怪石嶙峋的荒山。我沿山而上，到山顶被一对夫妇请入家中，殷勤地向我介绍他们以60欧元出租的双人公寓，房中设施很好，达到4星宾馆的标准。我想，还是信息服务不足，当时雅典城中的准五星级宾馆的标准间已达800欧元/天。如果住在这里，加上往返船票每天不过100欧元，当然，往返需要4个多小时，但在城里到赛场的往返也不少于两个小时啊。

在这里下水入爱琴海游1公里

我在小山上又访问了一家老住户，是个50多岁的妇女接待了我，她说：“从我爷爷起，在这里已经居住了100年。过去这里是最穷的地方，人们只能靠在草都不多的荒山上放羊为生。自20世纪起，开发了旅游业，人们日渐变富。但除了白天游客多以外，这里古朴的村风都没有变，几乎没有汽车；正如您看到的我们卖的矿泉水都用驴驮上山来，我们全家都愿意在这里住下去。”

我在悉尼奥运会后得到一块奥运金牌仿制品，但在雅典奥运会中我参加了“比赛”，并得了第一名，不过是官员自发组织的游泳比赛，所以没有金牌。事情发生在我们最后登上的距港口最近的埃伊纳岛岛上。

我在太平洋东西两岸、大西洋东西两岸和印度洋南北两岸的海中游泳。在地中海从法国的戛纳和摩纳哥的蒙特卡罗都下去游过泳，爱琴海游泳还是第一次。埃伊纳岛海滨仍然是十分清洁，几乎看不到杂物，水也很清。

对于任何事情，我都不想当纯理论家，愿做力所能及的实践者。我用三种姿势向大海游去，发现有十多个泳者都是各国奥运代表团的官员，有比赛的意思，我想应该为中国人争回冠军。离岸大约300米水就变凉，我想应当“永不放弃”。到了400米，水温下降更多，我想应当“超越自我”。我回头看时，所有外国人都开始向回游，我才转向。到了浅水区，站直身子，几个外国男女泳者都向我竖起大拇指。这次我参加了比赛，得了无可争议的第一名。

尼科西亚有保存完好的古城墙

尼科西亚是塞浦路斯的首都，地势颇有点像北京，北面和西南面都是山，向东去是开阔的平原，一直延伸到地中海，自公元12世纪建城以来，一直是国都，至今已有800年历史。在这个弹丸小城中也是希腊族和土耳其族分治，北面是土族区，南面是希族区，希族区约有20万人，然而却颇具特色。

城墙本来是所有古城都有的，北京、巴黎、罗马和莫斯科全不例外。但是，像尼科西亚保存得如此完好的古城墙，除了中国的西安以外，我还是第一次见到。城是正圆形，直径整整1英里，合1.6公里，也就是说，跑一个1500米就穿越全城了。城的面积整整2平方公里，也就是3000亩地，环城一周是5公里。

1489年入侵的威尼斯人建城时，不仅在大小上准确设计，在结构上也独具匠心，在城墙的圆周上，等距离地分布11座“心”形碉堡，形状既像心脏，又像在弦上待发的箭头，组成了坚固的防御体系。当年战事之多，战况之烈可见一斑。城墙低矮，只有6米多高，2米多宽，全用小红砖砌成，十分牢固。城外也有护城河，现在部分干涸的河道里也修起了“河心花园”。城墙上杂草丛生，有一处还长了棵小树。城门很小，不过像个大宅门。整个城墙和西安城墙比起来不过是个“袖珍本”，然而，塞浦路斯人保护文物的意识给人留下了深刻的印象。

尼科西亚是个商业城市，城西南的商业街纵横交错，共有20多条，小街深幽曲折，小店待客热情，别有一番情趣。当地制革业发达，卖箱子和鞋的商店很多，商品质量不错，款式也新颖，只是价格已不亚于西方了。服装业是另一大类，岛上分厂生产的阿迪达斯运动装合30多美元一套。塞浦路斯还在发展自己的名牌，以培养国内市场，逐步提高国际竞争能力。更多的商店是卖旅游纪念品的，最著名的是“维纳斯”像，因为这里也是维纳斯的产地，“维纳斯”像由大理石粉热压而成，洁白如玉，很富表现力。

市区街道清洁，井然有序，市容格调高雅。走出商店群，小巷又把你引入餐馆区。一个大花坛周围，有五六个小饭馆，坐在这个餐馆的桌旁，可以看见另一个餐馆桌上的菜肴。小小天地里，窗明几净，散发出诱人的香气，一切都显得那么安逸、祥和。尼科西亚的小小闹市区还是别有一番古朴静谧的风姿的。

尼科西亚的第一名胜是东正教大主教府，塞浦路斯的国父、精神领袖、东正教大主教马卡里奥斯就曾住在这里，他曾经在动乱的年代里访问过中国。

大主教府黄墙、红顶、白大理石柱，很像一所学校。主楼共两层半，洁白的大理石阶梯从楼外越过底层直通一楼大厅。一排五个高大的拱门和两旁的大拱窗浑然一体，第二层式样雷同，不过是只有窗没有门了。这座建筑在这个小城里就算颇为气派了。

主教府有个很大的庭院，院中还有配楼和配塔。马卡里奥斯去世以后，在主楼前树了一尊大主教的高大铜像，马卡里奥斯大主教头戴东正教高帽，肩披披风，身着教服，手持教杖傲然挺立，好像在永久地捍卫着尼科西亚和塞浦路斯。我去时已过旅游季节，大主教府周围冷冷清清，几乎没有旅游者，只有这尊铜像孤零零地立在那里，凝视着过往的行人。

从大主教府向南不远就是有名的自由纪念碑，该碑为纪念塞浦路斯独立而建。碑共分三层，第一层是大理石的“牢狱”，获得自由的塞浦路斯人纷纷从中走出来。狱内狱外共有14个人物，有教士、工人、商人、学生，还有家庭主妇，都是青铜塑像，个个栩栩如生。第二层是两个战士正拉开牢狱的铁门，使人民获得解放，也是铜塑。第三层是楼顶的高台，上面站立着高举右手的自由女神，她俯瞰着脚下的众人，仿佛在说："出来吧！你们自由了！建设自己的新生活吧！"塞浦路斯人民的确这样做了。这座自由神雕像小巧玲珑，大约只有真人三倍大，像纽约自由神的小模型，但是构思新颖，耐人寻味。

总统府是个古老的英式建筑，有点像古城堡，门前还立着大炮，有荷枪实弹的士兵守卫。但是，在那庭院中常绿的树木和鲜红的花丛中，从总统府的圆顶中，又能看出些亚热带的东方色彩。

尼利西亚在两族分治，有时还剑拔弩张的条件下，不断发展与政府政策恰当、行政管理有力是分不开的，很值得我国小城镇管理借鉴。

旅游胜地利马索尔

位于塞浦路斯岛南岸的利马索尔，在首都尼科西亚西南约80公里，这个不过8万人的小城，今天已经在世界旅游业中占一席之地，甚至可以和美国的佛罗里达海岸，法国南方的戛纳海岸和意大利的西西里海岸相提并论了。如果你知道它是在希腊和土耳其两国领土的动乱中逐步取代了位于塞浦路斯岛土耳其区的原旅游中心法马古斯塔的，迄今才有10年历史，就更会感到利马索尔人民奋斗发展的历程是何等艰难了。

利马索尔分成三个部分。老城在西部，低矮的土房外面挂着摇摇欲坠的外楼梯，街上碎石铺路凹凸不平，许多迁出的土耳其族人弃下的房屋因年久失修而濒于倒塌，这里活像利马索尔10年前历史的天然博物馆。新城在东部，高耸的公寓大楼，精巧的花园别墅，宽阔的柏油马路，漂亮的街心花坛，俨然是另一个世界。旅游区是利马索尔的精华，沿海滨10公里，是连绵不断的旅游饭店、游客公寓、海滨浴场和娱乐中心。据说，游客鼎盛时，来到这10公里海滨的游客数量能有20万，和全城居民的数量相等。

利马索尔的海滨与众不同，几乎没有海滩过渡地段，海和陆的交界十分明显，出了树林是一片草地，几米之遥就是大海，公路距海也不过几十米，大概这一带海面平静得出奇，否则一个几十米高的浪头打来，公路岂不成了水路？然而，自然环境只是条件，如果没有全面的规划，没有干练的人才，再没有资金，没有经验，在当年知名度极低，建筑材料奇缺的情况下，要建设这条20里长街的新旅游区，也是绝对不可能的。

我到时已经是12月初，却还可以下海。旅游者仍未绝迹：他们穿着短衣短裤，有的在海边嬉水，有的在海岸上晒太阳，有的在一尘不染的街上闲逛。到处是和暖的阳光，到处是浓密的绿荫，到处是蔚蓝的大海，到处是精巧的楼房。路上有各色招牌、广告，楼前有各种商店，卖海滨浴衣的，卖旅游纪念品的随处可见，真是旅游者的天堂。

无怪乎一位德国人对我说："现在北欧和西欧已经是冰天雪地，乘两个钟头飞机，花上一些钱，来这里过一两个星期夏天，真是件快乐的事啊！"瑞典有许多人都和这里的旅馆有长期合同，一到冬天就像候鸟一样，定时来利马索尔回味一下夏天的滋味。

利马索尔也不仅仅发展旅游业，还利用当地资源发展工业，利马索尔的葡萄酒，在欧洲以至世界都是闻名的。

从利马索尔驱车西行大约40公里，就到另一风景区了，卢浮宫三宝之一断臂女神维纳斯的"出生地"——米洛斯岛。希腊是基督教兴起之前的欧洲文明起源地，不仅国力强盛，科学技术和艺术都很发达，出了亚里士多德、阿基米德和荷马等大家，对人类历史有重大贡献。许多艺术造诣极高，精雕细琢的艺术品都出自那个人才辈出的时代，至于维纳斯是如何断臂的，又如何落到了米洛斯岛海滨，就有待历史学家考证了。

不大的塞浦路斯岛由塞浦路斯和土耳其两国分治，利马索尔能在短短的10年内超越了土耳其久负盛名的旅游区法马古斯塔是很不容易的，比一种新产品创牌子还难，要在旅游设施的硬件、管理和服务的软件方面全面超越。这很值得我们邻近旅游名镇的新兴小镇借鉴，名气是一部分，硬件设施是一部分，软件服务又是一部分，如果后两部分高质量有特色，名气是可以打出来的，即便邻近"强手"，从无名到著名也是可能的。

我住的尼科西亚旅游饭店

五

东亚、东南亚和我国台湾小镇详考

十游日本到镰仓

今天的镰仓是日本东京南神奈川县的一个只有17万人的小城，但它曾经是日本的古代政治中心，比今天东京的前身——江户幕府所在地更早，它距东京中心不到50公里，如住在东京，抽大半天时间即可一游。

镰仓在相模湾东北岸。三面青山环绕，南面临海，西有箱根山，北有摩丘峰，利根、荒川、六乡等河流纵横交错，地势险要，形成天然城郭。公元1185—1333年间镰仓是幕府所在地和武士政客的活动舞台，也是当时与京都齐名的文化区，日本将这个时期称为“镰仓时代”。当时，佛教盛行，在建筑、雕刻、书画等方面都有相当成就，形成“镰仓文化”。

从东京到镰仓一下火车，马上可体会到日本古朴的文化：小街小巷，小山绿林。镰仓不大，几乎所有的名胜都在火车站周围可以步行的距离。有著名的鹤冈八幡宫和众多的佛寺。相模湾畔沙滩连绵，海水清澈，为关东避暑胜地。晴日可以看到富士山，日出时，大海、富士和朝阳构成奇景，历史上许多艺术家和作家曾住在此地吟诗、作画和写作。以小说《雪国》荣获1968年诺贝尔文学奖的文学家川端康成自1935年迁居镰仓，一直到1972年离世，未再离此地。

鹤冈八幡宫是日本镰仓五大名寺之首。位于镰仓大臣山山麓，建于公元1063年。镰仓幕府第一代征夷大将军源赖朝的祖先源赖义，为纪念在奥州之战取得胜利，把京都的石清水八幡宫迁移到由比乡的鹤冈，作为源氏的守护神宫，这就是八幡宫的前身由比若宫。直到公元1180年，源赖朝才把它又迁移到现址。

镰仓民族特色的小饭馆

通向鹤冈八幡宫的大道实际从海边开始，有三座典型日式“开”字形大红牌楼，然后是长约100米的若宫大道，幕府时代这里曾有建筑。大道上有爬墙虎攀附的弓桥，称“太鼓桥”，是八幡宫的标志。桥下是荷花鱼池，右面种白莲的是源氏池，左边种红莲的是平氏池，合称源平池。过大道后拾级而上是唐门，走进全中式的前门楼，就是庭院，院有舞殿，为古代祭神时献舞之处，舞殿实际是个高台上的大木台子。宫的正殿雕梁画柱，色彩鲜艳，庞大的殿顶由排成长方形的朱红色横柱构成，正殿建于1828年，祭应神天皇、神功皇后和仲哀天皇。正殿四周有走廊，侧为宝物殿，里面珍藏有正恒铭太刀等日本国宝，其中最引人注意的是抵御1274年和1281年两次蒙古入侵时的盔甲，到13世纪80年代，呈方形筒状的日式盔甲质地精良，护卫处用铁，联结处用鬃，十分轻便，据说对击败元军起了重大作用。

宫入口处的右侧是牡丹花庭园，每年1月至2月下旬开寒牡丹，4月中旬至5月下旬春牡丹盛开。八幡宫内还有一棵千年大白果树，1219年一大雪之夜，镰仓幕府第三代将宫源实朝被刺杀于此，从此这棵白果树被称为“暗杀的白果树”，知道了这个故事，树下就不像牡丹园那样诱人了。

镰仓大佛是日本最大的铜铸佛。坐落在镰仓市高德院这座庙宇之中。公元1238年初建时为木制阿弥陀如来佛，公元1252年改为金铜制。在20世纪30年代东京大地震中大佛被毁，今天的实物是重铸的，不是原物使人有点扫兴。大佛高11.3米，重121吨，露天盘坐在2米多高的台基上，双手放置膝上。大佛铸工精巧，形象生动，服饰线条流畅，佛像体态丰盈，面部丰满，低眼沉思，显得威严，给人一种安定、若有所思的感觉，以“安定美”著称，被誉为镰仓的象征，是日本的国宝。

大佛内部中空，左侧有小门通入佛体内部，内部大约有5米见方的空地，下大上小，游人在里面有转不过身来的感觉。还有一架小木梯，沿梯而上，可登达佛顶。

出了高德院别了大佛，到了吃饭的时候，我们选择了车站附近的一家较大的餐馆。镰仓毕竟是小城，不像东京热闹地方的餐馆午餐时经常满座，几乎一律只供应“定食”，也就是套餐；这里在中午时分顾客也不多，可以零点，有一个鸡脆骨不知是否镰仓特产，味道比较特别。顺便扫了邻桌一眼，两位日本中年人点了比我们少得多的菜，日本人民在富裕后仍保持节俭传统，是值得学习的。

到东京看到的是今天的日本，而到镰仓看到的日本的历史，小城镰仓古迹保护得好，几乎没有现代建筑，没有大拆大建，是一座日本历史的博物馆，十分值得我国小城在新型城镇化中借鉴。

“琉球”首府首里城

看过美国第二次世界大战影片的人都能感受到，美国在日本南部冲绳夺岛之战的激烈，苍翠的小岛变成了一片火海，一片秃山。半个世纪之后，这里的生态奇迹般地恢复了。冲绳在我国明朝时称琉球，首里城，又名中山城，是历代琉球国王居住之地，首里城就是现在冲绳首府那霸的老城，12世纪就有城堡，15世纪建成了现在的首里城。所谓城，其实是皇宫，东西长400米，南北宽270米，面积约8公顷，约合9个足球场大。在第二次世界大战中被毁。自1957年开始重建，至1992年基本复原。

同年，申请联合国教科文组织（UNESCO）世界文化遗产成功。此前日本一直不加入申请世界文化遗产的行列，重要原因之一就是联合国教科文组织不吸纳修复的世界文化遗产，而日本的遗产又多被战争所毁。吸纳冲绳算是特例，也开了日本进入《世界文化遗产名录》的先河。我在中国常驻联合国教科文组织工作时管过世界遗产工作，修复的人类文化遗产算不算数，的确值得商榷，假如有人造个1万年前的遗产怎么办呢？但是对于确有原型证据，又是由战争所毁的特殊原因的，网开一面也不为过。

首里城宫殿实际上是个城堡，它和传统的中国宫殿很不同，中国宫殿从不建在山上。首里城建在一座大约100米高的小山岗上，是座典型的山上城堡，居高临下，俯视大海。汽车盘旋而上，最先到达的是守礼门。守礼门是一座中式大门，上面两层灰瓦大屋顶，两层之间有汉字匾“守礼之邦”，下面是红色木柱子，在北京讲是牌楼，而不是门。守礼门建于16世纪中叶，是王宫大门，于第二次世界大战中被毁，1958年重建，是冲绳的象征。

冲绳首府首里城堡大门

自守礼门拾级而上就到达欢会门。欢会门是真正的城门，扼要冲、地势险要，两边有石砌城墙，有一夫当关、万夫莫开之势。欢会门是门上有弧状装饰的唐门，唐门是日本从中国学来的，但中国自唐代以后唐门就很罕见，这个门也是琉球早在15世纪就受日本文化影响的证明。

过了欢会门是瑞泉门，门边有龙通

泉，泉水是高居山上宫殿的水源。看到一位冲绳白发老巫婆坐在泉边，口中念念有词，说是在替身边的人与他们家中的亡灵交谈。想抓拍一张，老太太很敏感，目光侧视，就没有再动作，应该尊重她的隐私权，这是不少中国到日本的游客不注意的。过了瑞泉门再向上是漏刻门，漏刻是中文，意为以水计时之钟。

从漏刻门到广福门，门内才是外庭，广福门相当于午门，外庭是一个小广场，大约有半个足球场大。从广福门上几阶高台阶就到奉神门，进了内庭，才是真正的皇宫。内庭长45米，宽34米，也差不多是半个足球场大，正面是正殿，坐东朝西，向着中国的方向。大殿有三层，二层有大屋檐，中间有一个巨大的黑色龙头，第三层是大屋顶，都是黄瓦红墙，与故宫中的殿堂十分相像，不过以龙头为顶的弧形正门楣带一点朝鲜风格。

正殿中底层是一个过厅，正厅在一层，是国王与大臣们开会和举行仪式的地方，相当于故宫的金銮殿。殿中最重要的是“御善床”，中文就是宝座，与故宫相比，座上红色多于金色。座上高悬康熙皇帝于1682年题的“中山世土”巨匾，当然，也是复制品。椅前、柱上和椅后都有“琉球龙”的雕刻和彩绘，琉球龙与中华龙的区别主要在于头大而体短，是受从中国龙改型的日本龙的影响。二楼是宫内举行仪式的场所。三楼是皇帝休息的地方，现在陈列着清朝赐的金印，其实是镀金的银印，长宽高各为10厘米，重4.5公斤，10斤大印，想来皇帝用印也不轻松。

外庭的小广场是中级官员止步的地方，也经常举行仪式，地面都由大理石板铺就，粉白两色相间，实际上是给地面分区，官员按高低级别分区站立，这是一个小小的创新，为故宫所没有。北殿现在是博物馆。国王也有个御花园，在宫旁的龙泉潭，实际上是人工湖，水面也不过一个足球场大，于1427年完成，据说当年还进行龙舟比赛。而且国王时代就对外开放，冲绳人说，它是世界上第一个公园。整个首里城的修复依照的是20世纪40年代初东京来的一位摄影师留下的一组照片，他的贡献真是无与伦比，否则这处世界文化遗产就不存在了。

冲绳最令生态专家惊讶的不是宫殿的修复，而是生态的修复，弹坑完全被填平，碉堡都被拆除，山岗又重新苍翠，小河又再现清澈，唯有千年古树是再也见不到了。

从日本冲绳名护镇看土地节约

冲绳岛上有三大城市，那霸、名护和冲绳，名护与冲绳各只有10万人左右。名护在冲绳岛中部靠东海的名护湾前，依高345米的名护山，也是一个良港。名护实际上是冲绳岛北部的中心城市，冲绳岛北部多山地，人口稀少，去中南部全要经过名护市 。

名护市很小，环名护湾而建，我们住进了湾西北名护市近郊的尤戈夫（Yugaf）旅馆。与在东京、名古屋和福岗住的旅馆相同，龙戈夫旅馆是个小旅馆，小小的8层楼已是名护的高层建筑，一共才有54个房间，是西式旅馆。但旅馆中让人感觉很大，前厅就大，房间也不小，在日本旅馆中当属少见。房间是真正的标准间，约有13平方米，已经比东京的中小旅馆大多了，其中衣柜、写字台、冰箱和放旅行箱的小木台一应俱全。尤戈夫旅馆紧邻名护湾，窗前就是湛蓝的大海和黄色的沙滩，但在10月底就已过旅游旺季，客人不多。

好不容易抽得闲暇，开始了名护夜游，真正看看老百姓的生活，和他们谈谈，这才算了解一个国家。名护郊区的夜很静，天很黑，海浪轻轻地拍打着海岸，海风轻轻地吹拂着街区。出了旅馆先过了一家规模不小的鞋店，里面顾客寥寥无几，不少鞋都在减价。从鞋店就拐入了名护近郊的居民区，有现代的公寓，公寓后有比较宽阔的荒地，一片黑暗，大概是盐碱滩，路边有孤零零的小店，霓虹灯格外显眼。这里还有传统日式房屋的居民区，板房里的灯光星星点点，在灯前坐的都是老人。有一家一对老夫妇在下围棋，刚一驻足他们就热情地用手势请我进去，进得门去他们又要倒茶，连忙谢绝，实在不好意思多打扰，由于言语不通，待了几分钟就出来了，总算进了一户琉球人的家，而且亲身体验了他们的好客。老夫妇家境并不富裕，但在传统文化影响下，有如此高雅的爱好。他们的生活状态快乐而又悠闲，建立一个快乐GDP指标体系真是有道理的。

进了一家杂货铺，是我国的简易房一样的房子，里面卖方便面、副食品和佐料等食品，一股食品气味。简陋的货架，杂乱的摆设，甚至地面都不清洁，水平一点不比我们江南农村小店高。一对老夫妇在隔出的一小间榻榻米上吃电炉煮的方便面。看到我这个唯一的顾客进来，直愣愣地盯着，并不打招呼。他们年纪在60岁上下，20世纪50—60年代日本农村的贫困印在他们的脸上，而较低的文化水平映在他们的眼神里，受教育少不是他们的错，这么老了还要开店维持生活，让人十分理解，祝他们好运。

在日本对土地的节约是令人赞叹的。先说公路，从东京到不少旅游景点的快速路上只有单车道，停车区也很少，就是说坏一辆车就全线停驶，但我10次到日本还没遇到到这种情况，说明日本司机素质之高，车保养之好。从东京市区到京东也只有两车道，由于车流量太大。的确经常堵车，使得去机场几十公里的路，要准备3小时，但如果在北京，怕是会长时间堵塞。

冲绳名护街上的歌舞伎

再说住，我的朋友资深的日本建设交通省河川局长，是与我职位相当的日本水官，但日本建设交通省只有一位副长官，河川局长又是主要局，所以他在我国相当于副部长。他盛情请我去他家，使我大吃一惊的是建筑面积才有60多平方米，小小的两室一厅。他却对我说："房子是小了点，日本官员都和我差不多，但是你看我这个小家布置得很舒适。"

东京的大旅馆小房间就更是没去过住过的人无法想象的，大约只有5平方米，一张双人床，一个小桌，一把椅子，外就只能过1个人，电视要躺在床上看。实际上日本每平方公里有300多人，而我国按宜居国土面积算，每平方公里也不少于200人了，不向日本借鉴，筑宽路、辟大街、住大房是难以持续发展的。

探险日本北海道钏路湿地

钏路在北海道的东南角，对我有特别意义，我们来钏路主要是考察湿地。我对湿地的兴趣始自1991年，当时任中国常驻联合国教科文组织副代表，负责科技、文化和体育事务，受委托与国内配合，对湿地进行调研，以决定我国是否加入《国际重要湿地公约》。通过调研真正认识了俗称"烂泥塘"的湿地，湿地实际上就是低潮时水深不超过6米的沼泽和海滩。原来湿地有强大的生态功能，可以净水，被称为"地球之肾"，还可以保护森

日本北海道小镇深山水库

林、湖泊、河流和许多物种。作者协助政府做出了加入的决策，并参加了加入的签字仪式，自此，就与湿地结下了不解之缘。

钏路湿地位于北海道东部，是日本最大的湿地。距今6000年前，这里是一片大海，大约3000年前，形成了目前的湿地。钏路川是湿地的水源，湿地南北长约36公里，东西宽约25公里，面积曾达300平方公里，随着不停地开发，2000年已经缩减到194平方公里，占日本全国200多个湿地总面积的60%。湿地上嫩草伸展好像一片绿色地毯，秋季发黄的芦苇好像给绿地毯绣上了金花，这是在照片上见到的，而我们在初春到来，这里仍是一片白色的世界。

钏路湿地以丹顶鹤的栖息地闻名世界。1935年将湿地中央部分的27平方公里划定为丹顶鹤繁殖地。1980年成为日本在《世界湿地公约》注册的第一个湿地，1987年成为日本第28个国立公园。

钏路市由钏路川而得名，钏路川是条小河，在市中心自东北向西南流过，到钏路港入海，城市沿海而建。钏路市是个小城，在北海道也次于札幌市、函馆市、旭川市，而居第四位。钏路市有19万人，221平方公里土地，每平方公里还合不上100人，由于地广人稀，是日本少见的宽阔城市，路很宽，楼不高，小楼还带花园，如果不细看建筑，很有北欧城市的风味。看来日本的城市建设也是因地制宜。

我们住在钏路市的王子饭店，这是一幢火柴盒式的紫红色16层大厦，外表不豪华，但内部设施很不错，房间也比较大，可惜是电视把CNN节目都译成了日文，使人无法跟踪伊拉克战争的进程，每天晚上猜日文字幕，倒也使日文长进不少。楼顶的餐厅很大，下面就是海港，濒临太平洋，作者爱海，又一次住了海滨饭店，让人心旷神怡。

白天工作繁忙，在钏路市又开始了夜游，可能是因为城大人少，也可能是由于天气寒冷，虽然是傍晚，但街上人很少，只有主干道上有些霓虹灯闪烁的大商店，小街上实在冷冷清清。中心区最大的钏路百货商店有6层，但每层面积都不大，而且顾客很少，商品价格也不菲，所以只是转了转，就匆匆下楼了。

进晚餐的是一家典型日式饭店，不但顾客盈门，而且热气腾腾，在外面穿风衣、毛衣站在街上5分钟就瑟瑟发抖，而在饭店里最后脱到衬衫还汗流浃背。我们吃的是牛锅，就是牛肉火锅，这是自1985年在东京以后，第二次吃这样鲜美的牛锅。北海道以盛产专供牛锅的肥牛而著名，据说这些牛要喝啤酒，听着音乐进餐，还要接受按摩，所以不但瘦肉比例大，而且肥瘦相间，肉质异常鲜美。东京好牛锅店的牛肉都是北海道供应的，难怪北海道的牛锅这样美味了。

席间与我们的日文翻译聊天，作者在联合国工作时，有这样一个说法，世界上最幸福的人是“住在巴黎，取日本妻子，拿联合国工资，吃中国饭”。没想到女翻译连连摆手说：“那是以前，现在不是这样了，日本妇女大讲女权，酒比男人喝得还厉害，在家里不爱干家务，还大吵大闹。”作者说：“远的不说，你就看这饭店的女服务员，多么尽心尽力，彬彬有礼。”女翻译说：“没错，这是在工作，对外人，职业道德还是很好的。如果在家里大声喊叫时，接到外人电话，说话马上就变了一个腔调。”呜呼哀哉，从1985年第一次来日本，不到20年已经发生了这么大的变化。是变好，还是变坏呢？不过，任何过于被压抑的人总是要爆发的，就像过去中国最多200年就要来一次农民起义一样。

从钏路市向西，就到了北海道的原野。在我们乘车去机场的路上，远处是积雪的山峰，近处是莽莽的雪原、密密的林海，还有成片的湿地。雪原上开始有农区，虽然田里白茫茫，但看得到农舍、粮仓和农机。这里的农民种稻米，稻田实际也是一种湿地，农民受政府政策保护，不交税，每户每年大约有700万日元的收入，如按两个劳动力算，每人每月也有2000美元收入，不比工人差。

钏路可以说是座湿地之镇，这在我的百国游历史上还是第一座，理论结合实践中学了不少知识。

朝鲜的开发区——罗津先锋特区

自中国、苏联、东欧国家和印度相继对外开放以后，朝鲜成为世界上少数几个相对封闭的国家之一，引人注目。其实，朝鲜早在苏联解体、东欧国家剧变以后，1992年立即就做出了建立一个对外开放特区的决定。这个特区设在朝鲜东北角，由罗津和先锋两市构成，经过3年准备，到1995年正式开放，以后两市又组成罗先市，成为朝鲜唯一对外开放的地区。所以我们得以在罗先地区考察。

罗先市在朝鲜的东北部，面积746平方公里，占朝鲜面积的0.6%，依长白山，面日本海，80%是山区。人口14万，也占朝鲜人口的0.6%，是朝鲜地旷人稀的地区。城市人口占68%，其中罗津人口7万，罗津城区4万；先锋人口7万，先锋城区人口3万。1月份平均气温零下9摄氏度，8月份平均气温仅21摄氏度，是避暑胜地。

罗津市与中国新疆、黑龙江的城市比较像，街道开阔，房屋不高，建筑比较稀疏，给人以半城半乡的感觉。与大城市比起来罗津市很有特色：一是清洁，二是车很少，三是人也不多。小城不但清洁，而且安静，可称“清静”。街上的行人都以步代车，连自行车都不多，但都擦得铮明瓦亮，因为已经是家庭的重要财产。街上还有牛车，是我的世界城市游历中仅见的几例。街上的商店很像我国我国“文革”前的国营商店，货架上空空如也，有的也多是中国货。

罗津是一座古城，历史上自李朝起就是流放犯人的荒凉地区。1910年朝鲜成为日本的殖民地后罗津的情况并没有多大改变，直到1932年罗津仅有4000人口。但罗津是天然良港，终年不冻，水深达10米。自1931年日本发动对华侵略战争后，由于这里在日本和中国之间直线距离最近的连线上，日本开始在这里建港，把从中国东北掠夺的资源运到日本。朝鲜独立后又开始建设先锋港，目前罗津港有400万吨的货物吞吐能力，先锋港为200万吨。

我们走在罗津码头上，码头不大，货仓更少，大船也不多，只有一艘俄罗斯的油船，其余都是小船了。罗津是我在世界上见到的最清洁的港，也是水最清的港，几乎没有任何污染，与远海的水差不多，为我在世界港口中仅见。港口上几乎没有人，也没有汽笛声，可能因为没有污水，连海鸥也只有一只。码头边没有固体漂浮物，海水清得与大海几乎一样。这时我才明白，原来港口的海鸥是来觅食的，只有水污染——富营养化或废弃食物才能吸引它。否则为什么到港口来，它既不看船，也不看人。我不禁又想到一个老问题：经济发展和环境保护是什么关系，罗津码头是个典型吗？我们是要码头，还是要环境，或者两者都要，能两全其美吗？

罗先市和我国深圳一样，规定了一系列特区制度：国人进入要通行证；外资进入实行投资者无签证，只办简易的入境证制度；所得税从各地的25%减到15%；企业自由经营，政府不干预；还有一系列保护外商的规定。到目前已进入80多家外资企业，总投资超过10亿美元。

香港投资的五星级海滨英皇大饭店是一个大项目，在先锋港面临的造山湾中，它占了除码头外一个最美的小港湾，面水背山，是一座粉白相间的五层大厦，还有许多辅助设施，大厦内有一个大博彩场，只有90多套客房，总投资估计近0.5亿美元。饭店的客人90%以上来自中国和俄罗斯，几乎没有朝鲜人入内，路过的百姓连看都不看一眼。身着制服的朝鲜门卫给每位出入的顾客敬礼，整个饭店管理有序，达到国际标准。

朝鲜农村最显眼的地方就是领袖像

海滨的山坡上另有一家我们延边自治州朝鲜族人投资的饭店加当铺，饭店加当铺这种“商店”是我在世界上第一次见到。饭店很小，不到20平方米，只能摆两桌。饭店的特色是可以吃到真正无污染的海鲜，10个人吃一顿海鲜才合人民币50～60元，真是世界上最便宜的饭店之一。烹饪和服务都可以，也比较清洁。这里的女服务员，人很漂亮，服务态度也不错，只是根本不看顾客的主次，最先的菜都是就近上给了司机，她们的月收入大约在5000朝元。当铺很大，约有50平方米，门前有一个巨大汉字“当”，等着在博彩中失意的顾客，他们能当什么呢？

当然，在罗先市也有工业项目，我看到的就有在山坡动工的海产品加工厂，遗憾的是刚破土动工就把本来没树的山岗上灌木植被又破坏了。据说有罗马尼亚投资的，还有保加利亚投资的，看来社会主义的历史渊源起了引资的作用。

近40年来的世界历史证明，尤其是中国改革开放取得史无前例成功的历史证明，一个国家要发展、要富裕，不改革、不开放是不可能的。

韩国济州岛——不能忘却的历史

韩国的济州岛现在已经是国人的旅游热点，但是，就是游过的人大多也不知道这里是元朝皇帝忽必烈1274年和1281年两次进攻日本的基地，岛上的树木被砍伐一光，整个岛成了蒙古骑兵的养马场。

济州城是济州的首府，人口仅十余万。北部靠海处是老城，南部是新城，西部是到济州岛的国际机场，济州老城早在13世纪已具雏形，老城的残垣断壁至今依然存在。现在最古老的建筑是1448年为练兵习武建造的观德亭。老城南有“三姓穴”，相传高姓、梁姓和夫姓三个神人是最早到济州的人，济州的土著都是他们的子孙。济州最有名的自然景观就是龙头岩，它在济州城主流汉川的入海口，岩高10米，里出外进，崎岖怪异，形状极似龙头，相传它是海龙王派往汉拿山采摘长生不老药的龙，由于激怒了山神被化为石头，停守河口永不得归。我站在龙头岩下，遥望大海，龙王在哪里，何时唤回这条龙呢？

今天的济州的新城几乎完全是现代建筑，十几到二十层的大厦，水泥的、青砖的、玻璃的矗立街边，与任何现代城市没有差异，好像不在济州岛上。向北到了老城区，小街曲折，房屋低矮，还有一些中式四合院夹在巷中，院中是韩式草顶双梯型顶，加双三角顶的民族房屋。居然未被拆除，让人找到古老济州城的痕迹，走到海边又变成了水泥堤岸和现代建筑。幸好济州的老城还未被荡平，使旅游者，尤其是外国旅游者看到了朝鲜民族的历史。

到济州岛不是来看城，而是来看这个韩国“生态岛”生态修复的成果的。从济州岛向东，最著名的就是城山日出峰，城山日出峰在济州岛的最东部，紧临大海，远看像一块硕大无比的巨型岩山，山顶是面积约1公顷的火山口，被99个大小不同的石峰环绕。山高182米，有4个景山高。山前先是一片碧绿的草地，然后就是矗立而前的乌黑岩石，为保护山体，阶梯都是木架的，因此每阶都有30多厘米，老人和小孩登起来比较吃力。我们拾级而上，每一次回头都是一景，苍茫的大海，如茵的绿地，美丽的小镇，繁忙的港口，还有那两块巨石之间形成的隘口，尤其令人称奇。到了山底，看到火山口边缘上的小石峰，有的如刀刃，有的如竹笋，有的如海浪，有的如沙丘，千姿百态，美景如画。站在山顶凭海临风，距元朝兵伐尽森林已700多年，仍不见茂密的森林，可见在水源不丰富的地区生态修复是如何困难。

济州岛旅游中心

从城山日出峰向西部到了在岛的中

东部的另一个火山口——山君不离火山口，与城山日出峰不同，它不是山顶上的一个“碗口”，而是山间的一片谷地，比城山日出峰火山口大3倍，有60亩大。我们登上山坡，就看到一片盆状谷地，犹如一片草地足球场，有6个标准足球场大，十分壮观，整个谷地没有几棵树，济州人切实保护，维系了自然的原貌，据说当年元兵的战马有不少散失，成了野马，至今尚存。家马又成了野马，真是奇闻，要有应该在这里了，但是我们没有看到。周围也没有标志性建筑物，火山岩堆的一块地名碑，也只有两人高，让人看到一个没有任何人类活动干扰的原生的火山口。

从山君不离火山口西下就到了济州岛南部重镇西归浦市，西归浦市临海，也分两部分，东部是老城，西部是新建的旅游区。西归浦市由传说中的秦始皇东遣渡海求长生不老药的徐福西归曾路过而得名，市中还有徐福展览馆，也是市历史博物馆。西区还有2002年世纪杯足球赛的济州岛赛场，算是岛上最宏伟的建筑之一。

东部是新建的中文旅游观光区，原来是荒野和农田，现在是清一色的民族式低层旅游饭店和其他服务设施。这里有著名的如美地植物园，是岛上最大的热带植物园，还有岛上最大的国际会议中心。中文旅游区最著名的自然景观是大浦海岸柱状节理带和天帝渊瀑布。柱状节理带是一种奇特的地质现象，海岸边的岩石成柱状，每个柱上又有竹节成两个大尖三角伸入海中，形状奇特怪异，真是大自然的神工鬼斧，我在山城日出峰没有看到日出，在大海柱装节理带却看到了日落，那橘黄色的太阳跳入海中后，给海面留下了一片金光。天帝渊瀑布，这一瀑布在1601年才被记载，说明了济州岛由北至南的开发顺序。我们是在雨雾中到瀑布前的，21米高的瀑布落下后成潭，雨蒙蒙、雾蒙蒙，传说曾有仙女沐浴，更增加几分神秘色彩，潭前形成小河流入海中，瀑布气热不大，但堪称清澈、娟秀，不失为一佳景。

从西归浦市向北就是岛上的最高峰——1945米高的汉拿山，现在北京有名的汉拿山韩国连锁烤肉馆，本名出于此地。登汉拿山顶，看火山口的白龙潭本是游济州岛的主要节目，但为了保护汉拿山生态系统，至今没有缆车上山，登山往返需8～9个小时，给旅游增加了至少1天的日程，所以不少游客对这一节目只好忍痛割爱了，我们也是这样。

从汉拿山向西，就是济州岛的西部，在翰京面有个盆景艺术园是韩国最大的盆景公园，吸引了不少游客。当然，对于中国70岁以上的游客，最想了解的还是坐落在盆景艺术园南大静邑的前战俘营，当年囚禁了中国人民志愿军战士，今天已荡然无存，旧迹难寻，但那沉痛的记忆是挥之不去的。

韩国政府在首都首尔建副中心——果川

2010年我三到韩国首都首尔，的确被越来越严重的交通堵塞所困扰，但韩国政府已想出了一个解决办法，并付诸实施。在汉江南部首尔的新区，一过江就有沿江的1988年奥运会大道，从西部的仁川机场通向东端奥林匹克中心。1988年奥运会大道西南的江南大道附近是新城的商业中心，是现在首尔地价最贵的区域之一。江南大道的西南，冠岳山脚下有个叫果川的小镇，实际上已经在首尔以外，这里居然是韩国为了疏解首都功能新建的副中心——政府许多部委办公的地方。

世界各国的古老都城中，都在20世纪建立了现代化的政府机构，各部委都占据了老城中的好房子——王府和大宅门，尤其在亚洲国家是这样，因为那时还没有现代化的建筑。此后，随着政府机构的扩张和办公的现代化，这些部委只有一条路，就是拆掉王府和老宅，在原地盖大楼，所以许多城市古老建筑的精华都这样被毁掉了。

巴西、巴基斯坦、澳大利亚和尼日利亚等国采取了建新首都的办法，当然避免了这个问题。不建新首都的城市怎么办呢？韩国采取了在郊区建副中心集中建部委办公大楼的办法，也解决了这个问题，有效保护了老城中的古建筑。

驱车向果川开去，越走绿地越多，越走丛林越密，越走越近山，沿途红叶的树林、黄叶的树林和绿叶的树林交错出现，色彩缤纷，我们仿佛是去游览。当车停在门前时才看清，原来是到了韩国的政府大院，财政部、科技部、环境部、劳动部和保健福利部，几乎韩国政府的一半部委都集中在这个大院之中，每个部委占一幢大楼，近山亲林，空气清新，仿佛置身公园一般。

韩国首尔副中心果川政府城

总结起来，这样建部委新址至少有以下几个优点：一是保护了老城区；二是部委集中办事方便，办一次入门证可以到十来个部委；三是各部委之间便于交流，有利于解决职能交叉的问题；四是办公环境好，空气清新，环境幽雅，有利于工作人员和来访者的身心健康。缺点呢？当然也有，就是远些，不过和那四个优点相比，还是利大于弊。

接待我们的是环境部资源循环局局长全炳成博士，这一招很高，环境部不是说大城市污染吗，那你先搬出来！当我从他的办公室出来以后，走在政府部委大院宽阔的庭院中，真像走在公园里一样，那种清新、爽利的感觉是我在世界几十个国家政府机构访问中所少见的。虽然官员上班远了，但是有班车接送，为了首都的环境牺牲点单人独车的舒适也是价值观的“现代化”，全炳成博士对这一点是认同的。

韩国首尔果川的副中心建设有几点值得借鉴：

一是没有“补东墙，拆西墙”，没有保护了首尔而破坏了冠岳山。规定在冠岳山地平50米以上不许伐树建任何建筑，保护山体与森林。

二是各部委大楼的建设都没有追求大气、豪华，不比在首尔城里的办公楼更气派、宽大。

三是保护了果川小镇，没有在小镇占地，用的基本上是地平50米以下的山坡地，对小镇影响不大。更没有在小镇建副中心的标志性建筑物，也没有建高档豪华饭店。小镇居民基本生活如常，由于搬来的部委都有食堂，小镇的小餐馆依然门庭冷落。

菲律宾城堡小镇因他穆洛斯

1571年，殖民者米格尔·洛佩兹德莱加斯皮率众来到菲律宾马尼拉，当地驻守在要塞中的部落叫马尼拉德（Maynilad），由苏莱曼王统治，是个商贸点。苏莱曼王是一位年轻的武士，当时他统治这个约有两千人、由竹制堡垒构成的城市王国。大刀长矛当然不是洋枪洋炮的对手。苏莱曼王意识到战败已无法避免时，放火烧毁了王宫，逃入深山老林。同年，莱加斯皮在原来苏丹王宫的废墟上开始建西班牙式的中世纪堡垒型城市。中心就是圣地亚哥堡。城市位于马尼拉海湾的岸边，在巴石河入海口附近。后来成为西班牙在亚洲最持久的纪念物，城名为“因他慕洛斯”城，西班牙文意思是“墙内城”。在1631年因他穆洛斯城基本成型，城墙长4.5公里，面积大约有64公顷，4个城门和12座教堂，有宫殿和学校，还有总督官邸。当年西班牙人通过城门与外围联系。城外有原

菲律宾小镇因他穆洛斯古堡

来的当地人、新生的混血儿和漂洋过海来此谋生的中国人、印度人，当时贸易和商业十分繁荣，促进了城周边的发展，城外的面积和人口迅速超过了内城，逐渐形成了马尼拉市。

后来荷兰人几次进犯城池，1762年英国人在这里统治了两年。建城327年之后发生了美国和西班牙的战争，美军攻入马尼拉，内城受到破坏，但还不算大。在建城的整整370年后，发生了第二次世界大战，1941年日军攻入马尼拉，1945年美军收复马尼拉，在两次易手的攻守战中城堡遭到严重破坏，当年的城池今天看到的只剩巴石河口地带的圣地亚哥堡。

圣地亚哥堡于1590年在城中始建，前后历20年建成。今天围绕圣地亚哥堡形成了马尼拉近郊的因他穆洛斯镇。城堡扼巴石河口要冲，被河和护城河围成三角形，另一边是高墙，易守难攻。远远望去大门像一座教堂，整个大门是一件艺术品，分上下两层，底层大，石门门洞不大，显然是防守的考虑，门楣上有城徽。第二层如一面牌楼，两边有立柱支持，门中有一幅巨大的石雕，是莱加斯皮策马率士兵征讨。两层高约15米，但又与城墙融成一体，是城堡中上乘之作。古堡全部石砌，城墙雄伟，高达10米，堡墙很厚，真是城高墙厚固若金汤。墙外有护城河，护城河两边有墙，河宽20米，现在河中是绿色的荷叶和粉色的荷花，一片和平的景象。城墙上设有炮台，又让人感到这里是一个堡垒。

进入古堡现在已是绿茵遍地、鲜花盛开的博物馆，许多当年的旧物都已是废墟。进门后正对的是兵器广场，草坪上陈列着当年的铸铁大炮。右手是薄红砖的两层楼，是当年苏莱曼竹堡的所在地。左边是一座大教堂，规模不小，但已成一座废墟，骨架还在，窗玻璃却无一幸存，看来自战后未再使用。

再向前是华裔的菲律宾民族英雄黎刹的雕像矗立园中，他身着西装，手拿书本，凝神思考，形象逼真。右侧是成排铁栅门的牢房。在菲律宾革命时期，许多爱国者被关押在此。美国侵占后，改为美国陆军司令部。日本占领时期，成为囚禁和屠杀菲律宾抗日战士和华侨的牢狱。地牢曾囚禁菲律宾民族英雄黎刹，牢中有水，放风在牢外的地坑之中。再向前是原来的总督官邸，楼上已辟为黎刹纪念馆。黎刹入地牢前的时刻，就在此度过。纪念馆里陈列着黎剎生前的大衣，从大衣看，黎剎身材不高，但在这瘦小的躯体中蕴藏着无穷的力量。一楼宽敞的客厅内写字台和笔架等当年的用具还在，但黎剎已故去百年。二楼的陈列品中有描绘烈士就义前壮烈情景的油画和黎剎就义前所写的“诀别词”手迹，引人注目。诀别词是用中文写的五言诗，旁边有西班牙文译文。

堡的最后就是河口，站在堡墙上，对岸的中国城和远处的马尼拉湾尽收眼底，瞭望哨中有一个西班牙士兵的铜像，懒散地歪着身子，其神其态真是惟妙惟肖。

堡外更是辟成一个小公园，一个法国式的小公园，矮树和绿草修减整齐，花坛个个精心梳理，仰望蓝天骄阳，让人们看过展览和炮台后的沉重心情舒畅了不少。

今天，因他穆洛斯城内除圣地亚哥堡和圣奥古斯丁等教堂外就是不多的民居，目前菲律宾政府无法拿出足够的物力和人力对这一古堡进行彻底修复。城中只剩城边一段段的残垣断壁，在原周长4.5公里城墙的遗迹上分布，让人想起当年的盛况，令人惊叹的是那段城墙有近10米厚。不迁走古镇内的居民，保留古镇风貌无可厚非，但政府不投入修复估计，没有游客，城中居民靠什么生活呢?

世界文化遗产印尼巴兰班南寺庙群旁的小镇

印度尼西亚的日惹市另有一处世界文化遗产是精美的印度教古庙巴兰班南神庙，它也是印度尼西亚只占不到人口1%的印度教信徒的宝贵历史遗产。巴兰班神庙与婆罗浮屠几乎建在同一时间，当时在印度尼西亚教与印度教两种宗教同时兴盛，而且和平共处。巴兰班南在日惹市东北约16公里，因拥有大量佛教和印度教的古建筑，而且混建在一处而闻名于世。巴兰班南的寺庙还有一个特点是陵墓和庙宇合二为一，既保存国王及王室的骨灰，庙中的神佛又代表了国王及王后的化身可谓立地成佛。巴兰班南寺庙群由240多座庙宇组成，现在大部分已沦为废墟，我们去时一些主要的庙宇正在维修。

巴兰班南寺庙群中最著名的是三群佛教寺庙和一群印度教寺庙，在一条小河旁的清幽树林中。印度教寺庙是罗罗章格朗寺庙群，是印尼最大的印度教神庙，其中包括6座寺庙，3座主寺庙饰有罗摩衍那史诗的浮雕，由于尖塔十分容易损坏，因此即便买票入园也不能近塔，只能隔栏拍照，如此严格的保护措施，在世界文化遗产中也是十分少见的。远远望去最高达47米的三座塔式印度教庙宇高高耸立，塔外有精美的佛雕，周围小河流淌，绿茵围绕、树林密布，环境十分优美。但1006年火山爆发，伴随着地震发生，神庙为尖塔式，与底盘达百米见方的婆罗浮屠相比，几乎无抗震能力，在地震中被摧毁。直至1913年才被修复，修缮时间最长的塔用了35年。三座塔按印度教义分别代表破坏神——湿婆神，创造神——梵天神和保护神——毗湿奴神。下面还有它们坐骑的三座庙，分别有牛、天鹅和金翅鸟的巨型石雕。

三座佛教寺庙包括塞伍寺、沙济万姊妹寺庙和卡拉桑寺庙。“塞伍”意为“千座寺庙”，约建于公元850年左右，庞大的主庙围墙外，有238座小庙分为五层围绕排列。主庙呈大十字形，围墙正方形，每边长约38.1米。小庙由内向外，第一层有28座，第二层44座，第三层仅6座，分别位于东、西、南、北四条通道旁，第四层76座，第五层84座。据推测，塞伍寺庙的建筑布局是为了构成“佛的象征”，普劳桑寺是印度教庙后的一座单独的寺庙，为信印度教的国王为他信佛教的老师所修，可见当时的尊师重道之风。沙济万姊妹庙和卡拉桑的一部分已在保护区外，我们看到这立在路边，连围栏都没有的精美古迹，立在碎石堆中可以任人攀登，真为之可惜，保护的步伐，亟待加快。

世界文化遗产巴兰班南寺

巴兰班南寺庙群的创建基本上是模仿了神话中描述的众神居住的马哈穆罗山，因此各种雕刻和装潢都是按照神仙境界模样完成的。例如，装饰的图案取材于山川、花卉、奇异的动物和人物等，叶片和枝条弯曲缠绕于各种图案之间，整个图案造出一个梦幻般的神仙世界。在寺庙群的墙壁上精致地雕刻着罗摩衍那传中的有关印度教的神话故事。现在傍晚时分，在巴兰班南寺庙后院的露天舞台上，有时还有这些著名的神话故事舞剧上演。

巴兰班南像印度尼西亚著名的婆罗浮屠寺庙一样，本已废弃掩在浮土之中。近年来由于成为世界文化遗产游客渐多，旁边一个小镇在悄然兴起，很像我国20世纪60年代广东偏僻农村的小镇，竹排墙芭蕉叶顶的小房排在泥泞街道的两旁，现代的小旅馆和商店正在兴建。最热闹的是镇上的集市，卖新鲜的热带水果的、卖低档的旅游纪念品的、卖自制的手工艺品的，不一而是，集市上熙熙攘攘、吵吵闹闹，与沉睡千年的巴兰班南神庙的死寂极不协调。

这是一座正在兴起等待建设的小镇，如何能扫除贫穷的杂乱，又能保持古迹的风貌？是不是又要盖高耸的五星宾馆？要请大师设计臆想的标志性建筑物压倒巴兰班南神庙？难道神庙本身不就是最好的标志性建筑物吗？

文莱首都斯里巴加湾小城

如果说文莱是个和平、宁静和绿色的伊斯兰国家的话，那么斯里巴加湾市更是个和平、宁静和绿色的伊斯兰城市。尽管这里也有1/3的非伊斯兰教徒，但是与以色列的首都耶路撒冷有天壤之别，在这里你不用担心有突发战争的枪炮和恐怖分子的炸弹。实际上和平也只是近半个世纪以来的事，在1962年举行是否并入马来西亚的公投时，上面的担心都还是现实。

斯里巴加湾市建在文莱湾的西岸，距入海口15公里。当年这里只是一片长满红树林的沼泽地，后来马来人到这里定居，形成几十个水上渔村。1929年这里发现石油后才建成城市，原来只有市中心大约1平方公里的面积，现在已经发展成约6万人口的现代化城市，当然，这样的规模在中国只是个微城。

文莱斯里巴加湾红树林中的猴子

斯里巴加湾市实际分两大部分。一部分是在老城，面积不到1平方公里。老城又分为三部分。一部分是被称为水上小镇的甘榜亚逸，在城市的最南部，北临南中国海，在这里住着城市的一半人口；第二部分是陆地，很小，只是文莱河入海河口的一条街，在河口的东北。

这些水上村庄至今已有600年历史，是世界上历史最悠久的水上村庄之一，也是世界上最大的水上村庄，有3万人住在这里，水上村的马来文是“甘榜亚逸”（Kampong Ayer）。我曾到过泰国曼谷的水上村、柬埔寨洞里萨湖的水上村和非洲多哥洛美的水上村，都没有这里大，其清洁、整齐和富裕程度也不能与这里相比。

水上村庄在斯里巴加湾市的最南端，文莱河口地带，分三大块，都基本建在水中，以中间一块最大，且正对岸上老城，西边一块最小，面对现在的苏丹王宫。文莱现在的人均GDP达到16000美元，现在还住在水上村的居民不但收入较低，而且孩子较多，但是人均月收入还是超过千元人民币。斯里巴加湾的水上村庄中看不到在上述三国水上村中乱搭乱建、残破不全的现象，一律是水下的大木桩或水泥柱支撑着整齐的木板高脚屋，差别只不过是油饰的新旧。油漆斑驳脱落的高脚木板屋还是不少，可能是家中孩子太多，负担太重。

所谓水上村，当然，不只是住房，村中各类设施一应俱全，有小商店、咖啡厅和加油站，甚至还有小船坞。看到一长排油饰颇新的水上屋，是学校，大概操场建在岸上。还有清真寺，水上清真寺是水上村中最大的建筑，落成于1960年，投资1500万美元。寺院方体圆顶，金碧辉煌，一半建在陆上，另一半架在水中。最令人惊讶的是警察局也建在水上，大概是抓乘船作案的人快捷。村中有高架于水中的木板路，四通八达。板路宽约1米，都打扫得干干净净，那么窄的路也无法堆放垃圾，路上都建了顶棚，可以挡雨。每户屋前都有小船，是必备的交通工具。

斯里巴加湾的另一部分则是新区，至少有老城的50倍大，因此交通主要靠汽车，走路是不行的，好在文莱平均1.5人就有1辆汽车。新区主要有三种建筑：一是政府机关，包括首相府在内的各个部、局；二是各式各样的伊斯兰教清真寺；三是大旅馆。其中以清真寺最为突出，带金尖的蓝色、白色、黑色和棕色的清真寺顶在一片绿林中露头，仿佛绿草地上长出的色彩鲜艳的蘑菇。第三种建筑就是在河口西南部吐东地区的苏丹王宫，被称为当今世界上最大的王宫。

斯里巴加湾的市中心在文莱河的入海口地带，苏丹街是南北向的主干道，伊丽莎白街是东西向的主干道，街名刚好记录了苏丹王国和英国保护国的两个时代。苏丹街是老城的第一街，也不过500米长，15分钟可以从这头走到另一头。街上有银行、旅行社、航空公司办事处和旅馆，也有商店、餐馆和百货公司。街上的麦当劳是全文莱唯一的一家，我到时生意不大红火。有一家百货公司，规模不小，价格不菲，顾客不多，连电影院也在其中，当时上映的是美国大片。

城区虽小，但十分漂亮、清洁，路边一般是三层楼房，一层有走廊，行人可以避雨遮阳。步行街的中央由彩砖铺成，街有金色镂空的花缸，里面有小楼和花草，如不看天，仿佛是在室内一般。向街尽头望去，白色清真寺的金顶在蓝天下闪光，向另一端望去，文莱河碧波荡漾，老城中心清新、优美。估计市中心居民不超过1万人，十分宁静，没有大城市的喧闹。美中不足的是传统房屋已一间都找不到，老城改造有必要，但旧屋留几间作样子也好啊！为什么要一扫而光呢？在街端有一座中国庙，显示着这里住着炎黄子孙。

尽管斯里巴加湾是个弹丸小市，但是它是首都，我还是像世界105国调研中的大城市一样找出它的十大名胜吧！应该是水上村庄、苏丹街、苏丹王宫、詹姆·阿瑟清真寺、奥玛·阿里清真寺、皇室仪饰陈列馆、音乐喷泉公园、首相府和国家体育场，第十个还是读者游过后自定吧。

中越边境芒街的博彩业

芒街是20世纪60年代以前出生的中国人都知道的地名，属越南广宁省，与我国广西防城港市的东兴市隔北仑河相对。北仑河发源于我国，长107公里，其中界河部分约长60公里；年径流量26亿立方米，水量充沛，7个月流量就足以注满北京的密云水库。芒街与东兴仅一河之隔，河宽不过30米，河对岸都看得清清楚楚，尤其是两边的边防站都有三层楼高，矗立桥头，就更为醒目了。

今天的芒街是一片祥和的景象，如果不是边防站的提醒，几乎让人忘记了这里是边界。北仑河里越中两方的小船在任意行驶，根本没有什么中心主航道是国界的概念，一只越南的小船忽然在中国一方的岸边停靠，一个越南小伙子和一个越南妇女登着陡峭河边上护岸的砖石就上岸了，上来以后仿佛来走亲戚，丝毫没有“越境”的感觉。不一会那个妇女就拿出一些香水和塑料套封的崭新越南纸币向我们兜售，一切都那样自然，仿佛在自己的国家。

从这里出境的中国人也很多，大多数是旅游者，在中国边防站前排起了大队。过了北仑河上长50米的小桥就到了芒街。据越南朋友说，越南芒街是个建设得较好的城市，现有12万人，高楼比对岸10万人的中国东兴市（县城）还多些。芒街在近5年内随着过境游而迅速发展，日新月异。

芒街的街市上最突出的特点就是“四米楼”。所谓“四米楼”是越南街市建筑法律的规定，即临街包括临公路的房屋的正面宽度限制在4米之内。因此，房屋都变得陕长，像个抽屉，四五层楼也是同一模式，成了一座扁片楼，而且只油饰正面，侧面和背面都是水泥和石砖的原色。这个办法真是节约临街的最珍贵土地资源的好办法。同时，一面油饰也大大节约了油漆等生产过程中高污染的材料，联想起中国小城镇建设中四面贴瓷砖的做法，真是鲜明的对照。贴上瓷砖究竟有多大美化作用，用了多少宝贵的表土，生产中又产生了多少粉尘污染，减成一面可以少用多少表土，减低多少污染，不知是否有人计算过。四米楼乍看起来有点奇特，看习惯了也觉得不错，街上每个店铺只有4米宽的门面，反而使街面显得繁华。当然，这可能只适于小城镇，在大城市中的豪华奔驰车的销售厅，如果限4米的话，连一辆车也摆不下。同时使我感叹的是越南的有法必依、执法必严，以后在公路边，以至河内郊区看到的新建筑几乎都遵守这个规定，特殊的富户大概是花钱买了两个4米共8米的门面来建楼。

芒街的街市一派繁荣的景象，都是中国人的过境旅游带来的。在这里街上走的人群除了一个越南导游外，几乎都是中国人，而在街边坐着的都是越南人；在商店里买东西的几乎都是中国人，而售货员是越南人。在这里人民币可以随意使用，不用兑换，比越币还受欢迎。与我国南方一些县城相比，芒街还是有些“脏、乱、差”，正像我国刚改革开放时一样，越南朋友谦虚地说：“我们比你们落后了20年。”

越南胡志明市湄公河畔

芒街的另一个奇特景象是卡西诺（Casino），说好听了就是“博弈场所”，其实就是“赌场”。在欧美澳非亚五大洲，我都见过赌场，但是像芒街利来五星国际大酒店这样专为中国人设置的赌场还是头一次见到。说它是赌场并不冤枉，因为酒店的介绍上就明文标注“不到拉斯维加斯，也可享受刺激娱乐”。说是为中国人所设，也不冤枉，因为这里除服务人员外99%是中国人，而越南人则不许入内。

利来国际大酒店据说是以港资为主的国际资本，在北仑河的越方支流歌隆河畔，是芒街的一个世外桃源。绿树成荫，青草遍地，椰树扶疏，棕榈茂盛，鲜艳的热带花坛，清澈的喷泉水池。旅店是一座欧式的建筑，主体是四层的旅店大厦，有一座白色的圆顶，大厦一侧是巨大的圆形赌场，建筑整体为黄色，在蓝天之下，绿地之上，格外鲜明。

博弈场中人头攒动，各种赌局一字排开，与拉斯维加斯当然不能相比，与摩纳哥和澳门也不在一个数量级，但其热闹程度却不稍减，还有的人边吃汉堡包边赌。我真不理解为什么有人以为赌博是种乐趣：如果为了刺激，其实体育比赛、智力测验和探险都足够刺激。看到这些痴迷的同胞，我在惆怅的同时也思索其原因，从根本上说，还是教育，是文化程度。据说在下龙湾还有规模更大的国王级赌场，去的都是中国的大老板。

旅店看起来成了陪衬，宽大的大厅中门可罗雀，没有顾客，大厅中的座位前放着“最低消费人民币18元”的标牌，用意很明显，这里不允许坐，把人都赶到赌场中去。

在我国的周边，朝鲜、越南和缅甸都兴起了一些过去贫穷如今现代的小城镇，不少靠的是博彩业，赌客从哪里来呢？来自中国的老板，这种新型城镇化的发展模式是不可取的，随着国人素质的提高也是不可持续的。

缅甸木姐的街市——一个世界闻名的小城

缅甸小城木姐在我国云南瑞丽江南岸，属于掸邦。掸邦在缅甸的邦和省中是面积最大的，有15.6万平方公里，与我国的辽宁省一样大，但人口只有400多万，是辽宁省的1/10，所以是一个山高林密、地旷人稀的边境地区。木姐在这片地区北端，是一座与中国接壤的人口较稠密地区的小城市，现有5万人，是瑞丽市人口的一半。木姐与瑞丽市在江南的姐告开发区相邻，是口岸，两国都在那里设有国门——边防站，过境来往的人群络绎不绝。

近些年来，木姐这个弹丸小城开始世界闻名，因此它开始成为毒品王国——世界三大毒源地之一“金三角”的新一代鸦片种植和毒品加工基地。2001年1月，中国与缅甸签署《中缅禁毒合作谅解备忘录》后，双方就在这一带抓捕毒枭，新一代最大毒枭华裔谭明林就住在木姐，并被抓获，于2001年4月23日移交中国政府。最盛时谭明林有4亿多人民币资产，200人的私人武装，占中缅边境毒品交易的50%，一次交易量就超过100公斤。谭明林已于2003年5月10日被判死刑，并于6月25日被处决。

谭明林1962年生，是四川乐至人，1992年到瑞丽打工，蹬三轮车拉货，后来认识界外缅甸勐古大毒枭杨国梁的女儿，结婚后移居缅甸，定居木姐，专门在木姐和边界对面的中国姐告镇间从事毒品贩运，在短短10年之内成了最大的毒枭，在木姐谭明林无人不知。

为什么两岸的不少地名里都有“姐”字呢？由于两岸住的都是傣族，这里用的是傣语，傣语的“姐”就是“街”的意思。傣语的“勐”是镇的意思，两岸也有许多地名带“勐”字。如瑞丽市以前叫勐卯，是雾中之镇的意思。我们出中国边防站走了不到10米，过了一条小街，就到了缅甸的木姐，真不觉得是出了国，更何况到了缅甸，街上路标和招牌除了缅文也有中文。木姐是随着中国瑞丽市的发展而发展的，以前只是个贫困的小镇，现在有不少三层楼，不少是中国商人盖的，街道也比较宽阔。

越过这一步就是缅甸“赌城”木姐

但这里毕竟是缅甸，肤色黝黑的缅族人，在瑞丽是很难见到的。两岸的傣族穿民族服装的已经不多，但缅族多穿民族服装，缠着包头，穿着筒裙。男女的差别在于男的不带饰品，筒裙是素的。街上的建筑也不同，在街心有大屋顶的庙宇式三层建筑，让人看出这里与瑞丽的不同。但我和在瑞丽有同样的感觉，这些来去匆匆的人群中，有没有贩毒者，有没有新的谭明林呢？观察了许久，看不出来。

木姐的货币兑换点大概在全世界都绝无仅有，是一些妇女每人提一只中国出产的塑料编织袋，袋里装满了成捆的缅甸币，衣袋里是人民币，坐在街边兑换。这里几乎没有人知道官方汇率，黑市汇率是100元缅币兑人民币9角多。这些妇女毫无顾虑地坐在街上，放心地把成袋的钱摆在身边，倒也说明社会秩序还是好的。为什么有这样大宗的货币兑换，做的是什么买卖，从那些面无表情的妇女脸上是看不出来的。街上汽车不少，当然都是进口的，低档车只相当于我国价钱的一半，汽车、驴车和人乱作一团，交通管理不太好。当然，这么穷的地区人们为什么能买得起好车，也让人思索。

木姐的“超市”还在初级阶段，两层楼的百货商店，商贩都在里面摆摊。一层是百货和服装摊，卖的几乎都是中国产品，只有缅甸筒裙等不多的几种货物是自产的。商贩倒也殷勤叫卖，只是顾客甚少，使得他们的叫卖也有气无力了。这里有一种擦脸油，为缅甸特产，由一种植物制成，据说防晒护肤，合6元人民币一小瓶。妇女们脸上抹满油像贴着面膜，像京剧的花脸一样毫不掩饰地在街上走。制作这种擦脸油的植物，手指粗、10厘米长的一段就要人民币5元，可以直接擦脸，由此看来盒装擦脸油是有不少添加剂了。几经问询才知道这种擦脸油是这里唯一的工业品，所以小镇高楼叠起，车水马龙的成因就更值得人深思了。

木姐的“集市”已经有悠久的历史了，缅甸的集市很有特色，是一片空地上的无数帐篷，有红色的，有绿色的，有棕色的，有黑色的。没有帐篷不行，因为热带的太阳太毒；帐篷几乎没有白的，因为土太大。帐篷有傣族的、缅族的、克钦族（即景颇族）的，也有汉族的。商贩卖的东西有肥皂、牙膏等日用品，有味精、小点心、鱼干、水果、稻米等食品，也有各种儿童服装，真可谓吃穿用一应俱全。产地大部分是中国，也有泰国的，泰国的味精大约合5元人民币一市斤，酥饼3元人民币一市斤，比中国便宜一些。赶集的人不多，但摊贩们并不着急，有点懒洋洋地打不起精神。让我怀疑这里只是他们在阳光下从事黑色交易的预约点，我看到了一个神秘的顾客一出现，一个打着哈欠的摊贩顿时精神抖擞，霍地一下站起，跟他走出去了。概括而言，缅甸集市的特点是大、乱、土多、不太热闹。这里真正的“交易”都在地下，黑色经济支撑着这里的表面繁荣，果真如此的话，能持续多久呢?

回来过边防时，我又看到一个背竹篓的老太太，从皮肤和眼神上看都不太像当地的农妇，对她未作任何盘查，便任由她大摇大摆地进了中国。可能这是正常现象，但让我这个游客平添了几分疑云。

当我回到瑞丽江北岸，遥望木姐这座罩在水雾中的小城时，它是那么小，又那么朦胧，给人神秘的感觉。在世界潮流和中缅的联合打击下，木姐的地下黑色经济变成阳光经济的日子不会远的。

柬埔寨洞里萨湖畔的贫民水镇

柬埔寨磅湛省以南，海拔不到10米。这里过去原来是海湾，由于地壳上升，湄公河及沿岸溪流的泥沙长期沉积，形成了古三角洲，最后剩下的水体就是现在的洞里萨湖（Tonlei Sop，又称金边湖），由洞里萨江与湄公河连通。如果以目前的速度继续淤积下去，不到200年，金边湖就将完全被淤积成陆地而消失。

洞里萨湖是东南亚第一大湖，也是亚洲第二大淡水湖，常年蓄水，面积2500平方公里，水深约2米，储水量达500亿立方米，是柬埔寨年用水量的10倍；在雨季涨水时，湄公河及其支流灌入，湖面最大可增到1万平方公里，水最深处可达10米。水位变化很

在柬埔寨洞里萨湖赴水寨的船上

大，湖周实际上是一片湿地，是天然的蓄水池，是良好的水产天然养殖场，也是世界著名的淡水鱼产区之一。湖中有黑鲤鱼、黑斑鱼和名贵的“坐鲈”等著名鱼产。汛期中平均每平方米的水面可产鱼1斤，枯水时鱼群挤在浅滩树丛中可用篮子拾取，所以洞里萨湖又被称为鱼湖。

我们驱车前往洞里萨湖，尽管我是第一次来，但可以断定，这个柬埔寨的母亲湖已经旧貌不再：沿途没有森林，最大的只是富户家边的小树林；就连草已覆盖不了大地，许多地方露出了黄土；没有一条水量充沛的河流，湿地和池塘也只剩遗迹。可以肯定，目前洞里萨湖的旱季蓄水远没有500亿立方米，周边地下水位已经大大降低，否则周围的植被不可能如此凋零。

洞里萨湖畔通往乘船处的路是我在世界上见到的最为凄惨的贫民小镇。这里根本没有什么房子，只是几根树干扎成架子，四周档些秸秆，顶上铺些稻草，只能避晒，难遮风雨，一船是一家七八口人住在里面，见不到老人，家家有五六个孩子，当然“房里”只是睡觉，小孩都在门外的垃圾堆旁做游戏和在泥泞的稻田引水沟里洗澡，如果能有合人民币1元的糖果，那就是一家五六个小孩最大的欢乐了，我本想给一个小孩点钱，但又怕其他小孩会蜂拥而至，只得作罢。屋中家徒四壁、破烂不堪，家家如此。但这些棚户中还有咖啡店，不过是在大一点的棚中卖饮料；还有饭馆，是更大的棚子中铺了席，可以吃几个菜。

我们到了湖的芦苇荡，荡边的土居然也是黄沙，吹得绿了的芦苇荡蒙上了一层黄尘。荡边有渔民的“旅游船码头”，说是码头只是一片小土埂，上面垃圾成堆，让人不敢靠近。看到我们来芦苇荡，忽地钻出几只小船来抢生意，每个船上都两三个人，一个是船老板，另两个是十来岁的少年，他们都身材瘦小，肤色黝黑，只着背心、裤衩，但仍乌灰不洁。他们热情地把我们招呼上船，小孩熟练地用竹篙把船撑出泊位。

向湖中撑去，我们看不到游艇，原来都是乘这种小船出去才能换乘大船，由于洞里萨湖逐渐干涸，大船都不能靠岸，原来的码头也不能用了。究竟200年后洞里萨湖能不能干涸，我还没有计算，但大船不能靠岸已是亲眼所见了。这里的孩子显然是失学的，走了不远我们就看到“水上学校”，所谓水上学校就是联合国组织、日本出资，订购了一些大平板船，成了镇上唯一的学校。船上有教室，还有小小的篮球场，只有1/4个篮球场大，但立起4米高的铁网，否则球就打到水里去了。学校里没有人，既没有学生，也没有老师，不知是放学了，还是这些孩子根本不来上学。

再向湖中走，我们看到了水中奇景，无数只船连成一片，仿佛安营扎寨一样构成“水城”，住的都是贫苦渔民，据说有不少还是从越南迁来，由于洞里萨湖的萎缩，他们只能住在船上，水通人进，继续这仅有的谋生手段——渔民生活，现在鱼的数量大大减少，他们已打不到鱼了，所以不少人来接旅游者，我们的船就是其中之一。号称“鱼湖”的洞里萨湖该是有大鱼可打的，但我见到水寨中的渔民晒的干鱼都不到20厘米长，或许他们把大鱼吃了？或许湖里有大鱼吧。

水寨一带的水，大约只有1米深，刚刚能把船浮起。船边水上废弃的杂物成片，水脏得看不见水下，而且散发着一种气味，水质大约是Ⅴ类，小孩只能在水边游泳，而小小孩则只能在甲板上了。船上晒着五颜六色的衣服，主妇在无奈地看着湖面，苍蝇和蚊子在周围飞舞，仿佛水面升起了一团烟。

我们再向深水驶去，看到了现代化的大船，却制成平台状，有水上饭店、水上舞厅、水上咖啡馆，还有水上别墅、水上理发店。一句话，陆上有什么水上就有什么。我们的小船登上了一家水上饭店，这才知道湖中起码是在旱季没有大鱼，要了一盘炸鱼，也只有20厘米长，为了鉴别水质，我连污水都敢尝，但实在吃不下去这盘鱼。几个小孩在船边游泳要钱，这种水上乞丐还是第一次见到，从小孩踩水的情况看，这里的水也不过1.5米深，水质也只有Ⅳ类，下面什么都看不见，但可以肯定几乎没有鱼。

在我们返程时夕阳西下，天色逐渐变暗，景色反而美丽起来。水面上倒映出橘红的晚霞，掩盖了它的浑浊；小船构成的水寨轮廓模糊起来，已看不清它的破旧；船上年轻渔妇脸上被风雨刻出的皱纹和那惆怅的表情更看不到了，消失在夜幕之中。昏暗真是一道幕，能掩盖真实。

从当年林木环绕的吴哥城，烟波浩瀚的洞里萨湖，到今天稀落树林难以遮住的吴哥窟，浑水浅滩的洞里萨湖，人类是进步了，还是退步了呢？在物质生产方面是进步，但至少在生态维系方面是退步了，人类要不断进步，要可持续发展，不维系生态系统，不保护生态平衡，不仅不能实现，还将受到自然的惩罚，洞里萨湖水城的居民将更贫困，而且失去生存基础。

泰国海滨胜地芭堤雅的昨天和今天

谁能想到，如今和美国的迈阿密、英国的布莱顿、法国的尼斯和意大利的西西里齐名更为中国游客熟知的泰国芭堤雅（Pattaya）小城海滩在20世纪60年代还是一个穷僻的渔村呢？

芭堤雅在曼谷东南145公里处，在泰语中是“雨季开始时从西南吹向东北的海风”，自1961年美国人发现了这里的旅游资源以后，至20世纪70年代末，这里就成了世界闻名的海滨胜地。由于历史太短，至今不少地图上还找不到芭堤雅。如今芭堤雅已是吞武里府的重镇，常住人口有5.4万，加上外国和外地来的帮工至少有七八万，城镇规模并不大。令人惊讶的是，这个小城中有两万个旅馆房间，常年住着两万游客，而且上客率在90%以上。也就是说，这里以每人住5天计，一年就接待140万游客，的确是可以和世界名海滩媲美的。

芭堤雅镇依海滨而建，由横竖各三条干道组成，依海岸而建的纵路由西至东依次是海滨路、芭堤雅2路和芭堤雅3路，横断这三条路的依次是芭堤雅北路、芭堤雅中路和芭堤雅南路。不管是格局，还是路名，都和纽约相似，这里由美国人开发的痕迹是十分明显的。

海滨路是芭堤雅镇的主干道，路的西侧是灰蓝的天空，湛蓝的大海，深黄的沙滩，空中有人悬在气球吊篮中嬉戏，海里有人乘摩托艇来往穿梭，岸上肤色不同而都晒得黝黑的游人如织，有青年男女，有老年伴侣，还有外国游客和伴游女郎在沙滩上横躺竖卧。路的东侧是鳞次栉比的商店、饭店和酒吧，在这里，你可以买到各种冒牌货，各种纪念品，可以吃到各式饭菜和各种食品。路中车满为患，等上两三分钟过不去马路是常事。芭堤雅海滩热闹、拥挤、嘈杂、价格低廉，不是很高雅的去处，却不乏对普通旅游者的吸引力。

泰国芭堤雅饭馆中的歌舞

我于20世纪90年代初到此地时，第一次见到了中间是巨大空地，房间在四周，可以在大厅一眼见顶的豪华大旅馆。以后在世界上，尤其是发展中国家，特别是在中国越见越多了。占地如此大有必要吗？显示气派有多种办法，但最根本的不是“扔钱”，而是文化底蕴和对未来的憧憬。

入夜，这里灯火辉煌，霓虹灯沿十里长街连成了一条彩色的火龙，无处不灯红酒绿，无处不熙熙攘攘。一个大型露天酒吧，盖成花园藤架的形式，但架上的不是花草，而是成千上万个1瓦的小灯泡，把酒吧装扮成了水晶宫，宫内一个身着红裙的西洋歌女在钢琴的伴奏下唱古典歌曲，这是西式的。一座海鲜楼，临海而建，楼下陈列着各式海鲜，可以点名称斤，然后下厨烹饪，在楼上斟酒品鲜，赏月观海，这是中式的。一个大擂台，周围挤得水泄不通，一对赤膊选手正在进行，被称为最危险的拳击的泰拳表演，叫好声不绝于耳，这又是泰式的。至于隐在小巷里进行一些不雅的勾当，就说不上什么式的娱乐了。夜晚的芭堤雅海滨真是光怪陆离、五彩缤纷的大千世界，有人欢笑有人愁啊！

芭堤雅2路则是一些大商店、大银行和大游乐场的所在地，还有外形如体育馆的大型“人妖”表演场。芭堤雅的“蒂芬妮歌舞团”以人妖表演闻名于世，1975年开始用完全女性化的男青年表演“特色歌舞”，发展到有120多名演员，每晚坐不虚席，场场满座，有时还要提前订票，成为芭堤雅一道特殊的风景。芭堤雅3路则分布着许许多多的大小旅店，总共有两万个房间。

如果说泰拳和人妖还是民族特色的话，直到21世纪初还兴旺的色情产业则不应该是发展方向，世界上有过不少，但还没有一个旅游胜地是以色情行业支撑可以持续发展的，这应该是科学规律和前车之鉴。现在芭堤雅已经开始了正规、可持续发展的步骤，“中天”就是证明。

芭堤雅的确是个兴旺发达的海滨胜地，但是它的黄色旅游和黑色污染已经让世界旅游界颇有微词。泰国除了整顿芭堤雅以外，同时又在芭堤雅区兴建了新的高档次的旅游胜地——“中天”。

台湾阿里山山间小镇

位于嘉义县东部的阿里山，属台湾省西部冲上断层的阿里山山脉。由于受到地层纵切的影响，全县地势较高，悬谷、峭壁、瀑布等地形景观特别发达，这里森林密布，空气清爽，有丰富的观光资源。这一带的太平、瑞峰、瑞里、太和、奋起湖、水社寮、茄冬等村落，都陆续开发成以奇岩、异树及潭布等天然景观为特色的风景区。彼此间皆有公路相通，而在阿里小镇上国际闻名的阿里山登山铁路则迂回其间，形成一个庞大的旅游网，其中又以阿里山小镇为中心，故统称之为大阿里山风景区，名声远扬，连外国观光客都会哼几句“高山青”。阿里山风景区的特点是以“五奇”闻名，即日出、晚霞、云海、森林和登山铁路。铁路沿线又拥有热带、温带、寒带等三类不同纬度的林木，群山环绕，景致诱人。主要景点有樱花园、高山植物园、姊妹潭、受镇宫和阿里山铁路等。

樱花园也在小镇上，是素有“樱都”之称的阿里山最佳赏花地，每年3、4月春天到来，群花怒放，满山的花朵，姹紫嫣红。树木以樱树为主，有日本的吉野樱花树和八重樱，也有台湾特有的山樱花（绯寒缨）和近年引进的橘樱、大南佃等新品种，上面缀着朵朵粉红和白色的小花，香飘满园。为了方便游客观赏，樱花主要种植在道路两旁，阿里山宾馆、梅园、旧铁路火车站周围，都植有樱树，阿里山顶是樱的世界。此外还有杜鹃、石楠和牡丹等花卉，4月中旬至5月则为牡丹、茶花、毛地黄、鑫雀儿、一叶兰、森氏杜鹃、芍药、紫藤等花卉的开花期，此起彼伏，也是一年中最美丽的时光。仲夏时则是绣球花的天下，此外还有木莲、黄花杜鹃等各类温带花卉，百花争艳，美不胜收。可惜我们去的不是时候，在12月中旬是看不到樱花的。

阿里山的云海是最著名的景观，千变万化，柔如细棉，连绵不断，又像云毯，色彩多样而淡雅，景象柔媚而壮阔。天气晴好时在镇上就可以看到云海，每次云海从祝山旁的山麓深处冉冉升起时，顷刻间便弥漫于群峰之间；山峰在苍茫的云海之间，有飘飘欲飞的意境。在阿里山观日出的最佳地点为祝山，前往祝山有小火车，全程6公里，蜿蜒在海拔2216米至2451米间的高山上。日出时间和位置，依季节递变而有所不同，春秋分约为早6时，在北山、秀姑峦山一带出现；夏至约5时左右，由郡大山旁浮出；冬至约7时出现，位置约当玉山南峰右侧。太阳一跃而起，冲出山顶，山间一片灿烂，是自然界一

台湾石门小镇边的水库

大奇观。作者没有在阿里山过夜，但在白天也能领略一二。

早在20世纪50年代我就知道“高山青”这首旋律优美的歌曲，知道台湾有座阿里山，向往一游。但直到半个世纪以后，在2005年，我才有机会去阿里山一游。上山前“高山青，涧水蓝，阿里山的姑娘美如水呀，阿里山的少年壮如山啊，姑娘和少年永不分呀，碧水长围着青山转”，这悠扬的乐曲和美妙的歌词又在耳边响起。“姑娘如水，少年如山，水绕山转，情人不分”，其意境真让人想象无尽。

从小镇登阿里山的当天，小火车刚停开，我们乘汽车上山，阿里山的确是座大山，山高林密，道路曲折，我们盘山而上，到达沼平车站附近的地方，海拔约2400米，已经是原始桧木林生长的地区了。

我们路过了阿里山阁大饭店，在密林中看到一种现象，在再生桧木林中，高大的桧木树皮成环状地剥去，整整齐齐的一个环，如割橡胶树的人工切割一样。我们看到被剥了几环的树，由于养分不能上送，树冠已经枯萎，有的整株已开始死去，形成特殊的彩色森林现象。是谁做了这种破坏呢？是松鼠，松鼠吃树皮大概自古有之。但是为什么成了灾呢？因为松鼠太多。为什么松鼠恶性繁殖呢？因为千年古树已几乎被伐光，秃鹰和猫头鹰等松鼠的天敌已失去了大量繁殖的环境。“山中无老虎，猴子称大王”，松鼠就霸占山林了。

过了森林，马上就到了姊妹潭。姊妹潭，是两个相距不到10米的小小高山湖泊，很像人工池塘。相传有两位山地姑娘在此为爱而双双殉情，故而得名。姊潭呈长方形，直径不过二三十米，中央设立有雅致的木造亭台与岸边相连，四周林木葱茏，百花盛开。妹潭较小，仅为姊潭的1/8，呈圆形，终年不涸，水平如镜。潭被树林环绕，周围还有三兄弟树及四姐妹树等小风景点。

镇上的山间平地有两座建筑，分别是受镇宫和香林园。受镇宫很像近年来福建等地的庙宇，都是重修庙宇，再塑金身，金碧辉煌，五彩缤纷，至于供奉的神灵台湾则比福建更加丰富。受镇宫内奉玄天上帝、注生娘娘、福德正神，堂中诸神齐聚。庙中气氛还是庄严肃穆的，香火也很旺盛。宫前吊桥左右，分别是慈云寺和神木树。神木树高50米，树围23米，属于红桧，树龄逾3000年，主干苍挺，枝桠粗大，旁立石碑，上书“神木颂”。

镇上的香林国立小学处于海拔2300米的地方，是台湾海拔最高的小学。阿里山一带住有高山族的一支邹族，约有300多人，在小学就学的多是他们的子弟。阿里山上的旅游纪念品和饭店中不少从业人员都是邹族，据作者的观察，他们与日月潭的邵族不同，面貌特征与汉族差别不大，很难区分，但是，仔细看，仍有颧骨高、眉发黑的特点。

我们看到有的古树根部裸露，根系中大约1米厚的表土已经流失，巨根像一些怪物露出地面，上面长满寄生植物，与嶙峋的怪石做伴。外行人不细看分不出被缠绕的根系。连土都被冲刷走，更不用说上面的枯枝落叶层了。我们没有上溯石门水库的上游，但看到阿里山上的红桧林，暴雨卷下大树直入水库的情景就一目了然了。

我在阿里山顶听到了很多当年日本占领台湾时，为建靖国神社等建筑时肆意砍伐阿里山千年古树的罪行。从旅游街向远处眺望，破坏山林的行动还在继续，碧绿的林间又出现一块块黄色的秃斑，表土裸露大伤风景还在其次，不能含蓄水源，使河流断流，形成山洪造成进一步的水土流失事大。一家店铺的女主人，一位邹族的中年妇女对我说："我知道你在看什么，在看山林的破坏。旅游业的发展的确使我们富裕，但也损害了我们的山林。"我问："住在青山上的旧房子，还是秃山上的新房子，您选哪个？"她说："我们这一代人选青山上的老房子，年轻一代比我们聪明，但是他们会作聪明的选择吗？"我没有想到居于深山的只有300多人的一个少数民族能提出如此深刻的问题，这正是人类应该思索的。我是在水季节上山，山上几乎见不到水，姊妹潭都已近枯干，好不容易在林间找到一条小溪，真的涓涓细流，尽管是在枯水期，但在原本丰水的阿里山地区看起来仍让人心寒，恶果尽显无遗。

台湾淡水镇新建的"渔人码头"

淡水在台北市西北，属台北县。淡水是一个县辖小镇。

淡水是台湾继台南之后第二个被欧洲列强侵占的地方。在以印度尼西亚的巴达维亚（即今雅加达）为基地的荷兰人于1623年占据台南以后，以更北的菲律宾马尼拉为基地的西班牙人，为开拓东方贸易与荷兰人竞争，则于1628年绕过台湾岛驶向岛的北端，在淡水（当年称沪尾）登陆。

1628年西班牙人在30米高的山岗上修筑了以木栅为墙的木质圣多明各城，1636年淡水高山族人起义烧毁圣多明各城，西班牙人又于原地建了圣多明各石城。1642年荷兰人赶走西班牙人，在西班牙拆毁的城堡上建了安东尼堡，由于当时淡水居民称荷兰人为

“红毛”，所以又称红毛城。红毛城是一个方形城堡，长宽各约50米，共上下两层，高10米，城堡外墙染为红色，墙厚达1.9米，楼上有哨楼两座。整个城堡不大，当时常驻兵48名，其中有荷兰、德国、法国和比利时等各国人，是个多国部队，仆役23名，其中有9名越南人。

1661年郑成功收复台湾时，荷兰人拆堡炸炮，红毛城荒芜了一段时间。1724年淡水同知王汧重修炮台，并增建东西两个大门。1860年第二次鸦片战争后，北京条约规定淡水开放通商，英国于1861年在台南设领事馆，但因台南港道淤塞，领事馆于同年迁淡水，并于1863年租用红毛城，一楼为办公室和厨房、二层是居室，将地下室改为四间牢房。领事馆还有牢房，可见当时对中国主权的侵犯。1877年英国又增建了一幢木楼为官邸，1891年改为两层红砖建筑，就是我们今天看到的红毛城的另一部分——英国领事楼。

城堡占据淡水河入海口，位于约30米的高岗之上，地势险要，控制了淡水湾。岗上浓荫密布，在城堡中堡垒与英国领事楼间还有一片绿茵花园，风景优美。现在红毛城已成为淡水第一名胜，供游客参观。这座已经有365年历史的古堡记录了历史的沧桑。

淡水的另一名胜是沪尾炮台，沪尾是淡水的古称，淡水有多座炮台，沪尾炮台是最大，也是最重要的。1884—1885年清政府与法国在基隆、澎湖和淡水交战5次后，于1886年为加强防范，请德国工程师巴恩士设计沪尾炮台，1889年完工。炮台较红毛城更近海，山岗也更高，在约100米的高岗之上，直对淡水湾要冲。炮台是暗堡形式，仅有1公顷面积，内院长40米，宽30米，成为1200平方米大的操练场。炮台十分隐蔽，墙厚堡坚，易守难攻，至今保存完好。

从沪尾炮台的建设来看，当年清政府在国弱民穷、外患纷至的情况下还是尽最大努力保卫国家，尤其对孤悬海外的台湾从没有放弃的念头。

在台湾会见连战先生

淡水城沿淡水河而建，是台湾继台南后于17世纪20年代建的第二个城镇，是早年的通商口岸，后来才被港湾更好的基隆取代。现在的淡水城，主要沿淡水河东岸延伸，有地铁（在台湾称“捷运”）从台北直达，从市中心台北站到淡水站约18公里，用时不到40分钟，还算快捷。从地铁站下车后，先路过淡水城，多是老式的两层建筑，风格古朴；商业街十分繁华，店铺鳞次栉比，游客摩肩接踵。淡水的小吃“鱼丸”更是全台湾有名，我去了一家店，挂着连战主席曾就餐的照片，应该算是正宗的。

淡水还有另一处现代的建筑，就是1998年仿美欧港口城市建的渔人码头，于2003年竣工，是一座现代化的全水泥化休闲公园。高耸的淡水河拱形大桥，现代的旅游设施，环境很好，可惜游客不多。从给淡水市民建个休闲去处来看是好事，但距城太远，步行不可及。从发展旅游业来讲，还远不如旧金山保留渔人码头的原貌，这里丝毫看不到当年渔村的痕迹，千里迢迢而来的各方游客当然对在自己家里就能看到的水泥建筑不感兴趣了。

城市建设的现代化是否就是高层建筑水泥化，路面全部硬化，切割出一个在自然生态系统之上的人工生态系统呢？什么是科学的发展观念，尤其小城镇建设，是否大拆大建，真是一个值得深入讨论的课题。

台东县河流断流影响了城镇发展

目前全球的干旱地带，尤其是内陆河的断流是非常普遍的现象，但是人们对台湾这样处于亚热带、雨量充沛的地区河流也断流会很吃惊。河流断流给沿海城市带来的冲击是灾难性的，在台东县城也是如此。

枯水期的荒溪现象是台东生态系统的自然现象，自古以来就存在，但据作者的观察，近年来在加剧，有些小河已经形成断流，值得高度重视。

台东县东临太平洋，北接花莲，西南与屏东、高雄毗连。台东县东面海上有绿岛（即火烧岛）和兰屿两个岛屿。全县面积3515平方公里，人口28万多，每平方公里不到80人，是台湾最地旷人稀的县份之一。其中阿美族约占8万人，占全县人口29%，为高山族同胞主要聚居区。县城只有不到10万人。

2005年12月21日，我们从高雄市乘车南行去台东县，经高雄县和屏东县，行程约

在高雄师范大学举办的知识经济研讨会上讲演

250公里，但因山路崎岖和沿路观察，实际走了5个小时，得以饱览台湾南部的水光山色。

到了寿峙镇就进入台东，在达仁到达东海岸，看到了太平洋。在看到浩瀚无边、湛蓝如缎的太平洋之时，也看到了台东的第一条几至断流的荒溪——安朔溪，十分惊讶。

太麻里溪发源于海拔3090米的北大武山和海拔2841米的南大武山，后南北汇流后成主河，河长约28公里，流域面积218平方公里，从太麻里入太平洋。“太麻里”中文几乎无意义，是日本名字，台东的很多地方至今保留着日本名字。太麻里是台东大河，太麻里镇也是台东重镇，但据我观察，入海处形成大块砾石的大荒滩，宽达200~300米，河水涓涓细流难以寻觅，分成几股，总计不过2~3立方米/秒，不仅破坏了太平洋沿岸的美景，而且占去大量可用的土地。

知本镇的温泉是台湾东部著名温泉。在台东县城西南21.5公里。其地原为高山族的一支——马兰族的居住地区里。背倚翠峰，面临清流，风景优美，有一眼叫“知本”的温泉，“知本”好像也是日本人起的名字，泉水含重碳酸质，水温约40摄氏度以上。附近的河叫“知本溪”，沿知本溪上溯，有高百余米的瀑布，东距海岸仅三四公里，可登高远眺绿岛和浩瀚无边的太平洋景色。

在日本占领的时代，这里就可以洗温泉度假，其温泉又以无硫磺，因而无气味而著名。我在知本的度假村住了一夜，在从山和大海之间的狭窄地带，高楼林立，都是15层以上的四星级和五星级大旅馆，旅馆富丽堂皇，房间不小，设施也很现代化。但是名为温泉旅店，其温泉却不敢恭维，每家大旅店都有自己的温泉，由于河流断流地下水位降低，都很小，我去了两家，偌大一个院子，却只有两个不大的泉池；据说房间中的热水是温泉水，确实没有气味，但是否100%温泉水就不敢保证了。

台东的河流自古就有枯水期现象，但台东年降雨量高达2715毫米，枯水期（11月至来年4月）也有576毫米，相当于北京地区的年降雨量，占全年降雨量的21.2%，因此，2005年我观察到的近乎断流的现象，显然是人类活动造成的。换句话说，至少在19世纪这些河流不应有明显的断流。

首先，上述六条河流在入海的荒滩上都有大块的、有棱有角的砾石，显然是新近被冲刷下来的，说明了上游被开发，植被遭破坏，从而水土流失加剧。

上游植被破坏后形成的是一个恶性循环：植被破坏越严重，则水土流失越严重，不但对水源含蓄能力大大降低，而且形成陡峭河床；河床越陡，山洪暴发时冲刷力就越大，被冲下的砾石就越多；砾石越多，下游荒滩就越大，水流就分散，而且更细，下渗更多，到入海时就几乎见不到水，形成断流。

下游的荒滩不断扩大使得寸土寸金的河口地域更加缩小，影响了当地的居民生活和经济发展。即便是旅游业也要地盖房，而知本的旅游度假村就盖得十分拥挤，不能给游客提供一个好的环境。

其次，上游修水库的影响很大。

上游兴建水库，拦流蓄水是造成下游断流的更重要的原因。

河流断流使得下游地下水位降低，形成了地面沉降，更加剧了土地紧张，如果继续沉降下去，甚至会影响到旅游业已建的高楼。同时，地下水位下降造成日益增多的居民用水困难，影响地区的经济发展。

我所过的沿途乡镇从达仁，经大武、大溪、金伦和太麻里到知本，这一系列真正在发展和将要发展的地区都遇到这个问题。台东是台湾相对落后的地区，更需要发展，如何发展呢？可以在中上游兴建水库，这里说的是兴建生态水库，或把已有水库改建为生态水库，或对已有水库实行生态运行管理。

台湾的最南端——垦丁自然保护区恒春古城

我游垦丁是首先直下鹅銮鼻，然后再返程北上。鹅銮鼻的公园是垦丁最吸引游客的去处，它是巴士海峡和太平洋的分界，“鹅銮鼻”在台湾高山族语言中是“帆船”的意思。现已建有鹅銮鼻公园，公园的中心是鹅銮鼻灯塔，建在山岗上，是一座高18米的白塔，1883年始建，1885年落成。起因是美国船只因无航标曾在附近搁浅，要求清政府建塔示航。这件事也说明当时的清政府对台湾全岛的统治从内政到外交全是有效的。整个公园建在岸端的高坡上，草坡碧绿，三面环洋，海水湛蓝，公园南部的坡下有台湾最南点的标志。

公园外的海边沿岸布满黑色的珊瑚礁，礁岩林立，怪石嶙峋，形成了一道独特的风景线。最独特的是海水的颜色，西非几内亚湾的多哥有世界闻名的七色海，我到过那里，近岸的海真有白、浅黄、黄、浅绿、深绿、浅蓝和湛蓝七种颜色，这是我见到的第二处。

恒春半岛除了自然遗产也有人文遗产。恒春镇的恒春古城建于1875年，因此处四季如春而得名。城周2.5公里，不到600米见方，即30公顷大小，它大概是我在中国见到的最小古城。到了城前是一惊一憾，惊的是古城之小，几乎是一个“玩具城”。城门不过8米、三层楼高，下面是城墙门洞，不过3米高，墙厚也不过2米；门上是敌楼，只比普通的一层楼高一点，连顶也不过5米。恒春之小，可见当时居民之少，恒春有城，也说明当年清政府对此进行了有效统治。遗憾的是，介绍上说恒春古城是台湾仅有的仍存四面城墙的古城，但我看的是上述小小的南门两边无墙，已被现代楼房替代，小城不过600米见方，但我们的车从南门向北开了几公里，一直看不见北门，不知是否也被拆了。

恒春半岛落山风强劲，因此镇上建筑要特别防风。除建两道外墙外，还有女儿墙，采取窄檐、低堂等措施，窗外悬挂木板，以保护门窗，称为“兔耳”，形成了他处没有的恒春古建筑特色。

从恒春古城北上就是著名的车城乡福安宫。车城又名柴城，以盛产洋葱著名，这里的洋葱洁白细嫩，有独特风味，大部分销往日本、德国和中国香港。据考证福安宫最早建于1661年，1662年落成。当年这里还是荒烟蔓草之地，但来自福建泉州和晋江的开垦壮丁已经开始了艰难的垦殖。为在肆虐的瘟疫中祈求平安，建立了道教的福清正神神像供奉，就是福安宫的前身。这一事实充分说明，无论是西班牙人在淡水对台湾北部的占据，还是后来荷兰人在台南对台湾中南部沿海的占据，都不是对台湾全岛的控制，而高山族和汉民的开垦才是台湾从北到南全境最早的文明史，福安宫道庙就是历史的见证。

在台湾最南端垦丁，背朝太平洋

我看到的福安宫是1986年重建的，已经是三进六层宏伟的宫殿式庙宇，巍然屹立，金碧辉煌，是全台湾最大的道观，成为恒春半岛的另一景。庙内多古匾，正殿右侧有乾隆五十三年（公元1788年）的石碑，为清将福安康驻车城时所刻。庙中香火旺盛，游客很多，宫的管理也很好，专设有管理委员会，有专职人员办公，发放印刷材料，主动给人介绍，宫外还建有旅馆式的香客大楼。

“风吹沙”是车城的另一特色。所谓风吹沙就是车城海口村的一片沙漠，长1700米，宽250米，约0.4平方公里。在亚热带气候湿润的台湾半岛南端居然有沙漠，人们一定认为是植被被严重破坏了，但是风吹沙却不是出自人为的原因，而是定向风千万年来把沙送到这里形成的，自古就有。当然，这并不是说恒春半岛就没有土地沙化的可能，据观察，个别地区已有这种趋势。

定向风在绿地中形成沙漠是世界上并不少见的自然现象，但这一片却是“天赐”的，但愿人们不要助纣为虐。生态学是一门科学，是一门目前还不太系统，难以实验，并不是很成熟的科学。真正的生态学家应该像达尔文一样，走遍世界，实地调研，进行比较，并掌握丰富的历史、地理、地质以至气象知识，才能得出比较正确的生态学结论。

六

南亚和西亚的宗教小城镇

尼泊尔古都帕坦小镇

帕坦（Patan）是尼泊尔第二大城，著名古都，其规模在我国相当于一个大镇，位于首都加德满都南5公里的巴格马提河畔。建于公元298年，为国内最古老的城市，也是加德满都河谷古代商业中心。帕坦，即尼泊尔语“商业城”之意。古称拉利特普尔（Lalitpur），意为“艺术之城”。公元11—18世纪帕坦曾为尼瓦尔人帕坦王国的都城，也是古代大乘金刚佛教的中心。建城时，城市按佛教经轮形状设计，四面均有城门，正中有覆钵式佛塔，今北京白塔寺即仿此塔建造。城外东南西北的圆墓状土丘上各立佛塔一座，这些佛塔都是公元前印度孔雀王朝的阿育王所建。

老王宫广场也是帕坦最著名的景点、世界文化遗产，故宫建于18世纪初，是前国王的官邸，广场周围庙宇林立。广场以北不远的孔贝斯瓦尔寺，为祀奉湿婆神的5层塔庙，是公元1422年贾亚斯提提·马拉国王所建。庙中有泉水成池，传说来自远处的戈萨因孔达冰湖，被视为圣水，市民常来沐浴，以求圣洁。我们到时，泉只剩潺潺细流，3米深的水池中已经无水，信徒在精美的鳄鱼头喷泉前接圣水。广场中心有鲁德拉·瓦纳佛寺，其佛像及四周的菩萨像均为铜制艺术的珍品，寺中还有多尊铜像、石像和布满图饰的佛坛等，进入庙中，有如进入一间艺术宝库。广场上还有玛琴德拉纳特庙，或称红观音庙，建于公元1408年，为塔式建筑，所祀奉的男身玛琴德拉纳特神，是观世音的化身之一，为佛教徒和印度教徒共同信奉。此神只在中国才有女身，其泥塑像十分精美，但每年只在此庙祀奉6个月。庙中还有精美的铜铸菩萨像多尊。帕坦是木刻和金属雕刻手工艺制作中心，出产铜器和地毯等。帕坦是有名的尼泊尔工艺师阿尼哥的故乡，他在元朝中统元年（公元1260年）来华，在中国勤奋工作46年，今北京阜成门内的白塔就是他监造的有名建筑。帕坦古迹如云，1980年经联合国教科文组织列为亚洲重点保护的18座古城之一。

尼泊尔古都帕坦故宫

帕坦故宫是老王宫广场上的主建筑。庭院内有御泉，亦称金泉。泉水从镏金铜鳄鱼口中流出，鳄鱼头上蹲有蜥蜴状的动物，尾上踞有青蛙，腹下有象、龟、虎、鱼、鹿，个个活灵活现，背上还有3尊神像，这些雕像造型奇特，生动别致。到处泉涌说明当年地下水位之高，今天也已丰泉不再。庭院北部的黛姑塔莱珠庙有300余年历史，庙高32米，基座是一幢3层楼阁，在楼阁上再建造了重檐的金顶寺庙，其庙檐、斗栱和立柱上，都雕满花卉和神像。

庙前有石柱，高约10米，柱上立有17世纪约加・纳伦德拉・马拉国王的铜像，头顶立有小铜鸟。传说国王深得民心，因爱子夭折，厌世弃位隐居。他告其众臣："只要我的铜像头上的铜鸟不飞离而去，就说明我仍在世。"今帕坦故宫中仍照原状保留其卧室及床铺，房间窗户也一直敞开，期待他有朝一日还能归来。故宫外面广场周围，尖顶庙宇林立，殿堂富丽堂皇，佛塔、神像和庙宇个个都有特色，雕工精美，宛如一个露天博物馆。

黑天神庙（Krishna Mandir）又名克里希纳庙，也在广场上，建于公元1636年。相传帕坦国王希迪・马拉梦见克里希纳黑天神，就在梦中所见之处修建了黑天神庙。庙宇呈尖塔式，共5层，有21个镏金塔顶，除塔顶外，完全用石头建造，无片木寸钉，宛如一件精雕细琢的石雕工艺品，被誉为"尼泊尔建筑艺术的奇迹"。庙建在一座3层方形基座上，朝东的基座上有两对石狮。沿阶而上，第一层四面由8根雕花石柱支撑，二、三层均由8座小塔亭组成，第四层则有4座塔亭，在4座塔亭之上，一座宝塔巍然耸立，最上面再冠以大镏金宝顶。这座庙宇共有20个塔亭，塔亭上栏杆间雕刻着印度古典史诗《摩诃婆罗多》和《罗摩衍那》中神话传说的图像，是一座浮雕的庙宇。

这个小镇的古迹与民居混杂，但互不相扰，秩序井然，俨然是一个露天博物馆，城中不但没有居民的违章建筑，门前也没有售货小摊。其实对生活还很不富裕的帕坦居民，摆个摊赚点钱也可以理解，保持卫生就可以了，但在城中还未见到，都是有门面的店铺，能做到这点除了居民的素质，政府的管理之外，佛教信仰对古迹的敬畏感也起了重要作用。

尼泊尔历史名城巴德冈

尼泊尔旅游点众多，最著名的是三个故国首都的遗迹，现在都成了游人熙熙攘攘的旅游小镇。

巴德冈（Bhadgaon）是尼泊尔历史名城。又名巴克塔普尔（Bhaktapur），梵文意为“信仰都之城”，位于加德满都谷地，西距首都加德满都12公里，巴德冈建于公元389年。城市依山坡而筑，李查维王朝时已为商业城镇。13世纪初，马拉王朝定都巴德冈，使其成为尼泊尔政治、文化中心。14世纪下半叶亚克希亚·马拉国王执政时，修筑城墙，设岗楼和护城壕。15世纪末至18世纪中期，马拉王朝分裂，巴德冈成为一个独立王国的首都。是中世纪尼泊尔艺术和建筑艺术的发源地，有“露天博物馆”之美称。

市中心的广场中央是马拉王朝的雄伟故宫，与加德满都一样，也称为老皇宫广场，与加德满都和巴丹不同的是巴德冈老王宫广场分三个广场，每个广场均约40米见方，三个广场中各有名胜。

第一个小广场上是巴德冈王宫，即著名的五十五窗宫，殿楼构成了宫殿的正门和外墙，是马拉王朝于公元1427年初建，17世纪扩建的王宫，为一座两层楼的暗红色建筑，高约8米。皇宫的外墙共有55扇形状不同的窗户，窗框上都有精致的雕刻，更为奇特的是还镶有五光十色的宝石，因此著名。宫门前有一对巨大石狮，还有神猴哈努曼和面目狰狞的拜拉布神雕像，均为17世纪尼泊尔的石雕艺术杰作。此门传说建于公元1636年，建成之后，布帕亭德拉·马拉国王下令将石雕师斩首，以防他建造第二座狮子门。大门西侧的一栋4层宫殿，为马拉国王的起居室，已辟为全国唯一的美术博物馆，陈列着历代绘画精品。宫中还有一个印度教雕刻和装饰的大厅，但只有印度教徒方可入内。宫的后院有一个井式水池，池中和喷泉处都有铜塑眼镜蛇。

尼泊尔名城巴德冈古塔

大门正前方有华表，高约10米，顶端的托座分为3层：下面是万年龟，龟首也立有一只小鸟；中间是托在龟背上的莲台；上为高1米、直径2米的钵形托石；再上则是双手合十盘坐的布帕亭德拉·马拉国王镏金铜像，宫殿、宫殿前立柱上的国王雕像、八角塔庙和国王家庙是加德满都、帕坦和巴德冈三处老王宫广场必有的建筑。

第二个广场中的主要建筑是塔莱珠（Teleju）钟，塔莱珠钟实际上是庙旁的一口挂钟。庙呈佛塔状，底层有回廊，第二层周围有八座小塔，第三层为三级圆台和锥顶。庙在台基之上，有石雕卫士守卫。塔莱钟是挂在门型支架上的一口大钟，警告入庙人要诚实。

第三个广场中著名的是五层塔，即尼亚塔波拉塔（Nyatapola），可以说是三个广场中最精致的建筑，高30米，也是谷地中最高的庙。塔建于公元1702年，下面有五层台基，每层登塔台阶上分别有大力士、象、狮、金翅鸟和女神守护，传说如此高塔在1934年大地震只受轻微损坏是有守护神的缘故，实际上当然是设计师的高明，如此细高的塔经地震而不倒的确不易。台基上面是少见的五重檐，使塔显得高耸、威严。

五层塔东边有拜拉布（Bnairab）庙，建于18世纪早期，祀奉拜拉布神，庙有三重檐，底层除大窗外有五个小金窗，庙顶有七个小尖塔，塔顶为铜质镀金。还有玛特琴修道院，以其窗棂的雕工精美著称，其中两扇“孔雀窗”雕有巨大的开屏孔雀，十分精美，是15世纪的艺术精品。修道院为典型的尼瓦尔式建筑，经联邦德国专家彻底修复，献给国王比兰德拉为结婚礼物。

在巴德冈，建筑时期不同、风格迥异、大小不一的寺庙、佛塔、石亭和雕像林立在大街、闹市、住宅、商店之间，古迹与民居融为一体，古城气息浓郁，民居中夹着古迹，古迹中又有民居，让你分不清哪里是古迹，哪里是民居，鉴别的方法是民居前不出售旅游纪念品，巴德冈居民秩序井然地生活在古迹之间，非但不破坏，没有乱搭乱建，反而承担起保护责任，门前洁净如洗，这真是我国同类小镇值得学习的。

佛祖诞生地尼泊尔蓝毗尼小镇

我国现在笃信佛教的人不少，但想去一下佛祖诞生地的人不多，真正去了的人更少，考察了一天的人就更是凤毛麟角了。我在佛祖诞生地蓝毗尼（Lumpini）考察了一天。

“蓝毗尼”梵文是“可爱”之意，位于尼泊尔南部蓝毗尼专区的鲁潘德希县。这里原有一个古代天臂国善觉王夫人蓝毗尼的花园，因而得名。

中国晋代高僧法显和唐代高僧玄奘分别在公元405年和633年到此瞻仰，在《佛国记》和《大唐西域记》两书中均有记述。法显是最早来此访问并留有真实记录的第一个外国人。他们的记述是近代得以勘明蓝毗尼准确原址的主要线索之一，并据此加以复建。

相传公元前623年，附近的迦毗罗卫国净饭王之摩耶夫人，按照当时的习俗返回娘家生育，在尼历正月月圆之夜的归途之中，先在园中的一个大水池中洗澡，后在旁边的毕钵罗树下，手拉毕钵罗树枝叶生下释迦牟尼。

释迦牟尼，释迦为种族名，牟尼为尊称，释迦牟尼意为“释迦族的圣人”，是佛教徒对他的尊称。相传，他年幼时就有离家出走的想法，他父亲想尽办法要留住他继承王位，除了让他接受传统的婆罗门教育外，还给他选了众多美女作妃子，希望他能乐守故土。他在29岁时，因有感于人生的生、老、病、死之苦，又不满当时婆罗门教及其种姓制度，于是舍弃王族生活，出家修道，遍访名师。经过六年苦行生活，感到仍不能达到解脱的目的，于是来到菩提伽耶的毕钵罗树下静坐思考，最终获得“觉悟”。他以四谛、十二因缘等道理先在波罗奈城鹿野苑向侍从等五人说法，其后一直在印度北部和中部的恒河流域进行传教，正是我在印度和尼泊尔访问的地域，前后共45年，从而奠定了原始佛教的基本教义，并组成了传教的僧侣团。据说他的弟子有500人之多，其中著名的10人称为十大弟子。80岁时，释迦牟尼在拘尸那揭罗城的两棵树间涅槃。

我们看见在释迦牟尼诞生地，建有白色的两层摩诃摩耶夫人庙，庙呈方形。庙内有一浮雕，上面有小释迦牟尼与他的母亲和姨妈及两位印度女神在一起的群雕像，还有摩耶夫人手拉树枝生释迦牟尼的黑大理石雕像，形象十分生动。庙旁有一个水池，大约30米见方，传说当年摩耶夫人就是在此水池洗澡后生下这位圣人。池边长着一棵毕钵罗树，树身直径约5米。原树在法显书中曾有记载，玄奘来访时已“枯悴”，现在的这棵树是后人补种的。每年尼历正月圣日是释迦牟尼的诞生日，每到此日这里都要举行盛大庙会，佛教徒云集朝拜。

尼泊尔王国政府为了保护宗教古迹和发展旅游业，于1956年提出重建蓝毗尼的设想，在蓝毗尼划出一个25平方公里的地区。南部是圣园区，里面建造有各国佛教徒捐赠的寺院，现有中国、日本、韩国、印度、尼泊尔、泰国、缅甸和德国修建的风格各异、样式不一的庙宇，争奇斗艳，形成世界上独一无二的、不同风格汇集的庞大寺庙群。我在日本出资修建的印度佛寺中看到，该寺实际由斯里兰卡僧人管理，雇了一个尼泊尔当地的勤杂工，做饭、打扫兼警卫，一月只挣30美元。一群十来岁的天真的尼泊尔儿童像小猴子一样上蹿下跳，他们是经家长同意在这里集中，马上要被送到斯里兰卡剃度为僧的。这群幼稚的孩子当然不知道，他们今后的生活将不能这样自由了。

释迦牟尼诞生地蓝毗尼小镇

从1968年尼泊尔政府将工程建设计划提交联合国，并申请给予支援起，至今完成的部分和当年的规划仍有很大距离：偌大的园中，除了阿育王柱周围和各国佛寺以外，基本上没有其他建筑，显得十分空旷，新种的树木稀稀落落，新修的水池已近干涸，新修的道路都是土路，树上、路上和水中都蒙上了一层土，给人一种灰蒙蒙的凄凉感觉。在世界生态系统遭受如此严重破坏的今天，佛祖又如何能独享清天佛域呢？

蓝毗尼所遗最著名的文物为阿育王石柱，也是确认此地为释迦牟尼诞生处的见证。阿育王（Asoka，？~公元前232年）是印度古代孔雀王朝的第三代国王，又称“无忧王”，于公元前273年至公元前232年在位达40年之久，他用武力统一了除德干原南部以外的印度全境，包括巴基斯坦、孟加拉国和尼泊尔的一部分，这是印度全境的首次统一。阿育王与秦始皇的生平年和在位期都十分相近，秦始皇（公元前259~前210年）于公元前246年为王，公元前221年称帝，同时在位竟有14年之久，由于喜马拉雅山的阻隔，至今的考古发现说明当时世界三大帝国（另一个是古罗马）中的这两个之间，没有来往。

公元前261年，阿育王把佛教定为孔雀王朝的国教，在全国各地树立石柱，雕刻诏文，广建寺院和佛塔。当时，释迦牟尼诞生地在阿育王统治下，阿育王在此立柱纪念。

阿育王石柱今天已是世界著名古迹，矗立在佛教圣地蓝毗尼的摩耶夫人庙旁，为阿育王于公元前249年到蓝毗尼朝拜释迦牟尼诞生地时所立。

石柱并不高大，全长9米，埋入地下4米，地面高5米，顶端有石马雕像。石柱上刻着梵文铭文：“神所庞阿育王灌顶凡20年，亲来恭敬申言。此为释迦牟尼佛祖降生之地。爰建此柱，立马于顶。以世尊降生故，蓝毗尼村以所产八分之一计赋，蠲免各税。”

原柱后遭雷击倒，1895年发现后修复，重新竖立。四周建有栏杆保护。公元405年中国唐代高僧玄奘——唐僧曾来此瞻礼，在《大唐西域记》中有生动记载："至腊伐尼村（即蓝毗尼）……有大石柱，上作马像，无忧王之所建也。后为恶龙霹雳，其柱中折仆地。"关于释迦牟尼诞生地，曾有过争论，由于玄奘的记载和阿育王石柱的发现，才得到证实，现在仍有争论是：蓝毗尼属印度还是属尼泊尔？其实答案很简单，当年属印度，现在属尼泊尔，这就是历史。

蓝毗尼小镇近在咫尺，是一个普通的偏僻的尼泊尔小镇，实际上就是个大村子。佛祖陵园尚如此荒凉，小镇就更无人问津了。但愿佛祖陵园能热闹起来，随之兴起的蓝毗尼小镇能按佛祖的人与自然和谐的原则建设。

印度平原上分属两国的小城讷格尔

讷格尔（Nagar）是印度平原上尼泊尔蓝毗尼专区的一个小城，一半在尼泊尔，另一半在印度。尼泊尔一共有14个专区，我到过4个，加德满都所属的巴格马蒂专区、甘达基专区，以及首府为著名旅游城市博克拉的纳拉亚尼专区，再有就是佛祖诞生地蓝毗尼专区。如果从重要性讲，也算到过尼泊尔的1/3了。

参观蓝毗尼佛祖诞生地出来，我们就驱车到讷格尔小城，住进了城中最高级的"五星"旅游饭店，饭店在城区边上，是个单独的小院，里面树木扶疏，小溪潺潺，在蓝毗尼算是世外桃源了。但是，这个饭店实际上只有两星，状况差不多相当于我国过去的地市级招待所。房间有20平方米，但大而无当，电水壶、保险柜和刮胡刀、放大镜等设施统统没有，房间显得空空如也。饭店的餐厅也是小城仅有的饭馆，提供简单的西式菜，做得还可以。

尼泊尔加德满都老王宫

讷格尔小城得益于旅游事业的发

展，现有7万人，已经从无名小镇变得超过了首府布德沃尔。街上尽管多是二、三层小楼，但马路宽阔，商店林立，有点现代气息，不过仍然没有下水道，因此还远远谈不上现代化。

吃过晚饭才有了空闲，我走出旅馆院门，与保安打过招呼，来到街上。街上只有一边有路灯，而且十分昏暗，仍像村落，但白天街上的尘土晚上已经看不清了。街上有狗，还有羊，都大摇大摆，因为晚上基本没有车。

街上有传统的杂货店，女店主在招待顾客，还有更传统的卖炒花生的小摊。有工业化以后的理发店，尼泊尔人与印度一样，十分注重头发，农村男子都烫分头；街边有英式娱乐台球室，球桌很旧，肯定比中国兴起得还早。街上也有现代化小店——复印店，店主守着一台复印机发呆；还有网吧，生意并不兴隆，只有两三个青年，没有小孩。我进去与一位男青年攀谈，他显然对外国人比对游戏更有兴趣，他告诉我，连佛祖诞生地佛教也不兴隆，这里只有20%的人信佛教，80%的人仍信印度教。

小城讷格尔之夜是寂静的，没有现代化的噪动，人们还在静静地过着传统的生活，美国的生活方式对这里显然没有多少影响，这是落后呢，还是先进呢？看你以什么发展观评价。

小城的另一半就是印度，用木栅栏相隔，显得更热闹也更嘈杂。边境关口戒备森严，守关哨兵身材高大，面色黝黑，头上缠布，荷枪实弹。城两边居民来往要检查证件，外国人要验护照。我没有印度签证，站在附近看了一会。走到哨兵跟前，他问我："您是日本人？"我说："我是中国人。"他很友好地问我是否来过印度，我说来过一次，还到了不少地方。他向我招手，我明白是让我越过边界，实际上那里并没有边界线。哨兵笑着对我说："这是您第二次来印度了"。我说："谢谢，会有第三次的。"

现存东方古代五大奇迹之一——印度泰姬陵边的小镇

在印度的众多著名古迹之中，最著名的当然要数泰姬陵，与埃及吉萨大金字塔、中国万里长城、印度尼西亚婆罗浮屠、巴比伦空中花园、亚历山大灯塔和圣索菲亚大教堂齐名，并称世界七大建筑奇迹。公元2世纪，空中花园伴随巴比伦城一起沦为废墟。亚历山大灯塔在埃及开罗北200公里的亚历山大城，于公元1477年倒塌，后在遗址上建了城堡。这七大奇迹中，两个已经不复存在，剩下的五个，又被称为东方五大奇迹。泰姬陵是我游历的第三个奇迹。

泰姬陵是莫卧儿王朝第五代皇帝沙·贾汉（1627~1658年在位）为他的宠姬阿姬曼·芭奴建的陵墓。1631年沙·贾汉出巡，泰姬生病，沙·贾汉许下诺言，在她去世后为她建一座举世无双的陵墓，并用她的封号幕塔芝·玛哈（Mumtaz Mahal，意为宫廷中的王冠）命名，后来简称为泰姬陵。泰姬陵于莫卧儿王朝鼎盛时的1632年动工，由2万工匠用了22年，到1653年才建成。工匠来自印度、阿拉伯和波斯，传说还有中国工匠参加。取材也遍及欧亚，有印度的黄大理石和红砂岩、巴基斯坦的白大理石、斯里兰卡的蓝宝石、阿拉伯的红珊瑚、伊朗的紫水晶、俄国的绿孔雀石和中国的翡翠，用遍了世界的奇宝异石才砌成了这座绚丽多彩的建筑奇迹。

泰姬陵是一个长方形陵园，长576米，宽293米，总面积达16.9公顷，陵园四周围绕一道赭红色红砂岩墙，墙四角有圆顶柱亭式的角楼。陵园分成前后两园，前园古树参天，大片的绿草地由红墙围绕，草地上绿树开着红花，幽雅清静。园外的高台上有整齐排列的旅游纪念品商店，而陵园的前后院都不许摆摊和兜售，值得赞叹的是，在我们参观期间竟未见一人违反规定。前后庭院之间有一座高大的石门，为尖券大龛式，所谓“尖券大龛式”，就是大门向内凹，像天主教堂的神龛，但十分高大，顶成尖桃形。在龛内又分两层。第一层是3个小门；第二层是环形楼阁，开有3个门，所有大小门框都由白大理石上嵌宝石和云母制成。主大门两边各有一个配门，也分上下两层，第二层是两个高耸的八柱土耳其式白大理石凉亭。主大门顶上两侧是两根高红砂岩柱，中间是12根小红砂岩柱，又形成11个小门，每个门上有一座圆形白大理石小塔。整个大门用红砂岩和白大理石砌成，上面镶有宝石和云母，色彩斑斓，珠光宝气，门中有门，门上有门，一座大门里有21个小门，构思独特，风格新颖，建造精巧，气势宏伟。泰姬陵未曾入门就先给人以艺术的享受和美好的向往。

泰姬陵建在一个两层巨台之上，第一层是一个高2米，长200米的正方形红砂岩平台，之上又是一个7米高，95米长的正方形大理石平台。在红砂岩平台上，像进其他清真寺的惯例一样，上大理石台就必须脱鞋。对于泰姬陵这样的艺术瑰宝我是要饱够眼福的，因此在一个瘦骨嶙峋、皮肤黝黑的矮小老人处存了鞋，一双鞋收2卢比，只合人民币5毛钱的

世界文化遗产印度泰姬陵

样子，比现在北京不少地方存包费1元钱便宜多了，但存鞋要钱在清真寺中并不多见。上了高台才有识庐山真面目的感觉，泰姬陵真像一块巨大的宝石，陵寝边长60米，高达74米。底部为多面体的两层高大大理石大殿，每层高达20米，多面体的每个面都是尖券大龛式，不过和入后院的大门不同，每层都只有一个门。上面是一个巨大无比的球形宫顶，高24.4米，直径17.7米，浑圆雄壮，气势非凡。屋顶上又有一个直立的金色尖顶，金光闪闪地矗立在乳白的圆顶之上。穹顶的四周还有4个凉亭式的小穹顶，如群星烘托着大穹顶这轮“皓月”。平台四角4座蜡烛式高塔拔地而起，每个都分为三节，顶上也有穹顶小凉亭，塔高41米，有如4个高大的卫士在守陵，所有建筑都为白大理石砌成，晶莹剔透，精工细雕。泰姬陵典雅圣洁，构思奇特，布局严谨，错落有致，浑然一体，的确有巧夺天工、超凡脱俗之感。

大厅中游客拥挤，厅内十分昏暗，不但难以看到珍宝，还真有点怕丢了东西，对于美妙的圣陵来说，多少有点煞风景。我想，厅中昏暗大概和所有窗户都是石雕的“纱窗”挡光有关吧。挤进中央墓室，有导游用很小的手电筒给我们照示珍品，要收几个卢比，遗憾的是仍然看不太清楚，模糊地看到泰姬和沙·贾汗的大理石石棺，成双地放在厅中，石棺、灵台和灵座上面都缀满宝石、玛瑙、琉璃、琥珀和黄金，荷花、百合花和郁金香花都是用黄金镀就宝石嵌成的，簇拥着两座灵台。给棺木献金花，这大概在世界上也不多见。陵寝的地下室还存有泰姬的遗物，若说身后的荣华富贵，不管是明成祖、明神宗，还是康熙、乾隆、慈禧太后，都无法和泰姬相比，若真有阴曹地府，那她肯定是阴间的首富了。

我们在高台上远眺陵寝，背后就是圣河亚穆纳河，但现在是枯水季节，已经干涸，河床像一个大沙滩，中间只有涓涓细流。想当年枯水季节也不会是这样的，生态系统已经发生了多大的变化！边上就是泰姬陵小镇，小镇不大，在亚穆纳河边，但河床很宽，镇上的人现在到河中的涓涓细流取水，大约要走1公里，骄阳之下顶着水桶真是个辛苦的差事。一个世纪之前他们还能在村边取到清澈的河水，而今天走很远也只能舀起污浊的泥水，小镇的居民该做何感想呢？修复这条圣河大概是他们向神灵乞求的第一愿望。

给每一个参观泰姬陵的人留下最深刻印象的，大概不是泰姬和沙·贾汉之间情意缠绵、生离死别的爱情故事，而是印度劳动人民伟大的创造力。泰姬陵这个艺术瑰宝，以典雅的绿色庭院，雄伟的红色门楼，圣洁的白色陵寝，湛蓝的清冽水池，别致的圆顶凉亭，高耸的四角尖塔，宽阔的讲经堂，高大的清真寺，组成了一幅色彩明快、造型奇巧的图画，在灿烂阳光的照耀下仿佛是一块光彩夺目的宝石，在薄薄晨雾的弥漫中仿佛是一个童话王国，在朦胧月色笼罩时又像是一个神秘的宫殿，任人褒贬，任人评论，任人猜测，任人遐想，泰姬陵的迷人不仅在于美不胜收的外表，更在于它深蕴的内涵。

新德里的新区——城市建新区的借鉴

为了解决首都德里人口拥挤、交通堵塞、棚户成片等问题，印度政府在20世纪50年代就开始了德里之南与水源更近的新区——新德里的建设，到21世纪初已经落成，约210平方公里。新德里和老德里之间并没有明确的物理的界线，没有界碑，没有标记，只是由中心广场分为南北两半。然而，新德里和老德里之间却有着严格的心理界限：老德里拥挤杂乱，新德里广阔恬静；老德里由于人多街挤，显得热气腾腾，新德里多为花园别墅，处处凉风习习；老德里穷人多，新德里富人多。由于心理界限，好像连老德里的穷人都极少到新德里来，致使两区的划分是如此的明显。

但是随着人口的迁移，棚户的扩展和管理的不善问题并没有解决，不得不在新区中再建“新新区”。新德里的国际区是新德里又不得不建的新区。新德里的国际区就是使馆、国际组织、外国侨民和印度富人集中居住的区域，大体可以分为两大块。

一块是东起德里高尔夫球场这片大绿地，以卢迪公园为中心，西至跑马场，我住的旅馆就在这里。这里是各国使馆和国际组织机构集中的地区，是名副其实的国际区，联合国和各国旗帜到处飘扬，挂着外交牌照的汽车满街疾驶。街道广阔整齐，到处是花园别墅，街上几乎没有乞丐，连穷人也很少见，似乎是德里的另一个世界。这里路牌清楚，隔几个

在新德里新区与居民在一起

街区就有地图标牌，让游人感到十分方便。当然什么地方都有例外，就在我们所住旅馆旁边的小商业街中，大多店铺门面尚可，可一家小饭馆的楼上就已经烟熏火燎残破不堪了，门面尚且如此，食品也可想而知，为节约时间我曾在此进餐多次。

另一块东起上面所说的跑马场，西至新老德里交界的公园区，以尼赫鲁公园为中心，是国际区的西区。若论自然环境，西区并不比东区差，它紧邻德里中西部的大公园区，这一公园区由几个公园组成，占地很大，宽约2.5公里，长达5公里，也就是有十二三平方公里的面积，仅比柏林市偏西南的柏林森林小，是世界上数二数三的城市森林了。林区中热带树木枝叶扶疏，高大灌木丛生，从上到下一片郁郁葱葱，林中也有柏油马路，驱车入林，深浅莫测。环境虽然很好，但管理不严格，街边有西瓜贩子沿路售卖。虽然林中车辆稀少，不知瓜贩们多久才能开一次张，但如果在林中吃，瓜皮能及时处理吗？否则以新德里50摄氏度的高温，立即苍蝇成群，再好的环境也让人望而却步了。

我们买了一个，有12公斤，价格不菲，但味道不错。还好，车上有塑料袋，我们就着袋子吃，把瓜皮装了进去扎好，有多少人能这样做呢？

西区建筑较东区更稀疏，真有点空旷的感觉，居民中印度富人多，外国人较少。街边三三两两的行人，路上偶尔才过的车辆，让人很难想象这里和老德里是一个城市。幸好新德里建市时就规划出大片空地，而且执法严格，使得德里和新德里的扩展有序进行。

新德里的新区建设给我们以现实的借鉴，为疏解城市功能，控制人口增长，建新区是国际通行的好办法。但要成功，必须落实以下几点：

一是要真正科学地做好规划，如将功能尽量考虑全，并留出空地以备发展变化之需。

二是新旧两区不能离得太近，来往没有必要太便捷，否则在新区居住的不多，反而造成新区与旧区之间的潮汐式交通。

三是必须建各种社会服务设施，如果皮箱，严格管理，否则新区会变成旧区，要再建新区。

孟买国际研究中心小镇上的贫民

贫富悬殊问题已经日渐成为发展中国家的严重问题，我到过的国家中，印度尼西亚、巴基斯坦、泰国、埃及、肯尼亚和巴西均存在这一问题，且有发展的趋势。在写德里的时候已经写到这个问题，但看得更清楚的还是在孟买。

在孟买接待我们的是英迪拉·甘地发展战略研究所，这个研究所建在孟买北郊区，是联合国开发计划署（UNDP）援建的。研究所在一个高岗之上，周围有浓密的灌木，稀疏的树林，碧绿的农田，也有裸露的土地，看得出来这里是用小镇农田和荒地而建。研究所依岗而立，别有特色。研究所、招待所楼建得都不高，最多只有三层，但房间高大，门廊开阔，颇具热带特色，白色的办公楼，奶油色的招待所，显得雅致和谐，是一个潜心研究的好地方。研究所设备不错，全用微机装备，可以用激光彩色打印输出。其中有一个通过计算污染造成损失的金额，来计算环境效益的研究项目软件已达到世界先进水平。研究人员的工作条件在印度属上乘。一个博士生的月收入可达300美元，住在招待所的一个单人房之中，房间很大，有窗式空调，比本国博士生的收入和居住条件要好多了。博士生的收入情况及居住条件在研究所中属于中层偏下，由此可见整个研究所人员的生活水平了。

就在这所现代化的研究所和小镇之间，居然有一圈贫民窟，形成了强大的反差和鲜明的对照。世界上的贫民窟我见过不少，20世纪80年代初，甚至在意大利罗马郊区也见过，但是反差如此之大，对照如此鲜明还是第一次。其特别之处就在于：其他地方是在贫民窟附近建了高楼大厦，而对贫民窟正在治理、拆除，但这里是一个新建小区，刚刚落成就出现了新的贫民窟，如此下去，又到何时为止呢？研究所门外有用木棍支着铁皮搭的棚子，肮脏的塑料布从棚顶垂挂下来就算是墙壁；稍好一点的有几层碎砖为基础，上面是破木头支起的窗框，窗有破玻璃做的，也有塑料布做的。

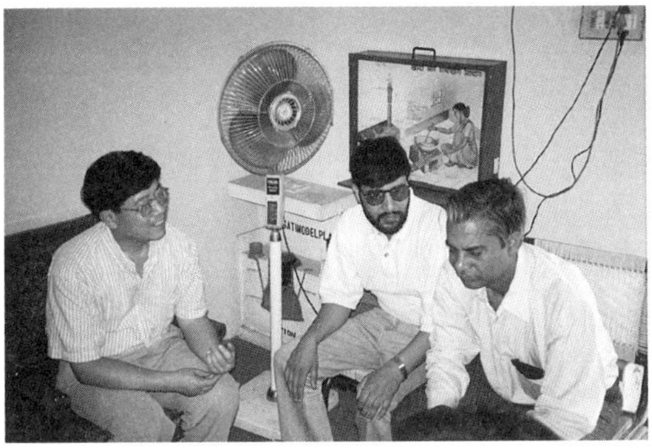

与国际研究中心研究员探讨新农村建设

这些棚前是一个巨大的垃圾坑，好像垃圾填埋场，腐瓜菜、碎瓶罐、塑料制品和各种包装，搅成一团，五颜六色，散发出一股股臭气。垃圾坑和棚子之间是杂草和小水坑，孩子们黝黑的皮肤让人看不出洗得是否干净，但从那蓬乱的头发和灰黑色的短裤可以看出他们的生活状况；妇女们也穿着灰黑的白衣，从棚中钻进钻出，还不断向大垃圾坑倾倒垃圾，向小水坑中泼洒污水，继续破坏已经让人不堪忍受的环境。这一切都发生在联合国开发计划署援建的刚刚落成的研究所雪白的楼和奶油色的墙之下，让人不敢相信，却又是活生生的事实。

这大概就是印度最底层贫民的生活了，他们的月收入是多少呢？大概有30美元，是博士生的1/10。小镇在两者之间，印式居住房屋的水平、街道干净的程度都在两者之间，大约居民收入也在两者之间。

登上研究所的楼顶，远眺海滨，远处就是富人区。乳白色的高级公寓楼，浓荫下的花园别墅，那里就是孟买的另一个世界——富人世界。当我们驱车经过时，才看清了孟买的另一个世界。海滨的林荫道被高大的柳树、棕榈遮住了路中心，茁壮的芭蕉和灌木遮住了路边。海边的凉风习习吹来，使得骄阳炙烤下的柏油路也有了凉意，红花、黄花和紫罗兰在路边草地上盛开，鸽子和雄鹰在蓝天上飞过。真有点法国南方蓝色海岸的味道。路另一边是花园别墅，庭园比法国蓝色海岸的更大，植物更加茂盛，因为这里是热带；别墅也比法国蓝色海岸的更高，而且有仆人出入，这在法国蓝色海岸是罕见的，因为一般的法国富人也雇不起仆人，而且即使有仆人，衣着和主人也没有太大差别，不会一眼认出。

尽管我没有时间访问我在联合国教科文组织工作时的老朋友——几个孟买富人的家庭，仅仅坐车穿过富人区，那差别就已经是不需细看即能分辨出来的：贫民区无遮无拦骄阳似火，富人区浓荫蔽日凉风习习；贫民区垃圾臭气冲天，富人区海风清新爽利；贫民区垃圾成堆，污水发腐，富人区海岸干净，海水清澈；贫民区土路坑坑洼洼，富人区道路宽阔平坦。两个区几乎是两个世界。

贫富差别确实是目前世界上几乎所有国家都难以避免的，而贫富悬殊又的确是目前世界上所有国家都必须弥合的，极端贫困是要消灭的，这也就是我国的扶贫取得巨大成绩在世界影响巨大的原因吧。

从古都索纳贡镇追溯孟加拉国历史

孟加拉国实在是个古老而又年轻的国家。说古老，它曾是印度的一部分，有近3000年文明史；说年轻，它1971年才成立，到我访问时才刚刚46岁，是个壮年。

11世纪下半叶，来自印度德干高原的森那人进入孟加拉，建立森那王朝，信奉印度教，后来王朝的疆域也达到了最大。

自1149年起阿富汗廓尔王朝的突厥人攻入森那王朝，至1245年森那王朝灭亡，在孟加拉开始了穆斯林统治的初期，持续了4个半世纪。

13世纪至17世纪初的穆斯林统治时期，孟加拉的首都在现达卡西南40公里的索纳贡（Sonargaon）。从达卡到索纳贡的一路可以饱览孟加拉国的农村风光，这一带是雅鲁藏布江下游布拉马普特拉河流域，在北纬24度。本该是中国福建一样的亚热带气候地域，可实际上倒像是中国黄河流域的地区。土地都被开垦，当然看不到森林，而且连树林也很少，只有几棵棕榈和椰树显示着地域的纬度；本该是河流纵横的地区也看不到水，路上、树上和房上都是一层土，偶尔看到一个水塘也是浑浊不堪。

到了古都索纳贡，更让人吃惊时代的变迁，800年前的首都已经成了一个小村子，只剩下一条街。小街上几十座残存的建筑让你吃惊，这仿佛不是在孟加拉，而是在北非或西班牙，两层楼的建筑，底层有高大的拱门，二层是高大的落地窗，门窗上都精雕细刻。这说明13—14世纪的伊斯兰建筑更具欧洲风格，可惜在阿拉伯世界都保留不多了。向门里看去，800年前的文物没有得到保护，而且里面已经成了无家可归者的栖身地，在满屋泥土的情况下，还看得出当年雕梁画栋的痕迹。

在古都老楼前

这条街的后边就是码头，现在码头前的河已经没有水，对面有一座石桥，已有700年历史，是孟加拉国最古老的石桥，它的作用只是让人越过一片长满水葫芦的小沼泽。过了桥是一片草地，还多少让人看出当年豪华都城的影子，草地对面是当年莫卧儿王朝修的、尖塔式的印度教堂，信奉伊斯兰教的莫卧儿君主提倡宗教和谐。

1555年孟加拉被印度莫卧儿帝国征服，成为其一个省，1608年迁首府到达卡。当年全靠水运，迁都达卡的原因也是索纳贡地区河水日渐减少，而恒河流域的达卡河网更密。

在从索纳贡回达卡的路上，我们还去了一座英式地主庄园。这座庄园十分有名，叫“索纳贡”（Sonargaon），以故都命名，可见地主心气之高，现在已是达卡的著名旅游点。这座庄园建于19世纪末，由英国人设计，主人一定是英国留学生。大门内主楼前是一片一个足球场大的水池，主楼后又是同样大的一个水池，主楼旁是花园，可见当年布局的气势。可惜今天不但树不多，水池也已都已成为脏水坑。主楼前是一排椰树和精致的西式石雕，主楼是正面白色的两层楼，一楼有大拱门，二楼是落地窗的阳台，楼上有镀金的印度式雕塑，楼体为红色、配楼为黄色。在蓝天白云之下，碧水绿树之前，白、红、黄三色建筑立于其间，真是如画的风景，是当年中国的大地主难以企及的。这里既反映出当年孟加拉地主的富足和现代化要求，又反映出这里生态系统的巨大变迁。大楼内是英式格局、印度装饰，房间开间很小，楼道回环曲折，像个迷宫。现在这里已经成为民俗博物馆对外开放，从居住、劳作、用具和服装等各方面展现当年孟加拉人民的生活，据我们从表面上看，与经过的农村对比，100年来的提高不大。当年地主的子孙不知回来过没有，如在，又做何感想呢？

从孟加拉2400多年的历史来看，孟加拉国的出现既是英帝国分而治之手段的结果，又有历史的渊源，实际上在孟加拉地域出现独立的国家自波罗王朝起已经1200多年了。在国际政治中，如果没有深远、丰厚的历史知识，不可能了解许多事物，更不可能取得成功，对古都索纳贡镇的研究就是一个例子。

卡拉奇的富人区和穷人区小镇的粉尘

和西方发达国家一样，大多数发展中国家的大城市中，都有富人区和穷人区之分。卡拉奇的富人区和穷人区也泾渭分明，穷人区和富人区都自成一个“小镇”或者叫“新区”。穷人区在低处，土路高低不平。从立交桥上望去，低矮的干打垒茅舍棚屋连成一片，见缝插针地盖，不留空隙地挤。有的棚子门窗上没有玻璃，用塑料布挡上，还有的茅舍连门窗也没有，只挂片帘子。区中人畜杂居，远远望去，苍蝇群好像生起的一缕黑烟，穷人的孩子就在“烟云”下奔跑。这种条件极差的茅舍，主人们还是违法居住，因为他们没有土地所有权。无怪布托小姐在竞选时提出“让占地建茅舍棚屋的贫民拥有房产所有权”，并在这一得人心的口号声中，在大选中获胜了。

富人区当然又是一番景象，整齐的道路，蔽日的浓荫，宽大的宅院，别致的建筑，让人似乎觉得这里不是卡拉奇，而好像置身于伦敦和巴黎的富人区。然而，只要仔细观察一下，区别还是不小的。首先，尽管家家门前打扫得干干净净，但是在几不管的死角却有一个个垃圾堆，苍蝇从那里飞过高墙，尘土从那里扬向四方。其次，无论从建筑的质量和样式上，还是修饰的程度上也都还难以同巴黎和伦敦的花园洋房媲美。同时，在那宽阔的街道上，还经常能看到一些蓬头垢面、衣衫褴褛的贫民在街上

牛在卡拉奇街头自在休憩

闲荡，真是煞风景。他们通常是等着给富人开车门，讨两个小钱。不知是为了这些闲荡游民的安全，还是为了让所有车辆都在豪门前减速，在平坦的路上人为地造了一道道过高的减速带，每辆车过去都担惊受怕，唯恐高埂擦坏了汽车底盘，这也是卡拉奇富人区一奇。

卡拉奇的富人区有几处，市中心总督府附近是个富人区，克里夫顿区的富人区就自成一镇。在1988年11月16日大选中获胜的前总理布托的女儿，巴基斯坦人民党主席贝娜齐尔・布托的住宅就在克里夫顿富人区。高耸的院墙，浓密的绿荫，宽阔的白楼，气派的大门，这所70号住宅就是“布托小姐”的家。住宅周围街道宽阔，整洁，又是闹中取静。只是在大选中墙上乱贴的布托小姐像，因为印刷质量太差，糨糊太脏，显得有点不协调。其实这里并不是“布托小姐”的住宅，而是他的父亲——1978年4月4日被当时的总统齐亚・哈克绞死的前总理布托的住宅。而当1988年12月8日我有幸在墙外参观这所宅第时，贝娜齐尔・布托也不再是小姐，她已于1987年12月18日和比她小一个月的阿西夫・扎达里先生结了婚。举行婚礼的当天，整个克里夫顿区大约有10万人同时举行各种活动庆贺，这是个富人区与穷人区共同欢乐的时刻。

人们从这座高大典雅的院落中，看到了布托一家，尤其是布托小姐的坚强意志和奋斗精神，这无疑给巴基斯坦人民留下了精神财富。然而，在我的卡拉奇之行中看到，巴基斯坦人更需要的还是提高劳动生产率的政策和繁荣经济的方法。将近30年过去了，巴基斯坦有进步，但在世界发展的形势下步子不大。

穷人小镇是另一个天地，让人感到恍如隔世。给人印象最深的不仅是PM2.5，还有PM10，整个小镇在艳阳高照下弥漫在灰尘之中。卡拉奇距沙漠不远，沙漠会送来沙尘；道路年久失修，柏油路坑坑洼洼，碎沥青块已经碾成粉尘，不用说汽车，连牛车走过都带起一缕粉尘；贫民家其烧捡来的煤核和柴草的烟尘。沙尘、粉尘和烟尘混为一体，搅成一团，笼罩在穷人小镇的上空，让人感受到了另一个世界。这是30年前的情况，但我的一个亲戚于2017年4月才从卡拉奇回来，说变化不大。

特大城市外围要形成卫星城是必然的，但一是不要形成富人区和贫民区，二是要做好环境整治，其实水比空气更重要，有多大的治理环境能力，卫星城就建多大恐怕是个原则。

从新疆霍尔果斯口岸入哈萨克斯坦

2004年我来到新疆伊犁哈萨克自治州伊宁市霍尔果斯口岸考察水资源。发源于我国的伊犁河静静地向西流，汇入哈萨克斯坦的巴尔克什湖，这条国际河流成为哈萨克斯坦最重要的水源之一，使偌大的咸水湖巴尔克什湖的西南部——巴尔湖成为淡水湖。

在这次考察中我到了中哈边界，边界是一座旱河桥，我走到中线，哈萨克斯坦哨兵友好地向我示意“可以越一越”。旱河桥两边都是茫茫的荒漠，蓝天之下不是一片绿，而是一片黄，别有风采。哈萨克斯坦雅尔肯特市郊小镇的苏联时代火柴盒式的楼近在咫尺，一群哈萨克人边嬉戏，边向我招手。两相比较，中方的建筑还是明显好于哈方，12年过去，不知现在怎么样了。

霍尔果斯口岸是位于中国新疆伊犁哈萨克自治州霍尔果斯市一个陆路口岸，与哈萨克斯坦隔霍尔果斯河相望。精河—伊犁—霍尔果斯铁路、乌（乌鲁木齐）霍高速公路、312国道和中国—中亚天然气管道都以这里为终点。

作者主持制定、指导实施的国务院批准的水规划使维吾尔族居民迁出的英苏村恢复生机，为中哈霍尔果斯边贸城建设作出了贡献

霍尔果斯口岸距伊宁市90公里，距乌鲁木齐市670公里。对方口岸为哈萨克斯坦霍尔果斯口岸，距中方口岸仅15公里，距哈萨克斯坦雅尔肯特市35公里，距哈萨克斯坦原首都阿拉木图378公里。

我进入哈萨克斯坦，是进入了横跨中哈两国的霍尔果斯国际边境合作中心。这是我第二次这样进入一个国家。第一次是在横跨巴西和巴拉圭的伊瓜苏电站调控大厅中进入了巴拉圭国境。

中哈霍尔果斯国际边境合作中心横跨中国和哈萨克斯坦，是一个面积达5.43平方公里的封闭区域，建成商业面积5万多平方米。中方、哈方及第三国人员的货物、车辆在区域内可以跨境自由流动，入区免签证合法停留30天，从中方一侧进入每人每天可携带8000元免税商品，哈方一侧进入可以携带1500欧元免税商品。商城大厅高大宽阔，里面中哈商铺邻次接毗。哈萨克斯坦商人主要卖皮衣、皮靴，还有哈萨克斯坦军装。像中俄边贸城一样，更多的商品是望远镜（包括军用望远镜）、刀具（包括军用匕首），都是苏联时期建的厂生产的，略显粗大，但质量很好，军用品在其他地方是买不到的。哈萨克斯坦商贩一如哈萨克牧民，是黄种人，很像蒙古人，黄皮肤，个子不高，脸圆而平，鼻子也不高，十分朴实。商贩既不高声叫卖，更不拉扯我们，殷切地向外拿货，只用期待的眼神看着你，让我们真有点不好意思不买。

早在盛唐时期这里就是丝路北道的一个驿站。清初，这里还是中国境内的驻防之地。同治年间，中俄划界后，才成为边境哨卡。历史上的伊犁，是传统的自由贸易区，交易的主要是中国的茶和俄国的棉、毛、皮革以及金属制品等。

新中国成立后，霍尔果斯口岸以其优越的地理位置成为中苏贸易的西部最大口岸。霍尔果斯市行政区域面积约1900平方公里，1983年，我国改革开放以后，沉寂了近20年的霍尔果斯口岸又恢复了生机。霍尔果斯口岸是新疆与中亚各国通商的重要口岸，是新疆对外开放的一个重要窗口，也是“一带”上中国的最后一站。

自2008年以来通过该口岸销售到中亚国家的蔬菜、果品接近20万吨，其中90%以上来自中国内地。霍尔果斯口岸位于素有“塞外江南”之美誉的伊犁河谷谷口，自然条件得天独厚。

我考察了霍尔果斯工业园区，它是加快推进城市化和工业化发展进程的结合点，是该市招商引资和工业经济发展的载体。口岸立足国内、国外“两种资源、两个市场”启动工业园区，使对外贸易优势转化为区域经济优势。从2002年开始霍尔果斯口岸启动了工业园区建设，园区规划面积9.73平方公里，投入5000多万元，完成了工业园区的起步建设。以适度超前、预留充分发展空间的建设理念，将其建成招商引资的载体、工业发展的平台。重点建设皮革加工园、建材加工园、食品加工园、机电装配园以及纺织服装及轻工产品加工区四大园区。这些工业园区的建成在霍尔果斯口岸对外贸易的发展中具有重要的推动作用，成为“一带”的重要支点。

阿联酋渔港小镇沙迦变成国际航空港

1988年，我第五次路过沙迦，沙迦成为国际交通和贸易中心并不是从阿拉伯联合酋长国石油致富开始的，早在3000年前开始这里就先后是巴比伦人、亚述人、波斯人、希腊人、罗马人和中国人的贸易集散地。但到21世纪中，这里仍是一个5万人口的渔港，阿联酋长国石油致富后，这里成了国际航空的中心，沙迦国际机场1979年才落成，每年过往旅客达250万人口。我第一次路过沙迦时，机场刚刚启用。现在沙迦有20万人口。

在我到过的世界机场中，沙迦机场是我见到的最有民族风格的机场。它完全脱离了现代化机场的刻板模式，俨然是一座阿拉伯民族宫殿。一进海关就是一座阿拉伯式的拱门，门顶上有6个小灯，像6颗大宝石，通道上都铺着厚厚的地毯，窗子也成拱形。由于墙厚，窗台特别宽，上面挂着白色的窗帘。1981年路过沙迦，我感到海关人员全不像阿拉伯人，顺便问了一个换班下来的人，他的回答居然是：“是的，我不是阿拉伯人，我们是巴基斯坦人，我们值夜班。”这真使我大吃一惊，这是一国之关啊！怎么能让外国人守呢？不过，我1983年路过沙迦海关，值班员已是本国人了。1981年路过的那次，整

阿拉伯联合酋长国小镇旁的沙漠

个机场没有见到一个女工作人员，1983年看到了女工作人员，但也是外籍的，阿拉伯妇女还是不工作的。通向休息大厅的长廊里开设有商店，因为沙迦几乎没有关税，是个自由港，这里的日本电器、巴黎化妆品和美国香烟都十分便宜，许多旅客都在这里大包小包地采购。售货员可以适当地改变商品的价格，这在欧美的海关商店是从未见过的，反映了阿拉伯商人灵活的经营方式。商店里阿拉伯手工艺品琳琅满目，不过价格太贵，少人问津，我只买了点明信片留作纪念。

候机大厅也是阿拉伯式的拱顶，顶上小灯密布，象征着天空的繁星，大厅分为两半，连接两厅的走廊顶棚成半月形，从两边看上去，像挂在天上的新月。新月和繁星正是伊斯兰教的象征。整个大厅漆成浅绿色，配上大盆的翠绿色芭蕉，更烘托了宗教气氛。绿色是伊斯兰教的“教色”。

当时由于伊朗和伊拉克之间的战争，德黑兰和巴格达机场都无法使用，沙迦成了中东最大的中转站。阿联酋也借机扩建机场，招揽旅客，给国家带来了大笔外汇收入。候机室中几乎没有阿联酋的旅客，全都是过路转机的，或者是到达和离去的外国人。大厅里的清洁工全是外籍工人，多数来自巴基斯坦、马来西亚等亚洲伊斯兰国家。阿联酋凭借着大量的石油财富，雇用了大批外籍工人，已经占全国人口的3/4，也就是说平均1个阿联酋人雇3个外籍工人，比例惊人。

机场周围是人工花园，路旁浓荫密布，园中姹紫嫣红，几个大喷泉在细水长流地浇灌，在这人喝水都困难的海湾，维持这样一个花园该用多少水，又该花多少钱啊！

市内的建筑也全是民族形式的。可能由于天气太热，不少房子之间都有走廊相连，走廊上沿和底边都是用带白花的黑瓷砖砌成的，中间是镶着雕花玻璃的落地玻璃窗。全城遍布方形塔顶和拱形圆顶的清真寺，都是清一色的浅黄。望着城中的景色，听着候机厅里轻柔的阿拉伯音乐，迎着缓缓降临的夜幕，真像身处于《天方夜谭》的神话故事里。

其实沙迦小城现在仍然只有5万左右阿拉伯联合酋长国公民，其余15万都是外籍劳工或者说是流动人口。但管理得井井有条，外籍劳工都住政府统一盖的公寓，不但没有乱搭乱建，街上也没有闲人游荡。

沙迦一带的沙漠特别平整，真像有意整修过的沙盘，黄沙滩上有一条条黑色高速公路线，高速公路边是星星点点的绿洲，整个地面很像电器中一块黄胶木板上的印刷电路和电子器件，使这片古老的土地带上了点现代的意味。“电路板”上还有两面红旗迎风招展，飞近一看，原来是两口油井在燃烧废气。

海上明珠巴林麦纳麦的外籍劳工管理

从沙迦又继续乘飞机西行，埃及航空公司的飞机安全检查特别严格，在登机口还要再查一遍，而且是女对女、男对男的搜身式检查。飞机起飞也很准时，美中不足的是飞机中有一只苍蝇。

飞机中途在巴林首都麦纳麦停靠。巴林是阿拉伯海中的一个岛国，临近麦纳麦时天色已晚，巴林小岛灯光闪烁，像墨黑的大海中一颗夺目的明珠。巴林机场宽阔，灯火通明，然而比起沙迦的机场是小了一号，设备也略差，因为巴林不仅国小，富裕程度也不如阿拉伯联合酋长国。机场也是国力的象征啊！

巴林是阿拉伯酋长国以北波斯湾中的一个小岛，面积707平方公里，比北京城市规划区还小。人口有67万，其中巴林人只占63%，85%的居民信奉伊斯兰教，其中75%是什叶派。由于是海岛，气候相对潮湿，但平均降雨量也只有77毫米，极度缺水；多的也是石油，储量约1500万吨，和阿联酋比起来就是小巫见大巫了。2000年巴林国民生产总值约合66亿美元，人均7640美元，算高收入发展中国家。公元4世纪巴林属于波斯王朝，7世纪并入了阿拉伯帝国改信伊斯兰教，1871年成为英国的保护国。1961年伊朗宣布巴林是伊朗的第14省，1970年放弃对巴林的领土要求。1971年巴林宣布独立。

首都麦纳麦只有21万人口，其中半数是外籍劳工，海湾的几个富裕国家，沙特阿拉伯、阿拉伯联合酋长国、卡塔尔和巴林都有大批的外籍劳工，除沙特阿拉伯外，外籍劳工都占到人口的半数，如何管理是个难题，但是这些国家都从实践中摸索了成功的管理办法。

巴林麦纳麦一瞥

以麦纳麦为例，巴林政府在近郊为外籍劳工统一盖了公寓，都是两室一厅的单元，一般住4个人，厨房、浴室虽然都很小，但一应俱全，由于政府补贴，租金很低，近年来还配了电视，使外籍劳工有基本的生活条件，不至于乱搭乱建和住群租房、地下室。这是我国城市管理外来务工人员值得借鉴的。

以下的一些措施尽管对城市管理十分有利，只是不值得效仿。因为那里是外籍劳工，而我国的进城务工农民是公民。巴林的做法首先是严格限制入境；其次是提高物价，使得外籍劳工无法在城中消费；再次是基本上无公共交通，出租车昂贵，外籍劳工上下班坐班车，自由出行也十分困难。当然更不许开低档饭馆、洗浴中心和其他低端服务业。因此街上几乎看不到闲散的外籍劳工，下班后回家，上班时到公司，十分便于管理。

离开时从巴林登机的旅客很多，大多是埃及在海湾国家的工人和雇员。一位健壮、和蔼、十分健谈的埃及人主动在飞机上和我攀谈起来。他是个中学教员，在埃及每月只挣100埃及镑（合人民币约150元钱），拼死拼活找个第二职业才能再挣100埃及镑。然而，他在阿联酋教法语，每月挣5100埃及镑，相差二三十倍。但是毕竟不愿久居异国他乡，所以一边干上一年。他对埃及、巴林和阿联酋三国做了个比较：论富裕程度，阿联酋最富，巴林次之，埃及最穷；论气候条件，埃及最好，巴林次之，阿联酋最恶劣；论文化传统，埃及最悠久，巴林次之，阿联酋的文明史最短。他说三国的阿拉伯语像三种方言，可以互相听懂，不过语调不一样。他十分感慨地说，海湾国家是因石油致富的，变化不过十来年，20世纪60年代巴林人还不穿鞋，把东西挂在脖子上，交通工具是骆驼。而现在，家里铺地毯，出门坐奔驰汽车，变化真如天翻地覆一般。现在生活好了，就更需要文化，迫切需要提高教育水平，所以埃及就向海湾国家输出教师，输出文化。

这个埃及教师的友好让我感动，他的学识让我摆脱了旅途的枯燥。我们还试着用法语对话。对他的法语可真不敢恭维，大概那里的法语教员只要这个水平也就够了吧！

机上的乘客多着民族服装，宗教气氛浓厚。这是我在旅行中，第一次感觉在飞机上进入了阿拉伯世界。从飞机上眺望巴林这颗灿烂的明珠，不禁想起“人老珠黄”这个词，当石油财富枯竭了的时候，这颗明珠又会发生什么变化呢？

在沙特阿拉伯小城侯赖米拉科技园会见部长

沙特阿拉伯的利雅得是一片大人工绿洲，是沙特倾全国之力建设的一片大绿洲，加上郊外空地面积达2500平方公里。阿齐兹阿卜杜拉国王科技城也建了一片绿洲，是个实验站，就在代赫纳沙漠边侯赖米拉小城前，大约只有1平方公里。侯赖米拉是个在利雅得西北80公里的小城，有地下水，但以现在的标准不能喝，以前只有很少的居民，喝着苦水。自从小城建了苦咸水处理厂，人口很快增加到3万。

绿洲试验基地的研究目的很明确，就是研究有苦咸水的沙漠边缘能否建人工绿洲，让人类生存和生产。科技城想以这里为典型，把经验向全国推广，并向外输出这些技术和植物品种。

我在鱼池棚看到，各类鱼都养在大箱之中，当时大鱼正在出售，把小鱼苗先连水装入大塑料袋，再放入盆中运走免费给周围农民试样。和我一起进来的沙特农民正在等着取鱼苗，身着民族服装的高大沙特农民一再对我说："我就是个农民，不懂什么。"他是个小农场主，朴实地告诉我，不要误以为他是领导，看气派还真有点像，但我的经验还不至于误会。沙生耐旱植物的研究是我最感兴趣的，基地在长达10多年的时间内培育了多个品种，但至今适于在当地生存并不带来引进物种问题的只是几种，多是阿拉伯半岛的品种。可见生态在物种方面也是个系统，一方水土养一方草，不能乱引进。

科技城的侯赖米拉试验站里有一片片小树林，尽管也蒙上了一层土黄，但是给荒漠带来了绿色，更为重要的是试验站工作人员在引入生命，给大片荒漠带来了生机。

侯赖米拉小城沿公路两边而建，街道整齐清洁，房屋稀疏有序，不多的几个商店老板坐在门口晒2月份的太阳。奇怪的是街上尘土并不多，看黑汽车就很清楚，可见万年风吹早吹走了能吹的东西，其余的就被沙生植物等各种作用固住了，非沙尘暴来而不起。但人类大开发摧毁了地表的固沙系统，就造成了扬尘、沙尘天气以致沙尘暴。

阿齐兹·阿卜杜拉国王科技城建于1977年，依托侯赖米拉小城而建。该科技城集沙特阿拉伯科技研究之大成，相当于我国的科技部、中国科学院和科技园区三位一体。现有1700多工作人员，有制定政策的，有搞研究的，还有搞技术商业开发的，是个比较典型的科技园区。

科技城在利雅得西北的荒漠上建立，像我国的卫星基地建在荒滩上一样，本来是一片不毛之地，只不过距城较近而已。到了这里才知道什么叫生态科技园，在这种地方搞科技园冠以"生态"的名字不是时髦，而是必须，因为如果你不考虑生态问题是不可能在荒漠上建园区的。

与沙特阿拉伯负责科技园区的政府部长合影

晚上，在科技城工作的中国工作人员邀请我到生活区。生活区也有门卫，守卫森严，里面是墙很厚的公寓和别墅式住宅。5个中国科学院遗传研究中心的研究人员住一套近300平方米的单元，上下两层，下层是不大的会客屋、厨房和很大的餐厅，上面则是4间不小的卧室。住宅区里遍布棕榈、椰树和椰枣树，是个世外桃源，区里有些活动设施，还有小超市，但除此之外要去商店就要走至少2公里了。

第二天早上去了科技城的研究院部分，共有1700多研究人员。这片荒滩中的孤楼可以从外面一览无余，实际上主要是两座大楼，里面有办公室、研究所和食堂，实验室都不大，办公室也比较挤，但清洁整齐，设备比较现代化。

我参观了环境研究所，专门研究如何在沙漠中建设小人工生态系统。比如，研究如何适度抽地下的苦水，可以用于清洁和养鱼，浇适宜的沙生植物，形成循环用水，借以保持可以自持的绿色系统。

我又参观了水研究所，研究海水淡化、净化、供水和节水等各种技术。我说，这些技术不是可以购买吗？研究所长说得很有道理：水是沙特阿拉伯的生命，正像石油是其他国家的生命一样，国家命脉的技术要掌握在自己手里。而且，其他国家如没有这样的节水需求，也未必肯下大力气深度开发这些技术。这说明至少沙特科技界对水的认识是清楚的。领我参观的实验室主任是个巴基斯坦人，沙特的人才引进随处可见。

最后，科技城主席，相当于沙特的科技部部长，在接待胡锦涛主席10天之后接见了我，双方谈了30分钟。出了大楼，抬眼远望，这个楼中与世界各地园区没多大差别的科技城的外面则天差地别，一望无际的荒漠，远远有几株棕榈，那荒凉伸向无边无际的远方，让人感到凄凉。科技能改造沙漠吗？不是现在，可能要等到受控热核聚变成功以后，能源极其廉价，以淡化的海水来改造沙漠吧。

卡塔尔首都多哈的机场城

在我到达卡塔尔多哈1年后，2017年6月沙特阿拉伯和埃及等多个阿拉伯国家与卡塔尔断交，其原因我没有研究，但卡塔尔确有其独特之处。

当我达到多哈时，感到卡塔尔一切正常。市场繁荣，市民平静，秩序井然。当然，卡塔尔虽主要靠石油，一是国小人少，本地人口只有36万，船小好掉头以应付突变。二是人均GDP高达10.2万美元，有老本可吃。但是，如果卡塔尔不是在产业多元化、狠抓教育和外来人口管理方面有突出的成绩的话，由于石油占财政收入的70%，也不会有今天的局面。

仅从国际运输业的空运讲起。我在多哈停了一天，多哈机场规模之大，令我吃惊。就单一机场来说，比北京的T3航站楼还大。机场设施十分先进，配套完善，提供对世界各地的航空服务。

卡塔尔航空于2008年建立的新多哈国际机场已经启用，新多哈国际机场年吞吐旅客能力达到5000万。人们会问卡塔尔只有1.15万平方公里土地，到最远的地方也不过100多公里，不需要乘飞机，公民只有36万，就算每人每年出国5次也只有360万人次，外籍劳工一般一年回去一次，加起来最多不超过600万人次，建吞吐量近9倍的5000万人次的机场给谁用呢？其实多哈机场已成为真正的国际航空港，9/10的旅客都是国外转机的旅客。

为什么要在这里转机呢？一是地理位置，南来北往的旅客去西欧、亚洲、非洲等，在这里转机都是捷径；二是机场设备现代，标识清楚，服务好，都用英语，各大航空公司都愿意在这里中转；三是卡塔尔航空公司已成为世界上信誉好、服务好、正点率高的最大航空公司之一；四是雇员的国际化，中东国家有不少外籍工人，我甚至在多哈机场见到有中国四川的大学生看了广告专门来这里打一年工长见识。它的触角已延伸到周围地区。例如我从塞尔维亚的贝尔格莱德到多哈乘的是卡塔尔航空公司的飞机，从阿塞拜疆的巴库乘机回国最合适的航班也是卡塔尔航空公司的飞机，从巴库到多哈，再从多哈到北京。

卡塔尔多哈老城古建筑

多哈机场之大，俨然是一座城，从一端走到另一端有3公里，快走也要半小时，但标识清楚，只要不赶时间，在灯火辉煌的“不夜城”中观光也是件乐事。转机时间较长，餐饮十分重要，机场内不仅有各种餐馆，价格也不贵，我剩下2个卡塔尔里亚尔，合0.55美元，也可以买一块小点心，这在多数大国际机场都是办不到的。机场还有专门的躺椅休息室可以睡觉；由于机场太大，还有可以随时拦停的电动运客车；机场里还有设备齐全的儿童乐园。多哈位于阿拉伯世界的中央，洗手间中特设单独的祈祷室。机场真是把食、住、行、教育和宗教都考虑周全了。我转机需等6个小时，就在休息室的长椅上睡了一觉，对减轻旅途疲劳和倒时差真是大有好处。

在机场转机的有来自世界各地的人，不但有大批中国人、印度人、菲律宾人、俄罗斯人，西欧、非洲和美洲专程从这里转机的旅客也很多，机场还安排了转机人3个小时的无须签证的“多哈游”，有大轿车拉进城观光，但到下午6时就停止了。

机场免税店不下百个，也是笔不小的收入，但是价格过高，商品种类也不齐全。因而来自各国，尤其是中国旅客在阿拉伯联合酋长国的迪拜狂购免税品的现象已见不到了，算是美中不足吧。

这里只是介绍了多哈的航空港，这里的海港也同样是国际级的，多国油轮都从这里起航。从这里就可以看出卡塔尔小国大志，还不要说政治等其他原因，如果各方面协调不好，经济方面的大志也是与邻不睦的重要原因吧。

在阿塞拜疆会议城全球论坛上讲演

我来巴库是专门参加世界文明联盟第七届全球论坛的。世界文明联盟是联合国的一个挂靠组织，会议主席纳赛尔曾任联合大会执行主席，这次大会的宗旨是“在包容性的社会中共存：挑战与目标”，实际是谴责恐怖主义并找出应对方法，所以还是很有现实意义的。

会议规格很高，联合国秘书长潘基文未能到会但发表了录像讲话，土耳其总统派了总理来，还来了西班牙外长。阿塞拜疆总统阿利耶夫在开幕式演讲。

大会的会场在首都巴库西的巴格汉诺夫小镇新建的会议城，小镇十分荒凉，只有散落的几家中亚式建筑的民居，会议中心几乎就是小镇的全部。巴库国际会议中心主要有两栋主建筑。主会场是方方的碟形，大门上的楼层一侧外倾，建造难度不小，也显得很有气势。另一栋是白色纺锤形，前端像飞机的喷气孔，外形不但时尚前卫，而且十分新颖。与我国奥林匹克中心的鸟巢和水立方相比可以说水平在同一等级。阿塞拜疆的国力显然与我国无法相比，所以能有这样的建筑，也显示了国际上各方面都在不断创新。会议城建于市郊，周围有大片空地，所以越发显得建筑宏伟。

大会庄严隆重，与会者来自120个国家，会场代表鸦雀无声，说明组织工作不差。大厅的二层是分会场，分会的主题分别是“民间社会与企业”、“女性与移民”、“青年参与和全民教育”和“媒体的作用”等，都是些很有意义的题目。

自会议城2010年建成以来，近年来巴库已经多次组织国际大会，较有经验，总体看来大会组织得不错。会议拖延的不多，基本按时结束，茶歇和中午开自助餐都准时，关闭也准时，所以在会场外餐桌边聊天的人不多。会议还细致到给代表团团长单独送餐，估计都是他们比较熟悉的邻国的，餐间还有业余的音乐家伴奏。也有不足之处就是自助餐过于简单，而且供应窗口太少，以致要排长队，尤其是茶点都要排长队，更让人感觉不便。

巴库新建的“国际会议城”

我本人还遇到一个少见的事。全体

大会后有人找我说话，我仓促收拾，因此记了一路的笔记本可能掉在了地上。这真比丢钱事更大，丢了我一路候机乘机时挤出宝贵时间做的笔记。事后多方寻找，找到会场清洁工，找到会场垃圾集中处，还找到会议特设的失物招领处，都一无所获。奇怪的是1000多人的会，除了扔的文件外，失物招领处居然没捡到东西，这是不可能的。我找回分会场才发现了秘密，清洁工脱了鞋在椅子上睡大觉，捡了东西大概也“没工夫”上交，不知扔到哪里去了。无独有偶的是我们的一个团员丢了一个用了多年的不锈钢水杯，居然也找不到，印证了我的猜测。

我在“民间社会与企业”分会上用英语讲演，只讲了4句话，我认为这是建设“一带”的社会团体与私人企业应努力做到的。

“理解”（Understanding），理解是包容的基础，理解不像说起来那样简单。在科学上都难以做到：数学家认为1+1=2是铁律；物理学家就有质疑，当两个力成角度时合力1+1≠2；化学家更认为1+1=2不成立，两份氢加一份氧只等于一份水。我们对生物都提倡保护多样性，为什么不能理解和包容不同的宗教和理念呢?

“发展”（Developing），极端主义和暴力产生的一个重要原因是贫穷，所以我们要全力促进经济与社会发展，这是消除极端和暴力行为的基础。

“分享”（Sharing），人类发展的成果应当分享，但我们不能盲目地提倡平等和平均主义，绝对的平等和平均在人类的历史上从来没有存在过，没有道理要求平等今天就立即实现，但我们要不断努力消除贫困，缩小差别。

“持续”（Continuing），当我们明确了上述目标以后，最重要的就是坚持不懈地做下去。社会团体和私人企业最大的弱点就是努力的连续性，社会团体换了主持人，私人企业换了老板，甚至是第二代接了班就可能放弃了原来的努力。

如果做到了这4句话，社会团体和私人企业必将在建立包容性社会的进程中起到越来越重要的作用。

我的讲话得到主席台上下的热烈欢迎和强烈共鸣。会后阿塞拜疆和格鲁吉亚的群众团体负责人都找到我，伸出4个手指头表示这是深刻的四句话，希望我去他们那里讲演并进一步交流。

“新丝绸之路”分会是我国一个民企组织出资主办的，起了宣传丝绸之路的作用，但遗憾的是其事先准备工作不足，完全不了解1992年联合国教科文组织《世界文化十年》中“重走丝绸之路”项目是由我作为中国常驻联合国教科文组织参赞衔副代表引入国内并组织的，而请了一位联合作教科文组织的科级官员在会上对24年前的工作做了不符合历史事实的表功的讲话。看来我们对“一带一路”溯本追源，持续不断的宣传是十分必要的。

土耳其德里尼西克小镇和镇上的老人

现在各国建水库都的确不是件容易事，不但因生态影响遭到质疑，水库淹没区的移民更是件头痛的事，中外概莫能外。我们在参观了安纳托利亚水库以后，又在安卡拉以北60公里的地方参观了德里尼西克移民镇，看看土耳其是如何安置移民的。

移民村建在荒山谷中，周围土地贫瘠，不宜耕种，距县城吉尔吉斯约26公里，交通还算便利。居民都是从水库淹没的河谷低地中搬来的，距这里不过5公里，即执行了“原地后靠”的原则。目前小镇中一共有45户，200余人，政府把小镇的房子大都给建好了，两层小楼，下面是储藏室，金字塔形的红色瓦顶，墙有粉色、浅蓝色和白色，从外观上看像一幢幢小别墅，比10公里以外的自然村落明显条件好。居民朴实热情，我们进镇时，不少人走到村口欢迎。

由于居民少，目前叫村，村长叫阿迈德，穿着崭新的西装革履来迎接我们。他领我们去了村公所，或者叫村委会，也是一幢两层楼，正在装修，里面空空如也。村长指着一间铺满地毯的大屋子说：“这里一切都好，就是教堂还没有建，我们在这里做礼拜，教堂要国家、地方政府和村民三家投钱，钱还没有筹好。”

我们还访问了村长的家，就在村口，他家是一个4间单元，客厅有25平方米，厨房和卫生间一应俱全，总面积大约有100平方米。阿迈德对我们说：“家家都一样。”老两口住一间，儿子、女儿都未结婚，各住一间。主妇热情地拿出奶茶和烤饼来招待我们，奶茶的味道我是吃不惯，不过烤饼的味道实在好，比巴黎的普通面包和新疆的馕都好。主人对我们的到来都很惊奇，热情，但也有些局促不安。单元里有电视，有电话，有冰箱，也有书架，但是书架上没有书，摆了些电话簿之类的东西。

我从来不大信“官”的话，哪怕是村长。所以在楼道里和一位叫伊兹米特的老人攀谈起来，老头瘦高，61岁，但满面风霜，满脸皱纹，看上去少说也有70岁，在盛夏头戴鸭舌帽，还穿着毛衣，身穿西装，这里的老人都是这般穿戴。伊兹米特老先生对我说，他现在老夫妇两人，每年政府给大约700美元的搬迁费，每月合60美元，基本够生活。好在孩子都走了，都到城市里打工去了。他自己原来种地，现在这里地不好种，也出去打点零工，生活就能宽裕一些，他还出去当过汽车司机。他说总体来说生活比以前好一些，但与原来的村子相比，这里最大的问题就是缺水。我们已经看到就在村公所的土坡下一个蒙白头巾，穿蓝长裙的老年村妇在公共自来水龙头下用红塑料桶接水，涓涓细流使她两分钟也没装满一桶。

土耳其德里尼西克小镇居民在接公用自来水

土耳其政府对这里的水库移民问题处理得是比较好的，居民基本满意，不满意还可以到法院上告，由政府处理，修建水库的人和水库管理人员不对此负责任。没有教堂可以拨钱建，但缺水是大问题，越抽地下水位越低，百年之后喝什么？最重要的是修了这么大一个水库，移民不过千人，问题好解决，看来水库必须找地旷人稀的地方建。

新建的德里尼西克小镇不仅值得我国同样有水库移民的地区借鉴，对我国搬迁异地脱贫同样有借鉴意义。脱贫当然是使移民的生活更好，这不是盖了房子就解决了问题：移民能否有持久的工作，有没有水，综合比较生活是否要比原来更好，这些都是要彻底解决的问题。

土耳其小城盖布泽的科技园区

2001年我访问了伊斯坦布尔近郊小城盖布泽，盖布泽在伊斯坦布尔市亚洲一侧东部约75公里处，临马尔马拉海，在伊斯坦布尔与第二大城市伊兹米特（Izmit）中间。因此距大学和科研所都不远，建科技园区的条件很好。沿伊斯坦布尔向盖布泽驶去，出城先经过博斯普鲁斯大桥，就到了城郊，伊斯坦布尔和伊兹米特之间如同世界上许多两大城市之间一样，几乎没有农村，农舍刚一出现就进了另一座城市。

我来盖布泽是应设在这里的马尔马拉（Marmara）科技园区主任卡伊马卡兰先生的盛情邀请。马尔马拉科技园区是土耳其最大的科技园区，是一座新兴的科技城，不仅临马尔马拉海，名字也叫“马尔马拉”。马尔马拉园区1973年在一片荒凉的海滩上创业，和北非古国迦太基名将、军事家，欧洲历史上最伟大的四大军事统帅之一汉尼拔·巴卡（Hannibal Barca）的故地做伴，经过27年的奋斗已发展成一个有电子学、自动化、工程塑料、精细化学和食品等各个领域的研究与开发的世界知名的园区。现有工作人员900人，其中博士和硕士占26%，人均产值超过5万美元，是土耳其各行业平均产值的5倍。1999年，在这里还召开了国际科技园区协会的大会，使土耳其的科技园区在世界科技园区之林中占有一席之地。我仔细参观了高技术项目，还特别访问了园区的污水处理研究项目。土耳其在工业化的进程中，马尔马拉海污染日趋严重，海中的鱼正在大量死去，我亲眼看到污水从管道中直接向海里排去。研究以最经济有效的方法治理污染，能用高技术最好，一时用不上先遏制污染发展也不失为上策，看来高技术和实用新技术要有机结合。因此，我们在联合国教科文组织工作时定义的“有益于环境的高新技术”，还是比较准确实用的。高科技发展是新时代的“名将”，和汉尼拔不同，它只有前途，没有末路。这就是土耳其的未来。

在科技园马尔马拉海滨与土耳其儿童在一起

马尔马拉园区的盛情邀请至今难忘，他们邀我住在海湾的贵宾别墅。别墅群建在湾边一个小山坡上，面对马尔马拉的海湾。岸上早春的草地有些发青，低矮的树丛像蘑菇一样分布在草地上，直到海边。灰蓝色的海湾十分壮观，海就是海，这是长江口所不能比拟的。红船在海中划出一条泛白的分水线，海中没有游艇，岸上没有游人，看来这里还有待开发。对岸近山乌黑、远山发灰，在蓝天下和灰色的云朵相连，仿佛是一个古代的世界。汉尼拔挥师向北征讨，波斯人挺刀向西进发，2000年过去，苍山依旧，落日如常，只是世界变了，人变了。太阳在凄凉的海风中落下，周围开始变暗，只有海水在泛着白光。对岸工业发达，灯火通明，隔岸观看，真有置身世外的感觉。我爱海，这大概是我见到的最小的海——马尔马拉海，不过2万多平方公里，但它也是海，依然那样博大宽广，依然那样高深莫测，让人触景生情，让人浮想联翩。几个踢足球的小孩打断了我的遐想，我挑了其中一个年龄大的帮我照了张相，没想到却招了事来，5个孩子要每人为我照一张。由于语言不通，费了九牛二虎之力才说清楚，我不要照那么多相，而且也没胶卷了。这些土耳其孩子当然都是富人的孩子，不是没用过相机，其真诚热情着实叫人难忘。当我看着4个“未来的摄影家”离去时失望的目光时，真后悔为什么没多带一卷胶卷。

我住的别墅可谓是个小宫殿，复式结构，上、下两层各有150平方米，总计约300平方米。楼下有大客厅、餐厅、门厅、洗手间、厨房，还有大阳台；楼上有4间卧室，共7个床位，可供3家人住，还有洗澡间、小阳台。偌大的别墅中只有我一个人住，当太阳沉入马尔马拉海滨的群山中的时候，一片漆黑，黑色的天，墨色的海，乌山几乎看不出轮廓，周围只有星星点点几盏灯光，就像萤火虫的荧光，对这个不知深浅的发展中国家的荒滩，还是要多加几分小心。我照例在阳台的门上找到了可锁各扇门的钥匙，洗了澡，查看一下大门和两个阳台的门，锁上了自己选择的卧室的门就倒头大睡了。我在西方多次住过别墅式的房子，住这种房子房管人员一般只给你大门钥匙，其他各门钥匙一般要自己找。到哪里去找呢？一般也有窍门，就是在你睡前最可能去的地方，如阳台的门上，因为你睡前要去看看阳台门锁没锁。第二天早上醒来，果然像预料的一样，什么也没有发生，是不是昨晚不该那样费时费力，精心安排？

当然对我热情招待不能见物不见人，除了园区总裁K先生的热情邀请和周到安排以外，给我留下印象最深的是一位司机T先生。这位只能听懂英文“Yes”、“No”和“OK”的司机，却有很高的素质。首先是他的能力，他独立地承担起我的司机兼导游的任务，虽然负责介绍古迹只能比画，急了还冒出几句土耳其语。其次是他十分守时，每次我进去参观，因为语言不通，总要非常费劲才能说清楚几点几分他在外边等我，他从未迟到过。再次，他很为客人着想，每次进买票的旅游点，他都坚持不进去，表示他进去毫无用处，浪费钱，其实他陪我进不买票的清真寺还是颇能比画两下，让我了解不少事情的。最后，他很有正义感。为了沟通方便，他把我带到他在市中心的一个开饭馆的朋友那里，他朋友又自告奋勇当导游，我婉言谢绝了。因为根据我的旅行经验，导游会让你付出许多额外的开支，T先生当然也十分清楚，支持我的拒绝。而当我们回到饭店吃午饭侍者多算钱时，他气冲冲地找上去，直到减了几个美元后才回来，还余怒未消。T先生和饭店服务员形成巨大反差，我敢说如果像他一样诚实的土耳其普通劳动者增加一倍，来土耳其的旅游者肯定可以增加50％。

我登上飞机，马尔马拉海逐渐模糊，当海和天空的云朵汇成一片的时候，别了，土耳其，这个我向往已久，而今天终能短暂一见的国家；别了，土耳其，这个有着悠久历史，而又有着美好未来的国家，从小城盖布泽的新兴科技园区就可见端倪。

拜火教遗址——伊朗小镇

世界上最早的大宗教是约于公元前1227年创立的犹太教，人们一般认为其次就是释迦牟尼于公元前544年左右在印度传播的佛教，或出现于公元前7世纪的印度教前身波罗门教。其实世界第二早的著名宗教是伊朗的琐罗亚斯德（公元前628~前551年）于大约公元前608年创立的琐罗亚斯德教，比佛教早了半个世纪，在中国叫祆教、拜火教，最早的火神庙就是拜火教的庙宇。

琐罗亚斯德大约在公元前628年出生于伊朗北部，他的生平没有记载，公元前588年他说服国王使祆教成为伊朗最北部的一个王国的国教。公元前6世纪中叶祆教在居鲁士的大波斯帝国广为传播，公元前521年被居鲁士的儿子冈比西定为国教，盛行了两个世纪。自亚历山大征服波斯后，祆教衰落。后来，随着波斯人获得独立，公元3世纪中，祆教复兴，并进行了改革，融合了后起的佛教和基督教教义，又创立摩尼教，在中国叫“明教”，成为伊朗萨珊王朝（226~651年）的国教。公元7世纪阿拉伯人征服伊朗，大多数波斯人改信伊斯兰教。许多祆教徒逃往印度，祆教再次衰落。今天，祆教只是一个很小的宗教，在印度有10万信徒，大都集中在孟买附近，在伊朗也有2万祆教徒。

祆教的教义十分有趣，说现实世界有善神和恶神两个神，分别代表光明和黑暗，每个人都有权选择站在哪一边。庙中长明神火，反对独身，教徒实行“天葬”，由此看来，这种宗教也可能曾传到过西藏。大约在公元6世纪祆教通过海上丝绸之路传到中国隋朝，至今留传的火神庙就在那时兴起，公元845年唐武宗灭教，祆教（即摩尼教）也受到严重打击，成为秘密宗教和农民起义的组织形式，被称为明教。

1991年2月由我协助组织的联合国教科文组织“海上丝绸之路”考察团的最大发现就是现存福建泉州近郊的祆教草庵。2002年我到了草庵，该庙兴建于宋代，内供光佛一尊，石刻涂色，高1.54米，头上披发，背后闪光，是为光明佛。佛像依山石而雕与背景浑然一体，是一尊浮雕，在中国庙宇中罕见。尽管庙宇在泉州郊区偏僻的小山村旁，但香火还不少。香客对祆教一无所知，只知供的是“佛爷”，也没人细究这尊佛爷为什么与其他佛爷不一般长相。中华文化真是博大精深，什么都能包容，为我所用。

在伊朗第二大城市伊斯法罕西9公里的一个小镇边有祆教的遗址，2003年9月我来到这里才见到了“真佛”，因为中国来过伊朗的人不多，专程来这里的就更少，所以我大概是中国少有的见过火神庙真神并拍下了照片的人。祆教遗址是联合国教科文组织确定的世界文化遗产，但我们到时前后1个小时居然没有一个游客。

在小镇的银器、铜器商店

这个建于公元前的遗址是一座比北京景山略高，达60米，叫阿塔希高赫（Atashohah）的小石山。山不大，但仿佛是一块巨石构成，在一片平原上突兀挺立，显得十分雄伟。从上山的道路到山上的残垣断壁，直到顶峰的圆形庙宇，似乎都是在巨石上凿出的。庙宇已经没了顶，其余部分保留完好，窗子很大，现在看来像一个凉亭。整个山上寸草不生，全山连残存的建筑和墙壁全是土黄色，仿佛都过了火一样，看来这也正是当年拜火教选中这样一个绝佳的地点建造祭台的原因。可以想象，熊熊烈火在山顶烧起时，在伊斯法罕的一马平川上方圆百里的教徒参加祭礼一起行礼仪，该是何等的壮观啊！

今天的拜火教山一片凄凉，不是导游把我们带来，不会有人知道伊斯法罕还有这样一处世界文化遗产。上山路上有一间小木屋，里面只有一位售票人员，但不见一个游客。由于没有人，谈不上对古迹的大破坏，但在山的侧面，游客照相留念的最佳位置，居然建了一个圆形的灰色水房，和山体显得极不协调，破坏了文物景观。小镇实际上是个大村子，居民愣愣地看着我这个罕见的游客，他们显然不是伊朗的祆教教徒，但是也应该知道自己国家的文化和历史啊！这当然怪不得这些朴实的村民，在我们国家不是也有这种现象吗？

以色列大学城雷霍沃特

雷霍沃特（Rehovot）在特拉维夫的东南约20公里的地方，在特拉维夫和耶路撒冷之间，西距巴勒斯坦不到10公里，是以色列的一个重要城市。这个城市有10万人，但有4个大学的上万名学生，占全市人口的1/10，所以是名副其实的大学城。

自特拉维夫来的公路从雷霍沃特市中心穿过，商店、餐馆和机关就在路两旁。由于路上的车不多，而所有车都在经过市中心时减速，所以城中并不显得喧闹。小城很恬静，尽管天气很热，居民和大学生都悠闲地在城中走着，丝毫感觉不到20天前以色列与黎巴嫩间发生过战争。

雷霍沃特有以色列第一大学耶路撒冷希伯来大学分校，大学成立于1918年，雷霍沃特的分校也始于20世纪20年代，校园有如荒漠中的城市花园，虽然面积不大，但树木扶疏，绿茵遍地，古老的建筑错落有致，年轻的学生来去匆匆。我在几位教授的热情陪同下参观了几个系，分校的农学是全国第一流的，以色列的国际一流的农业先进技术——育种技术、栽培技术和节水灌溉等技术多出自这里，许多技术已经被我国引进。学校的农学院与中国已有来往，但教授们还是向我表达很愿意与中国的有关单位建立更密切的合作关系。

我们在大学食堂吃了一顿饭，食堂和美国大学一样现代化，环境很幽雅，但由于犹太宗教的饮食文化规矩多，禁忌多，所以的确没什么菜可吃，菜的味道也很一般，但连教授们也吃得津津有味。

在以色列死海中看报

雷霍沃特的另一个名胜是以色列国父魏兹曼（Chaim Weizman，1874~1952年）的故居。本来以色列建国时邀请爱因斯坦任总统，被婉言谢绝后，找到世界知名化学家魏兹曼。魏兹曼1914年生于华沙近郊，是爱因斯坦的朋友，后来任以色列第一任总统。魏兹曼故居在一个小岗上，是他1937年回到巴勒斯坦后的住所。小岗上尽管草地发黄，但树下以红线装饰的两层奶油色小楼，还是让人以为到了欧洲。魏兹曼故居中布置得很像一个欧洲大学教授的家，宽大的书房中有与爱因斯坦的来往信件，典雅的客厅中有中国的唐三彩马，魏兹曼爱好中国的古陶瓷。整个400平方米的小楼的窗子都做成轮船的舷窗状，表达了魏兹曼在国外盼望乘船回巴勒斯坦的心情。在第二次世界大战中，魏兹曼的两个儿子都参加英国军队与德国作战，当飞行员的长子战死，次子与他回以色列。但次子的儿子，魏兹曼的长孙，在这幢房中长大后，离开以色列，至今一直住在英国，也从不以国父的长孙自居，表明了他的政治态度，是个很奇特的犹太人。

以魏兹曼命名的以色列国立研究院也在雷霍沃特，占地比耶路撒冷大学的希伯来分校还大，不仅院中环境幽雅，而且研究门类齐全，堪与欧洲一流的研究所相比。我参观了几个系的实验室，最感兴趣的是太阳能塔，建在校园外高速路间的荒地上，研究充分利用以色列的强日照来解决能源缺乏问题，据说处于国际领先水平，但现在成本仍为普通电价的2.5倍，不过陪同我参观的教授很有信心，说10年之内可以接近普通电价。

以色列与邻国对峙，不断发生武装冲突，而且是个资源，尤其是水和石油这两种战略资源极度缺乏的国家，但以色列解决这个问题的指导思想明确，政策对路，靠创新，靠科技保证以色列在极端不利的条件下存在和发展。考察雷霍沃特大学城又一次使我认识到依靠科技，勇于创新，是发展动力不竭的源泉。

七

美洲和大洋洲的小镇

图森的中美水资源管理会议理念与实际结合

在华盛顿的第二届中美环境与发展论坛之后，紧接着又在美国西部亚利桑那州的重镇图森开了第一次中美水资源管理会议。不少第一次会议的参加者远飞3000多公里，又聚集在了图森。图森是亚利桑那州第二大城市，人口68万；仅次于州首府菲尼克斯（78万人），两个城市的人口占了亚利桑那州30万平方公里土地的一半，其他地方的荒凉由此可知。相当于我国甘肃省面积3/4大的亚利桑那州，除两大城市外，平均每平方米才有4.3个人，达到了自然保护区外围区的人口限制标准。

图森现在已经是个城市的规模，但就在20世纪70年代，还是个大镇子，由于它在荒原上由镇成市，值得借鉴，所以特别记述。

为了均衡发展，美国政府对边远的图森的教育和科技做了倾斜的投入，所以图森大学是美国的著名大学之一，其设施和水平不比东西海岸的名牌大学差，也吸引了大量的人才，图森的发展和大学是分不开的。第一次中美水资源管理会议就是在图森大学召开的。

会上我又是第一个发言。我在联合国教科文组织科技部门任高技术与环境顾问时就参与创立的水资源流域综合管理理论、水生态系统指标体系和生态系统建设的理念在会上引起了强烈的反响。发言后我被美国专家包围起来，祝贺、称赞和探讨使我久久不能离去。美国专家的高水平发言，他们合理使用水资源，与自然生态系统和谐的理论也让我学到了很多的东西。

主持中美水资源管理会议

在华盛顿第二届中美环境与发展论坛上就与我见过面的M教授如约而来，会后专门找我探讨。他说：“正如您所说，生态系统是一个非平衡态超复杂巨系统，就以美国现有的科学水平和技术力量也无法建立一个实时的模拟系统求得解析解，因此，我们最好的办法就是在合理开发的同时，尽最大可能维系原来的生态系统。人类现在和将来都不能随心所欲地改变自然，以美国的人力和物力，也做不到这一点。听到中国学者对这种观点有如此深刻的认识，我感到十分的惊讶和欣慰。”

我说：“十分感谢您的评价。您多次到过北京，我可以举一个例子。未知的系统，有如北京的明十三陵，以我们现在的知识、技术和财力，我们没有能力开发所有的地宫，我们现在做基础研究，全面开发的事让后代去做。我们已开发了两个，褒贬不一，我想这也是必要的，探索未知，获得财富是人类的本性，这也没有什么可责难的。”M教授说：“我从未听到过比这更好的例子了。”

美国的陆军工程兵团是美国人人皆知的半军事化水利工程组织，在美国密西西比河水资源配置和水利建设方面取得了举世瞩目的成绩，这次中美水资源管理会议就是他们和图森大学共为东道主组织的。

美国陆军工程兵团技术委员会主任L教授是这次大会的主席。他棕发碧眼，身体强壮，颇有军人风度；同时又温文尔雅，思想深邃，更有学者风范。他对我说：“您提出的的确是一种新的水资源管理思想，以水资源总量折合地表径流深来决定区域的开发与绿化程度这是十分科学的。我长期在密西西比河流域工作，现在那里的工程都竣工了，管理也成熟了，我就转到西部来了，我在西部待了10年，我的亲身经历说明了您理论的正确。”

我说：“和您一样，我也在中国缺水的西北待了5年，自己做过拖拉机手，也做过农场办公室的负责人。亲身经历告诉我，荒是不能随便开的。第一年雪水融化多，开荒种地，千年处女地上一定有好收成；第二年雪水少了，地就要闲置，而千年的固沙植物已被犁掉，一季作物又吸了大量水，使地下水位降低；第三年再不种，土地就荒漠化了，以后再种树种草也不可能长了，新的沙漠就出现了，开荒的2/3都变成了沙漠。所谓的荒地其实是沙漠和良田的过渡带，是有其生态功能，而不能乱开的。”

L教授听完我这番话后哈哈大笑：“讲得真精彩。看来水利要有理论，更要有实践。我想我们的西部开发者一定是经历了您亲历的过程才决定了西部开发的政策的。您应该做我们西部开发的顾问。”

图森城市本身就是我们这种认识的最好实践。图森发展以大学为依托的知识经济，不建高耗水的企业；尽管荒地无穷但街道不宽，花园很少；郊区不种粮食只种蔬菜，采用喷灌和滴灌等节水技术；大学教学楼中用的都是节水器具；旅馆房间中有提示牌：“如果您只住2～3天，同意不更换卧具，请保持此牌翻过来，以便节水。”这些都十分值得我国西北缺水地区的城市发展借鉴。

美国的历史名城普林斯顿

新泽西州的普林斯顿离纽约不远，却是另一个天地。普林斯顿在美国历史上也是名胜。1779年华盛顿义军就在这里打了一场决定性战役，把英军击败，迫使英军后来订立城下之盟，它是美国独立战争中的“淮海战役”。战场是一个两边高、中间低的大草坪，美、英各占一块高地，把军队集结在高地的密林中，然后冲下来，展开了一场独立与压迫之间的大厮杀。现在，由6根柱子组成的战役纪念碑矗立在草坪边缘的小树林中，那里就是华盛顿当年集结军队的地方。自1783年起普林斯顿是美国的临时首都，美国国会也在这里召开。

普林斯顿是一片原始森林地带，我曾在林中漫步，茂密的阔叶林中，小湖成片，河流纵横。林中有野鹿、野兔、蘑菇和野果，水中有水鸟和游鱼，真是一个迷人的地方。与我同行者更为难得，是曾为中央候补委员的我国著名人气物理学家曾庆存夫妇，路上曾夫人还讲出了“将来买一架彩色照相机”这种在20世纪80年代以后再不会发生的笑话，使我至今不能忘怀，它是当时那个年代祖国贫穷的烙印。

世界闻名的普林斯顿大学就在这密林中。普林斯顿大学建于1747年，是美国历史上的第四所大学。普林斯顿镇只有一条小街，没有高楼大厦，着意维持中世纪的风貌，清洁幽静，显示出高等学府所在地的优雅。

普林斯顿城是那样小巧，而相形之下，普林斯顿大学就大得惊人了，占地达10平方公里，有三个清华大学那么大，还不算与其相连的普林斯顿森林中属于大学的林地。这里，又一次体现了美国气魄，仅仅一个普林斯顿等离子体物理实验室就可堪称一个庞然大物。实验室的三个大厅总面积有91.7万平方米，其中最大的C厅达65万平方米，相当于三个人民大会堂。这样还嫌不够，墙都是活动的，需要时可以随时向外推移。整个实验室建在密林之中，我去时，推土机还在成片地推平森林。这还仅仅是建筑，实验室中的设备更是价值连城。这样大的规模，其投资是可

在普林斯顿大学爱因斯坦故居前

想而知的，仅此一处已耗资逾亿，而更大的投资还在后头。

我在普林斯顿等离子体物理实验室工作了一星期。美国的科研人员和他们的领导之间矛盾也不少。一个实验室主任对我发牢骚说；“连我们这些诚实的人也不得不撒点谎了。上面老是盯着你：‘有成果没有？’而科学研究的成果不是那么简单的事啊！我们免不了也要唬唬他们说：‘有！’这也不算不老实，不同的人对于同一事物就有不同的理解嘛！”的确，科学发展到今天，该是领导者、管理者、研究者们有共同基础知识的时候了，否则就没有共同语言。以“一”这个最简单的问题为例子，在初等数学中，1就等于1，而在高等数学的极限概念中它只等于0.999……；在化学里，1可以分为2；在建筑学中1要有3～5的保险系数，而在航空动力学里这个系数要大到几十；在理论物理学中，1永远是个未知数，谁也不知道一个核子中究竟有多少最基本的粒子。没有一定水平的、共同的基础知识，只知其一，不知其二，非闹出矛盾来不可。

科学研究要出成果，只有优秀的科学家是不够的，还必须有高明的管理者，特别是具有远见卓识的领导者。没有第一流的领导和管理，就没有第一流的科研成果。普林斯顿，这座美国的科学之城，尽管领导者和科学家也有矛盾，但彼此之间总的说来还是相称的，他们组成了一个科学的整体。

世界著名的伟大科学家爱因斯坦到美国后就在这里工作，爱因斯坦的故居是一幢十分普通的两层楼，这里也没有像一般名人一样的显赫纪念碑，但是，爱因斯坦的一句话“一个伟大的科学家，首先是一个能够自食其力的”，是我永生不会忘怀的。一个国家，或者一项事业，仅有气魄和雄才是不够的，还必须有一大批有专业知识和科学头脑，有合作愿望和献身精神的实干家，这样，好大喜功才能变成雄伟的业绩，旦旦的誓言才能变成绚丽的现实。

我在硅谷山坡小镇上当“牛仔”

我去硅谷时，我的朋友，在旧金山长大的联合国教科文组织陈小姐给我介绍了一位她的朋友——路茜女士。我到硅谷时，经过电话联系，路茜女士盛情邀请我去她家，她家可

在斯坦福大学

不近，在旧金山东的一个山坡小镇上，我立即想到当年西部牛仔骑马持枪在山梁上呼啸而过的情景。路茜女士是个混血儿，她长得的确像东方人，黑发，但皮肤较白，眼睛很大，人很胖但行动敏捷。父亲是有文化的印第安人，当过船长，到过上海；母亲是匈牙利人，所以她从小受到良好的教育，毕业于伯克利大学。她为人真诚直爽，乐于助人，已经快50岁了，没有结婚。她的姐姐被丈夫遗弃，后来死去，丢下5个孩子都由她抚养成人。她现在的职业是残障人学校的老师。她的助手是个两只眼睛加在一起只有0.1视力的白人姑娘。金发碧眼，人很漂亮，而且热情，从外观上真看不出她是个残障人士。这个姑娘今年20岁，十分坚强，几年前就被家庭抛弃，现在她不但生活自理，还找到残障人学校护理的工作，给人留下深刻的印象。

路茜女士和那个姑娘一起来接我，她们非常热情地给我介绍旧金山和硅谷，我一直以为那位姑娘只不过眼神不大灵活。路茜开车，车很快驶出旧金山市里，到了广阔的郊区，旧金山的郊区很美，广阔的绿草地上，散落着白头、黄身子的牛群，远处山脚下是黑绿的松林。走进松林就开始上山，尽管山上并没有几个人家，而且也不是游览区，但还是修了高等级的柏油公路。那是真正的山，汽车需盘旋而上，路之险峻较八达岭有过之而无不及。山上是蓝天白云和落日的余晖，山下是高楼林立的旧金山和金门海湾。一路上我都感到住在山上是很舒服的，甚至觉得当年的牛仔的境遇也还可以，不过可以想见，没有水。

汽车在山上盘绕了20分钟，就到了路茜的家，她的家在小山顶上的一座巨大木屋里，木屋半新不旧，但里面的房子很多，一间连一间，她姐姐的5个孩子我一个都没看到，却看到她养了十来条狗、五六只猫。房间里没有暖气，一断电连水也没有。

我们在山下吃过饭就围在客厅的一座大电炉边聊天，那20来只狗猫不时悄悄地走进屋中张望，不知道要食物还是听谈话。路茜说，城里的房子太贵，这里条件不好，然而她坚强地生活，天天驱车在山上山下奔驰，还业余研究动物的行为。她热爱大自然，她说她愿意住在山上，清静、安全。每当太阳从山脊上升起，扯开薄雾，照过山林的时候，那锅底般的黑夜就过去了，给人带来新的希望。谈了两个小时，我们就各自回屋睡觉去了。

我回屋前在山顶上转了一圈才知道，这里的生活远不像她们说的那样轻松。那天真没有星星，的确是锅底一样的黑夜，因距海很近，飕飕的冷风把松林吹得哗哗地响，好像不知有多少动物要奔出来，我这才明白她养这么多狗也不完全出自她热爱动物，真要有个坏人上山，可是叫天天不应，叫地地不灵啊。两个女人带一群小孩住在这里真需要不少的勇气。上了床才知道，尽管才10月份，这里已很冷，冰冷的床、冰冷的毯子，把她们好心准备的3床毯子全盖上才算出了点热气。真不知严冬她们是怎么过的。

第二天早上，太阳在晨曦的薄雾中从山顶升起，这里又变成了阳光的世界，太阳一出来就不冷了，硅谷的山顶又变得十分迷人。但我不会忘记昨天的夜晚，不由得对这两个女人肃然起敬，她早早就起来做饭，吃午饭时还一再问我冷不冷，我当然是连声说“不冷！不冷”！路茜说，她去过中国，还说她爱上了中国，一定要再去。她非常遗憾她的父亲只看过旧中国，在1972年故去之前，没有机会看看新中国。路茜很坚强，生活也还安定，但是，作为一个有印第安血统的人，她在美国的处境和由此而引起的特殊的心理状态还是一目了然的。我祝愿她能再去中国，也许在这里能找到她需要的安慰。

我在硅谷的山上当了一天“牛仔”，真是19世纪牛仔待过的地方：一样漆黑的夜，一样寒冷的夜；一样明媚的太阳，一样温暖的阳光。不同的是过了100年，更为不同的是我不是来驱赶印第安人，而是应邀来做客，主人恰恰就是一位混血的印第安人。

荒漠绿洲中的凤凰城

加利福尼亚州东南，亚利桑那州西南和墨西哥北部是无边无垠的大沙漠，南部有世界闻名的全美国最大的武器试验场——尤马武器实验场（Yuma proving ground），这一带荒凉至极，误伤不到人。从飞机上望去一片黄色的荒漠，平地上呈浅黄色，山坡背光的地方沿山梁形成褐色的皱褶。向西朝菲尼克斯（Phoenix，又称凤凰城）飞去，开始有了人烟，地面像一幅黄绿相间的地毯，绿色的是牧场或农田，黄色的则是待垦的荒原，公路像一条条带子形成图案的边线。黑色的山峦之下不知有多少小镇，不仅是人，连植物都是靠取地下水或引山上雪水浇灌，这里的水利工程是世界上的一个奇迹。

临近有较多华人居住的凤凰城，又出现了绿色的谷地，被笔直的道路切成方形的牧场，水源全靠旁边的一条线一样细的小河，仿佛一阵风就能把它吞噬。这些小内陆河不知从何处来，也不知在哪里断，时隐时现，看来江河断流在这里已经是很常见了。在凤凰城附近，从飞机上已经看得出沙地骆驼刺。骆驼刺虽然不成风景，却对固沙起着极大的作用，风吹不走沙，不会形成不断游离的沙丘来吞没城镇和绿洲。这里非常像我国柴达木盆地内的荒漠，但柴达木盆地曾经因修公路缺燃料，砍了沿线几公里的索索（一种固沙的植物），周围已经形成了沙丘，这种杀鸡取卵的办法是不可取的，现在已有所改变。

飞机在凤凰城降落。这座大漠中的孤城很像我到过的蒙古首都乌兰巴托，城中高楼边上有人工浇灌的稀疏矮小的树木，城外就是一望无际的荒漠，整个城市很像沙盘中的一个模型。菲尼克斯太阳队是美国著名的男子职业篮球队，凤凰城也是美国西南部的交通枢纽，许多航班都要在这里停转，我前后来过凤凰城机场三次，但都无缘进城。机场很大，也很现代化，但管理上就像个长途汽车站，自由出入。我乘的航班居然只有16个人，我下飞机迟了一点，接机通道口门就已经关闭，周围无人，我只得自己打开了那扇沉重的大门，这在我几百次乘飞机中还是第一次。候机大厅里熙熙攘攘，更让人觉得像个长途汽车站。我出去买了个热狗充饥，转回来重新登机却没有听到广播，看到登机口悠闲自得地坐着两位女士在聊天，也就没有注意。正在纳闷为什么还不通知何时起飞，一问她们才知道她们是去芝加哥的，原来我乘去图森的航班正在登机，赶紧奔去，差一点没在凤凰城“涅槃”一次。

凤凰城所在地是霍霍卡姆（Holokam）故明的旧址，城市最终被命名为菲尼克斯（Phoenix，不死鸟、火烈鸟），有废墟上重生的城市之意。凤凰城地处索诺兰沙漠（Sonoran Desert）东北部，可以说是沙漠中的绿地，从飞机上看这里已出现块块“绿斑”。到图森后，我们又驱车北上来到靠近凤凰城的卡萨格兰德（Casa Grande）小镇，这里有美国农业部的实验农场，上千公顷的玉米地只有十来个人耕作管理。

旁边就是美国印第安人特有的保留地，不愿进城的印第安人就在这里过他们传统的生活，他们也在耕作，不过是粗放耕作，远比不上实验农场的精耕细作，印第安人也和白人合作，还把土地租给农场做泵站，他们住的房子也看不出和农场员工的有太大差别。很遗憾由于时间仓促无法进门造访一家，但我毕竟踏上了印第安人的保留地。

凤凰城不愧是航空的中转大站，飞机飞来时16个旅客，到走时变成了上百人，离开了凤凰城又是一片荒漠，间或出现绿斑，只飞半个小时就到达亚利桑那的首府图森，机上居然连水也没供应一次，真是“美式长途汽车”。

埃尔帕索之夜

埃尔帕索（El Paso）是美国得克萨斯州的西部重镇。得克萨斯州有69.2万平方公里土地，是美国除阿拉斯加外的第一大州，面积相当于我国青海省（72万平方公里），人口有1430万，在美国仅次于纽约州和加利福尼亚州而居第三位，美国经济兴盛的支柱——石油工业就从这里起步，至今产量仍为全美第二位。休斯顿市还是宇航基地，市区有160万人，是美国第六大城市，其他如达拉斯、圣安东尼和沃尔思堡都是名城，而且都在世界闻名的美国篮球联赛中有球队，是各州中球队最多的。美国的牛仔精神，有人说源于西部，也有人说源于西南部的得克萨斯。科学地说应该是源于得克萨斯，因为早在19世纪初美国就开始了得克萨斯的探险开发，而对西部的开发则是19世纪末的事，牛仔精神是在西南部产生，而在西部发扬光大的。其实整个美国的开发和建立都体现了牛仔精神，也就不分谁先谁后了。

埃尔帕索地处美国和墨西哥两国、新墨西哥与得克萨斯两州交界的三角地带，面对格兰德河，背靠新墨西哥州荒漠，近年来发展迅速，现有60多万人，而隔河相对的墨西哥华雷斯市（Juárez）却有200万人。埃尔帕索也是一座具有西南部特征的城市，占地很广，铺得很开。市内多低层建筑，市中心大公司和银行街几幢高楼一般也不超过20层，像几块巨大的灰色或黑色的砖矗立地上，不知为什么不给这些高楼添点色彩，让这座荒原

在美墨边境，特朗普总统要在这里筑墙

之城增点生气。同样的格调，单一的色彩，缺乏古迹和地处荒原，的确使美国西部和西南部的中等城市没有太大的旅游价值。带给埃尔帕索生气的也是那条格兰德河，格兰德河上宽阔的大桥告诉人们这是一座有水的城市。

我住进了埃尔帕索的一家汽车旅馆（motel），这是我住过的最典型的汽车旅馆之一。一间又矮又小的平房就是旅馆的柜台，两个前台还算工作有效率，登了记，发了钥匙就没人管了，自己去房间。对于我而言，国际旅行已是家常便饭，从来就不愿侍者拿行李，这几十公斤东西还是应付有余的，准备小费更是不胜麻烦。不明白的是旅馆为什么要盖成迷宫一般，分许多区，路标不清，更令人不解的是房间号码也不明白，1打头的并不是一层，2打头的也不一定是二层。仔细打听才弄清，这个旅馆原来是老板赚了钱，一点一点扩建的，的确情有可原，但是扩建已毕，为什么不重新编号呢？进房间不易，出来更难，我转了五六分钟才找回柜台，真是在世界上第一次遇到。旅馆房间很小，比世界著名的日本东京的旅馆还小，设备还算齐全，但两个房子之间可以听到声响，好在只住一夜，也就无所谓了。得克萨斯的夜很热，房间小又很闷，加上中央空调不大灵，在埃尔帕索过了一个闷热的夜。这样的旅馆也让我开了眼界，因为它并不建在荒野之上，而是在城市之中。

可以说，在欧美有人的地方就有中国饭馆，在埃尔帕索我也去中国饭店吃了一顿晚餐，这里居然像东欧的中国饭店一样，侍者全是外国人，华人只掌勺炒菜，站台收款。侍者多是来自格兰德河对岸的墨西哥城市华雷斯的偷渡者，一个小伙子说他才来半年，这边可以找到工作，而且工资比较多，他的英语很不熟练，答话中带几分怯意。我们请司机一起吃饭，他也喜欢“古老肉”这道菜，很奇怪，很多外国人都喜欢这道酸甜口的粤菜。

和其他美国城市相比，埃尔帕索是个寂静的小城，城也不大，开车很快就出了城。城外的圣安东尼小镇，保持了牛仔时代的风貌，就像个西部片的外景地，街道很宽，行人很少，两边都是两层楼房，多为红色、黄色或白色，商业广告不多，不少西部片都是在这里拍的，其实不用建什么影视基地，保持古镇风貌，就可以拍片了，还可以省了群众演员。出了小镇就是得克萨斯州的原野，蓝天之下是浓密的绿荫，红褐色的乳牛在低头吞噬紫色的苜蓿，近处是一种开着白花的绿草，广阔的原野很像一幅农家乐的油画。当然这只是城市近郊，再向前走就到了我们前面描述的得克萨斯旷野了。

赌城拉斯维加斯

拉斯维加斯（Las Vegas）世界闻名，在中国好像更有名，美国是出国的热点，而拉斯维加斯又是去美国的热点。不少人问过我："您走遍世界，没有去过拉斯维加斯？"我在20年世界游历中的确把拉斯维加斯留到了世纪的最后，因为要看赌城，我们自己就能建一个，为什么要不远万里到美国去看？西方人说东方人对赌博更感兴趣，可能多少有点道理，然而又有多少人知道，赌城的建立是美国政府为了开发内华达这个资源贫瘠的沙漠之州所想出来的绝招，以现代化来装备人类最古老的、不需资源的无烟产业——赌博业。

拉斯维加斯海拔620米，位于内华达沙漠南端，西班牙语是"丰美的草场"，19世纪末发现了泉水，开始发展成牧区小镇。拉斯维加斯的兴起得益于1931年胡佛大坝的建设，建筑工人工余在荒原上无处可去，就来到小镇上玩，赌博业也随之兴起。1931年赌博业合法。不过直到1939年时小镇才有1万人；20年后，20世纪60年代发展到7万人，1980年达到17万人，1999年常住人口已超过40万，占内华达州人口的一半，最兴旺时还要加上40万的暂住人口，但每年接待2000万来自世界各地的游客。关于赌业的发展还有一段趣闻，据说在20世纪60年代初赌城形成时，一个最成功的赌场老板——就是今天赌场弗拉明戈（火烈鸟，Flamingo）的老板被人暗杀，而他的情人继承遗志，终于把弗拉明戈办成了大赌场，存在至今。

大赌场大多集中在拉斯维加斯大道上。现在最大的赌场是MGM（Migome），据说也是世界上最大的旅店，有5500个床位，全楼是绿玻璃体，晚上望去像一块巨大的绿宝石。默拉日（Mirage）也是超级赌场，老板还要再投17亿美元巨资盖3家，论集团算首屈一指了。据说所有的赌场，不管建得多好，都要在10年左右的时间重建，哪怕仍然金碧辉煌也要改换样式，因为怕缺乏新意而吸引不来赌客。每个赌场实际上就是一家大饭店，一楼就是规模巨大的赌场，各出高招吸引人。默拉日的高招是在大厅过道里养了两只白老虎，凯撒宫（Caesar's Palace）则盖成宫殿样式，大厅中顶棚变成了蓝色的天穹，下面就是古罗马的街市，规模之大让人叹为观止。金砖（Golden Mugget）大赌场则在玻璃罩中放了一个世界上最大的重达28公斤的金块来吸引人。巴利（Bally）也是超级赌场，建成埃菲尔铁塔的外形。卢克索（Luxor）赌场则盖成了金字塔的样式，入门处就是一座巨大的狮身人面像，由于金字塔的锥形影响了营业面积，就在旁边又建了一座大厦。

金银岛（Treasure Island）大赌场的绝招是在晚上演街头剧，在楼前的喷泉水池中上演海盗和英国皇家海军的大战，真炮真火，真人演出，被打“死”的海盗还跌入水中，当然1分钟后就从水中爬出，乘观众不注意溜走了。拉斯维加斯较大的赌场有300家，吃角子的老虎机有10万架，24小时不停地吞噬着来自世界各地游客的钱财。

我住的旅馆尽管算不上大赌场，其规模也十分令人吃惊，是我住过的又一个奇特的旅馆。进门以后前台就在大赌厅的边上，仅仅占了一个小角，整个一层都是赌场，仿佛前台倒成了陪衬，前台上的服务员眼睛也盯着赌场，草草办完了入住手续后，似乎就等你去换赌注。各旅店的赌场都不小，小的也有篮球场大，大的比足球场还大，至少有1万平方米的面积。赌具倒没有什么花样翻新，还是老虎机、扑克牌、骰子和轮盘，只是老虎机的花色更多，轮盘赌的桌子更大，扑克牌的庄家更精而已。据说楼上还有单间赌场，我对赌毫无兴趣，也就没有再打听了。从飞机上下来进入候机厅，候机厅也有赌场，令人吃惊的是当我去看文艺表演，剧场门口大厅中居然也摆满了赌具，拉斯维加斯真是无处不赌。我们看的文艺节目，有几个还可以，不少也是噪声超标的现代科技节目，地震的轰隆声，飞船的尖叫声，不知道美国的现代节目为什么与噪声共同发展，受不受美国环境保护署的噪声检查，而陪同我们的一位旅行社老板——原我国国家科委工作人员说：“中国的艺术不够格，排不上到这里演出！”我想还是不要够这个“格”的好！

白天的拉斯维加斯像一个迪斯尼游乐城，无处不整洁，无处不新鲜。入夜的拉斯维加斯像一座不夜的迷宫，在通体的灯光照耀下，宝石蓝的、碧绿的、金黄的、玫瑰紫的建筑像一块块矗立的硕大无朋的宝石；街头的霓虹灯广告占据了几十平方米的光屏，仿佛贴在宝石大厦上的宣传画；街上川流不息的车辆前灯和后灯的流光形成了一对赤龙和金蛇相对飞驰而过，那墨黑的太空的几颗星星仿佛在眨着眼睛慨叹人间的繁华。拉斯维加斯无疑是美国人的又一大创造，让人惊叹，至于这一创造是出于何种理想和信念，大约不是一时半时能分析清楚的，创造了巨大经济效益的拉斯维加斯的环境效益也是好的，社会效益也不能说太差，至于“理想效益”呢？“国外效益”呢？还是让后人去评说吧！至少

在赌城拉斯维加斯

在今天，拉斯维加斯还方兴未艾，这个光怪陆离的城市正是这个变幻莫测的世界一个侧面的写照。

我从拉斯维加斯乘机去旧金山，从旧金山登机回国。飞机已经在旧金山机场升起，就要离开美国了。我前后3次在美国生活了近4个月，对它有了更多的了解。美国是个丰富多彩的国家，是个伟大的国家；美国人是有活力、有创造性的；美国既不是天堂，也不是地狱；美国人既不全能，也不愚笨；美国是个竞争的世界，是个新兴的国家；美国在200年内创造了奇迹，这对于正在现代化大道上起步的我们，无疑可以从中得到许多启发。美国历史很短，缺乏古典文化的传统，这当然是一个缺点，但也是一个优点，就是没有那么多历史的包袱，没有可以夸耀于人的祖传的宝贝，同时也没有令人窒息的祖训家教。因此，要想自立于世界民族之林，就只有实干了，不受条条框框的束缚。这样倒也形成了一种传统，不吃老本，不停地创造。今天，我们所需要的正是这种精神。但愿我们中华民族在艰苦创业的道路上少一些空洞的争论，多一些，再多一些实干精神！

业凋城衰的水牛城布法罗

尼亚加拉大瀑布就在布法罗（Buffalo，又称水牛城）的西郊，2016年布法罗人口45万。1981年我去访问时，布法罗是我曾在各国见到的两三个让人吃惊的败落城市之一。布法罗是美加边境的世界最大湖泊五大湖中的伊利湖东岸的港口城市，城市按首都华盛顿规划建成，本来树林密布，环境清幽，是一座优美的城市。1758年法国商人开始在这里建皮毛贸易货栈，19世纪伊利运河开通后成为水陆交通要道，进一步发展成为世界性港口，沿岸仓库林立，船舶来往穿梭。布法罗是世界著名的面粉加工中心，当年灯红酒绿，十分繁华。

屋漏又逢连夜雨，1974年这里下了一场罕见的大雪，在1个小时内公路上积雪1米深，许多汽车被困在公路上无法动弹，由于近年来的经济萧条，关了不少加油站，拉家带口的旅客艰难地在深雪中赶不到加油站。尽管政府出动空军救援，还是有上百待救援的人汽油耗尽，无法取暖，被冻死在汽车里，也有人没走到加油站就冻僵在路上，送到医院也没抢救过来，真是一场惨剧。

在20世纪70年代发达国家互联网信息化，当时叫“信息高速公路”。我于1995年写了第一本专著介绍到国内，在此后的产业调整中，由于五大湖水运衰落，航运业日渐萧条，而布法罗产业单一受影响尤其大，加之气候恶劣，失业的员工，企业凋零的业主，红火一时的服务业，再加上叫嚣一时的“炒房团”，越来越多的人离开了布法罗。

这样一座兴旺了两个世纪的城市，在当时经济繁荣的美国居然一派萧条破败的景象，让我意想不到。布法罗真像是一座被遗弃的城市，市中心街上到处是带花园的二、三层小楼，样式各异，建筑标准很高，可见当年的繁荣。据说房价一直居高不下，连炒房的人（由于美国法律限制，炒房人不多）也舍不得卖。谁都没有料到仅两年工夫楼市崩塌，房价暴跌，由于失业率猛增，到处是无人居住的房屋，门破窗裂，屋顶长草，仿佛一座废墟，花园也无人料理，无人浇灌的花簇下杂草丛生，让人不忍多看。曾几何时，这里房价高企，楼盘待售，而现在房地产商已无踪影，几乎所有的房屋都挂出了待售的牌子，初到者猛一看甚至以为布法罗有一种如此“特殊”的门牌。

不少条街上，白天也看不见几辆汽车和几个行人，黑社会“统治”，黑手党“接管”，恶性案件层出不穷。天一黑更是行人绝迹，我走遍五大洲，夜访是小城镇主要项目，但在这里晚上没敢上街。从我住的旅馆的窗户向外看去，城市仿佛死了一般，简直就是一座“鬼城”。

今天死城布法罗已经复苏，但布法罗人都牢记了这段不堪回首的历史。

从布法罗的兴衰史至少可以总结两点经验：

一是自工业革命以来，产业是不断发展变化的，经济发展必须与时俱进，否则如逆水行舟不进则退。国外在历史上有英国的利物浦、法国的马赛和美国的芝加哥等大城市的兴衰之鉴，国内也曾有不少矿竭城衰的城镇。所以，不关注国际产业发展动态，不了解技术革命，不断改变产业结构适应变化，就会业败城衰。

二是所有经济发达的城镇必然带来人口的密集，正所谓“人往高处走”，随之而来的就是房地产的发达。但是由

气势如虹的尼亚加拉大瀑布

于经济发展是周期性的，任何一个城市的土地、水、交通等自然资源和公共设施的支持能力及环境容量都是有限的，城市不可能无限膨胀，房地产不可能持久走红，是有生态红线限制的，不懂这个道理，越了红线，正像地基不牢的大楼往上无限加层，有可能在一天内坍塌。

墨西哥诺加莱斯小山城

从美国亚利桑那州的图森向墨西哥驾车穿过近80公里的荒凉地带就到达了在美墨边境的墨西哥小山城——诺加莱斯（Nogales），虽然人烟逐渐稠密起来，但房屋却明显破旧，一排石棉瓦的木板房立在小山头上，通到山上的电线由于电线杆间距过大而明显地出现了下垂，让人有败落凄凉的感觉。山上的植被尽管不是森林茂密，却也郁郁葱葱，大概这也就是当年墨西哥人的开拓到此为止的原因。

到达了边境，美国一方只有边检站、加油站，一个麦当劳店和稀疏的几户居民，连一个小镇都算不上。边检站却规模庞大，车水马龙，美国旗、墨西哥旗、亚利桑那州旗和墨西哥的州旗，还有什么别的旗帜都挂在高高的旗杆上，一丝风也没有，旗帜全都低垂着。从美方出境几乎不管，查看了一下我们几人的多次出入境签证就放行了，主要是为了再入境。墨西哥方面几乎是不设防，边防警察挥挥手就让我们这些旅游者过去了，在边境线上翘首北望的一群墨西哥人对我们这样的游客习以为常，依然向北张望，是等待亲人归来，还是等待出境，就不得而知了。

诺加莱斯山城不大，我们还被告之不得远走，过了设在山上的边防就是一片平地，是诺加莱斯城的中央大街，街的两边又是起伏的小山丘。走在大街上迎面而来的是兜售旅游纪念品的小贩，在有些发展中国家旅游一般要先过这一关，要学会“有理、有力、有节”地对付他们的热情纠缠，否则不是买了上当的东西，就是招来了麻烦。当然也有真正买到便宜东西的，不过这个贪小便宜的拖延，可能招致被偷，或被赖。一般在这种地方被抢的可能性倒是很小，但是被纠缠一番却是司空见惯的。

商业街是干打垒的两层楼房，很像我国新疆的建筑，因为少雨，多是平顶。楼房上面

在美墨边境小城诺加莱斯

住人，下面开店。清一色的旅游纪念品商店，鳞次栉比，在五六百米长的小街上排出了上百家。商店有夫妻小店，也有店堂深达20米的中型店，没有大商店。店中商品全是墨西哥盛产的银器、铜器、陶器、皮货和手织布产品，还有一些木头和玻璃的手工艺品，但大多加工粗糙。店里都可以讲价，据介绍和实践的结果一般可以砍下20%～40%，店主人一般都很热情，当然讲起价来还是寸土不让。比较好的是皮货。墨西哥北部牧业发达，牛皮、羊皮质量都较好，但加工略嫌粗糙，不过模仿美国名牌加工的书包和牛仔式皮帽还是别具一格。彩陶是另一种较好的工艺品，质量较好的细陶器上有彩色图案，图案多是凤凰。皮货与彩陶我各买了一件，皮货自然是完好地带回中国，但彩陶花瓶瓶口碎了，真是有些遗憾。

这里也有较高档次的商店，店主还是位女士，戴着眼镜十分斯文，属于西班牙人混血成分大的墨西哥人。墨西哥人——印第安和西班牙混血人种实际上分三类：一种是西班牙人成分大，和西班牙人看不出多大区别，但肤色较深，人很漂亮或英俊；一种是典型的墨西哥人，血统各半，人一般也漂亮或英俊，肤色棕黄；另一种以印第安人血统为主，和印第安人看不出多大区别。这位女老板显然属于第一类。我进去后，她大概接到店里的通知，穿一件白纱裙，从二楼飘然而下。她说她的店在小街上是高档店不讲价钱，保证质量，不过看我们远道而来，如真买，还是可以给点优惠。

街上行人不多，几乎都是游客，广告牌不少，多是美国的，当然少不了得克萨斯石油公司的。在大街中段向山坡上去的小街上有一个花石头砌的花坛式的图案，红、蓝、白三色，十分醒目，算是小镇的一大特色。快到大街的尽头时出现了一座尖顶、红砖镶着白边的二层红楼，是欧式房屋，显得十分气派，旁边停了很多车，可能是市政府。街上饭馆很小，少有游客就餐，可见商店也就是做这些用一两个小时走马观花和突击采购的游客的生意。有一家饭馆，完全是民族风格的，门口有露天餐桌，两个带提环的大木桶中插满了晒干的玉米秸，看来是印第安人传统的装饰物，饭店尖顶的简易房也是民族式的。各种店铺在门前都摆满货物招揽顾客，里面摆得琳琅满目，几乎没有顾客，专门等待来访的游客，纪念品价格都不便宜。但只要有一家店肯降价，拿了买的商品到另一家，他们就肯降得更低一点，也很有趣。除了上边说的那间高级店外，店主人多是真正的墨西哥人，稳重又不失热情。街上走的却多是印第安人血统多的墨西哥人，可能也有纯印第安人，他们连看都不向店里看一眼，大概认为那里不是他们光顾的地方。在街上与两个学生模样的墨西哥人交谈了几句。他们不是本地人，英文讲得不错。他们说这是个靠旅游者生存的小镇，一般一个月可以在这里挣到150美元，这里是墨西哥的贫困地区。

我结束了短暂的游历离开了诺加莱斯，离开了墨西哥，当我又一次登上边境山冈的美国一侧时，墨西哥近处的仙人掌和黄花树，远处的黑山冈和黄沙地再次进入我的眼帘，这片神秘的土地就像这个神秘的民族一样，粗犷、坚定、奔放而又苍凉。

墨西哥城近郊的贫民卫星城

墨西哥城的北郊是贫民窟，从墨西哥北部荒凉贫瘠土地上进城的农民，当然住不起旅馆，于是在道路两边搭起临时房屋，这里已经成了墨西哥城的卫星城。建在路边的进城务工农民的房屋可分四级：一级的是砖房，房外还涂了彩画，有较大的院子，有的还摆上两盆花；二级的是砖房，不涂彩色，院子也小；第三级是砖泥混合的屋墙，石棉瓦的屋顶，没有院子；第四级建在山坡上的经济最为窘迫，房子是干打垒的，或是破木板的，有的是废弃的车厢，有黄色的、棕色的和红色的，看起来琳琅满目，晒的衣服迎风招展，仿佛是万国旗帜。在山上的贫苦进城农民也分等级，而且一眼可见：在房顶有黑罐子的是煤气罐，这是最穷的；在房顶上有白盒子的是太阳能发生器，就是比较富裕了。

这些进城务工的农民为墨西哥城的迅速发展提供了廉价的劳动力，他们付出了自己的血汗和聪明才智，只要遵纪守法，应该有权在城市生活。但是，他们的居住、子女教育、医疗保险问题怎么解决呢？中国、印度和埃及，几乎我到过的发展中国家都存在着这个问题。墨西哥是一个贫富悬殊的国家，有42%的人日工资低于2美

墨西哥城的太阳金字塔

元，也就是月工资不过500元人民币，而低档小餐馆的一顿自助餐每人要35元人民币，中档饭馆的一餐，至少要80元人民币以上。低收入者也就是勉强吃饱，住房当然要靠政府了。

托卢卡是墨西哥州的首府，人口约40万，距墨西哥城约60公里，向托卢卡贫民卫星城的方向，接近莱尔马河，水源比较丰富，有些像墨西哥的南方，在这里建了水库，保证墨西哥城的供水。由于依山傍水，形成了一个务工农民的卫星城，因此，服务业发展很快，但很低档，一间房的小理发馆，有的还没有自来水；私人诊所中坐着游医，布门帘都是脏的。商业也很发达，档次同样很低，小杂货店不少，商品都放在地上，地面是水泥的，抹得还不平。有一个超市，实际上是个大杂货铺，连收银机也没有。这里的周五露天集市很有名，许多墨西哥城的居民都来光顾。

我们到托卢卡是来看水库的，出了墨西哥城沿公路西行，两旁的植被明显不同，绿草遍地，玉米也长得格外茁壮，田间开始有较多的树，但不成林。农民的房子就在路边，有的房前还有个小水塘，有点像我国江南的景色。但是农舍十分简陋，单靠种地是改善不了生活的，所以有那么多农民工进城，远处开始有小树林和高大的仙人掌，更远的地方高大的松林依稀可见。

我们到达了库特扎马拉水库。坝在高处又临水，让人觉得冷风习习。水库管理站的负责人认真地给我们介绍。由于水库周围几乎没有居民，还没有污染，因此，水质很好，但是水量不足，不过如果卫星城再扩大，水质就很难保证了。墨西哥城供水主要还是靠地下水，现在已经制定了打算从南面的巴尔萨斯河调水的计划，也是南水北调。城市人口无限制地增加，缺水就不惜成本地到处找，这是人与自然和谐吗?

墨西哥城是世界第一大城，特大城市要疏散人口、分解功能，形成或建设卫星城是不可避免的，但要防止两个极端，一是不能放任形成贫民窟卫星城，二是不能完全由政府投入建设高档卫星城。

加勒比海与古巴巴拉德罗镇海滩

我到达古巴后急于看加勒比海，因而从哈瓦那奔赴海滨小城巴拉德罗（Varadero）镇。加勒比海面积275万平方公里，大约是我国新疆和西藏面积之和，平均水深2491米，最深处7680米，是世界最深的陆间海，古巴海域是最浅的，也在300米以上，比我国的渤海深得多。我有个心愿，不仅要下所有的大洋，也要下所有的大海，渤海、地中海和波罗的海我都下过，加勒比海当然也要下。在巴拉德罗度假村安顿下来以后，我的第一个活动就是下海，下加勒比海。

当天的风浪很大，导游和同伴都劝我第二天再下海，但凭我的经验第二天天气可能更坏，要下就及早，否则过了这个村就没有这个店了。到了海边才见识了以狂风恶浪著称的加勒比海，大风把每个人的头发都吹得散乱，棕榈叶扎的遮阳伞哗哗作响，但要走到下面才能听见，因为海浪的声音更大。白色的海浪排山倒海地向岸边扑来，这是我在世界其他海滩没有见过的。浪像一堵白墙向岸边移

在风急浪大的加勒比海古巴海滩游泳

动，在近岸处倒下，卷起打着旋涡的小浪，尽管距岸不过几十米，每个小浪也能吞噬一个泳者。这一波刚过去，另一波就又接踵而来，间隔不过1分钟，这么快的速度，这么小的间隔也是少见的。所以，尽管度假村中人群熙熙攘攘，除了我们没有一个人到海边来，所有的沙滩都空无一人。

看到这种阵势，下还是不下？下是需要点勇气的。我和一个同伴迎着滔天的白浪向海中走去，沙滩很陡，走了不到10米水已齐腰深。在两个巨浪之间要抓紧时间快游，还可以游出30～40米，然后返回，等第二个浪来时我已返回，巨浪再到时已游到水及人高的地方，比较安全。本以为这样就没有危险了，但其实不然，因为浪太大，到水仅齐腰深的地方还站不住，还是要与浪搏斗一番，不过第二次就可以掌握规律了。如此这般游了五六个来回，算是在著名的加勒比海风浪中游了泳，见识了这种狂风恶浪。

20世纪90年代，古巴开始了第一次开放，不是有人说古巴“不自由”吗？政府决定可以自由去美国，不但可以去使馆申请，而且开放海防。由于美国使馆每天只签很少的移民，不少人就用小船、轮胎和汽油桶渡海，不少是从巴拉德罗下的海。这些人可能多是知识分子，只是风平浪静时在海边晒太阳，没在风浪中下过加勒比海，不知道厉害。其实，在大浪里于海中坚持10分钟都是很困难的，更何况要渡过170公里的海峡到迈阿密了，可能性微乎其微。其结果是许多人都葬身鱼腹，这样，不理智的狂潮也就终止了。

当天晚上我又来到加勒比海海滩，茫茫大海漆黑一片，天上看不到一颗星星，海中看不到一艘渔船，预示着第二天的坏天气，我没有猜错。天水黑成一片，浪也是黑的，仿佛巨熊在咆哮，在这昏天黑地之间，人是那么渺小。我看着怒吼的加勒比海，这里曾是印第安人的天险，这里曾是赌命的殖民者的乐园，这里曾是疯狂的海盗的天堂，今天，在世界走向和平和可持续发展的时候，加勒比海的风浪过去是人们的坟场，今后它将是人们，尤其是海中最大岛上的古巴人民的财富，那屹立在加勒比海的古巴岛就是见证。

在加勒比海也有生态保护问题，古巴工业不太发达，我们亲眼所见从哈瓦那到巴拉德罗几乎没有向海口排污。但是，在巴拉德罗旅游区红树林却被破坏得很严重。巴拉德罗是个长18.5公里，宽约0.7公里的狭长半岛，仿佛海岸的护堤一般，中间夹着狭长的内海，这种地形，再加上当地的气候，应该是长满红树林的地方，历史记载也是如此。

但当我们到达时，红树林零零落落，很不好找，总算找到了小海湾中的一片，的确长得十分茂密，蓝水绿林十分美丽。这里有个海豚表演场，周边的红树林未遭砍伐，形成一圈密不透风的墙，看来这也是旅游开发时保护红树林的一个双赢的办法。

巴拉德罗半岛是古巴最著名的海滨旅游区，在不到13平方公里的半岛上大大小小建了上百个度假村，每个度假村至少占地10公顷，所以整个半岛都被度假村瓜分了，原来的居民就散落在度假村之间，破旧的农舍与现代化的度假村好像在两个不同的世界。

我们住的在半岛中间，就叫巴拉德罗度假村。一进度假村就是个封闭的世外桃源，村外有墙，林中有挡，海滩有隔，事先订好房进入的游客每人发个背面为不干胶的圆形身份牌，可以贴在衣服上，有了它就可以在度假村中尽情享受所有的设施、餐饮和服务了。设施有沙滩游泳池、淡水游泳池、近海小舢板、小剧院、电影院和台球房等，还可以在树林内骑马；餐饮有各种餐厅，有海鲜餐厅、意大利餐厅、野外烤肉餐厅，还有各种风味的餐厅，度假村不少小卖部的饮料和小点心都是免费的；服务项目有开车送出去看海豚表演，乘马车游岛，乘大船出海。各种设施、餐饮和服务五花八门，目不暇接。

但是美中不足的是名不副实。在我们住的一整天中，以设施而言，近海小舢板因风浪大而停开，林中骑马歇了业，小剧院也因没有剧团而停演；从餐饮来看，海鲜餐厅一星期只开三次，全凭你的运气，意大利大餐餐厅被告之因故不开，野外烤肉也因风大而停业；服务项目中的乘马车游岛和乘大船出海都要另买票。不过海豚表演还是免费的，我们赶上了末场。

令我吃惊的是这个度假村居然建于1920年，以那时的水平真是豪华至极了。我住的房间就有25平方米之大，还有外阳台可以朝夕看大海，让人可以想象出当年古巴的灯红酒绿。现在度假村在扩建，新区原来是一片荒地。

我走遍世界后发现，开放是富裕的唯一出路，但开放要不断深化，不断提高，而且其成果要惠及所有人民，尤其是当地的贫苦人民。

加拿大新城拉瓦勒市

从加拿大蒙特利尔市北行约30公里，就到了魁北克省重镇拉瓦勒（Laval）市，两市仅隔数十里之遥，但中间要穿过茂密的原始森林。我到过世界上不少森林，发现海有海的情，山有山的趣，森林更有森林的美妙。人们往往把海和山做拟人化的描写，但它们都是无生命的，而森林是有生命的，它挺拔，象征人的追求；它正直，象征人的不阿；它翠绿；象征人的生命；它聚集，象征人的团结。当你在无边无沿、遮天盖日的森林中穿过的时候，像海和山一样带给你遐想，可谓是“林重叶复疑无路，万木丛中树树新”。透过浓枝密叶的阳光给人以神秘感，无尽林木让人生出探索欲。

在我到过的森林里，法国的森林树木粗大而稀疏，有着明显的再生林痕迹；西伯利亚的森林茂密而纤细，让人想起冻土的延续；而加拿大的森林则令人叹为观止，粗大的树木，紧密而茂盛，盘根错节，遮天蔽日，脚下是落叶织成的黄地毯，头上是密叶砌成的绿屋顶，林中雾气沼沼，光线若明若暗，像一座木制的大迷宫。

拉瓦勒市在蒙特利尔市的西北郊，1965年才建市，至今已有32.5万人口，成为魁北克省的第二大城。人们把它的迅速发展归结为以下三个原因：一是它优越的地理位置和良好的交通系统，拉瓦勒位于蒙特利尔的两个机场之间，公路四通八达；二是它现代的城市管理组织，拉瓦勒是新市，建立了新型高效的市政府；第三，也是最重要的，是这里高素质的人力资源，这个新市广招贤达，人才荟萃，成为城市发展的根本动力。拉瓦勒的发展对整个蒙特利尔地区做出了重大的贡献。

拉瓦勒能有今天的发展首先在于建城者的远见，他们首先考虑到城市的持续发展为投资者规划出了广阔的空地，使投资者不仅能找到一块立足之地建厂，而且有足够的余地发展，不必为以后的迁厂而顾虑。这一点给我们以很深的启示，第一是新城建设必须有规划，第二是规划必须考虑得足够远，连加拿大这样地旷人稀的国度，还考虑空地是否充足，是值得我们的城市规划者重视的。

拉瓦勒的城市建设者还充分考虑到环境问题。目前市内不仅保持了占总面积47%的绿地，还保留了永久性的农田，当我们从森林中穿出进入拉瓦勒市的时候，的确没有进入一般城市那种进入钢筋丛林之间的感觉，让人们有个自然的过渡，从墨绿的森林到翠绿的农田，再到嫩绿的草地，十分和谐，拉瓦勒的确是个绿色的城市，给居民提供了心旷神怡的生活环境，就在加拿大这个城市环境较好的国度里也是出类拔萃的。

新城拉瓦勒森林公园入口

拉瓦勒是个典型的新型城市，共分三个区：

商业区和传统城市不同，不是鳞次栉比的商店，而是规模宏大的商城，周围有广阔的停车场，华灯初上，多彩的灯光把巨大的玻璃商城照得闪闪发光，别有一种奇妙吸引往来之人，前来购物的不仅有拉瓦勒市民，还有蒙特利尔的顾客，高速公路上的过往旅客也都驻足登上这玻璃大厦购物、休闲或饱览拉瓦勒市壮观美妙的夜景。

工厂区也与传统城市不同，这里的工厂是典型的花园工厂，走进许多大门，你都很难分辨这里是花园还是工厂，只在浓荫和花坛之后，你才能发现洁净的乳白色厂房。

与传统城市不同的是，拉瓦勒市有个特殊的区域——科技工业园区。说这里是园区，的确名副其实，因为整个区域隐在森林里，创业中心和高技术企业犹如森林中的一个个现代城堡，只不过居于其中的是创业者而不是殖民者或骑士；在园区林中见到的不是身着牛仔服，手持驳壳枪，呼啸而过的牛仔，而是身穿白大褂，手拿文件夹，轻声细语讨论问题的研究人员。

拉瓦勒的科技工业园叫科学与高技术园，在普瑞里斯河北岸的密林中，有加拿大辐射研究中心、医药工业研究所、技术创新中心、生化医药研究所等研究和创业机构，以医药业为中心，不仅对生化医药高技术开发，而且对拉瓦勒市，以至蒙特利尔地区的经济发展都做出了重要贡献。

新城拉瓦勒有不少经验值得我们新兴市镇借鉴。

在巴拿马机场的拉乔雷拉小镇

巴拿马是个太平洋与大西洋之间的地峡小国，面积7.55平方公里，比宁夏回族自治区略大，人口340万，与北京朝阳区差不多。地理位置十分重要，关键在沟通太平洋与大西洋的巴拿马运河。

从空中看去，巴拿马城是一座美丽的海滨城市。它背靠绵延起伏的丘陵，面向烟波浩瀚的太平洋，湛蓝的天空与无垠的大海在他身边融为一体，整座城市像一个热带植物园，绚丽的奇花异草，枝叶茂密的棕榈树，硕果累累的椰树，构成了迷人的“巴拿马风光”。

繁忙的巴拿马国际机场

巴拿马城的西侧有一座横跨运河的美洲大桥，桥身长1653米，凌空飞架运河两岸，钢架成弓形向上隆起，像是一条腾越运河的蛟龙。桥上刻有“美洲大桥”，汽车从桥上驶过，只需几分钟就可以从南美洲到达北美洲，可谓名副其实。

巴拿马地处连接南北美的要冲，也是拉丁美洲的空运中心，空运十分发达，全国有大小几十个机场。其中以托库门国际机场最大，机场在巴拿马城东11公里处，有35条国际航线，每天起降飞机130多架次。

2007年我从布宜诺斯艾利斯去利马，在巴拿马城托库门国际机场换机，落地等了2个多小时。巴拿马城机场不大，像我国中等省会城市的机场；机场也不新，至少使用了十多年。

不大的候机室中，人头攒动，五光十色，真是“七长八短汉，四山五岳人”。有白种人，美国人、西班牙人，还有不少俄罗斯人；有黑种人，有美国黑人，也有巴西黑人；有黄种人，印第安人，而中国人只有我们几个。机场像欧洲的长途汽车站，椅子坐满了，还有人席地而坐，不少人好像等了很长时间，或懒散地喝着饮料，或昏昏入睡。

我从5岁起就有走遍世界的愿望，到世界各地都闲不住，憋在机场里怎么成？到处寻找居然看到一处可以走出机场，大喜过望地走了出去，和我同行的智利游客讲法语，他告诉我这里不是巴拿马城，而是拉乔雷拉小镇，只有几万人口。与空中鸟瞰巴拿马城大相径庭的是，小镇十分破败，棚屋低矮，街道坑洼，行人着装也比较破旧。但有不少卖巴拿马草帽的小贩。这里与机场仅一墙之隔，差异居然如此之大，可见看世界走马观花不行，空中鸟瞰也不行。依托机场建起小镇，未能利用大量的客流发展的原因可能是基础设施差，但是小镇上居然有中国字的招牌，是中资公司。今天我国在巴拿马已开设了中国银行、中港湾和华为等70多家企业的办事处。小镇条件已有改善，因为地价便宜，不少办事处都设在小镇。两个小时的小镇游后，我们立即返回，差点误了飞机。

到了巴拿马，当然要买点巴拿马的东西作纪念。没想到，在小镇上找不到巴拿马的东西买。首先是售货员几乎都不会说英文，态度还可以，但搞不懂我要买什么。大概是第一次遇到中国顾客，要买的是“巴拿马出产的东西”，她们大概想：用什么买什么就成了，为什么一定要巴拿马产的？我只得采用肢体语言，或找人作翻译，想尽了一切办法，总算弄清楚了：商店里几乎没有巴拿马出产的东西，全是进口货。但是，进口货中没有明显的中国货，可见中国这个“世界工厂”的产品还没有销遍世界。可能中国与巴拿马还没有建立外交关系是重要原因。

没买到巴拿马的东西，拿个旅游介绍作纪念也好，于是马上去小镇旅游问询处。旅游问询处工作人员的英语还好，但告诉我们的是不好的消息：巴拿马城的旅游介绍已经发完了，只剩外省的了。外省的就外省的吧！留一本作个纪念。对于一个国家的旅游业发展，最重要的是什么呢？当然是宣传自己的特色。也许巴拿马认为游客已经不少，不需要再宣传了吧。

今天，一切都改变了。每年有500多艘中国商船过巴拿马运河，2015年来自中国的货物达4840万吨，占过运河总额的19%。

2017年6月13日巴拿马总统巴雷拉宣布巴拿马与中华人民共和国建交，还说两国“兄弟齐心，其利断金”。外交是贸易的继续，经济是政治的基础，我游了两个小时的拉乔雷拉小镇也对此做了贡献吧！我国有条件的小镇设施好得多，为什么不能起这种作用呢？

智利的烤肉和圣安娜小镇的葡萄酒

葡萄酒被称为“基督的血”，是西方人必不可少的饮品，16世纪西班牙人征服智利以后就开始在迈波谷（Maipo Valley）种葡萄，现在葡萄酒已世界闻名。

我们从首都圣地亚哥向东南行驶约30公里，就到了圣安娜小镇，这里以1885年建的安杜拉加葡萄园而著名，从法国引进酿酒葡萄良种，建了制酒公司、酿酒厂和地下酒窖。

我不饮酒，所以也无心特地参观酒厂，但渴望品尝智利烤肉，在巴黎和阿根廷都吃了烤肉，不喝葡萄酒胃里不大舒服，所以就慕名来圣安娜小镇以酒佐肉。这里邻近农场，新鲜的牛肉烧烤也有名，再配上智利名酒，真是在“吃”上了解了智利。

有人说到南美就是吃烤肉，巴西、阿根廷和智利的地方风味都是烤肉。虽然都是烤肉，但巧妙各有不同。巴西烤肉不连骨，不用啃，对我很合适；阿根廷烤肉则连骨，越连骨处越香，必须啃才能吃出味道，我还没到过阿根廷，没有啃过；智利烤肉不讲究部位，但烤时要加奶油，所以我啃了智利烤肉，味道是不错，但我不得不使用了有点讨厌用的牙签。

在智利有上万华人，在圣地亚哥约有7000人。我们在圣安娜小镇进的是华人经营的烤肉店，但烤肉的师傅全是智利人，还有一个阿根廷人，大概是让烤肉的两个流派切磋技艺。这位华人老板很会经营，他以月租800美元租了这个店面。小店以前是个小康人家的住宅，由于人工贵，据说花了12万美元装修成餐馆。临街的院门漆成黑色，外面挂着醒目的招牌，还有中文。里面是大约20平方米小院，餐馆就是两层楼的农舍，乡土气息十分浓厚。在我国有不少的“农家乐”建成小区的排房，几乎没有农家特色，真是大可不必，修缮原有的农家可以少花很多钱。

我们在一楼进餐只能摆一大两小的三张桌子，大桌可以坐10个人，小桌只能坐五六个人，三张桌子一字排开，像智利狭长的地图。烤肉一盘盘端上来，散发着热气，味道也还可以，只是嫩的带血，老的又咬不动，适合国人口味的部分不多大约我真是没有口福吧。南美的烤肉，一靠肉质，二靠火候，三靠佐料，不同的味道就靠不同的佐料。小店的服务员全是智利人，听说我们来自北京十分高兴，问我们智利烤肉好不好吃，民风淳朴，商人气息不重，很有异国情调。智利烤肉与墨西哥和巴西的不同还在于，讲究用智利葡萄酒佐餐。16世纪西班牙人把葡萄引入智利，1851年建了第一个大葡萄园，以后葡萄园就沿迈波谷漫延，葡萄酒业兴起。19世纪末法国的一场真菌疫病毁了葡萄园，智利的葡萄得以漂洋过海返销法国，自此世界闻名。

智利小镇饭馆的烤肉师傅

圣安娜是个典型的南美乡间小镇，西班牙式小住宅一般都有两层，红顶白墙，外带一个小花园。三层的灰色小楼就多是商店。烤肉店的烟囱冒出缕缕青烟。镇很小，游客也不多，十分静怡。在镇上就可以见到紧邻的农村，农民的肉牛十分肥壮，腿都很粗，但也在勉为其难地干活。我好不容易找到一位懂些法语的农民问询，他说："肉牛也得干点活，运动运动，肉才好吃，哪里的烤肉也比不上我们镇上的烤肉吃起来有嚼劲。"他们还说："我们的葡萄酒也是最好的，酿制有21道工序，一道也不能少，一道也不能马虎，所以我们产世界最好的葡萄酒。"农民也以自己的小镇自豪，还不忘为自己的小镇做广告。

从阿尔卑斯山巅的法国小镇，到太平洋彼岸的智利小镇，都看到同一种作风，都传达着同样的信息：那里的居民以高标准的职业道德，甘愿做平凡的工作，敬畏自己的工作，热爱自己的工作，引以为荣，把它做到精致，这就是这些小镇富裕的根本原因。他们不仅认真劳作，获得了金钱的丰收；还享受工作，获得了精神上的满足。

巴西宝石城克里斯蒂娜

宝石城——克里斯蒂娜位于首都巴西利亚南约140公里处，是一个在世界地图上找不到的小镇，"克里斯蒂娜"在葡萄牙文中是"水晶"的意思，该城以盛产水晶而得名，这里几乎家家经营宝石，它是巴西宝石业的缩影，素有"宝石城"的美称。这座小镇人口只有万余，我们从巴西利亚出发，在依稀只有几株芒果树的无垠荒原上跑了两个半小时，到了这座幽静得显得荒凉的小城，仿佛到了长途汽车在莽原上的一个大站。虽然如此，在巴西利亚至圣保罗和里约热内卢的途中，却又盛产宝石，就成了集散地。市内没有高楼大厦、豪华的商店和酒吧，宝石店却有六七十家。

小镇只有一横两竖三条土路小街。横街就是沿公路进城的街，店铺较大，也有个门面，还像个商店；而竖街就多是小店了，从外表都看不出是商店，要探头进去才能确认。

我们进了几家小店，都是夫妻店，一般是儿女在卖货，有彩石，有宝石，也有中国游客热衷的紫水晶。我买了几粒彩石，要1个巴西雷亚尔1个，1里亚尔约为2元人民币，好一点的1个要5个巴西雷亚尔。经过一番讨价还价，最后是5个1美元，好的也只1美元就买下了，在巴西买东西是要讲价钱的。卖货的小姑娘很淳朴，彩石由我们自己数，她也不细点，有了买主，开了张就挺高兴。街上人很少，几乎没有游客，更没有中国游

宝石城简陋店铺中的商品昂贵

客。镇上人也不多，有几个男青年待在街上骑自行车为来客引路，当然是引进自己和亲戚家的店铺了。

大店像做买卖的样，橱窗、柜台和地下都摆着各种宝石制品和坯料，男女店主都讲比较流利的英语，价也不那么容易讲。宝石琳琅满目，最著名的是海蓝宝石，巴西占世界产量的90%，有由浅至深35种蓝色，最浅的如清澈的海水，价格最贵；其次是巴西特产祖母绿，其实它与海蓝宝石属于一类，绿得富丽华贵，不仅能做装饰品，还有解毒作用；帝王玉有粉红、樱桃红和黄色的，闪闪发光显示出尊严；黄水晶和紫水晶虽然价值较低，但都晶莹剔透，惹人喜爱，80%都产自巴西。在国内很时髦的紫水晶在这里大约只有国内1/3~1/4的价格，一个40厘米高、6千克多，品相不错的水晶只要120美元，2.5千克的则仅35美元。

巴西宝石业的发达，号称“宝石之国”，吸引着世界著名商家前来经营。世界驰名的阿姆斯特丹和H·斯特恩两大珠宝首饰店都在巴西设有分店。他们经营有方，在圣保罗和里约热内卢都与附近的高级旅馆建立起联系，通过旅馆将邀请参观信送到外国游客手中。邀请信除有珠宝首饰店简介外，还附有纪念品馈赠卡。游客凭卡光顾首饰店，无论购物与否，都可得到一份小小的纪念品，还可以免费乘出租车到总部参观珠宝切割和首饰制作。

有特色的小镇，自己的特产还是要低价位，尽管现在运输便利，可以运到大城市卖高价，如果产地与那里价格一样，顾客为什么要到小镇来买呢？这是最基本的商业原则，让产地名副其实，还要货真价实，服务周到，给顾客以知识，这就等于给这种特产做了不花钱的广告。尽管国际上原产地的价格也在逐渐升高，如南非的钻石，也包括巴西的紫水晶，但还是比大城市商业中心低，而我们不少产品现在在产地买和在北京买几乎没有差别，这对特产的销售是不利的。

亚马孙河上的珍珠马瑙斯

我们于2004年7月7—8日考察了亚马孙河巴西境内的马瑙斯段，马瑙斯段是亚马孙河最典型的河段，也是最便于深入考察的河段。我们在马瑙斯乘船上溯下驶考察了支干流约60公里的河段，并进入了河边热带雨林。

马瑙斯城是整个亚马孙河流域最大的城市，在距海岸1400公里远的亚马孙雨林深处。我到马瑙斯恰在晚上，从飞机上看马瑙斯是亚马孙河莽莽无人区的一颗明珠，在乌黑一片的大地上，分不出河流、森林和湿地，只有马瑙斯像一颗宝石镶嵌在墨色的地表，十分神秘，是一个奇景。我离开马瑙斯又恰是白天，从飞机上看得十分清楚，绿成一片的大地，中间有黑水和白水的河流，细看连森林和湿地也分得出来，黑绿的是森林，翠绿的是湿地。只有河边的马瑙斯是这个大自然中的人造物，像树林中小孩用泥土垒的一小片假房子，在自然面前，人的力量是这样渺小。

马瑙斯市始建于1669年，直到1871年只是热带雨林中木材集散的一个小镇。1888年充气橡胶轮胎问世，亚马孙雨林中的橡胶树一下子身价百倍，成千上万的割胶工在丛林的橡树上割取胶乳，当时暴富的橡胶大王甚至曾用百元大钞点燃雪茄烟。马瑙斯也自此成了一个繁荣的城市。到20世纪50年代人造橡胶问世，马瑙斯的经济于1957年近于崩溃，为了挽救这种局面，政府在这里设了自由贸易区。目前马瑙斯不仅复苏了橡胶业，还在内格罗河上建了世界上最大的浮动码头，万吨巨轮可以从这里开向海口；马瑙斯还开发了

亚马孙河上两河汇流处黑黄分明

旅游业，经济得到了全面复苏。

当我们住进马瑙斯仅有的四星旅馆——泰姬陵旅馆时，一股热气迎面扑来，当从狭窄的老式电梯上楼到达房间后已是汗流浃背，领教了热带城市的酷热。空调机也是老式的，像风扇一样呼呼作响，从设备上看旅馆大概连三星都不到，但在热带雨林中有这样一个旅馆已经不错了。

马瑙斯的第一名胜就是亚马孙歌剧院，落成于1896年，当年全部建筑材料都来自欧洲，大理石来自意大利，铁柱来自英国，抛光的木地板来自法国。歌剧院共4层，下三层是大门和以科林式圆柱支撑的阳台，上面有镶着白色大理石浮雕的半圆形拱顶。第四层圆顶最为特殊，是个印度泰姬陵式的圆顶，用黄绿两色嵌成巴西国旗的图案，色彩鲜艳，像一个宝石的圆罐。整个建筑呈灰白两色，黄绿两色的圆顶在赤道灿烂的阳光下格外醒目。歌剧院建在高台之上；对面是广场，广场上黑白相间的地砖，象征着亚马孙河黑白两水相汇，也象征着黑人与白人的融合。广场中间有垦荒者的雕像；边上有个小小的教堂，顶上是一个高高的十字架，成为城市的制高点。

剧院虽小，但其中富丽堂皇。从初建时保留至今的希腊仙女在亚马孙河中沐浴的幕布，墙上镶的壁板也是原物，只有红色天鹅绒的座椅是换过了的。二楼展览室中像欧洲的歌剧院一样有许多油画，一幅连环油画吸引了我的目光，它描绘了这样一个故事，此前白人富商是不相信黑人工匠和女仆的，突然失了一场大火，黑人女仆奋不顾身救出了白人老板的女儿，自此，从20世纪初白人才与黑人通婚，开始努力与黑人和谐相处，也采取了在市中心广场上以黑白砖相间铺地等一系列象征性的行动。

马瑙斯市大商店不多，值得去的是老城的小店。老城街道很窄，多为木屋，售卖以各种手工艺品为最多，远看手工还可以，但市面不算太干净，所以顾客不多。在挥汗如雨的天气里去这样的商店当然不是件很愉快的事，因而我们也就驱车而过了。

去亚马孙河要到马瑙斯近郊的游船码头去乘船，码头在公路下大约30米的地方。沿岸坡修了几个小亭子和一个游乐场，算是个小公园，简陋得让人容易忽略，后来听导游说，原来这里也是马瑙斯一景，真是莽莽荒原中的小城，小景也是景。

马瑙斯有140万人口，占巴西亚马孙河流域人口的12%，算个中等城市了。除去该城，亚马孙河流域人口密度仅为每平方公里1.2人，接近特殊自然保护区的标准。因此马瑙斯城的污染对亚马孙河至关重要。巴西亚马孙河流域的总用水量为60亿立方米，废污水处理率仅为5%；由于亚马孙河在枯水期流量也很大，废污水排放低于水生态系统的自净能力1/40。巴西为了利用邻国委内瑞拉和哥伦比亚的石油，在马瑙斯建了炼油厂，马瑙斯对炼油厂的污水处理、达标排放采取了有力措施，实行了以国家水资源署为主，包括环境部等多个相关部门的互相协作的统一治理，由国家水资源署统一管理，进行了严格地监测督察，收到了预期的效果。玛瑙斯的城市扩张，没有给世界流量第一大河带来更多的污染，十分值得我国新型城镇化借鉴。

巴西的科技园区——风洞岛科学城

里约热内卢城北约25公里处，有个相邻的卫星城叫尼泰罗伊（Niteròi），印第安语是“隐秘之水”的意思，这里是休养胜地。岛长约10公里，岛上地域辽阔，地势平坦，有桥与大陆相连，登岛之后几乎分不出哪里是陆地，哪里是岛屿。岛上绿草如茵，绿树成林，棕榈成片，芭蕉成行，俨然一个大花园，现在这里建成了一座科学的公园。

现在岛是个教育与科技城，岛上最著名的是里约热内卢联邦大学，是仅次于圣保罗大学的巴西第二大学，建于1920年。占地4.5平方公里，有3000名教授，3700名博士生，3.7万名大学生，学校有800个实验室。

科技工业园——科研产业孵化器就依托大学而建，热情的东道主——科技工业园的主任莫里修（Moricu）先生亲自介绍他创建的园区。园是一幢独立的小楼，占地1200平方米，有370名研究人员在高技术开发公司中工作，来这里作为助手参加工作的有大约2000名学生，每年和外界订立总金额达1700万美元的开发合同，学生每年还可以从这里做出400篇论文，可谓产业、学术双丰收。莫里修先生的园区行政机关只有12个人，但效率极高，负责园区所有公司的公共关系、市场开拓、设计辅助和后勤服务。园内设施齐备，不但有咨询、通信等业务辅助手段，还有一个小饭馆兼咖啡馆，在这块长40米、宽30米的弹丸之地真可谓麻雀虽小，五脏俱全，每一平方米都得到充分的利用。园区的优势在于周围有大片空地可以利用，门前十分宽阔但车辆不多的马路正在等待着园区的扩展和新来的创业者。

莫里修先生的园区只是岛上众多园区中的一个，还有更大的园区。如一个生物技术园

风洞岛科学城中的歌舞表演

区占地21公顷，其中有11个公司，115个实验室，1000名研究人员，每年仅行政支出就达1200万美元。公司门前巨大的停车场就显示了园区的宏大气派。

岛上不但有这种大学产生的中小型科技工业园区，还有规模宏大的国家实验室，巴西国立石油公司（BR）的研究中心也紧靠大学，建在风洞岛上。研究中心占地4.5万平方米，其中建筑面积达1.2万平方米，分12个研究室，仅有近1400名工作人员。其中博士占7%，硕士占18%，学士占21%，技师占50%，仅有4%的人没有技术职称，人员素质很高。巴西石油公司是巴西名列前茅的大公司，每年仅研究与开发（R&D）的投入就达2.01亿美元，占公司总销售收入的1%，高于美孚（Mobil）和壳牌（Shell）等世界著名大石油公司投入研究开发的比例。人均工资和保险费用也高达8.5万美元/年，以高薪养一批高技术人才。该研究中心以“适应技术，研究与开发的产品和研究与开发的产业”为信条不断开发新技术，而且致力于环保事业。研究中心建立了汽车废气计算机分析实验室，从分析废气的结果来提高汽油的质量，以求达到国家规定的废气排放环境保护标准。公司不断改进和研发汽车发动机的节约技术，目前达到国际先进水平。更为重要的是，作为石油公司，还全力投入了石油替代品——乙醇燃料的研究，为前面提到的巴西乙醇汽车燃料的研制、应用和推广普及起了十分重要的作用，做出了巨大的贡献。显而易见，巴西的循环经济是以科学创新为先导，高技术产业化为支撑的。

风洞岛是个美丽的岛，它不仅是个大花园，还是科学的园地；风洞岛是个城，它不仅是里约热内卢的卫星城，还是个大学城。当我离岛西去里约热内卢，从飞机上看风洞岛已成为一块小小的绿地，但从这里看到了巴西的希望，因为任何一个国家的希望在于人才，在于教育，在于创新，在于科技。

神秘的巴西伊瓜苏市

我在童年时就听说20世纪初有不少日本移民来巴西在伊瓜苏种菜，使这里带上了东方色彩，在如此丰水和好气候的地方种菜，收成肯定不会坏。第二次世界大战结束后，有许多纳粹逃亡南美，在巴西南部和阿根廷的东部隐姓埋名定居，后来英美，尤其是以色列的情报机构摩萨德，还包括世界各地的犹太志愿者，从这里抓走了不少逃逸20多年的纳粹归案。据说逃来的多数是纳粹德国的海军，所以我在街上遇到人后总在想："这个是不是纳粹海军的后代。"我一直觉得这一地区充满神秘感，真不知那是一片什么样的地方。

2004年我到达这里，导游就有点神秘，他是一个蒋介石溃败时从大陆去台的国民党海军中校的儿子，因不满台湾当局脱离祖国的倾向而来到南美，1983年辗转到了巴西，后来又到了伊瓜苏。他住在这样一个城市可能更有感触，说："谁不爱自己的祖国，谁不愿意祖国统一强大呢？"

伊瓜苏市正是在巴西南部和阿根廷南部纳粹军人避难的地区，由于处在巴西、阿根廷和巴拉圭三国交界的地方，也就是俗称的三不管地带，是避难者的"理想天堂"。伊瓜苏市属于巴拉那州，巴拉那州有20万平方公里土地民，是山东省的3/4，但人口只有900万，不到山东省的1/10。巴拉那州首府库里蒂巴只有90万人。

伊瓜苏市于1903年建城，至今才有100年的历史，有42万人口，但常住人口只有28万，其余是在旅游季节来这里度假或打工的。市内居民多是德国和意大利的后裔，是个相当欧化的城市。在伊瓜苏市内也是地旷人不密，只是在伊瓜苏河东岸的市中心才有铅

银河直落的伊瓜苏大瀑布

笔一样的高楼散落在绿荫里，办公和商业用房一般只有四五层，而居民多住平房。

郊区的居民区估计是藏龙卧虎的地方，宽阔的林荫大道边是一所所别墅院落，每个院落都不相连，有的中间还隔着小树林。别墅为什么不相连而建呢？是地价太便宜了，是图清静、躲干扰，还是有隐私怕人知道呢？这就不得而知了。正思考之间，忽然一所别墅的门“呀”一声开了，闪出一位满头白发的老者，约70多岁，正是二战时当兵的年龄，他行动敏捷，出门看了一下，返身回去，开车扬长而去，真是一部惊险电影的情节，是我过度的猜测，还是这里居民正常的生活，我们临时造访，就不得而知了。

小小的伊瓜苏也有华人饭店，名字叫“中国饭店”，在上面说的城边分散的居民区中。饭店只有一层，有个红柱子的白门楼，整幢建筑也是红的。里面地方很大，装潢还算华丽，但门可罗雀，我们是唯一一桌客人，香港来的老板说：“生意不太好。”菜肴一般，老板还特地加了菜，尽管中国大陆来客已日渐增多，但老板和大都市的一些中国饭店不同，依然热情。过去中国饭店是只有开的没有关的，现在在欧洲关门的已不鲜见，在南美洲也开始了，除了竞争之外，服务质量下降是不是原因之一呢？

我们在饭店的最大收获还不是吃了一顿饭，而是买了东西——伊瓜苏特产手工艺品蓝蝴蝶标本，这可是在世界其他任何地方都买不到的。几个小贩在门口兜售，而且竞相杀价，这在除亚洲的世界其他地方也很少见到，不过这种竞相杀价还是很文明、友善、半遮半掩的，所以小贩之间只是互不满意，还没引起冲突。在涂金彩的木框、玻璃盖的小盒中蓝蝴蝶闪闪发光，真是十分美丽，在商店里要5个美元，叫价3美元，最后我们以1个美元买下了。据说没有假货，制假蓝蝴蝶的代价，还不如去捉真的，可见蝴蝶之多。

有气象学家说南美的一只蝴蝶起飞，会在大洋彼岸引起气候变化，但愿我买的不是那只蝴蝶。生态学还是一门年轻的不成熟的科学，既不能忽视，也不能渲染，科学的态度就是实事求是。有人说要回到原生态去生活，这既不可能，又没必要。这是我在神秘的伊瓜苏对生态的又一次认识，生态学像伊瓜苏市一样，既有许多未知，又并不神秘。

亚马孙河热带雨林湿地小镇艾朗和印第安人

我们先乘巴西国家水资源署包租的大船从马瑙斯港口下水，进入亚马孙河的第一大支流——内格罗河。

内格罗河又称“黑河”，以水黑而得名，下水后看到的确微黑。内格罗河发源于哥伦比亚的安第斯山西麓，从北侧流来，经过的是除了罂粟农和贩毒客外人迹罕至的无人区。流入巴西后更是真正的无人区，以前原始森林保护得很好，因此大水冲刷原始森林的枯枝腐叶入水，分解后成黑色，所以生态系统真是个复杂的问题，这种黑水是生态好呢，还是坏呢？内格罗河河面宽阔，有3~4公里宽，水量浩瀚，年均径流量高达9600亿立方米，恰与我国长江一样。行船在内格罗河上，天高地远，仿佛驶在大海上一样。

船驶出内格罗河，就到了与主流苏里漫河的汇合处，苏里曼河俗称“白河”，因水清而得名，它发源于秘鲁的安第斯山西麓，上游地势较高，因此植被情况不如内格罗河，所以枯枝落叶较少，因而水流较清。几百年来上游城镇增多，对原始森林有一定程度的破坏，所以水土流失，水开始变黄，“白河”变成了“黄河”。两河在交汇处形成了黑水和白水泾渭分明的奇迹，黑黄分明处犬牙交错，延绵不断，随波逐流，时起时伏，达几公里，游客都争相在这一自然奇迹前摄影留念。

苏里曼河年径流量27600亿立方米，相当于我国全国的水资源量，真如联合国教科文组织内部专业官员的口头禅：“不到巴西不知道水多。”苏里曼河与内格罗河交汇后，干流形成，始称亚马孙河，船行水上，如在大海。

过了交汇处，我们又返回内格罗河上溯，向世界著名的亚马孙热带雨林湿地驶去。从船上望去，树长在水中，7月旱季刚开始，所以大树只有少半棵树泡在水里，小树则只有树冠，那灌木就只露个头，好像是水草了。一眼望去不知多深多浅，越发增添了亚马孙雨林的神秘，激起人们进入探险的强烈欲望。

隐在亚马孙热带雨林中的艾朗小镇

大船无法进湿地，我们换快艇进入河岔的热带雨林，就看到了原住民印第安人的房子，是木板扎的高脚楼。木板墙上刷有白粉，估计是防虫的药液，已经大半脱落，墙变成灰色。门前坐着个印第安老人，平静地望着我们的快艇打扰他宁静的生活。

这里原住民——印第安人的总数约有十余万人，现在有些印第安人也开始脱离原始生活建旅游点，我们的快艇在小镇艾朗停靠了一个旅游点，艾朗小镇是我在世界上到的最小的小镇。也是唯一的湿地中的小镇，住的全是印第安人，分得很散，说不清有多少人家，大约有上百户。小商店也是木板的高脚楼，有点规模，一半卖旅游纪念品，另一半可以喝茶就餐。大部分旅游纪念品是外进的，也有少量自制的，如有鳄鱼牙和野果核做的项链和手链。商店的主人是一个矮壮的印第安人，他圆脸、双眼皮，脸型和中国人十分相像，头发略有点卷，肤色古铜，会讲英语，还和我热情地招呼，我们合影留念。他的家就住在旁边，家中池里养着鳄鱼，小鱼也在池中游弋，大约是鳄鱼的早点。后来我们又到过另一家旅游点，情况和这里类似。只不过主人的女儿又矮又壮，略有些像印度尼西亚人。他们不会讲英语，也不与客人招呼，且口不二价，但印第安人的制品，弥足珍稀，我们还是买了他们用鳄鱼牙自制的项链和手链。

我们再向雨林深处驶去，发现两个白人女青年坐在快艇上求救，原来她们乘的旅游快艇在一片芦苇地里搁浅了。可能是她们为了探险给游艇驾驶员多加钱，进入了游艇不许人内的深处，造成搁浅。她们着急地挥手叫喊，而那个游艇驾驶员比她们更了解厉害，远远望去好像在发抖。我们的快艇驾驶员是老手，在茫茫苇海中看准稀疏处，那里一定水深，驶过去，把绳索抛给她们的快艇手，才把船拖了出来。据陪我们的人说，如果见不到第二艘艇，夜里巨大的鳄鱼会出来把被困的船轻易地顶翻，人自然就成了巨大鳄鱼或蟒蛇的夜宵，其后果不堪设想。

危险还不只在这里，林中的树上完全可能有蛇掉下来，水中也可能有鳄鱼游出，尽管概率不高，还是有的，我在大船上偷偷问过巴西国家水利署的官员，他们知道我做过联合国官员，偷偷对我说了实情，但嘱咐我千万不要说，说这种概率不过百分之二三，真发生了，快艇手也还是有点办法应付的。

热带雨林的湿地，是另一个世界，有点像河北的白洋淀，但比白洋淀面积大得多，大树高得多，丛林密得多，水也深得多，壕沟也多得多，曲折更多，真是“林重水复疑无路，森暗荷明又一潭”。

向雨林深入驶去，林越来越密，小艇几乎是绕着巨树前进。大木棉树根部呈四棱状，要四人合围才能抱过来，有七八米粗。据说木棉树是印第安人的“手机”，如在林中迷了路，用木棒以特殊的节奏敲击树干，就会有人前来救援。

雨林渐疏，又出现了一片露天的水泽，成片的大王莲浮在水面，像千百只圆形的小船，一只大约1米长的鳄鱼，静静地趴在一只直径达3米的大王莲上，一动也不动，仿佛在考验王莲的牢固。

在我们回程的路上，看到几个小孩自己驾着小船在水中的树上玩耍，他们赤裸着上身，只有短裤是现代社会的产品。女孩抱着小猴子，男孩拿着水蛇，这就是他们的“自动”玩具，那种与自然和谐的情趣，真让我们羡慕。

但是，这是我们要的生活吗？看来，我们既不要光唱“与自然和谐”的高调，行主宰安排自然之实，也不可能返璞归真，像印第安人一样生活。在巴西主人的热情安排下，深入旅游者不可能到的地方，身临其境才体会到，没有在滂沱的大雨中于热带雨林中过夜的人，不算真正进了热带雨林。以此度之，印第安的原住民才是热带雨林中的英雄，真正的主人。

阿根廷潘帕斯草原的依托——拉普拉塔河网小镇

像俄罗斯和乌克兰的顿河草原水源是伏尔加河、顿河和第聂伯河，中国的呼伦贝尔草原水源是黑龙江的上流额尔古纳河、呼伦湖和贝尔湖一样，阿根廷的潘帕斯草原的主水源是拉普拉塔河网、萨拉多河和科罗拉多河，其中以拉普拉塔河网为主。潘帕斯草原的年径流量在3000亿立方米以上。因此，得以维系这三个百万平方公里的大草原。在世界三大草原中潘帕斯是现状最好的。

拉普拉塔河口的河网地带有1.5万平方公里，差不多1个北京大，在这个地区密布着4000条小河，是比我国的江南更密的水乡河网。我们从布宜诺斯艾利斯乘汽车到河口，再乘火车到东北40公里达米亚县的泰格（Tiger）镇。一路上浏览了阿根廷的农村风光：如茵的草地，稀疏的绿林，纵横的小河，墙上长满爬藤的乡间别墅，在蓝天和阳光之下显得分外美丽，空气清新，环境安静，这里已经成为世界富人竞相来养老的地方。中国也开始有富豪来这里买地产，环境是好，但是不懂语言如何养老呢？与邻居“老死不相往来”吗？

在潘帕斯草原牧民马厩中骑马出行

泰格镇是个只有1平方公里、4000人的小镇，在这里可以乘船上溯至乌拉圭河，码头很小，不过是一排遮荫的木棚，乘客可以在这里等船。木棚边有一座粉红顶的高大房屋，门前立着木牌——“泰格镇市政府”，这里就是镇的中心。

游艇也都不大，但漆得五颜六色，在春江水满的河上显得十分鲜艳，好像五彩的大鱼在游弋。我们上船才领略到拉普拉塔河网的气势，河挨着河，河连着河，仿佛是大城市中的路，船可以拐向任何一个方向，再绕回来。一般在河流中航行是很难迷路的，直来直去，但在这里驾船，对生人来说不迷路很难。到了这里，才知道为什么西班牙人于1536年上岸5年后又离开这里，到上游的巴拉圭定居。迷魂阵一样的河网，丛林中的老虎，水中的鳄鱼，林中的蛇虫，的确让人难有立足之地。当年老虎多，也说明这里是森林，因为虎是不在草原上生活的。

我们上溯的河流是拉普拉塔河的支流乌拉圭河，河大约30~40米宽，水满得好像要溢到岸上，两岸的绿树仿佛生在水中，岸边有松树，也有柳树，有芦苇，也有棕榈。树间就是一座座岸边别墅，别墅有大有小，有穷有富。富的房屋高大，有玻璃阳台、大花园、篮球场，还有人工的河边小沙滩游泳场。而小的别墅只有几间板房，衣服就晒在门前的绳子上。但是无论穷富，家家都有个小码头，码头深入水中的栈桥上还都有个小邮箱。我们乘的游船兼作邮船，到站时邮差踏上船舷把信塞入邮箱，还是个高难度动作。我还看到有一家是狗来取邮件，狗例行公事地用嘴把信叼走，摇头摆尾而去，好像完成了什么壮举似的。

还有更穷的家庭在岸上没地，就住在水边的高脚屋中，没有码头，船就系在屋边，邮箱也挂在那里。不论穷富，家家都没有污水处理设施，通过管道向河中直接排污。但是，拉普拉塔河的水量太大，有10个黄河的水量之多，所以完全在其自净能力之内，因此，河流水质大约维持在Ⅱ类至Ⅲ类，达到饮用水水源地的标准。

河上像公路上一样有水上加油站，是深入水中的高脚屋。屋边吊着许多旧轮胎，初看以为店主不及时清理，驶近才知是为避免船撞屋起缓冲作用的，真是废物妙用。岸边也有别墅挂牌出售，才6万~7万美元，合人民币不到50万一幢，真不能算贵，也说明阿根廷经济仍不景气。

我们在一个叫布兰科（Blanco）的小岛上岸，这里距乌拉圭才几公里远，岛上有一个旅游饭店，只有一层建筑，简朴得像座农舍。包括我国领导人在内的多国领导人曾来这里游览就餐，主人从未觉得寒酸。餐厅外就是一个大花园，多数餐桌摆在临河的露天木架上，吃着烤肉，看着游艇，让人们就餐时尽情欣赏拉普拉塔河网地区美丽的大自然。

餐厅花园在密林前的一片草坪上，密林过去就是乌拉圭了。真想花两个小时钻过去看看，不过没这个时间。在这个花园中有长满红花的高大木棉，有长满紫花的不知名树木，有低矮的柏树，也有如柳条的灌木。餐厅实际就是一个小岛，四面都是河，除了我们乘船来的是大河外，两边都是只有10米宽的小河，有如小路，河边都停着船，有如路边停着车。

我们在河边的露天餐桌上尽情地品尝了阿根廷的烧烤，先上的蔬菜沙拉，然后是烤红肠，接下来就是烤牛肉、烤羊肉、烤鸡肉和烤鱼，烤得鲜嫩合适，佐料也味道可口。我们在温暖的春风里，在草香、花香和肉香的气味中度过了一个暖洋洋，酒足肉饱的中午。这样的旅游才叫回归自然，才能休闲。希望我们多建几个这样的旅游点。

一步走到巴拉圭

我们到巴拉圭时已经夕阳西下，巴拉那河畔一望无际，看不到一个人影，一片寂静。赤金色的阳光照耀着我们几个考察者。天地之间只有巴拉那河这个自然的奇迹发出轻轻的水声，还有伊泰普（Itaipu）大坝这个人工奇迹发出轻微的机组运行声音，两种声音融成一片，浑然一体，倒好像是大自然的声音。

伊泰普水库面积1350平方公里，其中43%在巴拉圭，57%在巴西。在伊泰普工程开工之前，就已提出了有关生态影响的可行性研究报告。并指出了可能存在的环境问题。为厘清其消极影响，提出解决办法，进行了认真的森林、动物、水质、流沙沉积作用和气候的研究。水库周围建立起的绿化区域用于水土保持。水库边专门划出绿化区域，包括200米宽的永久性保护带。保护带占地约633平方公里。从飞机上看，永久保护带像给绿化区镶了一条美丽的深色绿边。

伊泰普保护区包括巴拉圭的利穆和伊坦两个生态保留地，面积分别为15.702公顷、13.807公顷。目前这些保护区新生林已长成，达到了恢复动物总数的效果。

建库之前就建立了按年代和文化划分的两国考古勘测点273个，包括遗址、遗迹多处，最古老的可追溯到公元前6100年，都进行了迁址或保护。

伊泰普电站产生了巨大的经济效益，1984—2000年累计发电9340亿千瓦时，2000年以来每年发电都在900亿千瓦时以上，至2003年略计发电12130亿千瓦时。以目前巴西电价0.15巴西雷亚尔（1美元约等于3巴西雷亚尔）计，累计发电价值约为606亿美元，已经是投资的5.3倍。

电站供应了巴拉圭93%地区的用电，成为巴拉圭能源的支柱，2000年巴拉圭发电总量为531亿千瓦时，近90%来自伊泰普，占巴拉圭这个低收入国内生产总值1/3左右，也就是说把国民收入提高了50%，对巴拉圭经济发展的影响是十分巨大的，其中474亿千瓦时用于出口，出口额约20亿美元，几乎占巴拉圭这个资源贫瘠国家的90%，对于巴拉圭的国际收支平衡也起着决定性作用。所以说伊泰普电站是巴拉圭经济的发动机是毫不为过的。

进入坝体，又是另一个世界。这里像一个巨大的工厂，底层是发电机组，上面有控制室、调度室、办公室，还有展览厅。不但机组厅像巨大的广场，就是控制室也从这头望不到那头，可以在这里举行800米赛跑。展览厅是巴西和巴拉圭一国一半，中间也有分界线，但是可以自由走动，不需要“签证”，我在这里进入了巴拉圭几十米。

我站在伊泰普大坝上远眺，伊泰普电站对当地生态系统的改变还是比较大的，但是，由于巴拉那河流量很大，当地水资源状况良好、承载能力很大，电站从规划、设计、施工和运行都做了比较全面的生态考虑，并予以实施。因此，据对运行20年来的观测，可以基本做出对当地生态系统的负面影响并不显著的科学结论。

园中还有猴、松鼠和啄木鸟等各种动物，在各处闲荡，也有美洲豹、鳄鱼和巨蟒等猛兽，坝下巴拉圭一侧也建起了小镇，周围有生态保护带的园林，但就不太容易见到了，园林真像个野生动物园。

我们看瀑布时还有一个小插曲，脚下出现几只毛茸茸的小动物，原来是果子狸，居然在这里闲庭信步，看来果子狸是传播SARS的元凶的科研成果并没有传到巴拉圭，它们才免遭杀戮。我至今不知道这个科研成果是否科学，要不要给果子狸平反。

第二天早晨，在清晨的冷风中，不得不加快脚步，大约走了十公里才找到了服务中心，

在电站中横跨巴西、巴拉圭两国

就是我们就餐的地方。我到得早，里面只有两对夫妇或老情侣在吃“早早餐”，彼此都礼貌地招呼，因为在这里见到个人也不大容易。早餐的确没什么可吃的，但餐厅里至少比住房里暖和得多。早餐过后出来，服务中心也建在一个土坡上，是一组建筑，前边还有个喷泉水池，高尔夫球场就在坡下。向水池注水的是个巴拉圭工人，他对我说，来巴西可以找到工作，挣的钱也比巴拉圭多，大约每月有200美元，对在这个旷野公园中工作很满意。

遥遥可以望见巴拉圭的新城“东方市”，据说这个新城中华人占很大比例，我国走向世界的步伐真让个惊叹。

国际合作给穷国带来的好处是显而易见的，这只是两国合作，我们“一带一路”有70多个国家，扶助穷国的作用肯定更大。

秘鲁纳斯卡巨幅地画

秘鲁的纳斯卡巨幅地画是联合国教科文组织的世界文化遗产，在秘鲁西南沿海伊卡省的纳斯卡镇南部。纳斯卡地区的文化可以追溯到公元前1800年，公元前10世纪到公元5世纪印第安人在这里创造了灿烂的纳斯卡文化，出土许多陶器和织物。巨幅地画就是在砾石滩的贫瘠土地上，有硕大无朋的几何图形和图画，分布在500平方公里的广阔地域。在公元前370~600年长达1000年的时间内，由印第安人绘制而成。

我到了纳斯卡小镇，小镇没有3层以上的建筑，大约只有1万人口，荒凉，但以地画闻名于世。纳斯卡镇南部的整个谷地布满了深度约为0.9米而宽度不一的“沟槽”。沟槽有的宽达数米，有的不超过0.15米。这些沟槽的形状和走向也十分奇特，组成图形的线条十分平直，形成大大小小的三角形、长方形、梯形、螺旋形和星形之类的几何图形。纵横交

秘鲁纳斯卡壮观的巨幅地画

错的线条像今天机场的跑道和标志线，宽度不一，长短不一，最长的长达2.5公里。所有的线条都极直，而且转角、交叉处的棱角都很清楚。这些线条在越过峡谷或横贯小丘时，方向也不改变，依旧笔直。有些线条每隔500米就有一处残存的类似哨所或瞭望台的废墟，似乎当年有人守卫。线条所组成的图形大部分是动植物和人类的形象。有一个人形图案，是一个典型的印第安人的形象，只有一头两手，一手有5指，另一手则只有4指，画长达50米。动植物有蜥蜴、蜘蛛、章鱼、鸭子、鹰、蜂鸟、长爪狗以及仙人掌等图形。图形大小不等，小则数米，大则数百米。一只大鹏的形象竟有3个足球场大，翼长50米，身长300米。另一幅章鱼图形，长65米，腹底还插着一把长刀。有一组图共有18只鸟，总线条量达13000条。

这些奇特的图形过于硕大，线条又极其简洁，以致人们在地面上无法觉察到这是一幅幅巨画。更令人惊奇的是，这些栩栩如生的图形极其准确地每隔一段距离又重复出现，而且每组同类动植物的形象又一模一样。这些巨画在阳光下能借阴影而突显出来，使人看了飞马好像处于展翅欲飞的状态，更增添了神秘感。画也不全在平滩，也有的画刻在大约30米高的小丘上。

纳斯卡荒漠上的图画都用同一方法绘制：刮去荒漠灰色砾石表层，露出下面的淡黄岩石。从痕迹来看，这些线条都是用手工刮的。不论绘什么图形，每幅画都以连续不断的单线画成。线条画得很直不说，令人费解的是，有些长逾8公里的直线，每公里偏差不到2米，画线的人显然有高超的技巧。有专家认为这些图像和线条代表一部“世界最大的天文学画籍”。这些图像和线条用于测定星宿在一年中不同时间的位置，以决定播种和收割的时间，鸟形图案的某一条线条与夏至日落位置连成直线。

纳斯卡地画是如此之大，所以在地面只能看到长长的线条，几乎无法观看，只能乘飞机。在纳斯卡小镇有个叫玛丽亚莱切的小机场，停着几架微型飞机，有白色的、蓝色的，还有黄色的，都停在水泥的机场上，在岩石裸露的灰色秃山下和莽莽大海前的砾山滩上分外醒目。

登机前先发了地形图，标明航线，并注出短短航线上可看到的图形，先是鲸鱼，再是三角形和梯形，然后是人形（被称作太空人），还有猴子、狗、神鹰、蜘蛛、蜂鸟、塘鹅、鹦鹉、人手和树，最后返回。我们登上了只能乘6个人的小飞机，机号是OB1838，很吉利的数字，起飞顺利，然后就开始了追踪图形的空中盘旋，时上时下，时高时低，时左倾，时右倾，时下冲，时上翘，为的都是看清地画和拍照。没有几分钟，我们胃里开始翻江倒海，又过几分钟，开始有点头晕目眩，再过几分钟开始适应，但仍处在很不舒服的状态，尽管如此，大部分图形还是没有拍下来。飞机驾驶员倒是职业道德很好，基本上飞过了所有图案。

从天空望去，山峦仿佛沙盘上的泥丘，其间流水形成曲折的圆形细线和大片的浅滩，图案清晰地展现在地面。柏油公路仿佛一道黑色的深渊，把小镇分割成两半；几个居民点的小院、小楼则仿佛儿童玩具一样聚在路边。与巨大的地画相比，一切都显得如此之渺小，如此的不协调，仿佛生硬地添在天成地画的边上。

是谁？为什么？怎么画出了如此巨大的地画？至今仍是个千古之谜。我仔细观察后有几点看法：

（1）地画的作者是古印第安人，不是什么外星人，因为它是当时的人可以做到的。线条的沟槽之所以不被动物、风沙和水流所毁是因为这里砾石表层或当年的土壤很浅，凿到岩石就可以千古保存了。

（2）做地画的目的是显示自己的富足、艺术成就和征服自然的情感，与建金字塔、造石窟大佛没有什么不同。如此大范围内，如此多组的巨画，说明当时这里人们的富足和聚集人口之多，因为千把人是难以完成如此巨大的工程的，也证明至少在1400年前这里还有大片绿洲。

（3）纳斯卡地区1400年来的生态变化是巨大的，绿洲消失殆尽，主要是由于缺水。画中众多的几何图形可能是引水的水渠，从图形之大可见引水规模之大，过度引水耗竭了地下水资源，使这里荒漠化，而荒漠化更使得水土无法保持，岩层裸露，从而砾石滩不断扩大，形成了今天的样子。

纳斯卡地画之谜和墨西哥特奥蒂华坎之谜等印第安文化毁灭的原因一样，都是过度滥用水资源。其实在中国丝绸之路上的楼兰和尼雅古国又何尝不是这样呢？人类自己毁了自己创造的文明，纳斯卡巨画是人类如何科学发展的又一深刻教训，这难道不值得我们“一带一路”建设高度重视，切实借鉴吗？

八

非洲的原生态小镇

古埃及法老王国的起源孟菲斯古城

从开罗向西南不到50公里，就到了孟菲斯古城，孟菲斯在古老的上埃及王国和下埃及王国的边界上，公元前3100年文化经济落后的上埃及王国统一了下埃及王国，建立了埃及第一代法老王朝，比我国的第一代王朝——夏朝大约早1000年，国都定在孟菲斯。

我来到孟菲斯，正是要找这历史的渊源和踪迹。经过几千年的战争风雨和人间动乱，孟菲斯古都早已荡然无存，甚至连遗址的痕迹也没有了，只剩了一个村落。当年的古都现在已经成了沙漠的边缘，地面上浮着一层黄沙，干打垒的农舍本来就是土黄色，远远望去像沙地中的一个小丘，村中高大的绿棕榈也蒙上了一层黄沙，在灿烂的阳光照耀下，成了黄蒙蒙的一片，真是沙的世界、土的世界和黄色的世界。

如果不是一座小小的博物馆，大概除了考古学家以外，是不会有人到孟菲斯来了。这座小博物馆——孟菲斯博物馆是个两层楼的白色建筑，因为墙壁光滑，还没有蒙上沙，真算得上黄色世界中的一块玉石了。博物馆的门前停了几辆旅游者的小汽车，那黑色和灰色都成了这清一色的世界中的点缀了。博物馆的第一层是一个大池子，里面躺着“伟大的法老”——拉美西斯二世的巨大雕像。拉美西斯二世的时代属于公元前1560年开始的新王国第19法老王朝，在公元前1260年前后。这位“伟大的法老”不但爱建筑，爱立雕像，还爱打仗，爱丰功伟绩。尽管如此，他生存年代的雕像，至今所剩已不多，除了这一尊，还有1955年被从这里移到开罗市的著名的拉美西斯广场的那一尊。尽管在开罗到处可见拉美西斯二世雕像，但已都是复制品了。不过拉美西斯二世今天还在，我还见过，他的木乃伊在埃及博物馆中，不知能否克隆。

孟菲斯古城中的拉美西斯二世石雕

这座古老的拉美西斯二世雕像堪称宏伟壮观，双腿已经断了，还有15米长。由于当时埃及还不会现代的雕刻法，人物形象十分刻板，和中国千篇一律的佛像一样，看上几百遍，人们也不一定会对拉美西斯二世的相貌特征有个印象。但是，解剖学的知识已经很丰富，拉美西斯胸部和腿部的肌肉，以粗线条勾勒得和今天的石雕不相上下。给人印象最深的倒是那顶大帽子，大约有三米多高，有点像中国古代的乌纱帽，不过比乌纱帽更高，比人头还长，大概是无上权威的象征。雕像也是粉色花岗石雕成，虽经历3000年的风雨，风化并不严重，可见石头质地的坚硬。

小博物馆的二层是一个环形看台，人们在这里可以俯视静躺在一层的那尊仰面朝天的法老拉美西斯二世的“残疾”雕像以及周围的几个很小的雕像。这就是小展览馆的全部内容，当然这已经堪称珍贵了。

室外还有一尊狮身人面像，比吉萨金字塔前的那尊小多了，大约有3米多高，不过外形却一模一样。雕像周围有一圈栏杆，栏杆外围着一群农家养的狗，狗也像戴上了保护色，和沙一样是黄色的。我想和狮身人面像合影，为了不把狗摄入镜头，还着实费了点周折。

院落以外咫尺之处就是孟菲斯村了。它很像中国新疆的村落，不过多了几株蒙上黄沙的棕榈罢了。每一位来寻找古迹的人都不免有点失望，或许多少带上点伤感，“这就是迄今人们所知的人类历史上第一代王朝的都城吗？这就是那个当年繁花似锦的孟菲斯吗？”

失望之际，几个衣着鲜艳的农村小姑娘在嬉戏的场面忽然映入眼帘。尽管她们没蹦跳几下，衣服上就蒙了一层黄沙，她们的出现还是给这个无声单色的世界带来了一股生气。这片黄沙地就是埃及的历史，这几个小姑娘不就是埃及的未来吗？一个民族也仿佛一个人一样，有时强壮，有时衰弱；有时明智，有时昏庸；有时斗志昂扬，有时意志消沉；还有的人大病30年，仍能康复而有所成就。埃及向何处去呢？我见到的埃及人给我以信心，埃及已经在前进，埃及是会复兴的。

2002年我第二次来孟菲斯时，这里已经发生了翻天覆地的变化，就好像我前面写的两段文字被孟菲斯人看到，而立志改变一样。14年前荒凉的孟菲斯已经让你感到拥挤。过去死气沉沉的十几户人小村，今天已经成了几百户的小镇；过去的人迹罕至的土路变成了车水马龙的柏油路；树是增多了，但尘土依旧，人是增多了，但显得嘈杂。旅游者的眼光真是挑剔的，人少了嫌荒凉，人多了嫌杂乱，如何是好？还是有标准的，就是可持续发展。有规则、有步骤地高质量的发展，不能盲目地恶性膨胀。孟菲斯不是没有繁荣过，它曾经是一个几十万人口的大城市，但后来被掩埋在荒沙之中，究竟为什么？值得认真总结，否则我们会让历史再来一个循环。

埃及开罗的“死人城”

“死人城”在开罗城的东南，“死人城”顾名思义是埋死人的地方，这里也真是一片墓地。说叫“城”这里还真有城墙，不过墙是只有一米多高的土墙，中间开了很多月亮门，门的多一半都埋在土里，大约是由于地势低洼，经年累月被脏土垃圾逐渐掩埋的缘故。

“死人城”已经有1000年的历史，当年是安葬建于公元972年的爱资哈尔大学毕业生的地方，那时这里还是开罗的西北郊，随着开罗的扩大，墓地就变成了城区的一部分，安葬的也不仅是学者，而是达官贵人了。

在方圆1公里的墓地区域里，居住着开罗社会最底层的人们。他们有的住在富人的墓厅里，兼看护死人；有的在墓穴之间见缝插针，自盖干打垒简易住房；有的住在草棚里，有的住在一半埋在地下的地窝子里，还有的就住在地下的墓穴里。

“死人城”里没有路，凹凸不平的空地上积着水，铺着泥，边上还有成堆的垃圾，穷人的孩子就在这里嬉戏，贫苦的主妇就在这里为一家准备晚餐。这里居民之密集，条件之恶劣让人难以想象。更令人吃惊的是，据埃及报刊说，有的下级军官的家居然也住在这里。

“死人城”也不是一片沉寂，不时还有汽车开进来，或许是穷人的富亲戚，或许是在开罗买一辆旧汽车实在比找一个栖身之地容易得太多了，这是城市畸形发展的恶果。

我两次考察“死人城”，1987年是第一次，2002年再来“死人城”的时候，好像还有扩大。据说已从10多万人增加到30多万，里面起了街名，排了门号，开了店铺、学校、邮局，还有警察岗楼，是名副其实的城了。“死人城”像一个巨大的土黄色棺柩，死气沉沉地卧在那里，看不出一点生机，墓厅、干打垒、草棚、地窝子和墓穴像这个巨大棺木中的蚁穴，或为小小的凹坑，或者稍稍隆起，偶尔从贫民窟中钻出一两个人来，恰似在棺柩上爬行的蚂蚁。而邻近“死人城”的街市，则是另一个世界，热闹嘈杂，熙熙攘攘，有卖杂货的，卖小吃的，卖菜的，卖肉的，全是摊贩，席地设摊，沿街叫卖，把“死人城”居民干瘪的钱袋中仅有的几个皮阿斯特赚走。

埃及政府还是解决了吃饭问题，政府每年支付几百亿埃及镑用于食品补贴，所以只要你不进高级商店，基本食物还是十分便宜。1987年够一顿午饭的大饼不过合人民币7分钱一个，卷上点菜也不过1毛多钱，橘子最便宜的不过合人民币3分多钱一斤。如果吃个饼

埃及在阿斯旺水库为移民盖的新镇小楼

卷菜加个橘子，两毛钱也就把午饭打发了。2002年这个价钱只翻了一番，仍是十分便宜。

2002年情况有了不小的改变，政府把通货膨胀率控制在2%左右，14年来，埃及镑对美元的比价未变，而且把失业率降到8%，实在是了不起的成就。埃及实行了低工资广就业的政策，在政府机关中，开电梯都有专人，工资只有250埃及镑，大约500元人民币；而大学毕业生要找到一个自己满意的工作仍然十分不容易。

当然，改变现状也不只是政府的责任，既然大学毕业生严重过剩，为什么富人和穷人的儿子又一定要在这条死胡同里挤呢？学些专门技能不行吗？个别人钻研社会生产用不上的知识可以说是研究，如果一大批人去做无用功，又是为了什么呢？

2002年来埃及又看到了一个独特的事物——“没顶楼”（不是“烂尾楼”），在死人城郊就有。该的新居民楼都不完工，不但外表不粉刷，居然连顶都不封，顶层只有墙，没有盖，裸露的钢筋对着蓝天。而且不是一座，两座，甚至是一个街区，当然都在近郊区。

为什么出现这些无顶楼呢？据说是来自于埃及政府的一项政策。由于埃及人口激增，而耕地几乎没有扩大，农民大量涌入城市，政府来不及盖足够的廉租房，无处居住，进城农民就全家凑钱在市郊买地（埃及允许土地买卖）。盖了这些无顶楼，为什么不封顶呢？因为完工的住宅要缴纳一系列税金和费用，这些买地盖房已花光了最后一分钱的进城农民就只得不封顶居住，到什么时候有钱再让它完工吧。

据说这些无顶楼中的房间里还是收拾得不错的，但窗子多是木板的，原因也是为了省钱，玻璃贵，开罗又不下雨，白天大开，晚上关严，还省了窗帘，真是一举两得。当然这里的居住条件是可想而知的，因为没完工，没人来清垃圾，楼边街旁堆满垃圾，如果不是开罗不下雨，又有骄阳暴晒消毒，怕是要闹瘟疫了。至于说绿化和其他社区设施当然就更谈不上了。遍布埃及西部近郊的无顶楼区，一片连一片，黄乎乎，土蒙蒙，没有一点绿色，仅有的色彩是楼窗挂满的五色衣服。

从这件事可以更了解埃及：一是政府的政策的确为人民着想，但是要配套严谨，考虑后果；二是不能说埃及老百姓素质低，他们法律意识很强，很守法，你不是说不完工不收费吗？我就让它不完工，因为我实在没钱，总得有地方住吧。

世界最古老的民族努比亚人

之所以称努比亚人是世界上最古老的民族，而没有加“之一”两个字，是因为迄今为止，我还不知道有同样的、具有可靠记载的、连续5000年以上的民族。努比亚人记于金字塔等文物上最早的象形文字记载，他们是头发微卷的黑人，是埃及法老的奴隶，在卢克索的石刻上，在金字塔墓葬的文物中多次出现他们的形象。他们一直延续至今，居住在同一个地方——埃及与苏丹交界的努比亚高原，一直以游牧为生；一直保持着同一形象，没有大的混血；一直操着同一种语言，甚至在20世纪一直使用着法老时代的象形文字。

我在参观阿斯旺大坝时，住在阿斯旺城4星级的萨拉旅馆，旅馆餐厅的领班是个努比亚人。我一直想见见这个世界上最古老的民族，真是踏破铁鞋无觅处，得来全不费工夫。他叫拉米纳，30岁，瘦高，大约有1.80米。他几乎就是开罗埃及国家博物馆中文物彩绘上的努比亚人，那彩绘好像是他的照片剪贴。一样的精干瘦身材，长手长腿；一样的黑色大眼睛，有神；一样的黑头发，微卷。不一样的只是发式，留了现代分头，不是盖耳的长发；身着西装革履，不是腰间缠布而赤裸上身。

拉米纳毕业于旅游学校，所以英语很好，我们可以交流自如，这真是幸事。他说，他和全家都是阿斯旺大坝建设的受益者，他家三兄弟，两个哥哥都脱离了世代的游牧，分别进入了电力和市政公司。正因为如此，他这个小弟弟才得以上了旅游学校。他现在在餐厅做领班，月薪130埃及镑，合人民币520元，只比服务员多30傍，但已经觉得很荣耀。另一方面他也不满足，他说，自己至今没有结婚，主要原因是没有钱，结婚要很大一笔钱。我问要多少钱，他说要3万埃及镑。还给我算了细账。这对于他的确是个天文数字，要200多个月的工资。他隔着玻璃指着阿斯旺水库说：“你看库边的小村庄，那里就是我的家，我的父母就在村里，他们还养牲畜，我家里还有骆驼，但是不游牧了。”

拉米纳对我说：“我们的祖辈都说我们就是法老时代的努比亚人后代，延续了5000年。

与在饭店工作的努比亚人合影

我们讲的还是当时的语言，几十年前，我们还有象形文字，但是现在都用阿拉伯文了。法老时代我们是奴隶，法老们灭亡了，我们就回来了。”他说，他们的祖先没有法老近亲结婚的习俗。这大概是他们没有与法老一起灭亡的重要原因吧。法老消亡以后，努比亚人就在尼罗河的上游——努比亚高原这块鲜为人知的地方生活了2500年，直到阿斯旺大坝修建才又与世界有了接触。现在大约有200多万人，在埃及30万，在苏丹170万。

我们越谈越高兴，我问：“不耽误你的工作吗？”他说：“回答客人的问题难道不是我的工作吗？”多聪明的努比亚人，快结束谈话时，他说：“您等一等。”飞也似的跑去拿回了一条小石头串成的项链送给我作纪念，我遍找左右也没有东西可以给他，就给了他10磅钱，他十分真诚地说：“我是送您的！”我说：“我也是送您的！”他非常感激地收了钱，这一插曲使我们忘记了合影。

原来修水库以后，水源减少，牧区缩小，也为了保护库区，努比亚人很多都成了工人，在这个饭店里还有几个努比亚工作人员，于是我征得同意后与一位努比亚女工作人员合了一张影，合过影后她还表示歉意，我实在不大理解，回国后洗出照片一看才知道，原来她在按快门的一瞬间远离了我，照出了收入书中的那张相，然后又复了原位，使我根本没有察觉，一切都在不到1秒钟之内完成。动作之迅速令人吃惊。

努比亚这个古老的民族，至今保留着古代的不少生活传统，到20世纪还有古老的文字，实在值得历史学家认真研究，详尽地知道历史，才能科学地规划人类的未来。

肯尼亚湖滨小港基苏木的严重污染

肯尼亚的基苏木（Kisumu）市位于赤道，紧靠维多利亚湖，掩在世界著名的肯尼亚热带雨林之中个，是肯尼亚在湖边最大的港口，也是肯尼亚的第四大城市。1965年才有2.5万人，现在已有50多万人口，是肯尼亚和乌干达的贸易集散地，也是大湖区尼安萨省的行政中心。

我住进了基苏木最大的旅馆，第二天早晨一觉醒来，打开旅馆的落地窗，真有改天换地的感觉。窗外是一幅画，是一幅维多利亚湖的风景画，湖光山色，美不胜收，宛若住在仙境一般。

我们的陪同是一位教授，他准时到达。我们商定行程后就向基苏木城区驶去。旅馆坐落在东郊的新区，进城要穿过大半个新区，新区树木茂盛，街道宽阔，房屋整齐。进入市区，这个热带小城也保持了郊区恬静的风貌，建筑不高，多呈白色，有的漆上淡紫色的外墙，很有热带风情，街道宽阔，不算拥挤。在这个小城也可以看出肯尼亚经济的发展和对外开放的程度，肯尼亚商业银行、肯尼亚中央银行和巴克利银行都是城市最高大的建筑。在市中心大街上，基苏木中心邮局是一座红顶大屋檐的两层棕色建筑，很有非洲特色。通向大湖区的路上开始脏乱差起来，街道年久失修，路边垃圾无人清理，使人疑惑：湖区究竟怎么样呢？

维多利亚湖是世界上第二大淡水湖，在坦桑尼亚、乌干达和肯尼亚三国交界的地方，有6.94万平方公里，有4个北京市大，属于肯尼亚的领域主要是卡维龙多湾，占湖面的7%，也有近0.5万平方公里。维多利亚湖是高原湖，平均海拔1100米，平均水深40米，最深处80米，是白尼罗河的源头，湖岸曲折达7000公里，多良港，基苏木就是其中之一。湖中和湖边物产丰富，非洲鲫鱼、棉花、水稻、甘蔗、香蕉和咖啡等出产很多。

水葫芦封住了维多利亚湖中的千吨大船

从一个方向看维多利亚湖，陆上的丛林深入湖内形成绿洲，湖面水平如镜，湖的尽头山上丛林密布，朵朵白云从山上飘过，七色彩虹从湖面升起。湖边岸上巨大的仙人掌和棕榈遮日，剑麻和灌木丛生，绿茵铺地。树上一只红嘴蓝鹦鹉在跳跃，天空一只鲜黄色的小鸟掠过，蒙蒙细雨打在芭蕉上，大小鹧鸪在树丛中鸣叫，有动有静，有声有色，真是美不胜收。远远有一艘船开来，艰难地在湖面的绿萍中前进，仿佛破冰船在推开坚冰，不知为何无法前进。

从另一个方向看维多利亚湖，我们沿基苏木城南败落的道路下到了维多利亚湖畔的基苏木火车站，车站好像已经停用，车站大门关闭，我们的陪同下了车才叫开门。车站内道路泥泞，我们走到了货车站台，货舱门紧闭，看不到工人，看热闹的倒不少。走到湖边才看到靠岸的水边全是水生植物——水葫芦，铺满湖面，湖面由蓝色变成绿色，让人几乎看不见湖面，那艘船正是在水葫芦中前进，举步维艰。就是在水面开阔的地方，也卧着一簇簇水葫芦，好像黑色的怪物，准备吞噬这剩余的湖面，远处工厂冒出的一缕缕浓烟直冲云霄，美丽的维多利亚湖的卡维龙多湾，好像一口藏污纳垢的池塘。基苏木工业发展很迅速，又多是制革、化工、印染、食品和水泥等污染严重的行业，只求利润，不治污染，虽然得到了一时繁荣，但破坏了环境，造成了这样的恶果。

水葫芦已经使航运停顿，一年只有九个月通航，只为躲避水葫芦的高发期，也是世界奇闻。在码头上，一艘巨型货轮被困在水葫芦里已有时日，四周飘满垃圾，油漆已经斑驳脱落，船舷上已经锈蚀斑斑。巨轮开足马力冲不出重重缠绕的水葫芦，困在港口成了这般模样，没亲眼所见真让人不能相信。因此，火车站败落了，港口败落了，基苏木的南郊败落了。这些水葫芦自何而来呢？是人“种”的，在维多利亚湖周围，也包括基苏木的人们向湖中排放工厂废水、农田积水和生活污水，使湖水富营养化，从而促使水葫芦无尽地生长。湖水的富营养化和污染的后果还远不只是水葫芦滋生，湖中的鱼类和各种水产都在减少。

维多利亚湖肯尼亚区域的污染让人触目惊心，已经严重影响了经济发展和人民生活，亲眼看见真可以用“难以置信”四个字来形容，一个小镇发展成一个城市，只用了30年，才50万人，工业还不发达，已经到了这种程度。维多利亚湖是世界第二大湖，面积达6.9万平方公里，而且入湖河流多、水量大，湖水置换速度快，如此巨大的生态容量都容不下50万人、人均GDP不到1000美元的污染，如果基苏木达到100万人，人均GDP达到1万美元，那维多利亚湖将成什么样子。这真是城镇化的一个十分惊人的例子。其实，我国昆明的滇池不也同样有如此这种苗头吗？21世纪初基苏木已开始治理，但早知今日，何必当初呢？这样的情况并不只在肯尼亚出现。

尼日利亚拉各斯的城郊之城——贫民区

拉各斯的贫民区，或者叫贫民窟，是在世界上不多见的。这一区在拉各斯岛与伊科伊岛的交界处和伊科伊岛上，一般外国人是很难去的。我们的主人万先生，在行前一再嘱咐我们：不能下车时一定不要下车，不能开窗时一定不要开窗，甚至不能向窗外指点，否则会有麻烦。能带我们去看看已属十分热情，而且还要担风险，我们当然应遵守规定了，不能再给人家添麻烦。

从拉各斯岛东侧到伊科伊岛，有我在世界大城市中仅见的巨大贫民区，几乎都是平房，平房中孤零零地有几幢2～3层建筑，有的是教堂，有的是清真寺，有的是商店。而这些建筑被包围在平房之中，立于年久失修的马路两侧，油漆斑驳脱落，屋檐缺瓦少椽，色泽暗淡，泥痕累累，只能依稀地猜出它旧貌的颜色。只有立于街边的雕像才能让人想象出当年清洁、幽静的街景，城市可能多日无人清扫，在湿润的海滨街上居然有一层土。由于排水系统年久失修，雨过后又有一滩滩积水，土厚的地方就成了泥塘，让人难以相信这就是美丽的拉各斯。

街上多是摩托车，轿车很少，有轿车也是被撞得坑坑洼洼的二手车。我们的新车在这里凤毛麟角，成为行人向车窗中窥视的对象。街上步行的人、手推车、自行车、摩托车和汽车汇成一股洪流，缓缓地向前蠕动，街上的人都不慌不忙，不紧不慢，不知道是在干什么？坐在车里，只能干着急。人拥着车，车挤着人，人不躲车，车得看人，如不是安全问题，下来走肯定更快。街上车辆不分道行驶，也没有见到交通岗，有的地段站着一个交通警做一些疏导，但顾此失彼，力不从心。

贫民区中有不同民族的聚居区，共有豪萨-富拉尼（Hausa-Fulani）族居住区，约鲁巴（Yoruba）族居住区和伊格博（Igbo）族居住区三个主要区域，当然不是严格划分，而且有很大的混杂居住区。

约鲁巴人在全国有2700万人，约占全国人口的20%，是全国第二大民族，他们是拉各斯的原始居民，住在拉各斯岛与伊科伊岛的交界地带，原来信伊斯兰教，自欧洲殖民者到来后，许多人信了基督教。在居住区内有灰色的两层楼清真寺，外表很清洁，黑底白字的横幅写着“清真寺”。街上不少人身着穆斯林长衫，头戴白帽，街道也比较整洁，是贫民区中较好的地方。

在尼日利亚首都拉各斯贫民区

豪萨–富拉尼族居住区在伊科伊岛的中部。豪萨人原住尼日利亚北部，有3000万人，占全国人口的22%，他们在14世纪接受伊斯兰教，与北非联系较多，商业和手工业发达，人口流动也较大，自18世纪以来进入拉各斯，开辟新区居住。此外，有富拉尼人约有1400万人，占全国人口的11%，他们也居住在尼日利亚北部，近年来已经豪萨化，因此称为豪萨–富拉尼族，总人口4500万，占尼日利亚人口的1/3。豪萨–富拉尼族在拉各斯也占人口的主要部分。他们的街区里居住拥挤，街上有一些西式雕塑，小贩沿街摆摊或提篮叫卖，主要是卖些热带水果，摊子上有黄色的香蕉、绿色的橘子和红色的木瓜，颜色十分鲜艳，摊主是妇女和女孩，汽车驶过，如打开窗子几乎可以伸手拿到摊上的水果，当然，没有敢开窗。

在伊科伊岛东部主要住的是伊格博族，多是20世纪60~80年代由于石油黑金使城市大发展时搬来。伊格博族有2500万人，在全国约占19%，是第三大民族。伊格博人本居住在尼日利亚东南部，是当年奴隶贸易的最大受害者。多信原始宗教，受教育程度较低。石油业兴起后到油田和城市工作，来到拉各斯，没有多久就赶上衰退。所以这些新城区基本上是棚户，几乎没有上下水和道路等公共设施，街区拥挤不堪，道路泥泞，街上衣衫褴褛的乞丐也最多。汽车过这一段几乎是寸步难行，有几个表面上维持交通秩序的人，实际上近于街痞。看到一个胖女警察身着制服，我们的陪同小万说，这个大概是真的，如果要罚款大概得给。但最主要的还不是付钱，而是一旦停车，就无法再启动了，谢天谢地，女警察盯着我们看了半天，并没有叫停、施罚，幸甚，幸甚。

城市发展中的贫民区本来就难管理，拉各斯城郊的“卫星城”不但居民赤贫，而且还按民族与宗教不同分区居住，械斗等案件不时发生，就更难管理了。世界的发展中国家都在城镇化，拉各斯郊区的外来贫民城镇化怕是难度最大的之一。

贝宁冈维埃水上镇

在贝宁首都波多诺伏附近还有一个著名的地方，那就是诺奎潟湖上的水上镇，其中以冈维埃（Ganvie）水上镇最大，也最有名，有“非洲的威尼斯”之称，是西非著名的旅游胜地。我们在热带丛林中左拐右拐，九曲十折，终于在大雨中找到了冈维埃水上镇。司机停在大路边，说水上村庄不许靠近，让我们在雨中走过去。连泥带水地在杂乱的镇上穿行，安全如何保证？在我据理力争下，司机又重新上车，开过了一段两边布满小摊的泥泞路到了湖边，看来是为了行规，让游客下来买东西。

水上村庄形成于17世纪初，当时，现在的地域就属于贝宁，阿波美王国入侵沿海一带，居民们被迫入湖避难，搭草棚栖身，后来就定居湖上，形成了这水上“桃源”。他们以捕鱼为生，世代相传，渐渐把水上村庄当成了自己的故乡而不愿返回陆地。贝宁共有30多个水上村庄。“冈维埃”在当地土语中是“集体得救”之意。冈维埃水村长5.5公里，宽4.3公里，在23平方公里的水面上分布着1.85万间房屋，屋旁有不计其数的小船，此情此景不禁令人想起赤壁大战的水上连营。村中居民约有2.5万，是非洲最大的水上居民区，也是世界上著名的水城之一，是一个著名的旅游景点。

水上村庄的房屋建在插入水中的木桩上，屋顶用厚厚的茅草盖成，可以隔热；墙与地板用椰树干建成，容易散热；地板高出水面一米左右，以防水蛇袭击；门前有木梯通向水面。屋内由卧室、起居室和厨房等构成单元，有的门前还有平台，可以晒衣服和乘凉；有的还在屋前用石板在木桩上构筑小块陆地，用以饲养禽畜，真是水上家园。这种高脚屋一般都比较牢固，可以使用20年以上，居然不比北京建筑质量差的房屋的使用期短多少，实属不易。

泻湖乘船赴水镇

水上村庄的房屋布局合理，自然地形成一条条水巷，家家户户都备有小木船作为交通工具和生产工具。水村中央是一块比较宽敞的水面，那是“水上市场”，水上市场都以小船为摊位，随波浮动、摇摇晃晃、熙熙攘攘，别具情趣。村内有两条主要水街，一为情人街，另一为渔夫街。水上村庄的居民绝大多数以捕鱼为生。村中有商店、学校、教堂、小医院、邮电局、供水站、剧场和旅馆，甚至还有公墓。我们在岸边看到一个鱼市，都是些妇女在交易，渔妇把鱼卖给农妇，尽管在大雨中，生意仍很兴盛。

由于居民太多，岸边水质很差，颜色浑浊，在雨中还略有气味。如深入村中一是蚊子很多，二是雨不见停，如果一停，蚊子更多。进还是不进？我几经犹疑，最后还是决定不再深入了，健康第一，得上疟疾，不但在这里不好办，回去还影响工作。在村边我们已经领教了这庞大的水域。雾蒙蒙的湖边，黑压压的一片水屋，那样深沉，那样神秘，仿佛是一片不知名的黑色水草，在发灰的湖水中延伸向远方。

后来我又到过镇边的一个水上村，看见两个小孩在湖边浓荫的水里捞鱼，很是吃惊，在这种地方能捞到鱼吗？原来这是贝宁水上村的一种特殊捕鱼方式，叫“阿卡夹”。就是把树枝、树杈插入湖中，围成一个小环境，再放些食饵，石斑鱼和鲫鱼就会游入，几个月后，鱼长大就游不出去了。这两个小孩就是正在收获。这大概就是网箱捕鱼的始祖。不过他们看到我在照相，又连连摆手，看来在公共场合也不许照相是西非的习俗。

写作时正值香港爱国富商霍英东先生去世，他就是在1941年从香港一个这样的水村走出去的，当年他的家连水村中的一间房子都没有，只能住在随波荡漾的船上，谁又知道当我在冈维埃水上村走上岸来时，在贝宁都算土里土气的村民之中几十年后是否会成为非洲西海岸的“霍英东”呢？

世界各大洲的水城，欧洲的威尼斯、亚洲的香港、南美的坎帕纳（Campana）镇，我都去过，相比而言贝宁的冈维埃是最乱的一个，其实最重要的原因还不是贫穷，而是管理。

贝宁古城维达与黑奴领袖塔曼果

1509年开始世界上最大的一次强迫性移民——欧洲人从非洲向美洲贩运黑奴，持续4个世纪，共有1000万～1500万黑人被当作奴隶贩到美洲，他们就是今天美洲黑人的祖先，

与奥斯卡奖电影《塔曼果》中起义黑奴领袖的后代在维达历史博物馆前

仅在美国就有3000万以上，成为美洲人种和民族的主要组成部分之一。而当年运去的1000多万奴隶，几乎都没有姓名和记载，更不知道他们的全名和全姓，多数人由白人殖民者给起了名字；过了几代之后，他们的后代只知道自己来自非洲，已不知道自己来自哪一片土地和哪一个村庄了。

有一个黑奴是例外，他就是贝宁大西洋省北部古城维达（Ouidah）的塔曼果（Tamango），塔曼果是部落首领，于19世纪被法国殖民者欺骗，带了部落精壮青年上了“贼船”。上船后才知道与事先协议完全不同，他们成了奴隶，于是塔曼果带领大家起义，最后与船上的殖民者同归于尽，成为仅有的留下姓名和来历的黑奴。这个可歌可泣的故事在20世纪50年代在法国被拍成电影，引起了轰动，是当时在中国上演的为数很少的西方电影之一，我至今难以忘记。

到了西非，一定要到塔曼果的故乡，找到塔曼果的后人，这是我半个世纪来的想法。这次到了西非，一定不错过机会。

很幸运，我们从科托努驱车向北，大约45公里就到了维达，一路上虽然路况不好，不少段尘土飞扬，但找到目的地并没有费太多周折。维达是大西洋省的首府，房子不再是草顶的布茹马，而是白砖墙、红瓦顶的房子，但只有两条小街，路还是土路。村前有一片空场，空场的一边是小树林，正对村口的就是维达历史博物馆。馆的正门是二层楼，门外有一个以一角站立的、一人高的正方形巨石立在石台上，是为馆标，大概表示塔曼果在汪洋大海中被囚船上，危如果卵仍坚强不屈的意思。

博物馆内是一个干净的小院，主展室是两层楼，展览的文字、图片和实物说明，开始贩奴前这里属于阿波美王国，当时比较富足，展出的铁犁、铁箱和陶器都有较高的制作水平。此后虽然零星贩奴，但是阿波美王国还在发展，1625—1645年达科国王在位期间，阿波美的疆域不断扩大，此后由于连年的战争，阿波美王国日趋衰落。这段时间阿波美国王仍与上岸的殖民者和睦相处，欧洲人都被邀请观看国王的晚会，会上有大群半裸妃子表演歌舞；欧洲人甚至被邀观看国王对罪犯执行死刑，或许是一种示威也未可知。

到1721年葡萄牙人在维达建了圣约翰堡，开始进行公开、大规模的奴隶买卖，100年后葡萄牙逐渐衰落，奴隶贸易也随之减少。1842年法国在维达重开商站，主要进行奴隶贸易，直到1894年，这种贩人的贸易大规模地进行了170年之久。博物馆中有图片显示了当年贩奴的情景，被铁链串着的男女奴隶三步一回头、绝望地离乡背井，队伍边还有小孩，押运的白人荷枪实弹，其情其景让人心寒。特别引人注目的是几个黑人不断在对白人和黑人讲着什么，这当然是内奸。什么时代、什么地区，在外来侵略时都有内奸。

博物馆的小院正是当年聚集奴隶的地方，展室就是原来的房子，院中一棵300年的大树，外院还有3棵百年老树，它们经历了几个世纪的腥风血雨，依然根深叶茂，它就是历史的见证。有多少奴隶进入了院子，在这里如何吼叫哭泣，有多少奴隶死在了院中，又有多少奴隶逃出院外？今天，只有这些老树知道了。院墙较高，也很厚，还有炮台，以防部落民杀来救走亲友，也防其他奴隶贩子趁火打劫。

看完了博物馆，我想做的第一件事就是会见塔曼果的后代。导游爽快地答应了我的要求，向门卫询问。门卫说塔曼果部落住在约10公里以外的镇上，他们可以打手机把他们约来。

大约等了20分钟，塔曼果后人骑着摩托车如约而至，后面还带着女朋友。真得感谢手机和摩托车，感谢现代化和贝宁朋友的热情，否则见到塔曼果的后代是不可能的。隔一百四五十年，算起来我见到的塔曼果应该是当年塔曼果酋长的第七八代子孙。一见面，我有些吃惊，他完全不是电影中塔曼果的形象。电影中的塔曼果两米身高，肩宽腰细，孔武有力，威严雄壮；20多岁的小塔曼果则中等身材，身体消瘦，温文尔雅，乍看相貌平常。

法语是贝宁的官方语言，我们交流没有障碍。我问：“您知道当年塔曼果酋长的故事吗？”他答：“知道。”问：“知道故事的结局吗？”答：“知道。”问：“怎么知道的？”答：“听老人说的。”问：“您怎么看塔曼果？”答：“他是个英雄。”他的神色凝重起来，我也不便再问。这时，他的女朋友，一个留着男孩头发的、高挑的黑姑娘把手搭在了他的肩上。看到这一情景，当年塔曼果又出现在我的眼前，就在这同一个地方，他是如何与妻子泪别的，不难想象。

一番谈话使我更相信了基因理论，小塔曼果的血管里仍流着他祖先的血液。他不强壮，但肌肉结实；他不威武，但沉重坚定；尤其是他从容作答的气质，可以看出他的素质。当我给他两美元作酬谢时，他从容地问：“这是什么钱？”知道是美元后，又不卑不亢地收下。这个连美元都没见过的贝宁僻壤中的年轻人能如此得体地应对这样的场面，恐怕的确有些家庭的渊源。

由于日程紧，在合影之后我就匆匆离开了，他和他的女朋友一直在对我们挥手。他们送别了我们，也在送走历史，但愿这段历史在世界上再也不要重演。

多哥首都洛美的起源——阿洛美村

在殖民者到来之前贝宁湾沿岸是没有居民的，因为热带雨林遮天蔽日，毒蛇猛兽到处盘踞，所以不适宜人类生存。18世纪20年代洛美曾是埃维人的小渔村，19世纪建城。洛美一词是由当地埃维语“阿洛美”演变而来。“阿洛美”即“阿洛林中”的意思。“阿洛”是多哥南方埃维人对当地丛生的一种灌木的称呼。洛美是在潟湖中的一个小半岛上，远端与陆地相连，我们乘船到了岛前，在十分简陋的小码头上船只能在浅水中的石头前停住，来客要跳上岸来，年纪大的就要船工背了。船工用德语问我，知道我年近七旬后，做出背的姿势，我当然是不用了。

一上岸的高岗上就有一座大教堂，教堂建于18世纪末，是浅黄色的，粉饰一新。堂中是拱门，两侧外墙上有宗教彩画，顶是三角形的，中央有圣像，尖上是白色的十字架，整个教堂属法国的哥特式，现在居民讲法语，不过有些德国教堂的特色，这里曾是德国的殖民地。堂中信徒不少，人们在静听布道。有一些在门前闲逛的人，向我们聚过来，我们连说不要导游，还是有两个人跟我们走了一程，看到实在没有希望赚钱，也就友善地向后转了。据说，多哥人受教育的程度在西非相对来说还是高的，从村民的态度也可以看出，所幸还不是“黑导游”，要是在这万里之外密林荒滩遇上了“黑导游”还真不好办。

我们继续前行，向镇中走去，说是镇子，实际上是个村子。村中有一条土路，两旁有棕榈和芒果树，村民住的是干打垒的土房，刷的白粉已脱落，墙呈黄褐色，与地一样颜色，黄成了一片。村中并没有商店，只是路边摆了小摊。有非洲妇女头顶簸箩在叫卖其中的菠萝和香蕉；有穿着雪白衬衫的非洲男子在叫卖自制小食品，都不强卖。

小食品是用玉米粉做的，里面有菠萝汁、椰子汁，还有香蕉，蒸熟了成橘黄色，看起来味道一定不错，我们的陪同已经入乡随俗，买了一块。男主人小心翼翼地用棕榈叶包上递了过来。为了剩余的旅途的健康保证，犹疑了一下，我终究没有尝试。

多哥首都洛美的故宫

我们没有走到村中就返回了，又回到了码头的高岗，小村掩在树荫里，村边有黄土广场。在这里看教堂不大，矗立在村边，是最醒目的建筑。村民在悠闲地交谈或行走，鸡和羊在四处觅食，一个典型的非洲小村，一派农家乐的景象，这就是洛美的起源，今天仍保持着多年前的旧貌，让人看到了多哥的历史、非洲的近代史。

想当年，在茂密的热带雨林中，这个小高岗上的树一定比周围稀疏，高岗也便于防守，当年诺寨王国的人逃到这里来安家是很适宜的。没想到一波方伏一波又起，19世纪末德国人就来到这里，不少居民被强迫西移，建立了今天的洛美城。

多哥的首都洛美就是一个城镇化的典型，从无到有，从村到城，这是现代化的需要，更是多哥这样贫穷国家现代化的需要，但是城变的小镇也要“现代化”吗？我看思想现代化就可以了，旅游点没有“黑导游”，小摊小贩不强买强卖，不就是现代化吗？至于设施还是不要大拆大建，因陋就简，留下历史的风貌，让人记得起乡愁得好。

从加纳边境遥望小镇凯塔

加纳和多哥紧密相连，加纳是英国的殖民地，而多哥原为法国的殖民地。但西多哥自1919年起就由英国托管，当时叫黄金海岸的加纳于1957年独立，原来英国托管的西多哥并入加纳，1960年成立加纳共和国。所以，加纳与多哥边境两边原来都是多哥，只不过因为殖民占领而分割，两边村民都熟识，不少还有亲戚关系。

实际上我已走到了加纳一侧，尽管几乎没有人等着办手续，但谁又能保证不会无端盘问呢？过境的时间还是按正常计算的为好。我们沿边界向北走了5公里，一直都有铁网隔离，但破洞很多，不远就是凯塔小镇。

多哥一侧是洛美的郊区，一片黄土地，散着几个村庄，不少是草顶的干打垒，屋前有村民在晒太阳。村里有小卖部，卖点面包和饮料之类的食品，还有小理发馆，理发馆内地面没有铺装，直接是土地面。

加纳一侧是沃尔特省凯塔镇的一个村庄，明显比较富庶，房子也是干打垒，但都是瓦顶，房子也较高大，村中的芒果树枝叶茂密地挺立，农舍边的菜园里种着西红柿、洋白菜和叫不出名的青菜，村边的小路上有猪和鸡，绿油油的一片田园伸向远方。

铁网的上方出现了缺口，我和加纳的村民可以聊天，一个穿条纹短袖衫的中年男子用英语与我交谈。他告诉我小村子叫达兰波特，一个很好听的名字。他说两边本是一个村子，分开后就成为两国了，加纳一方居民的生活好一些，两边讲不同语言，加纳一边的人母语是英语，但一般也都会说法语，多哥一边的人母语是法语，但会说英语的就不多了。仅此一点也可以看出两边受教育程度的差异和经济发达的程度。

正聊得起劲，村里走出了一位须发斑白的长者，十分威严，跑来制止我与中年男子的交谈，那个中年男子顺从地低着头走回村去。老者大概是村长，问我们是什么人，得知我们是中国人，又不是做生意的，态度马上缓和下来，并说："您可以从边防过境来

加纳与多哥边境上的小镇

说。”对至少要两小时的繁杂手续是有所耳闻的。我说：“时间实在来不及了。”老头在已经聚在村头看热闹的村民面前不愿失去尊严，不再多说，挺直腰板，像来时一样威严地离开。

我们沿着边界北行，铁网上面开始有破口，我给对面的村庄照了张相。铁网下面也有破口，我把脚伸过去照了张相，算是实实在在地到了几次加纳。

我们继续生态考察的探险，沿边境驱车北行，到了一个小湖，这是个好地方，可以无遮拦地拍加纳的植被了。小湖大约有两个足球场大，湖布满了水葫芦——凤眼莲，这种在中国南方肆虐的南非物种，不知怎么到了西非，看来要产生更大的物种移入灾难，因为这里比中国南方更适于它的生长。凤眼莲布满小湖周边，分不清哪里是水，哪里是岸，一边绿色，一片浮莲，估计只需几年，这个小湖就会被凤眼莲覆盖。

小湖边泥泞不堪，我们沿着小路连蹦带跳地走向小湖的边境。到了一个农机站，里面没有人，停着一辆拖拉机，在走出站的后门时，从草棚下面突然出来一个荷枪实弹的士兵，问我们干什么。当我们说明生态考察的来意时，他开了绿灯。我们得以出了农机站，但是一出门就大失所望，原来小湖就到边境为止，湖边有2米宽的土路，路西边又是边境的铁丝网。

尽管隔着铁网，我们可以清楚地看到加纳一方好得多的植被，高大的芒果树、茂密的桉树、扇面般大叶的芭蕉、一枝独秀的椰树，这里开始有树木，地面上是茂密的灌木，灌木下是绿油油的草地，形成了乔灌草的植被系统。加纳是一个缺水的国家，能在南部沿海保持这样的生态系统是很不容易的。

南非的钻石城

南非的钻石是世界闻名的。黄金已经是财富的象征，而钻石的价值更远远高于黄金，它还没有一定的价格，大小不同、成色不同，同样重量钻石的价值可以相差几百倍，因此有“金有价，钻无价”之说。所以，20世纪末以来，钻石已开始代替黄金成为人们追求财富的象征。在西方，黄金以盎司度量，1盎司为31克，恰好是中国老两62克的一半，如此之巧，是不是当年英国人参考了中国的衡制，也很难说。而钻石以克拉度量，1克拉等于0.2克。近年来优质的较大钻石（0.5克拉以上）的价格以每年10%的速度递增，成为富豪争相收存的对象。

钻石的发现也是一个有趣的故事，1867年在南非奥兰治河中部北岸的金伯利附近，有一个小孩在河边找到一粒大钻石，大约有6克拉，一位白人农场主见到后，提出以自己的小农场和5头牛交换，成交后，这位农场主就消失得无影无踪。自此，在这一带和南非北部的法尔（Vaal）河一带又发现了钻石矿，到1870年前后，形成了钻石采矿业，产地虽然距约翰内斯堡较远，但约翰内斯堡仍是交易中心。

现在的约翰内斯堡有大大小小无数的金店、钻石店和首饰店，在城里的是高档店，钻石本身不一定是最高档的，但切割和工艺一流，所以价格一下子贵了很多，实际上工艺的细微差别，不是收藏家或富商巨贾是看不出来的。所以一般人尤其是国人由华人导游引来买钻石，就都到城近郊的小镇，在这个小镇上中低档的钻石店云集，一家挨着一家，这个小镇就叫"钻石城"了，不但中国游客这么叫，当地居民也就这么叫了。

钻石也是一门学问，钻石价值的衡量标准是"4C"，即克拉（重量）、颜色、透明度和切面。首先是克拉（Carat），一般要0.5克拉以上价值才较高；其次是颜色（Color），无色价值最高，以下依次是雪白、白色、银白、浅黄、黄色和深黄；再次是透明度（Clarity），实际是看有无瑕疵，根据瑕疵的有无和大小来定价，一般要用10倍放大镜来看；最后是切面（Cut），绝大多数光线折回钻石表面、不散射的切面是价值最高的。同时钻石的切面有多角形、卵形、橄榄形、桃形、三角形、长方形和正方形等多种，这就看自己的喜好了。

在南非野生动物园狒狒上了我的车

据说目前南非0.5克拉以上的钻石与国内有2倍以上的差价，所以来南非买钻石的人趋之若鹜。由于国人多不会外语，又便宜了中国游客的专卖店。一家设在郊区的中国游客专卖店，在高速路边的一个不小的院子里，不像个买卖，除了中国游客几乎没人来，其价格不言自明。老板是个希腊人，看起来有犹太血统，已经70多岁了，我问他为什么不辞辛苦还守在柜台前，他说："要挣钱啊！"提到我是中国奥申委的成员和2004年雅典奥运会，他立刻看到了商机，有了好感，打开了话匣子，但我并不想买钻石。正在老板对我优礼有加的时候，他的伙计却对我的团员店大欺客，这种情况我见得多了，一走了之。

后来，我的团员买钻石，在开普敦遇到了更离奇的事。在我没看见时，我们的导游，一个在国内卖假酒后跑出去的沈阳人，居然把善良诚实的东北老太太敲诈了一笔。本来买钻石可以付美元，但导游一定要与她兑换成南非币兰特再买，而兑换率却是按最低的兑换点，一下子骗了七八百元人民币。

这些发生在盛产黄金和钻石的南非的事情，让我更认识了金钱，真是"金钱在谁手里，就像谁"。在好人手里就可以为国家纳税，开发产业，创造就业机会，扶危济困，到坏人手里就可以兴风作浪、坑害国家，巧取豪夺、压榨他人，以至因财害命。

国中之国莱索托的首都马塞卢

1868年巴苏陀兰即今天的莱索托成为英国的保护地以后，王室莫舒舒一族得以返回平地，在马塞卢建立了国都。马塞卢在与南非的西北边界，是难得的一片低平的谷地。巴苏陀语"马塞卢"是"红色石壁"的意思，莱索托这种平顶山的红色石壁是太多了，但在马塞卢这片低平地上就很难得，因此人们闻名便知所指。

今天马塞卢真正的城区人口只有9万。小城真正只有一条街，而且还没有郊区，出了这一条街，除了山上有个我们住的阳光旅店和伊丽莎白医院以外，就是地地道道的农村了，是我国西北那种"过了这个村，就找不着店"的广袤大地上的稀疏农村。

马塞卢的这一条街没有高层建设，最高的楼不过8层，但清洁整齐，相当于现在北京郊区县城的水平。有一个很小的火车站，在莱索托境内只有2.6公里铁路，通向南非。在这条街上有教堂、商店、小市场和市政机构。在街的中心地带有比较高级的商店，也有小小的超级市场。大约2.5公里的街的尽头是马塞卢的标志，一座草顶木屋，呈圆形，第一层较高大，一层以上是巨大的圆锥尖草顶，顶的下部有窗户，实际是二层楼，上面还有两

莱索托首都马塞卢郊区农舍

层都没有窗户，顶上有个花盆式的尖。这座建筑是模仿历史上巴苏陀人的宫殿而建的。

当然，今天莫舒舒家族的王宫已是现代化的建筑了。我们到的当天，正赶上王太后、国王的老母亲发丧，宫殿周围全部戒严，没能看到这个世界最小国家之一的王国是何气派。据说即使可以去门前，也不让照相，这种规定真是世界少见。我四处搜寻想买一张皇宫的明信片，看来是真不让拍照，买不到。

莱索托这个非洲小国也有一处联合国教科文组织的世界文化遗产，叫塔巴-博休（Thaba-Bosiu），在首都马塞卢城东25公里处。这个文化遗产是高岗上的天然碉堡。所谓“天然碉堡”就是在高原上耸起一片高达100米的岩石山岗，岗顶是平台，四边是悬崖峭壁。

19世纪初，巴苏陀族酋长莫舒舒一世建立了王国。登陆的荷兰殖民都攻占了平地，莫舒舒就率众登上了山岗，据险顽强抵抗。高岗的前面，如同一座大门，悬崖之上两边各有一块巨岩，既像两座门墩，又像两座碉堡；既可以登高眺望敌情，又可以据险抗击来敌。山顶的平台大约有100多米宽，500米长，山上约有4～5公顷，也就是5～6个球场的面积。山上有国王的土石宫殿、陵墓和居民的小村庄，虽然四周是悬崖峭壁，但可想而知当年在一片荒野之中，扼守孤山的抵抗是何等艰苦卓绝，粮从哪里来？水源充足吗？所以莫舒舒后来就寻求英国的保护，以对抗荷兰人，1868年莱索托成了英国的“保护地”，1871年干脆变成了殖民地。

当我们到达山脚下的旅游办事处时，这个简陋的板房里迎出了一个我在世界上见到的最为不修边幅的导游，这位50多岁的黑人男子胡子未刮，衬衫发皱，裤子没有裢线，领带当然更是不带了。我要买这里的明信片，他居然不知道“世界文化遗产”这个英文词，这里居然没有遗产的明信片。后来，他还是给我找出了免费的旅游介绍。他靠什么挣钱呢？原来是作游客上山的导游，由于我们要赶飞机返回约翰内斯堡，登山的计划只好告吹了。看着导游的失望神情，我心中真有些不忍，但也没有找到零钱。

遥望这座巨石山形成的天然城堡，真是巧夺天工，一个梯形巨台上，越向顶越陡，仿佛是诱敌上攻，快到顶上几乎是直上直下，洋枪已不起作用。到王宫大门处，两边又耸起两座高大的天然碉堡，得以居高临下击溃登顶的敌人，真可谓天险，这也是王国得以据险扼守多年的原因。与其他的山不同，山坡上有稀疏的几棵树，可见当年这里居民不少。可惜的是这处世界文化遗产的坡上已经建了极不相称的灰色砖房，连照相都躲不开。

就在这处遗产旁边，还有另一座石山，长度是有四五倍，悬崖更陡，顶也更平，不知当时是否也是巴苏陀王国据险而守的地方。在其他地方类似的平台石山还有多处，真是莱索托的特殊地貌，也是巴苏陀王国当今没有被征服，而沿袭下来成为今天莱索托王国的地理原因。巴苏陀人真是非洲的一个强悍的民族，保住了这个全境在南非之中的“国中之国”。

摩洛哥的少数民族柏柏尔人小镇

早在公元前3000年，古老的民族柏柏尔人在今天的突尼斯定居，到公元前3世纪迁徙到摩洛哥，他们是今天称为阿拉伯世界的北非的最早居民。柏柏尔人先被迦太基人统治，后被罗马人统治，再被阿拉伯人统治，后来又一部分被土耳其人统治。尽管柏柏尔人只有语言，没有文字，因此大部分是文盲，但是在长达3000年的时间里，他们一直保持着民族传统，繁衍生息，这真是个神秘的民族，让我神往。

在我知道了柏柏尔人以后半个世纪，也就是2004年，我终于到了摩洛哥，进入阿特拉斯山，见到了柏柏尔人。现在摩洛哥有20%是柏柏尔人，大约有600万人，但土著的柏柏尔人已难见到。柏柏尔人已信伊斯兰教，至今仍有等级制度，上层进入阿拉伯社会，讲阿拉伯语，多在军队服役，与阿拉伯人通婚的很多。我们从马拉喀什驱车向阿特拉斯（Atlas）大山开去，阿特拉斯山始自马拉喀什东南郊，终结于阿尔及利亚的阿尔及尔南部，纵贯摩洛哥中东部和阿尔及利亚北部，是北非第一大山，作为天然屏障挡住了撒哈拉大沙漠的干燥热风，使得两国北部气候比较宜人。柏柏尔人都住在这座大山里，主要分为四支。

沿途是干打垒的房屋，戈壁连着干旱的土地，小山都是秃山，中间有几点绿洲就是村落，很像我国新疆的景象。路修得不错，但交通管理不佳，偶然还遇到逆行的车辆，让人心惊胆战，70多公里的路程走了1个多小时，才见到山。阿特拉斯山4165米高的最高峰图卜卡勒山就在重山中露出积雪的尖顶，北非这一带的河流都发源于大山，水源是沿山谷而下的融化雪水，我们驱车进了一条山谷。

进入山谷就是另一番景象，好像换了一个世界。谷地里绿草遍地，樱桃、核桃、李子、苹果和无花果各种果树在山坡，还有杨树和垂柳在河边，有些像北京郊区的农村。不但自然景色像，房屋也像，河岸高处的小村里，房屋门上有钉、有环，旁边还有门墩。农民沿着河谷种植玉米；也养鸡，鸡在村外散跑，连蛋都是绿色食品。据说，柏柏尔学者到过中国后认为自己的祖先来自中国，许多民俗类似，如只带长子给人拜年。陕西汉中人来摩洛哥见到柏柏尔人做的面食，说与自己家乡的一样。

我们驱车走进柏柏尔人的小镇，镇沿着河，小镇在崖岸上，依山而建，下面就是河滩地。这里有了二层小楼房，不是阿拉伯式的，全是火柴盒式的；有邮局，是伊斯兰式的门窗，前面停着摩托车；只有这里才显示出现代化。小镇商业不发达，有卖手工艺品的；有摆摊卖苹果的，果子像野果，都不大。平台上停了不少车，都是外来游人，也有马拉喀什来的人要作我们的导游，还有当地人牵来披红挂彩的骆驼和马，都被谢绝了。

河滩两岸绿茵密布，山脚下由于地下水位高的缘故有小树林，半山腰是耐寒灌木，远处则是秃山，一直通向高峰，植被依地下水位的高低而层次分明。河滩也是旅游者驻足的地方，巨型鹅卵石垒成桥墩的木板小桥，没有水泥与钢铁，显示出人与自然和谐的景象。河从桥下流过，阿特拉斯山上的雪水清澈见底，大概是完全没有污染，在秋天估计有10立方米/秒的流量，年流量就可达2亿立方米，在大沙漠边上，就是条不小的河流了。

摩洛哥柏柏尔人山间小镇

间或有穿着鲜艳彩裙的村妇来取水，我们要照相，她们摇手掩面。据说柏柏尔人不照相，认为相片可以抽走他们的灵魂，所以我们没有合影。忽然，吹吹打打地过来一队人，几乎都是女人，衣着鲜艳，多只戴头巾，不蒙面纱，提着箱包，一问才知道是给即将迎娶新娘的人家去送彩礼。仪式十分热闹，由于包装得严密，没看到彩礼是什么东西，他们一路吹着笛子，打着手鼓向深山走去。

整条山谷，深达30公里，我们只走了2/3，再向上要步行，时间有限，就没有再登山深入。不过，终于还了半个世纪前的心愿，入了柏柏尔人聚居区，见到了柏柏尔人。

澳大利亚科技园区走向知识经济

第十五届世界科技工业园区协会大会于1998年10月下旬在澳大利亚首府珀斯召开。珀斯处于西澳的荒原之边，以天鹅河为水源，经过近百年的发展已成为中等城市，其中华人不下10万。我以国际知识经济创意人的身份被邀担任大会学术委员会副主席。会上知识经济成为大会的热点，代表提出了许多21世纪世界知识经济的新工厂——科技园区发展的创新思想。最重要的新思想有以下三点：

1. 不要大的，要高的

我认为，当前世界科技园区的发展已经度过了初期阶段，科技园区的发展不应再盲目求多、求大，而是要注重质量，提出高标准。大多成功园区的员工总数都在3000人以内，拥有高素质的领导者和创业者是其关键。

我认为，科技园区的管理者，是富有创新精神的高知识层次创业者的领导，因此，他必须对这些人有号召力，否则高技术项目的创业者非但不会纷至沓来，反而会退避三舍。

大会发言中指出："一个大学教授要创业，他怎么会相信一个一般行政官员能理解他几十年的心血呢？"

我认为，有了高素质的领导者，还要有一套机制，使高素质的领导者群体能以集体智慧选准高素质的创业者，只有这样才能保证高技术创业的成功率，才能把高技术创业的高风险变成高回报。

大会发言指出，一般科技园区通过科学运作的创业成功率已达到50%，好的可达到70%。由于高技术创业成功后的回报率一般在3倍以上，因此高素质的创业者群体已经使科技园区只盈不亏，在这里，“风险投资”应该改称“创业资金”了。一位科技园区协会负责人甚至说：“我不理解，如果办的是货真价实的科技园区，如果发展的是知识经济，为什么吸引不到投资呢？这大概是世界上仅有的几个只盈不亏的产业之一了。”

2. 不要虚的，要实的

我说，大家一致认为盈利、纳税是检验园区成功的最重要标准。国际科技园区协会的前任主席指出：“一个科技园区如果不能赚钱，那还办它干什么？”如果说科技园区发展初期强调的是投资、免税和政策优惠的话，那么在今天，对于成熟的园区（一般是5年以上）强调的就是盈利和纳税。

因此，在产值上主要的衡量标准也不是总产值，而是员工人均产值。从20世纪末的水平看来，在发展中国家和一些发达国家中，科技工业园区的员工人均年产值在4万~10万美元，如土耳其的马麻拉园区为4万美元，澳大利亚的马纳西马园区为7万美元，澳大利亚的布里斯班园区为10万美元。在发达国家，园区低限要达到国家员工人均年产值的2倍，即10万美元，如意大利的里雅斯特园区为10万美元，西班牙的马拉加园区为15万美元。发达国家中有些办得好的园区创业成功率达到70%，员工人均年产值则高达20万美元，如荷兰的泽尼克园区，甚至葡萄牙的塔古斯园区也达到了20万美元，在创业后5~10年时间赶上了建立百年的、效益最好的传统工业公司的水平。

现在许多成功的科技园区已经成为所在城市税收的重要来源，珀斯科技园区也是一个例子，因此在城市中占有重要的地位。以这种发展趋势，科技园区必将成为知识经济发展的实实在在的支柱。

3. 不要孤立的，要全面开放的

科技园区作为一种先进的知识经济发展形式，其最重要的途径就是通过网络化利用世界经济全球化的趋势吸引资金，技术合作，开拓市场。在本次大会上，对全方位的国际合作又有了新的认识。

这次大会对网络化的深入作了专题探讨，大家一致认为不但要有国际网，还要有国家网、地区网，不但要有园区网，还要有行业网，纵横交错，激励创新，实现高技术产业化。

国际科技园区协会的负责人还指出，希望中国和欧盟国家能进行高技术创业人员，尤其是青年创业人员之间的相互交流。中国的青年科技创业者可以到欧盟国家园区创业，欧盟国家青年科技创业者也能到中国来创业，这种世界性的交流必将使国际科学技术创新达到一个新的阶段，为发展知识经济提供不尽的创新源泉。

民族进步的灵魂是创新，科技园区运动的核心也是创新，科技创业者在科技园区中，通过创新把自己的知识变成新的知识产品，将成为推动知识经济逐步发展的最为实在的动力。这次会议在澳大利亚珀斯成功举行，说明一方面澳大利亚为保护环境等种种原因尽管有丰富的铁矿也不大上炼钢等产业；另一方面澳大利亚却绝不落后于时代，大力发展高技术产业。

在珀斯的收获不仅是城市考察，更重要的是找到了有一批本人创意的知识经济这种新理论的实证。

从弗里曼特尔港看澳大利亚历史

我们特意来珀斯城天鹅河河口的弗里曼特尔（Fremantle）港游览，这里距珀斯19公里，是珀斯的卫星城，西澳的首要港口，珀斯的港实际上建在这里。究竟是谁先到达弗里曼特尔港还有一个有趣的故事。法国人说他们早在1786年就到达这里，有一个出土小瓶可以为证。历史记载则是28岁的英国船长弗里曼特尔（C. Fremantle）率“新荷兰号”于1826年5月从英国起航，6月到达天鹅河口的这片土地建立了殖民地，开始了西澳的开拓史。于是此城称“弗里曼特尔”，比悉尼殖民地的建立又晚了41年。他们首先是在岸边建了一座12面的圆顶大屋，这所巨大的房屋由浅棕色石灰石砌成，至1831年完工，到1848年一直用作监狱。当年澳大利亚是英国犯人流放地，来的多是犯人。

弗里曼特尔港的最重要名胜之一是世界大战纪念碑。靠近港口的世界大战纪念碑，建在一个小高岗上，十余级大理石阶的平台上，矗立着黄色和灰色大理石混砌的纪念碑。1915年，澳大利亚与新西兰联军在土耳其登陆参加了第一次世界大战就是从这里出发的。

澳大利亚沙漠小镇外的羊群

1939年，澳大利亚参加第二次世界大战，在澳洲和东南亚与日军作战，战死10.2万人，这对当时不过1000万人口的澳大利亚真是一个巨大的数字，相当于人口的1%，不低于抗日战争中中国军人伤亡的比例，澳大利亚对第二次世界大战胜利的贡献是不可磨灭的。站在高岗上鸟瞰弗里曼特尔这个大约只有2.5万人的小城，港口忙碌的吊车和城区不多的高楼都看得清清楚楚。长长的码头，宽阔的绿地，不高大但以红蓝顶装饰一新的楼房组成了天水一色之间的弗里曼特尔城。

城郊的一个名胜居然是另一座监狱。1829年英国殖民者才来到这里，1851年开始建这所监狱，到1855年落成，一直用到1991年，真可谓城中历史悠久的文物了。监狱建成为城堡，中间是高大的铁门，第二层顶上是钟楼，两边是两座两层的碉堡，窗户又狭又长，得以固守防弹。监狱建在距港口很近的地方，那里是老弗里曼特尔。现在监狱已经显得十分破旧，一个半世纪中这里不知道关了多少囚犯。

城中最著名的建筑是圣约翰斯（St John's）教堂，它始建于1841年，殖民者登陆后的第12年，当然是先建教堂后建监狱，先扬善后惩恶，不过教堂建得久，到1882年监狱都落成了才完工。教堂是文艺复兴的样式，门不大，第二层有7个高窗，第三层则是1个有四朵花的巨大圆窗，两边是斜面灰色铁皮顶，堂后立着一座高耸的尖塔。教堂前宽10米，全长约45米，但20米以后加宽成“品”字形，总体成十字架形，总面积不过五六百平方米，最多可容千人，当然和欧洲的大教堂无法相比。不过两侧的彩色玻璃窗，小巧的神龛，木制的半圆形拱顶，铺在地面的红地毯和蓝地毯还是使它很有异国情调。一台大电扇在教堂里是少见的，也算是个创新吧！一个女人在弹琴，琴声悠扬，但没人来做礼拜，和者太寡。想当年英国殖民者刚刚登陆的时候，在大漠高荒之上，凄风苦雨之中，这样一座教堂也的确给了人不少安慰。

市中心照例有个小广场，对面就是市政厅，较教堂晚些建造，是一座褐色的塔楼，有棕色的尖顶，下面是钟楼。市政厅小得像个富人家的府第，只不过高一些，显出了少许气派。广场直对的就是闹市街，也照例是步行街，和欧洲大城市一样，真是麻雀虽小，五脏俱全。步行街中有木椅，游客可以随时坐下休息。街两边多为两层楼的商店，还有咖啡馆、餐馆，都把阳伞和餐桌摆到了街上，让顾客沐浴澳大利亚的阳光。我进了几家商店，照例是以卖旅游纪念品为主，不过当我买一件标价2澳元的东西时，老板说："对不起，价钱打错了，不是2澳元，是12澳元。"这种情况，倒还真少见。

走出200米长的闹市街，大道显得破旧，一直通向港口，蓝天白云下的菩提和棕榈孤零零地矗立在路边，显得有些凄凉，这发货的港口倒使我想起了澳大利亚的入境检查。澳大利亚为了保持大陆物种纯洁，海关几乎是世界上最严格的，还有体形如小马的牧羊犬协助。这次来澳大利亚较15年前好了许多，使我保持了走遍世界海关不开箱的纪录。不过，澳大利亚对于入境物品的限制，仍然是世界上最严格的国家之一，如除新西兰以外的任何奶制品、含鸡蛋的产品、含蜂蜜的产品等，即几乎所有的食品，还包括草秆装饰品，甚至沙子和土壤都在限制之列。这是因为澳大利亚不仅拥有世界其他地方所没有的动植物，同时，也没有世界其他地方的多种疾病，澳大利亚远离其他大陆的条件使澳大利亚的自然生态得到了保护。

新西兰毛利之城罗托鲁阿

罗托鲁阿（Rotorua）这座新西兰北岛中部城市就位于地热区，居民以新西兰土著居民毛利人居多，号称"毛利人之乡"。罗托鲁阿市始建于1890年，即英国人与毛利人达成协议后18年，现有十余万人，城市傍罗托鲁阿湖，地势平坦，水肥草美，完全是一座现代规划的城市，街道横平竖直，成棋盘状，芬顿（Fenton）大街是最主要的大街，每个街区都成规则的长方形。城市周围都是绿地花坛，是一座美丽的现代花园城市。

市中心附近，有名叫阿拉瓦（Arawa）的毛利村，院外有毛利人的图腾——巨大的木柱上雕有记述阿拉瓦部族历史的精美图案。1963年位于市西南角的这个毛利村寨被辟为专门的旅游景点，内有会议厅、住房和储藏室等毛利式木屋建筑，都是尖顶的白房，梁和柱染成红色，但是太现代化了，当年毛利人不可能有这样的房屋。旁边另有一个小寨是按毛利人的早期住房仿造的。墙壁是立木，尖顶用树干或蒲草和棕榈树枝搭成，没有大门，简陋低矮，不能直腰。各种储藏室、工具室均由木桩高脚支撑，类似我国云南傣族的竹楼；部落的食品和宝物储藏室，规格最高，染成红色，立在一根粗壮的独柱上，离地很高，外形似杂技演员用杆子顶着的椅子。院中有木架，上面晒满鱼干，毛利人以捕鱼、吃鱼为主。还有一个特殊的柴堆十分引人注目，一堆粗大的树干上摆满巨大的鹅卵石，是做什么用的呢？仔细一看才了解了毛利人的智慧，因为他们只会制石器，连陶器都不会做，因此做饭时没有锅，可能是把肉放在石头上烤，这样不致烤焦，加热均匀。

我们在毛利村中看了一场表演，已经成为参观阿拉瓦村的常规节目，表演者是毛利人，但其中绝大部分已经混血，现已成为旅游公司的职工。旅游者按时集结于村外，毛利人在仿古村中举行仪式，十来个人列队排阵，敲敲打打。首先选一个部落中跑得最快的人到游客面前做各种鬼脸，挥舞手中长矛探寻这些人是否是攻打村寨的敌人，然后部落首领出门，接见旅游者的代表，施碰鼻礼两次，碰的时间越长，对来宾的礼遇越高。列队欢迎时男前女后，以保护妇女和儿童。确认不是敌人后，欢迎入寨。妇女高声呼喊，跳起迎宾的哈卡舞。

在已经现代化的会议厅中，毛利人表演传统节目，有靠手腕灵活甩动绳子绑着的小棉球的甩球舞，有挥舞棍棒的棍操舞，有战前以激烈的动作和凶恶的表情鼓舞士气的挑战舞。还有一对毛利情人唱的情歌，内容是一对在不同部落处于不同地位的恋人克服重重困难渡河结合的故事，据说现在生活在罗托鲁阿的毛利人就是他们的后代。有唱，有跳，还有乐曲演奏，不过音乐中已经融入不少白人的曲调。

与毛利人交谈

我下定决心，已入虎穴哪有不得虎子的道理，一定要找个毛利人！好不容易在就餐时找了个机会溜了出来，在院里我找到了个勤杂工，大概99％是一个纯毛利人！老汉年纪近60岁，60岁以下的纯毛利人已经很难找了，身高1.60米多一些，棕色的皮肤，亚洲人的面孔，头发卷曲，黑眉、黑发、黑须，但都有点发白。他十分友善，文化程度较低，说不出多少事，但斩钉截铁地说："我是毛利人。"还给我指了他们祖先漂洋过海而来所用船只的陈列地方，我照了相。这一番探寻，远远胜过细听那些西洋化了的吹吹打打和品味那些欧洲化了的各种菜肴，到了新西兰，进了毛利村，怎么能连个真正的毛利人都不见就走，不是白来了吗？

罗托鲁阿是一个美国西部式城市，建在罗托鲁阿湖西南，是一座典型的规划城市，街道横平竖直，东西向的图塔尼奈是主干道，城市地域很广，多是平房。整个城市绿化很好，草坪、花坛和林荫交错，是座美丽的小城。

1890年建的市政府现已改建，是座两层楼的玻璃房子。市政府门前是个大花园，典型的法式花园，有方形的草坪和花坛，中间有石板路，宽约100米，长400米，总面积有40公顷，对于10万人的小城来说真是个大花园广场了。

花园中有两棵榕树是1890年建城时栽的，现在已是百年老树了，挂着保护标牌。花园对面的老旅游办事处建于1903年，是座英式建筑，按百年前的标准已是相当富丽堂皇了。大红屋顶的一层上是外镶木装饰的二层，三层整个是个大屋顶下的斜厅，上面是多角顶的亭楼，黄墙、红顶、棕木条，在蓝天白雪之下显得色彩夺目，今天已是城市博物馆，其中既有毛利人文物和图片展览，又有殖民城市建设展览，可谓合二为一。城市的老邮局是座白墙红顶的3层楼，中间5层，今天还在使用，建于1914年；这些都是小城的古迹。新西兰毕竟是英国的殖民地，法式花园中还有印度式的亭子，大概也有百年的历史了。花园中人很少，路边有长椅，我在长椅上小憩了20分钟。在蓝天骄阳之下，草坪花坛之旁，整体品味一下这座世界上唯一的毛利城，也是世界上棕种人最多的城市之一。

有火山和地热必有火山湖，罗托鲁阿就因罗托鲁阿火山湖而得名，这里是仅次于陶波湖的新西兰第二大湖，由于南面高1111米的塔拉韦拉火山喷发而形成，是湖群中最大的一个，大约有20平方公里。湖面平静，湖水湛蓝，岸边一丛绿色，远处山峦苍翠。湖中天鹅和花鸭如珍珠般撒满岸边，尤其是黑天鹅很多，红鼻白嘴、满身黑羽，一副高贵的气派在湖面游弋。各色各式的游艇泊在岸边，湖中还有个绿色的小岛，水上飞机在岸边起飞，更增添了罗托鲁阿湖的旅游气氛，这里是罗托鲁阿市的又一旅游去处。

罗托鲁阿是我曾去过的最小的城市之一。我走遍世界的目的之一是看看我们这个星球上的各地方的人，看他们如何生活，尽可能了解他们的文化。

登上没有“鲁滨逊遗迹”的斐济荒岛

《鲁滨逊漂流记》是我儿时最爱的读物，今年能游“鲁滨逊故地”别有一番感受。书上写鲁滨逊后来在荒岛上救了一个当地的土著，用救起他的日期“星期五”作了他的名字，鲁滨逊已成为过去，而且本来就是虚构的，但是，还能看到“星期五”吗？

我于星期六在楠迪近郊农村见到了一个女的土著人，她是纯斐济人，自己也不知道什么时候来到岛上，53岁，黑肤卷发，面阔体胖。可能由于一方水土养一方人的原因，在斐济生活1个多世纪的印度裔已与当地人很像，印裔斐济人与土著斐济人从面孔和肤色上很难分辨，但是有个特征可以分别，一看卷发即知是土著。

她向政府申请占了一处印度人遗弃的烂尾大房子，只建成了地下室，原主人可能因为发财而回国了。他们一家就住在地下室，又买了7公顷（合100亩）土地，在这里种甘蔗，丈夫是楠迪城里的出租司机。地下室只是个房坯，她在这里几乎是家徒四壁地过着简陋的生活。她毕业于天主教学校，英语讲得很好，信基督教。她说斐济土著有80％信基督教，她还说：“信教只是一种形式，每个人都要真诚、善良，不要太看重钱。”说得多好，这就是今天的“星期五”。她对中国人印象很好，很想去中国。

附近的村落就住有印度的后裔，是三世同堂的农家，门前有棵百年老树。主人大约40多岁，父母都已年过60，儿子不到20岁。大树浓荫之下，房子很简陋，木墙铁皮顶。由于斐济连砖瓦都不生产，都要进口，所以铁皮比瓦还便宜，铁皮顶的房子就是穷人家。主人告诉我他家从曾曾祖父一代就到斐济了，算起来该是20世纪末种甘蔗的第一代移民。主人说：“我们在印度已经没有亲人了，我们就是斐济人了。”

到了儿时向往的《鲁滨逊漂流记》中的荒岛

斐济岛西南角的第三大城市楠迪，只有3万人，但华人上千。从飞机上看小岛，真像扔在太平洋中的彩色硬币，最外边是浅蓝圈——浅海的颜色，里面是白圈——海浪拍岸出现的泡沫颜色，再里面是黄圈——沙滩的颜色，接着是浅绿圈——岛外周草丛和灌木的颜色，中心是深绿圈——岛上的“森林”，是一个极美的图案，这就是太平洋中的荒岛。

我从楠迪美丽的迪那鲁港海乘船去海滩岛，该岛在距岸70公里的大洋之中。海滩岛更像是《鲁滨逊漂流记》原型的岛。

斐济附近的南太平洋真是十分清澈，仿佛可以见底，连海面上的空气也是那样清新。斐济是个群岛，有332个大小岛屿，其中226个是无人居住的海岛，像海中绿色的小山，此起彼伏。到达小岛之上，更让人相信这才应该是当年鲁滨逊生活的小岛，因为岛只有2.4公顷，是个直径160米的小岛。按人均4公顷的生态足迹，即使热带食物丰富，大海自净能力几乎无限，鲁滨逊和星期五两人也难以在小得多的鲁滨逊岛上生存经年。

鲁滨逊当年单独在荒岛上生存也不是完全不可能的，岛上有淡水，这也是斐济的小岛可以开展旅游的原因。岛上有充足的食物，面包树、芒果树、椰子树、香蕉树和木瓜树，即便鲁滨逊无工具打井，喝椰子汁也可度日，但恐怕会得糖尿病了。岛上物种很少，现在有的都是人带上去的。

今天岛上已经完全变了样，是楠迪最著名的旅游小镇。上岛后可以在海边游泳，但必须十分小心，我当然是抓住了这个机会下南太平洋。由于是自然海滩，首先要留神贝壳扎脚；其次是深浅莫测，有的地方出去10米就没人；三是这里是太平洋之中，既不是港湾，也不是地中海和加勒比海那样的内海，所以风浪奇大，我也喝了几口非常咸的海水。但在大洋之中游泳，确是前所未有的感觉，海水之清澈，浮力之巨大，浪头之排山倒海前所未遇。我最远只游到没人以外50米的海域，真是心旷神怡，不想上岸。

第二个节目是海底观鱼，本以为用潜水艇，实际上就是小汽艇，船底开了两个玻璃窗，不过海水透明般清澈，海底的深沟、高台、小山一样的珊瑚群一览无余，有平台一样的大水母，乌黑的海参仿佛可以捞上来，银白的鱼仿佛就在脚下，仿佛身临海底世界。

第三个节目是用面包喂鱼，成群的小斑马鱼飞奔而来，还有黄色的大鱼张开巨嘴抢面包，我还用盛面包的塑料袋兜上来两条鱼，不忍看它们在仓底挣扎，又放生大海了。

回到岸上是自助午餐，午餐很丰盛。斐济的地方特色是米饼和烤牛肉，一种特殊水果与榴莲味道十分近似，只是气味小得多。但是岛上管理不太好，有苍蝇，苍蝇飞不了50公里，显然是人带来的。

最后的节目是我自定的，绕岛一周，大约500米，由于海滩上沙路难走，我用了12分钟。岛上有许多供游客住的小木屋，“现代鲁滨逊”生活条件好得多，但可怕的是晚上的蚊虫，不知驱蚊器管不管用。

楠迪镇旁有条楠迪河，从城市西侧流过，既给楠迪带来充沛的水源，又经常泛滥成灾。奇怪的是这条常泛滥的小河河床很窄，不过四五十米宽，这是一条可以从头看到尾的小河，楠迪一带一马平川，遥望远处的青山，就可以明白原因，山是绿的，但都是草和灌木，树都被砍光了，亚热带的海岛年降雨量达2000毫米，到了雨季没有森林尤其是林中枯枝落叶层的阻挡，山洪自然泛滥成灾。

大自然对人类破坏森林生态系统的惩罚在这里仿佛一个小模型，一目了然，研究生态的人真该来楠迪看看。

九

百国百镇的
16种可借鉴类型

自工业革命以后，欧美和日本这些工业化发达国家的城镇化，几乎都是以发展特大城市的路子进行的。例如当时的伦敦、巴黎和东京都占到全国总人口的1/7左右，也就是说7个人就有1个集中在同一个城市里，造成了严重的大城市病。但也有例外，如德国和意大利。德国的最大城市柏林和意大利的最大城市罗马都只占全国人口的4%左右，这当然与两国以前处于分裂状态有关，但统一以后也没有建特大城市，说明已经形成了另一种城市发展的模式。

而后起的发展中国家几乎全部效仿了第一种模式，如韩国的首都首尔占到全国总人口的21%，埃及首都开罗占到全国人口的10%，墨西哥首都墨西哥城占到全国人口的20%，几乎都遵循发达国家的第一种模式，造成的大城市病至今都难以治愈。

在我主撰并上报的“新型城镇化系列研究”报告（配以案例研究）中，明确建议中国的最终城镇化率应低于70%，走以小城镇化为主，限制特大城市的新型城镇化道路。这些建议上报批示后基本被国家发改委的城镇化文件所采纳。

本书介绍了16种不同类型的76个国家142个外国小镇，尽管由于经济发展阶段不同，历史文化传统不同，国家管理体制不同，不必对号入座，但有许多经验和教训是可以汲取的，这些经验都是既溯历史又及现实的。

总起来说“一镇一策”是个规律，镇小如果力量又分散，握不成拳头就难以成功发展。此外，要通过研究自己的历史和国内外的实例，做好自己的决策，还要处理好与相邻大城市及周边农村的大系统关系。

目前雄安新区建设的主旨是“一城多点”，每个点就是一个小城镇，北京也开始了“特色小镇”建设，希望本书能对此有所裨益。

1．城市副中心型

在特大城市的近郊建立一个副中心，疏解特大城市的功能，尤其是行政功能，是20世纪60年代以来一些特大城市采取的举措。

到20世纪50年代，法国的首都巴黎仅105平方公里的面积聚集了500万人口，每平方公里高达5万人，什么都要安到巴黎来，甚至整个北方渔港打的鱼都要先运进巴黎再分配到各地销售，导致房价昂贵，交通堵塞，空气污浊，就医就学困难。因此20世纪60年代，法国政府决定在城市的西北郊拉德方斯建立城市的“副中心”，许多行政机构、大公司总部、大学分院和医院都迁到了德方斯。我于1979年作为改革开放后的第一批出国访问学者到巴黎办居住证，就是在德方斯办的。由于采取了各种措施，目前巴黎人口只有230万，仅为原来的46%。这样才使巴黎不人满为患，有了清新的环境，不仅保护了文物古迹，而且成为旅游者的天堂。

40年后，韩国做了同样的事情，首部首尔面积仅300平方公里（不包括郊区），但人口达994万，每平方公里也高达3万人。21世纪初韩国政府也开始了在市郊果川建首都副中心的规划。以环境保护带头，目前许多政府部门已迁至果川。这一措施使首尔减少了上百万人，由于人口密度大而产生的问题有所缓解。

建设副中心的镇应具备以下条件：

（1）要有个全面而有预见的规划，而且多规合一，“一张蓝图绘到底”。

（2）距特大城市近，一般应小于20公里。

（3）有相应的地区建设，致使人口搬迁量不大。

（4）自然环境较好，从城里搬来的公务员有失也有得。

2. 自然遗产型

我曾经任联合国教科文组织世界自然与文化委员会的中国委员，一个遗产能列入世界自然与文化遗产名录自然说明该自然遗产的独特性与价值，也是所在国的荣誉，我国各地至今都在不遗余力地申遗，然而，在不少情况下致力于保护却不够。

法国的阿尔卑斯山勃朗峰是欧洲最高峰，雄伟壮丽，终年白雪皑皑，还以经常云雾缭绕难以一见真容而闻名。我只过去一次，十分幸运，天气格外晴朗，我拍下了山峰“尊容”，以我照相的业余水平，这张照片居然在强手如林的中科院摄影展上得了头等奖。勃朗峰山顶小镇的高品位在于不是“空喊”，而是以实际行动保护勃朗峰，没有任何影响观赏的高大建筑，没有过分的商业化，更没有“欲与天公试比高”的标志性建筑物。小镇居民静静地陪伴着勃朗峰，街上一尘不染，有如峰顶的皑皑白雪。

另一处值得一提的自然遗产是在南美巴西、阿根廷和乌拉圭三国交界处的世界第二的伊瓜苏大瀑布，气势磅礴自不待言，难得的是三国都在瀑布旁各有一个伊瓜苏小镇，但却没有一座大建筑物喧宾夺主，让人能原汁原味地观赏这美景。

作为世界自然遗产小镇，要真正保护遗产，不被摘牌，使自然遗产成为小镇的“金山银山”、衣食父母，要做到以下三点：

（1）在保护区内不能兴建任何大建筑；

（2）镇上不能过分商业化，从而增加周边人口，形成恶性竞争；

（3）要做好“软件”，即做好旅游者的服务，如标清出入口，标明游者路线，配备一定数量的免费导游。

3．文化遗产型

世界上因文化遗产而兴起或兴盛的小镇是很多的。

庞贝古城遗址就是最著名的一个。公元7世纪火山爆发，把当年的庞贝城整个埋在了火山灰下，以致多年无人问津。在被发掘后，举世震惊，在公元6世纪居然有如此“现代化”的小镇，居民的房间居然和目前一样是13平方米左右。街道的宽度、公共设施的规划都很合理。

庞贝古城值得称道的是，除了清理以外，没有任何新建筑，被火山灰填起的街道，既没有挖下去，更没有铺柏油路，而是利用了倒塌房屋的碎石铺路。

尼泊尔的帕坦古都是世界文化遗产的另一典型，自16世纪建设以来，一直保护得很好，尽管是木结构经常需要大修，但修旧如旧，让游客有穿越时空之感。

同时，帕坦古城的人素质较高，古迹没有过度商业化，街上没有摊贩，更没有人强买强卖，都在古屋的门廊内开小店，更难得的是能很好地遵守西方国家对旅游点的规范，不在当地，全国任何地方都买不到帕坦古迹的明信片。

作为文化遗产型小镇，应遵循以下规则：

（1）必须严格保护，人文遗产较自然遗产更易损坏，必须严守核心区和过渡区的居住和游客限制人数，要有规章制度，加强管控，如以预约登记限制游客数量。

（2）修复一定要修旧如故，以现代力量重建遗址虽不成问题，但那样就不是文化遗产了。

（3）一定要限制过度商业化，规范旅游纪念品发售的质量与价格。

4．历史遗迹型

所谓历史遗迹型就是不能被联合国教科文组织认定为“世界文化遗产”，但是有历史意义，值得人们身临其境去回顾历史，总结过去，展望未来。所谓的历史遗迹一般是战事遗迹。

人类历史上最大的战争就是第一次世界大战和第二次世界大战。先从第一次世界大战说起，前南斯拉夫的波斯尼亚和黑塞哥维那（简称波黑）的首都萨拉热窝在世界上是个小城市，但十分有名。在我国有名是因为电影《瓦尔特保卫萨拉热窝》，在世界上有名则是由于名为普林西普的一座不足30米的小桥。1914年19岁的基尔维亚族青年普林西普在此刺杀了统治者奥匈帝国的裴迪楠大公而引发了第一次世界大战。这里没有任何喧宾夺主的纪念建筑，只是人行道上有块石板，有着普林西普的脚印和说明文字。

敦刻尔克是第二次世界大战的遗迹，希特勒于1940年突破英法联军防线后，把近40万英法联军包围在无险可守的敦刻尔克海滩，至今历史研究也未搞清希特勒为何下达了停止进攻的命令，使英法联军大部分渡海撤退到英国，并成为日后反攻的骨干力量。当时英国民众自驾商船、货船，甚至游艇冒险从惊涛骇浪的英吉利海峡运回英法联军，也传为历史佳话。海滩上也没有纪念物彰显这次战争奇迹，只有悠闲的游客。

萨拉热窝小城和敦刻尔克小镇却因此而著名并兴旺，的确不需要什么纪念建筑物和冗长的碑文来画蛇添足。

5．宗教中心型

宗教中心是一种很特殊的小镇，世界几大宗教，每一种宗教的不同教派大多有其中心，一般是一个小城镇。

最有名的宗教中心小镇就是在意大利罗马城中心梵蒂冈的基督教天主教派的小镇，始自公元756年。面积仅有0.44平方公里，也就是长宽不过六七百米，常住人口不到900，但这里是世界上最高的小镇，每年世界各教区向教廷的捐赠就不少于2600万欧元，全世界教徒不下8000万欧元，梵蒂冈银行的收益达5000万欧元，城内各机构经营收益不下3000万欧元，仅这几项就近2亿欧元，还不算大量的房地产收益，巴黎香舍丽榭大街的大饭店，有几家居然是租的梵蒂冈的店面，梵蒂冈的政治影响更是遍及各大洲。

另一个宗教中心是佛教中心，在尼泊尔的蓝毗尼，是佛祖释迦牟尼的诞生地。据说当年释迦牟尼就是在此地一棵大菩提树的树洞中悟出佛教真谛的，我到这里时，走到树洞前看到里面还坐着一个老和尚。为了使小镇成为佛教中心，20世纪末，尼泊尔政府特批地2平方公里，日本、泰国、柬埔寨 、老挝和中国等各国教徒也集资在此建起了寺庙，有的还派和尚常住。但我到时这里几乎没有香火，也看不到游客，园中杂草丛生，一片荒凉。

看来小镇要成为宗教中心要有以下几个条件：

（1）有宗教历史。

（2）有宗教历史只是必要条件，远不是充分条件。这种历史应该是延续的，断裂后重建是需要时日的。

（3）必须有强大的宣传，梵蒂冈印的包括圣经在内的各种宣传品遍布世界，不仅在教堂里，而且在大饭店里。我在全球考察中就多次在旅馆房间里看到各种文字的梵蒂冈宣传品。

6．实业小镇型

拥有一种在世界领先的、独特的企业，同样是小镇发展的一种类型，以前卢森堡市以出特种钢全球闻名，近年来由于产业结构的调整，以炼钢和化工等传统产业而著名的小城大量减少了，但以企业为支撑的小镇还是很多的。

如法国香槟地区兰斯市附近的许多小镇，都以产香槟酒而世界闻名，产品远销全球。我在当地做过调查研究，几乎是镇镇有酒厂，家家有酒坊。酒业联合会甚至比当地政府还有权力，对酒企业一呼百应。联合会甚至利用第二次世界大战前建成的“固若金汤”而在战争中被抄了后路的马奇诺防线的地道和地堡储存并运输香槟酒，存量可达上千万瓶，地道中小火车来回奔忙，地堡中酒架从地到顶，俨然是香槟酒的世界。而地道中没有一点酒味，可见运输小心，包装严密。

古巴的巴拉德罗小镇不仅靠海滩旅游，还靠名雪茄的生产。这里的雪茄烟厂已经出世界各牌，与旅游业互相促进，来巴拉德罗的游客尝雪茄，为巴拉德罗的雪茄免费做广告。

要成为实业型小镇要加强产业管控：

（1）原料不一定产在本地，但运输要方便。例如我主持制定并指导实施的《黑河流域治理综合规划》，支持原不知“冰葡萄酒”为何物的种稻农民引种酿酒葡萄。经过10年，张掖冰葡萄酒不仅全国首屈一指，而且远销海外，在“一带一路”的大市场中更是前途无量。

（2）必须用良种，引入良种，保证原料质量。

（3）必须精工细做，初始阶段可高价聘名师傅带徒弟。

（4）产业准入不能为一时利益而喧宾夺主。

7．金融产业型

安道尔地处法国和西班牙之间的比利牛斯山中，交通不便，过去也很贫穷，名副其实的“穷乡僻壤”。城也很小，安道尔公国一共有7万人，而小镇安道尔上有2.1万人。1999年加入欧盟后，实行低税制，不征收所得税，被称为“无税天堂”。这里银行云集，共有各银行分行44家，可谓“无本获利”。2013年金融业占GDP近20%。

巴林是个中东小国，本地人口仅61万，首都麦纳麦户籍人口不过10万，在发现石油之前是个黄沙漫漫、植被稀疏的小半岛。自开采石油致富后并未躺在财富上睡觉，而是发展金融业，目前已有400多家地区和国际金融服务企业，有中东金融服务业中心的美誉。2013年金融业占GDP的17%，已是巴林第二大产业。

本来几乎不具备条件的安道尔和麦纳麦为什么能成为地区以至国际金融中心呢？总结起来大致有如下几点：

（1）所在地区有经济发达、财力雄厚的国家；

（2）有成为金融中心的科学规划，安排好建设时序，不能“先盖楼，后招商”；

（3）为成为中心改善交通等基础设施；

（4）不惜重金招聘人才；

（5）提高国民教育水平。

8．虚拟产业型

巴拿马是仅有390万人的小国，但全球有上万艘巨轮在巴拿马注册，总吨位达2.45亿吨，高居世界第一位。航运公司总部和办事处不仅集中在巴拿马城，我所到的机场附近的小镇就有多家。这些货轮却都不属于巴拿马，只是在巴拿马注册交点税而已，所以说是“虚拟产业”，靠的是税率很低，但积少成多。当然，其基本条件是巴拿马运河，全世界有3%的货运量通过此地，船舶在这里补给燃料、食物和淡水。

欧洲的列支敦士登，仅有3.7万人，首都瓦杜兹人口不过5000多，但人均国民生产总值却高达15.2万美元，居世界前列，靠什么呢？靠在此注册的几千家“皮包公司”，皮包公司当然是虚拟产业。皮包公司几乎不纳税，但你总要租间房子，总要有人来，因此列支敦士登的服务业十分发达，占到国民生产总值的55%，占到总从业人口的60%，也就是说有一半以上的劳动者为“皮包公司”以及因此而产生的旅游业服务。

这样的虚拟产业自然是大家都想办的，但也要有几个条件：

（1）有地利，如巴拿马城、列支敦士登也处于欧洲中心。

（2）有相应的优惠政策。

（3）离不开实体经济，至少有高质量的服务业，否则是不可能持久的。

距列支敦士登不远的意大利偏远地区的人口流失只剩387名居民的小镇博尔莱达却另有奇想，为愿搬进小镇的外来定居者提供2000欧元的奖励，至2017年5月10日引起世界各国1.7万人的关注，至今尚不知有多少移居者，估计成果不大。吸引移民靠补钱大概不是办法，不用说2000欧元，就是2万欧元又能用多久呢？还是要像列支敦士登靠实业，哪怕是虚拟的；靠政策，哪怕是只在一段时期的。

9. 大学城型

为了使学生有个优雅的学习环境，不少国家都有小城镇是大学城，而这些小城镇也都以所在的大学闻名于世。牛津、剑桥、斯坦福都是有名的大学城。

普林斯顿大学不仅是美国名校，也经常进入世界排名的前20，由于它距大城市较远，因此作为小镇并不大有名。其实普林斯顿是一座真正的大学城，当年爱因斯坦就在此工作。整个小镇都为大学服务，小镇静谧清洁，餐馆和咖啡馆都不大，也不太奢华，但档次都很高，我在普林斯顿受控热核聚变实验工作时就有亲身感受。普林斯顿紧邻森林，不仅给大学带来了好环境，还使大学有空地可以扩建。我工作过的受控热核聚变实验室要新建巨型核聚变装置，体积比人民大会堂还大，在伐掉林木后，就以50个推土机排一排平整土地，建实验装置。

爱沙尼亚是个小国，塔尔图仅有11万人口，是个小城市，但它也是座大学城。塔尔图历史悠久，1789年落成的市政厅今天还在使用。而塔尔图大学建于1632年，当时莫斯科还是个小城，没有大学，塔尔图大学在整个东欧都是名校，连同其他大学，现有师生员工共有2.5万人，占全市人口的1/4。

目前发展中国家有不少新建的大学城，并不是找一片距大学所在城市不远的地方就可以建的，应满足以下条件：

（1）除了环境好外，还要有充足的空地，以便大学的发展；

（2）所在地要有文化底蕴，否则周围的人文环境和服务设施都无法上档次；

（3）必须有足够数量的教授愿意长期在此工作，尤其是建分校，如果主要是一些“走穴”的教授，则达不到建分校的目的。

10．科技园区型

科技园区也是小城镇的一种类型，与大学城不同的是这里办的不是大学，而是国际研究中心、国家实验室和其他著名的科研机构。发达国家的科技园区小镇很多，如日本东京附近的筑波，法国巴黎南郊的萨克雷，目前发展中国家的科技园区小镇也在兴起。

巴西的风洞岛科技园区在里约热内卢城北25公里处的尼泰罗伊小镇，印第安语是“隐秘之水”的意思。大河之中有个狭长的岛，叫风洞岛，岛上除了名校里约热内卢联邦大学外，还有科技工业园区，区中大的如生物技术园，有115个实验室，11个孵化公司，研究人员上千。我考察的园区占地不到2亩，也有370个研究和工作人员，2005年对外合同就达1700万美元，每年还接纳多达2000个博士生、硕士生实习，发表论文达400篇。

沙特阿拉伯的阿齐兹・阿卜杜拉国王科技城的自然条件则和风洞岛大相径庭。我是在2005年到访的。阿卜杜拉国王科技城1977年完全建于一片沙漠荒原之上，边改造环境边建城，地倒不成问题，要占多大有多大，而且地价较低，问题在于这里能干什么？仅举一例，科技城与中国科学院合作解决了椰枣的雌雄鉴别问题。椰枣是一种分雌雄性的植物，雄性不结枣，但出苗时分不出来。通过反复合作研究，可以在幼苗时鉴别并除掉雄性苗，使单位面积椰枣产量提高了近1倍。

目前我国也大建科技园区，甚至到县一级。科技园的建设要有以下几个条件：

（1）在规定的年限内纳税必须达到要求，否则跑马占地徒有虚名，只有七通一平的投入，而没有产出对小城镇经济发展无益。欧洲的许多科技园区主任比县长还权威，因为他纳税可占到全县的40%。每公顷土地纳税额应是重要指标。

（2）在远离大学且没有工业基础的荒僻地方建园区，一定要有政府的大投入，光投入还不行，要直抓。我考察沙特的国王科技城时沙特科技部长就在城中办公，据说他一年有3～4个月在这里办公。

（3）必须贯彻我为主创人的“三元参与理论”，政府、企业和大学三元各司其职，平等参与，协商决策。不能派一个官员当园区主任了事，他负不了重要责任。我是国际科技工业园区协会的创始人之一，当时倡导并在西欧实行的三元轮流坐庄未必不能一试。

11. 科学研究所型

科学研究所型与科技园区型有较大的区别。科技园区靠应用科学研究的成果，由孵化器孵出高技术产业，形成公司和工厂，重在经济效益。而科学研究所做的是基础研究，出的是论文、研究报告等软成果，是应用科学研究的基础。世界顶级的研究所也可以支撑所在小镇的发展。

荷兰的水城戴尔夫特，虽然也有大学，但更以科学研究中心出名，其中最出名的是“国际水研究中心”，偏重于水资源本身和管理的研究，国际水科学界都以到此交流为荣。我于2000年率中国水利部水资源代表团到此交流，并在其讲坛上讲演，到此参加各类国际水大会和论坛的专家，都以在此讲演为荣。

奥地利首都维也纳东南郊的卢森堡小镇也有这样一个研究所，就是世界闻名的“亚萨”——国际应用系统分析研究所，这个研究所是美国、英国、法国、苏联等16个国家组成委员会建的，其权威性和国际影响可想而知，运用应用系统分析出了许多世界多国政府参考、引用和赞赏的各个方面的研究报告。我到时正值美籍华人李天和任所长，我们进行了使我受益匪浅的长时间交流。可惜李教授已成故人，对他的故去，多国政要都致电表示哀悼。

我从研究所回到维也纳，在一个华侨餐馆吃饭，女老板说明天就去卢森堡小镇考察，开她的第五家饭店。

这样能促进小镇发展的研究所一是要有特色，二是要有顶级水平，我们难道不能在一带一路上的小镇建国际“一带一路”研究所吗？

12．国际总部型

国际总部所在的小镇往往也能借此兴旺发达，可以是各类型的国际组织总部，也可以是世界500强大公司的总部，如著名的奔驰汽车公司总部就在斯图加特旁的小镇上。

洛桑就是瑞士的一个小镇，除了在风景如画的阿尔卑斯山边外，并无其他特色，但国际奥林匹克运动委员会总部就设在这里，颇耐人寻味。它既不是奥运会发起人法国人顾拜旦的故乡，瑞士也不是体育强国。但世界各地从事奥运会工作的人和爱好体育的游客像朝圣一样来到这里，我自然也不例外。大家无不为那里简朴而有特色的三层小楼的“小”“古”和“巧”所折服，这已不是简单的“廉洁”可以称赞的了。

卢森堡小城也是一个国际总部的所在地。欧盟的核心机构欧洲议会就设在卢森堡，欧盟法院和欧盟审计院也都设在卢森堡，欧盟的六大机构有一半在卢森堡，对卢森堡的发展起了重大的作用。

要成为有影响的国际总部所在地，要有什么条件呢？

（1）地理位置要处在成员国的中心；

（2）要有历史传统和文化氛围；

（3）要有高的人员素质和一流的服务质量。

13．会展型

阿塞拜疆在世界上可谓偏居一隅，还是个内陆国家，它的小镇能成为国际会议与展览中心吗？自21世纪以来阿塞拜疆尽管有时还在局部战乱之中，但实行了改革开放政策，保持了6%以上的年经济增长率。通过科学规划在首都巴库西郊的巴格汉诺夫小镇建了会展中心。会展中心的建设以新颖超前、气势宏大著名，飞船立体型的会议主场对人有不小的视觉冲击。2016年我在这里参加了“世界和平与反恐”大会，这个主题抓得及时，会议服务也很好，在午餐时还邀来乐队演奏。

韩国的济州岛是另一个典型，在我国元朝时代济州岛完全是个荒岛，被忽必烈用来养马准备东渡日本。直到20世纪50年代还用来作战俘营。目前岛上只有56万人口，首府济州城也不过10万人口。但韩国通过20年努力把它建成了国际会议中心，“会议带旅游，旅游促会议”。我国的许多小型会议都在这里召开。我任副理事长的中国技术经济学会这个群众团体，2010年就在这里召开了学术年会。

国际会议的急速增加是冷战结束后近20年来的事情，有些小镇就抓住了这一机遇迅速成长，但需要以下几个条件：

（1）要投入建设会场等基础设施，可以是阿塞拜疆的大投入现代模式，也可以是济州岛的小投入民族模式，后者似乎更好。

（2）不一定是风景名胜，但环境一定要好，让人舒服。

（3）服务人员的素质一定要高，阿塞拜疆的会议中心服务还可以，但水平仍要提高。

14.“矿竭城衰”复兴型

随着高技术革命的兴起，自然资源的枯竭和产业结构的变化，世界上出现不少“矿竭城衰”的没落城镇，在欧美发生在20世纪七八十年代，在亚非拉美和我国多发生在21世纪初，是个世界的普遍现象。

美国邻五大湖的布法罗，即“水牛城”，是纽约州的重镇。有水路运输和尼亚加拉大瀑布旅游两大产业的支撑，是很繁荣的城市，就业者趋之若鹜，房价高企。到了20世纪70年代，由于高速公路替代了缓慢的水路运输，由于高技术产业化的知识经济兴起，自然资源材料消耗的降低，物流大量减少，尽管尼亚加拉大瀑布永在，但是独木难撑。我到时布法罗的萧条让人难以置信，街上几乎没有行人，房屋到处挂着“待售”的牌子，甚至房顶上长草，这就是产业结构变化带来的阵痛。今天的布法罗已经凭借高技术产业化复苏，但过去的一幕不但留在布法罗居民的心中，在我的记忆中也挥之不去。

斯洛伐克的煤矿城市班斯卡是我见到的“矿竭城衰”的城市典型，不过我见到的已是复兴的情景。由于矿竭和欧盟尽可能淘汰碳燃料，班斯卡封闭了大量的矿井，在街上到处可见被封闭的矿井的牌子。但是，斯洛伐克政府成功将班斯卡申请成为世界上第二个工业文化遗产，目前多处矿井被开辟成旅游点，让欧美的80后、90后看一看什么是传统的工业社会，再加上原有的古迹，不靠大山，不临海的班斯卡已从原有的矿城摇身变为旅游城。

矿城变旅游城有以下条件：

（1）政府高度重视，思想超前，古迹可以是世界文化遗产，但工业社会是人类历史的一个重要阶段，虽然年代近，也是遗产。

（2）不要成了世界文化遗产就乱搭乱建，建什么标志性建筑物，搞过度商业化。要修旧如故，让欧美年轻一代看到20世纪中叶以前父兄含辛茹苦劳动的真实场景。

15. 房地产盲目扩张型

我国目前出现不少房地产盲目扩张的小城镇，在国际上这种情况也不少，可以随便举两个例子。

一个是俄罗斯的布拉戈维申斯克，隔黑龙江与我国黑河相对，是个边隅小城，但是盲目开发房地产。我去时看到，在小城市郊盖的苏联时代的火柴盒式楼区几乎无人居住，据说到夜里漆黑一片，是名副其实的鬼城。这充分说明当时是没有市场调研的盲目开发。俄罗斯整个西伯利亚，只有2000多万人口，还在减少，人均居住面积已经很大，谁来买房呢？据说是考虑到华商买房，无论从俄方政策限制和华商个人意愿，谁愿意在偏僻的西伯利亚买房而不去租房住呢？这些没有根据，甚至缺少常识的猜想就造成了“鬼城”的建设。

无独有偶，在早已过了房地产过热期的法国居然也出现了这种现象，法国的重镇蒙彼利埃居然于20世纪末在郊区建立了古罗马式小区，我于21世纪初到达时仍很少人入住。古罗马住宅利用率低不说，经过国际评审的小区建设规划居然连历史都没有认真研究。法国有许多古罗马遗迹不假，但那是历史，而在古罗马时代法兰西的祖先高卢人是奴隶，是为古罗马贵族取乐的角斗士，那是一段屈辱的历史，法国人为什么想住古罗马式的房子呢?

小镇的房地产开发不是有了钱、有了地就能干的，必须做好前期研究：

（1）什么人愿意来买房，要买多少?

（2）要研究环境，只是空气好、水好是不够的，还要交通方便，商业发达有人气。

（3）要研究历史，蒙彼利埃有法国人曾是古罗马奴隶的问题，黑龙江畔也有当年沙皇军队把中国东北的居民赶下黑龙江的问题。

16．特殊产业型

特殊产业也是世界小镇的一种类型，像泰国的芭堤雅，原有依托产业已经衰落并在改造。还有一种产业是正在发展的博彩业，或者直呼赌博业。我主张我国不发展这种产业。

博彩业规模最大，也最著名的是美国的拉斯维加斯，我国不少旅客都去过，拉斯维加斯之所以能够立足是因为大环境法律健全，管理规范，城市安全，环境优良，服务质量高。它的经营也自有一套办法，老虎机无孔不入，甚至遍布机场，让根本不赌的人也要用来不及兑换的零钱在老虎机上一试。几乎所有大饭店都是从贵宾室到楼道充满各种赌博的设施，顾客很难不去尝试。

近年来由于我国出国旅游人数增多，周边国家越南、朝鲜、缅甸、柬埔寨和老挝开了不少以中国游客为对象的赌场，据统计中国旅客的业务量达到40%～80%，越南的小镇芒街就是一例。芒街与我国广西东兴市隔北仑河相对，设了专为中国人服务的赌场，越南人不准入内，服务人员99%都是华人。由于国内的各项规定，近两年营业额大降。

美国学者说，拉斯维加斯于荒原之上，缺水干旱，寸草不生，这样的地方要发展经济，增加税收，建立赌城是一个高招，大概也是唯一的办法，只要法律健全，管理规范，不遍地开花，就不是坏事。

我并不认同这种说法，人类有史以来，各种文化和各种宗教没有一种是提倡赌博的，任何事情都是有道德标准和是非曲直的，规范的坏事也不能变成好事，所以几乎所有赌场都有“儿童不准入内”的警示。就是把赌业限制在极小的范围内，其影响也是深远的。

尽管如此，因为去拉斯维加斯的中国游客不断增加，还是应该借鉴一些有用的东西，这也就是介绍这种类型的目的。

（1）拉斯维加斯完全是一座按规划建造的“人工城市”，其规划全面、科学、超前而且接“西部民风”的地气。

（2）规划以生态承载力为基础，以米德湖水库为保障。

（3）规划以强有力的法律法规、管理制度和公共参与为基础。